U0921037

(2016)

中国生产力促进中心年鉴

Productivity promotion center of China yearbook (2016)

中国生产力促进中心协会　编

图书在版编目（CIP）数据

中国生产力促进中心年鉴．2016／中国生产力促进中心协会编．-- 北京：企业管理出版社，2017.8

ISBN 978-7-5164-1557-3

Ⅰ．①中… Ⅱ．①中… Ⅲ．①科学技术－中介组织－中国－2016－年鉴 Ⅳ．① G322.2-54

中国版本图书馆 CIP 数据核字（2017）第 181755 号

书　　名：中国生产力促进中心年鉴（2016）
作　　者：中国生产力促进中心协会
责任编辑：张羿
书　　号：ISBN 978-7-5164-1557-3
出版发行：企业管理出版社
地　　址：北京市海淀区紫竹院南路 17 号　　邮编：100048
网　　址：http://www.emph.cn
电　　话：编辑部（010）68701292　发行部（010）68701816
电子信箱：80147@sina.com
印　　刷：虎彩印艺股份有限公司
经　　销：新华书店
规　　格：210 毫米 ×285 毫米　16 开本　24 印张　505 千字
版　　次：2017 年 8 月第 1 版　2017 年 8 月第 1 次印刷
定　　价：218.00 元

《中国生产力促进中心年鉴》编委会

李增云　石家庄生产力促进中心主任
霍玉海　廊坊市生产力促进中心主任
刘海斌　阳泉市生产力促进中心主任
杨振亚　长治市生产力促进中心主任
马德庆　内蒙古自治区生产力促进中心主任
李文志　赤峰市生产力促进中心副主任
曹艳伟　鄂尔多斯市生产力促进中心主任
苏德志　呼伦贝尔市生产力促进中心副主任
关继锋　沈阳市生产力促进中心书记
陈大宇　沈阳科创生产力促进中心主任
邹　蓟　营口市生产力促进中心主任
杨宝庆　吉林市科技信息研究所副所长
张金凤　哈尔滨电工仪器仪表生产力促进中心主任
赵志强　江苏省生产力促进中心主任
施　健　太仓市生产力促进中心主任
赵光荣　无锡市生产力促进中心主任
高文超　盐城市生产力促进中心书记
郭卫东　连云港市生产力促进局局长
张楚信　杭州市生产力促进中心主任
高　强　浙江省淡水水产研究所副主任
张　平　安徽省计算机软件生产力促进中心副主任
陈昌信　铜陵市生产力促进中心主任
朱祥枝　福建省生产力促进中心主任
林　东　福州市生产力促进中心主任
蔡柏林　石狮市生产力促进中心主任
腾菲菲　厦门市生产力促进中心
李建民　福建省林业生产力促进中心主任
夏建锋　江西省国防科技行业生产力促进中心主任
牛新民　新疆生产力促进服务联盟理事长
　　　　新疆科技发展战略研究院院长
乔　刚　新疆生产力促进服务联盟秘书长
　　　　新疆科技发展战略研究院研究咨询室主任
朱瑞琪　新疆生产力促进中心主任
辛献杰　烟台科学技术局党组成员
　　　　烟台生产力促进中心主任

田东奎　天津科创医药中间体技术生产力促进有限公司总经理
尚　虹　天津科创医药中间体技术生产力促进有限公司副总经理
王用民　天津市滨海新区塘沽滨海生产力促进中心主任
靳长林　天津滨创生产力促进有限公司总经理
张瑞华　天津自行车电动车行业生产力促进中心主任
杨树成　天津天纺生产力促进有限公司总经理
熊仁章　宁波市生产力促进中心主任
葛晨光　铸造行业生产力促进中心主任
刘志强　科技部办公厅原处长
刘秀丽　中国生产力促进中心协会副秘书长
于超英　中国生产力促进中心协会副秘书长
付　静　中国生产力促进中心协会副秘书长
许东升　中国生产力促进中心协会副秘书长

编辑小组：徐芳芳　刘　鑫　黄写勤　张志勇　毛明轩　李　霆　姜　争
姚明科　辛卫林　宋桂敏　李海燕　秦晓宇　李　勇　王　爽

序

近年来，我国科技服务业发展势头良好，服务内容不断丰富，服务模式不断创新，新型科技服务组织和服务业态不断涌现，服务质量和能力稳步提升。当前，我国经济发展已进入新常态，科技工作直接面向经济主战场、服务经济发展，对生产力促进中心又提出了新的要求。提升生产力促进中心服务区域经济和基层科技事业发展的能力，有利于促进加快经济发展方式转变、提高区域经济质量，有利于落实科技惠民、激发创新活力，有利于完善区域创新体系、加快创新型国家建设。

党的十八大、十八届五中全会和全国科技创新大会均提出了以支撑创新驱动发展战略实施为目标，以满足科技创新需求和提升产业创新能力为导向，深化科技体制改革，完善政策环境条件，培育壮大科技服务市场主体，创新科技服务模式，延伸科技创新服务链，促进科技服务业加速专业化、网络化、规模化、国际化的发展。自 1992 年我国第一家生产力促进中心成立，经过 20 多年的发展，到 2015 年，全国生产力促进中心已达 2688 家，国家级示范生产力促进中心 247 家，总资产 284.4 亿，服务企业数量达到 44.2 万个，中心年度总服务收入 57.60 亿元，为社会增加就业人数 127.90 万人。在科技部的大力支持和积极引导下，全国生产力促进中心快速发展，在推动中小企业创新发展，促进企业技术进步，提高企业市场竞争能力等方面发挥了不可替代的作用，全国生产力促进中心已成为国家自主创新服务体系的重要力量。

20 多年来，我国生产力促进事业的发展历程和辉煌成就，凝聚了生产力促进中心全体工作者的心血，汇聚了各有关部门和社会各界的支持和帮助。为了增进各生产力促进中心之间的交流与合作，全面总结生产力促进事业取得的经验成果，搭建中小企业与生产力促进中心之间的信息渠道，让社会各界更加全面地了解我国生产力促进中心的发展成就和服务能力，协会联合全国生产力促进中心共同组织编写了《中国生产力促进中心年鉴》(以下简称《年鉴》),《年鉴》编辑工作得到了各省市自治区的各级生产力促进中心，与各行业生产力促进中心及协会下属各行业联盟的有力支持，保证了《年鉴》内容的准确性、权威性、资料性和可读性。在本版《年鉴》出版之际，谨向关心支持《年鉴》编辑工作的各界人士表示衷心感谢！让我们全体“生产力人”共同为推进行业的持续发展，开创生产力促进中心科技服务业建设的新局面，为实现中国梦做出不懈努力！

2017.6

编辑说明

《中国生产力促进中心年鉴》是一部反映中国生产力促进中心体系建设及发展情况的大型资料性工具书。《中国生产力促进中心年鉴（2016）》为本年鉴的第一卷，设有“文献与法规”“综合概述”“典型生产力促进中心”“探索与研究”“统计资料”“大事记”“风采录”等七个类目，记载时限截至2015年12月31日。

按本年鉴编委会的撰稿要求，年鉴由中国生产力促进中心协会及各生产力促进中心供稿，并经供稿单位审核、年鉴编辑部编辑、年鉴编委会审定。因统计口径等原因，有关部门所用个别数据与“统计资料”中的数据不尽一致，读者引用时请以“统计资料”为准。

本年鉴在编纂过程中得到有关部门的大力支持，编辑部在此对所有支持和参与此项工作的部门和同志表示由衷的感谢。作为《中国生产力促进中心年鉴》的开卷之作，本书所覆盖的时间跨度较大，写作者、编纂者的经验尚不足，因此在编写过程中难免存在错误与疏漏之处，敬请各级领导及广大读者批评指正，共助年鉴日臻成熟。

《中国生产力促进中心年鉴》编辑部

生产力促进中心「风采录」

2016

协会工作

中国生产力促进中心协会是民政部注册、科技部主管的国家一级一类社团。自1992年成立第一家生产力促进中心以来，目前全国生产力促进中心已经实现组织网络化、功能社会化、管理规范化，正在向服务专业化、品牌国际化迈进。

截至2015年底，全国生产力促进中心数量已达到2688家，从业人员3.2万人，服务企业44.2万家，为企业增加销售额1794.38亿元，为社会增加就业127.9万人。是科技服务业的生力军，已发展成为推动国家自主创新和经济社会发展的重要力量，目前中国生产力促进中心协会是《中华人民共和国中小企业促进法》中确定的为中小企业服务的科技服务机构，是在改革开放中茁壮成长起来的专业服务中小微企业的科技服务体系，是促进生产力发展、促进经济结构调整、帮助中小微企业做大做强的非赢利服务机构。

为了更好地服务创新驱动发展，近年来，协会不断拓展服务内容和形式，开展为企业咨询诊断、技术信息、技术转移、人才培训、培育科技型企业等五大服务。组建了中国生产力学院、中国生产力研究院，并推动中国好技术落户地方，为地方经济升级转型提供动力。

协会成立20多年来，一直以服务中小企业为工作重点，不忘初心，不断探索服务模式，丰富服务手段，拓宽服务领域，已成为科技服务业的一支重要力量。

北京生产力促进中心

1 中国·北京创新创业大赛先进制造与文化科技领域主题赛
2 亚太地区中小企业创新服务链联盟论坛暨技术转移项目推介会
3 中国-丹麦文化创意产业园合作启动仪式
4 京津冀生产力体系工作会
5 中国北京-美国麻州智能制造论坛暨机器人产业投资合作交流会
6 科技运动嘉年华主题活动
7 北京技术合同认定登记机构揭牌
8 “京东互联-融创空间”互联网+体验中心启动仪式

江苏省生产力促进中心

1　成功举办中国·江苏第五届国际产学研合作论坛暨跨国技术转移大会

2　江苏省生产力促进中心成立苏南国家自主创新示范区建设促进服务中心

3　与江苏大学仕信息科技有限公司共建江苏省生产力促进中心（常州）企业技术众包平台

4　江苏省科技计划项目受理现场

5　江苏省委组织部督导组到江苏省生产力促进中心检查“两学一做”学习教育活动

6　江苏省生产力促进中心牵头成立苏鲁皖生产力促进服务联盟

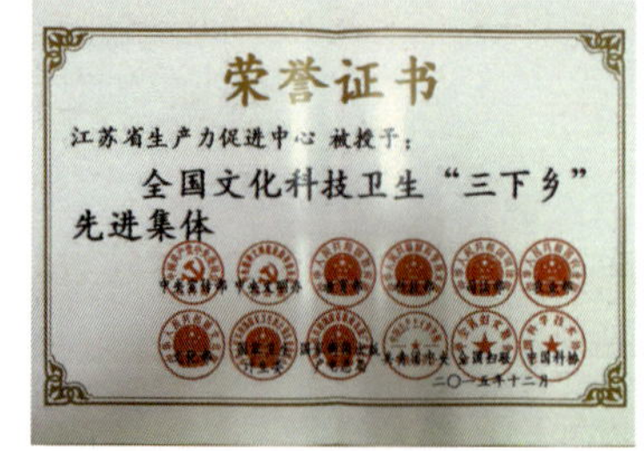

荣誉证书

江苏省生产力促进中心 被授予：

全国文化科技卫生“三下乡”先进集体

二〇一五年十二月

广东省
生产力促进中心

1　全省科技金融服务网络基本形成

2　第五届中国创新创业大赛（广东赛区）启动仪式在清远举行

3　探月工程总设计师、年度“感动中国”人物——孙家栋院士出席应博会主题活动

4　大赛颁奖典礼“广东创新之夜”在广东科学中心成功举行

5　生产力学院广东分院在广州挂牌成立

甘肃省生产力促进中心

1 中心在酒泉调研企业

2 中心在“德阳杯”中国好技术生产力促进奖颁奖大会上荣获发展成就奖

3 中心召开全体党员大会，传达了省科技厅党组理论中心组第八次学习会议精神

4 省科技厅系统党组织建设分析研判及“两学一做”学习教育调研督导第三工作组莅临省生产力促进中心进行调研

5 黑龙江省生产力促进中心莅临中心调研

6 中心承办“澳门教师甘肃科普观摩团”活动

陕西省生产力促进中心

省政府领导参观丝博会暨第 20 届西洽会科技成果展

3D 打印战略联盟系列活动

陕西众创空间

第四届中国创新创业大赛新能源与节能环保行业总决赛颁奖仪式

重庆生产力促进中心

1　“科技标准产业同步发展促进行动”企业标准化培训班

2　2015年创新创业导师认证培训

3　科技创业风险投资机构推介暨项目对接会

河南省生产力促进中心

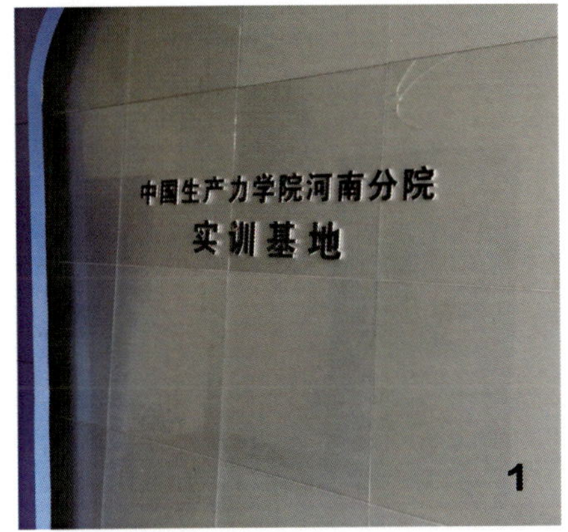

1、2　中国生产力学院河南分院

3　国家技术转移郑州中心运营机构揭牌仪式

4　河南首届国际技术转移技术经理人示范培训班合影

5　驻华外交官中原国际创新合作研讨会

6　常林朝主任在河南首届国际技术转移技术经理人示范培训班讲话

AIPPC

航空工业生产力促进中心

航空工业生产力促进中心团队合影

技术基础培训与推广业务

安全生产业务

精益管理业务

战略管理业务

2016
ppc

荣誉证书

先进集体

2009 年度北京技术市场
"保增长"工作
优秀奖

首都科技条件平台
丰台区工作站
北京市科学技术委员会
二〇一一年十月

3

4

首都科技条件平台
百家重点实验室进千家企业
科技金融专题需求对接会
5

6

7

8

9 9:57PM
9

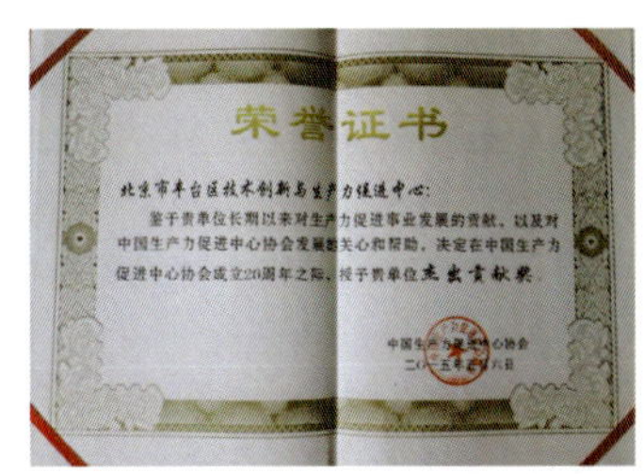

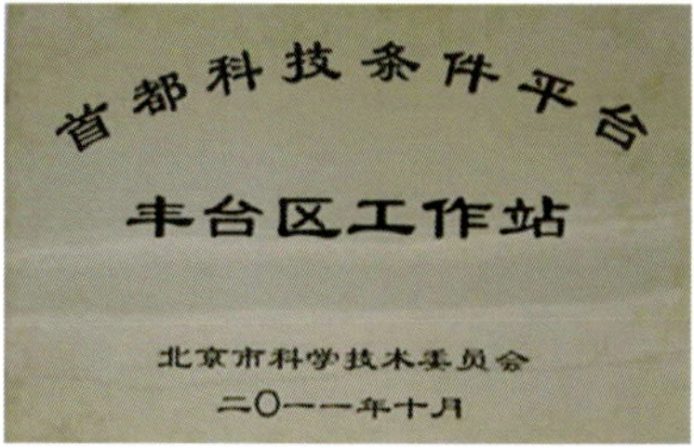

武汉·东湖新技术开发区生产力促进中心

1　融资对接会

2　集合贷媒体见面会

3　对接会 3551 现场照片

4　对接会 3551 合照

北京市丰台区技术创新与生产力促进中心

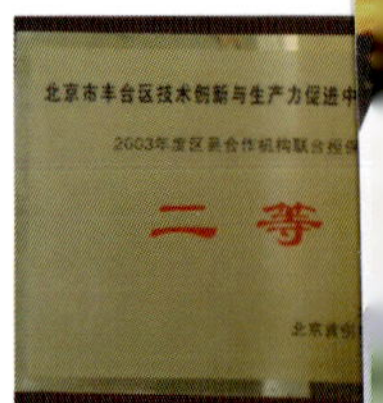

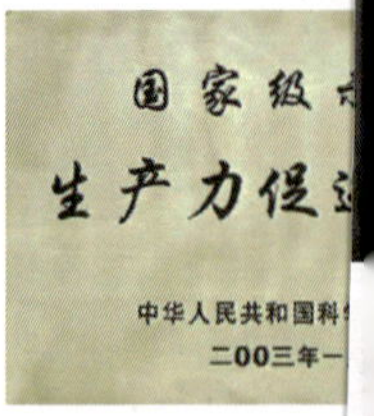

1 市科委领导为贝壳菁汇创新生态圈授牌丰台工作站创新创业服务中心
2 工作站组织九州通入孵企业到北大基地对接测试需求
3 首都科技条件平台课题—专家意见征求会
4 丰台工作站联合园区产业处赴北京航天计量测试技术研究所
5 首都科技条件平台丰台站百进千金融对接会
6 丰台区科技政策宣讲培训会
7 中心 9000 管理培训
8 花仙子企业调研
9 中心全家福

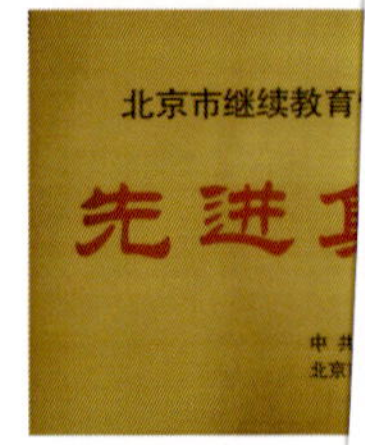

烟台生产力促进中心

胶东汽车技术现代服务平台

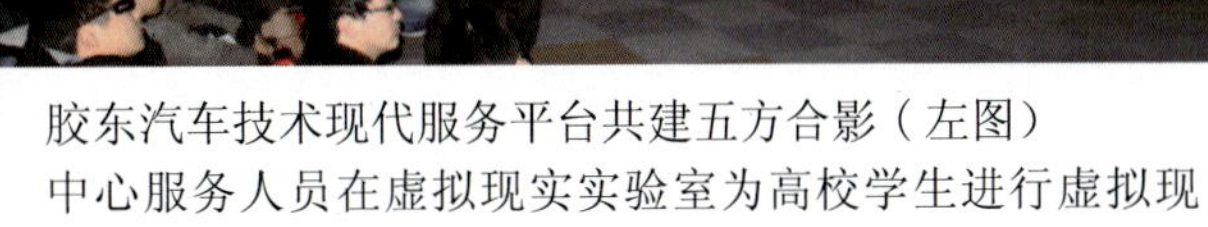

胶东汽车技术现代服务平台共建五方合影（左图）
中心服务人员在虚拟现实实验室为高校学生进行虚拟现实技术培训（上图）

烟台市产业导航平台

烟台市产业导航服务平台启动仪式（上图）
烟台市产业导航服务平台首页 （左图）

烟台市大型科学仪器设备共享服务网

平台管理人员对入网仪器设备现场审核（左图）
烟台市大型科学仪器设备共享服务网首页（上图）

烟台市科技金融服务

市科技金融服务中心与各合作金融机构签定合作协议

厦门市生产力促进中心

1　中心研发大楼——创新大厦联合党支部成立暨选举大会
2　时任科技部领导考察中心研发大楼——创新大厦
3　中心召开党委、纪委成立大会
4　市政府领导听取中心集成电路设计公共服务平台科技成果产业化情况汇报
5　中心投资组建的厦门医疗器械研发检测中心有限公司举行揭牌仪式
6　中心志愿者服务队参加局系统义务植树活动
7　中心林志坚副主任为创新大厦联合支部党员授课
8　中心承办了第四届中国创新创业大赛（厦门赛区）总决赛
9　中心召开智能制造与装备高端研讨会

昆明市生产力促进中心

1 专利展示交易中心考核验收
2 交流洽谈区
3 2015白皮书发布会
4 第十八届泛亚会
5 项目验收会
6 知识产权与金融服务对接会

沈阳市科创生产力促进中心有限公司

1　项目培训
2　企业领导
3　高企辅导会
4　加计扣除培训会
5　进出口转型升级培训

宁波市生产力促进中心

1　宁波科技大市场开业－领导参观科技成就展厅
2　首届中国创新挑战赛（宁波赛区）开幕式
3　宁波市天使投资俱乐部系列活动之【使乐汇】天使风暴
4　宁波市天使投资引导基金投后企业创始人培训交流会
5　宁波三家获奖企业合影
6　科技创新和经济发展总裁培训班理论学习

长沙生产力促进中心

1　长沙生产力促进中心 15 家企业登陆湖南股交所集体挂牌仪式

2　长沙生产力促进中心获湘江新区双创示范基地

3　2015 长沙集成电路设计与应用创新创业大赛

4　长沙生产力促进中心项目路演活动

5　朱俊东主任工作照

营口市生产力促进中心

1　2015年科技创新券申报暨技术合同认定登记培训会

2　沈阳化工大学营口能源化工研究院成立暨科技成果对接会

3、4　营口市生产力促进中心相关人员深入企业调研

5　高企培训辅导暨技术合同认定登记培训会

广州生产力促进中心

1　第 32 期广州院士沙龙暨广州生物医药健康产业院士沙龙
2　生物医药健康产业院士行活动
3　广州市科技创新企业协会会员大会

目　录

文献与法规

综合概述

典型生产力促进中心

探索与研究

统计资料

全国生产力促进中心发展大事记（1992–2015）

文献与法规

中华人民共和国中小企业促进法

（2002年6月29日第九届全国人民代表大会常务委员会第二十八次会议通过）
中华人民共和国主席令第69号

《中华人民共和国中小企业促进法》已由中华人民共和国第九届全国人民代表大会常务委员会第二十八次会议于2002年6月29日通过，现予公布，自2003年1月1日起施行。

中华人民共和国主席　江泽民

2002年6月29日

目　录

第一章　总则

第一条　为了改善中小企业经营环境，促进中小企业健康发展，扩大城乡就业，发挥中小企业在国民经济和社会发展中的重要作用，制定本法。

第二条　本法所称中小企业，是指在中华人民共和国境内依法设立的有利于满足社会需要，增加就业，符合国家产业政策，生产经营规模属于中小型的各种所有制和各种形式的企业。

中小企业的划分标准由国务院负责企业工作的部门根据企业职工人数、销售额、资产总额等指标，结合行业特点制定，报国务院批准。

第三条　国家对中小企业实行积极扶持、加强引导、完善服务、依法规范、保障权益的方针，为中小企业创立和发展创造有利的环境。

第四条　国务院负责制定中小企业政策，对全国中小企业的发展进行统筹规划。

国务院负责企业工作的部门组织实施国家中小企业政策和规划，对全国中小企业工作进行综合协调、指导和服务。

国务院有关部门根据国家中小企业政策和统筹规划，在各自职责范围内对中小企业工作进行指导和服务。

县级以上地方各级人民政府及其所属的负责企业工作的部门和其他有关部门在各自职责范围内对本行政区域内的中小企业进行指导和服务。

第五条　国务院负责企业工作的部门根据国

家产业政策，结合中小企业特点和发展状况，以制定中小企业发展产业指导目录等方式，确定扶持重点，引导鼓励中小企业发展。

第六条　国家保护中小企业及其出资人的合法投资，及因投资取得的合法收益。任何单位和个人不得侵犯中小企业财产及其合法收益。

任何单位不得违反法律、法规向中小企业收费和罚款，不得向中小企业摊派财物。中小企业对违反上述规定的行为有权拒绝和有权举报、控告。

第七条　行政管理部门应当维护中小企业的合法权益，保护其依法参与公平竞争与公平交易的权利，不得歧视，不得附加不平等的交易条件。

第八条　中小企业必须遵守国家劳动安全、职业卫生、社会保障、资源环保、质量、财政税收、金融等方面的法律、法规，依法经营管理，不得侵害职工合法权益，不得损害社会公共利益。

第九条　中小企业应当遵守职业道德，恪守诚实信用原则，努力提高业务水平，增强自我发展能力。

第二章　资金支持

第十条　中央财政预算应当设立中小企业科目，安排扶持中小企业发展专项资金。

地方人民政府应当根据实际情况为中小企业提供财政支持。

第十一条　国家扶持中小企业发展专项资金用于促进中小企业服务体系建设，开展支持中小企业的工作，补充中小企业发展基金和扶持中小企业发展的其他事项。

第十二条　国家设立中小企业发展基金。中小企业发展基金由下列资金组成：

（一）中央财政预算安排的扶持中小企业发展专项资金；

（二）基金收益；

（三）捐赠；

（四）其他资金。

国家通过税收政策，鼓励对中小企业发展基金的捐赠。

第十三条　国家中小企业发展基金用于下列扶持中小企业的事项：

（一）创业辅导和服务；

（二）支持建立中小企业信用担保体系；

（三）支持技术创新；

（四）鼓励专业化发展以及与大企业的协作配套；

（五）支持中小企业服务机构开展人员培训、信息咨询等项工作；

（六）支持中小企业开拓国际市场；

（七）支持中小企业实施清洁生产；

（八）其他事项。

中小企业发展基金的设立和使用管理办法由国务院另行规定。

第十四条　中国人民银行应当加强信贷政策指导，改善中小企业融资环境。

中国人民银行应当加强对中小金融机构的支持力度，鼓励商业银行调整信贷结构，加大对中小企业的信贷支持。

第十五条　各金融机构应当对中小企业提供金融支持，努力改进金融服务，转变服务作风，增强服务意识，提高服务质量。

各商业银行和信用社应当改善信贷管理，扩展服务领域，开发适应中小企业发展的金融产品，调整信贷结构，为中小企业提供信贷、结算、财务咨询、投资管理等方面的服务。

国家政策性金融机构应当在其业务经营范围内，采取多种形式，为中小企业提供金融服务。

第十六条　国家采取措施拓宽中小企业的直接融资渠道，积极引导中小企业创造条件，通过法律、行政法规允许的各种方式直接融资。

第十七条　国家通过税收政策鼓励各类依法设

立的风险投资机构增加对中小企业的投资。

第十八条　国家推进中小企业信用制度建设，建立信用信息征集与评价体系，实现中小企业信用信息查询、交流和共享的社会化。

第十九条　县级以上人民政府和有关部门应当推进和组织建立中小企业信用担保体系，推动对中小企业的信用担保，为中小企业融资创造条件。

中小企业信用担保管理办法由国务院另行规定。

第二十条　国家鼓励各种担保机构为中小企业提供信用担保。

第二十一条　国家鼓励中小企业依法开展多种形式的互助性融资担保。

第三章　创业扶持

第二十二条　政府有关部门应当积极创造条件，提供必要的、相应的信息和咨询服务，在城乡建设规划中根据中小企业发展的需要，合理安排必要的场地和设施，支持创办中小企业。

失业人员、残疾人员创办中小企业的，所在地政府应当积极扶持，提供便利，加强指导。

政府有关部门应当采取措施，拓宽渠道，引导中小企业吸纳大中专学校毕业生就业。

第二十三条　国家在有关税收政策上支持和鼓励中小企业的创立和发展。

第二十四条　国家对失业人员创立的中小企业和当年吸纳失业人员达到国家规定比例的中小企业，符合国家支持和鼓励发展政策的高新技术中小企业，在少数民族地区、贫困地区创办的中小企业，安置残疾人员达到国家规定比例的中小企业，在一定期限内减征、免征所得税，实行税收优惠。

第二十五条　地方人民政府应当根据实际情况，为创业人员提供工商、财税、融资、劳动用工、社会保障等方面的政策咨询和信息服务。

第二十六条　企业登记机关应当依法定条件和法定程序办理中小企业设立登记手续，提高工作效率，方便登记者。不得在法律、行政法规规定之外设置企业登记的前置条件；不得在法律、行政法规规定的收费项目和收费标准之外，收取其他费用。

第二十七条　国家鼓励中小企业根据国家利用外资政策，引进国外资金、先进技术和管理经验，创办中外合资经营、中外合作经营企业。

第二十八条　国家鼓励个人或者法人依法以工业产权或者非专利技术等投资参与创办中小企业。

第四章　技术创新

第二十九条　国家制定政策，鼓励中小企业按照市场需要，开发新产品，采用先进的技术、生产工艺和设备，提高产品质量，实现技术进步。

中小企业技术创新项目以及为大企业产品配套的技术改造项目，可以享受贷款贴息政策。

第三十条　政府有关部门应当在规划、用地、财政等方面提供政策支持，推进建立各类技术服务机构，建立生产力促进中心和科技企业孵化基地，为中小企业提供技术信息、技术咨询和技术转让服务，为中小企业产品研制、技术开发提供服务，促进科技成果转化，实现企业技术、产品升级。

第三十一条　国家鼓励中小企业与研究机构、大专院校开展技术合作、开发与交流，促进科技成果产业化，积极发展科技型中小企业。

第五章　市场开拓

第三十二条　国家鼓励和支持大企业与中小企业建立以市场配置资源为基础的、稳定的原材料供应、生产、销售、技术开发和技术改造等方面的协作关系，带动和促进中小企业发展。

第三十三条　国家引导、推动并规范中小企业通过合并、收购等方式，进行资产重组，优化资源配置。

第三十四条　政府采购应当优先安排向中小企业购买商品或者服务。

第三十五条　政府有关部门和机构应当为中小企业提供指导和帮助，促进中小企业产品出口，推动对外经济技术合作与交流。

国家有关政策性金融机构应当通过开展进出口信贷、出口信用保险等业务，支持中小企业开拓国外市场。

第三十六条　国家制定政策，鼓励符合条件的中小企业到境外投资，参与国际贸易，开拓国际市场。

第三十七条　国家鼓励中小企业服务机构举办中小企业产品展览展销和信息咨询活动。

第六章　社会服务

第三十八条　国家鼓励社会各方面力量，建立健全中小企业服务体系，为中小企业提供服务。

第三十九条　政府根据实际需要扶持建立的中小企业服务机构，应当为中小企业提供优质服务。

中小企业服务机构应当充分利用计算机网络等先进技术手段，逐步建立健全向全社会开放的信息服务系统。

中小企业服务机构联系和引导各类社会中介机构为中小企业提供服务。

第四十条　国家鼓励各类社会中介机构为中小企业提供创业辅导、企业诊断、信息咨询、市场营销、投资融资、贷款担保、产权交易、技术支持、人才引进、人员培训、对外合作、展览展销和法律咨询等服务。

第四十一条　国家鼓励有关机构、大专院校培训中小企业经营管理及生产技术等方面的人员，提高中小企业营销、管理和技术水平。

第四十二条　行业的自律性组织应当积极为中小企业服务。

第四十三条　中小企业自我约束、自我服务的自律性组织，应当维护中小企业的合法权益，反映中小企业的建议和要求，为中小企业开拓市场、提高经营管理能力提供服务。

第七章　附则

第四十四条　省、自治区、直辖市可以根据本地区中小企业的情况，制定有关的实施办法。

第四十五条　本法自2003年1月1日起施行

中华人民共和国促进科技成果转化法（2015年修订）

（1996年5月15日第八届全国人民代表大会常务委员会第十九次会议通过根据2015年8月29日第十二届全国人民代表大会常务委员会第十六次会议《关于修改〈中华人民共和国促进科技成果转化法〉的决定》修正）

目　录

第一章　总　则

第一条　为了促进科技成果转化为现实生产力，规范科技成果转化活动，加速科学技术进步，推动经济建设和社会发展，制定本法。

第二条　本法所称科技成果，是指通过科学研究与技术开发所产生的具有实用价值的成果。职务科技成果，是指执行研究开发机构、高等院校和企业等单位的工作任务，或者主要是利用上述单位的物质技术条件所完成的科技成果。

本法所称科技成果转化，是指为提高生产力水平而对科技成果所进行的后续试验、开发、应用、推广直至形成新技术、新工艺、新材料、新产品，发展新产业等活动。

第三条　科技成果转化活动应当有利于加快实施创新驱动发展战略，促进科技与经济的结合，有利于提高经济效益、社会效益和保护环境、合理利用资源，有利于促进经济建设、社会发展和维护国家安全。

科技成果转化活动应当尊重市场规律，发挥企业的主体作用，遵循自愿、互利、公平、诚实信用的原则，依照法律法规规定和合同约定，享有权益，承担风险。科技成果转化活动中的知识产权受法律保护。

科技成果转化活动应当遵守法律法规，维护国家利益，不得损害社会公共利益和他人合法权益。

第四条　国家对科技成果转化合理安排财政资金投入，引导社会资金投入，推动科技成果转化资金投入的多元化。

第五条　国务院和地方各级人民政府应当加强科技、财政、投资、税收、人才、产业、金融、政府采购、军民融合等政策协同，为科技成果转化创造良好环境。

地方各级人民政府根据本法规定的原则，结合本地实际，可以采取更加有利于促进科技成果转化的措施。

第六条　国家鼓励科技成果首先在中国境内实施。中国单位或者个人向境外的组织、个人转让或者许可其实施科技成果的，应当遵守相关法律、行政法规以及国家有关规定。

第七条　国家为了国家安全、国家利益和重大社会公共利益的需要，可以依法组织实施或者许可他人实施相关科技成果。

第八条　国务院科学技术行政部门、经济综合管理部门和其他有关行政部门依照国务院规定的职责，管理、指导和协调科技成果转化工作。

地方各级人民政府负责管理、指导和协调本行政区域内的科技成果转化工作。

第二章　组织实施

第九条　国务院和地方各级人民政府应当将科技成果的转化纳入国民经济和社会发展计划，并组织协调实施有关科技成果的转化。

第十条　利用财政资金设立应用类科技项目和其他相关科技项目，有关行政部门、管理机构应当改进和完善科研组织管理方式，在制定相关科技规划、计划和编制项目指南时应当听取相关行业、企业的意见；在组织实施应用类科技项目时，应当明确项目承担者的科技成果转化义务，加强知识产权管理，并将科技成果转化和知识产权创造、运用作为立项和验收的重要内容和依据。

第十一条　国家建立、完善科技报告制度和科技成果信息系统，向社会公布科技项目实施情况以及科技成果和相关知识产权信息，提供科技成果信息查询、筛选等公益服务。公布有关信息不得泄露国家秘密和商业秘密。对不予公布的信息，有关部门应当及时告知相关科技项目承担者。

利用财政资金设立的科技项目的承担者应当按照规定及时提交相关科技报告，并将科技成果和相关知识产权信息汇交到科技成果信息系统。

国家鼓励利用非财政资金设立的科技项目的承担者提交相关科技报告，将科技成果和相关知识产权信息汇交到科技成果信息系统，县级以上人民政府负责相关工作的部门应当为其提供方便。

第十二条　对下列科技成果转化项目，国家通过政府采购、研究开发资助、发布产业技术指导目录、示范推广等方式予以支持：

（一）能够显著提高产业技术水平、经济效益或者能够形成促进社会经济健康发展的新产业的；

（二）能够显著提高国家安全能力和公共安全水平的；

（三）能够合理开发和利用资源、节约能源、降低消耗以及防治环境污染、保护生态、提高应对气候变化和防灾减灾能力的；

（四）能够改善民生和提高公共健康水平的；

（五）能够促进现代农业或者农村经济发展的；

（六）能够加快民族地区、边远地区、贫困地区社会经济发展的。

第十三条　国家通过制定政策措施，提倡和鼓励采用先进技术、工艺和装备，不断改进、限制使用或者淘汰落后技术、工艺和装备。

第十四条　国家加强标准制定工作，对新技术、新工艺、新材料、新产品依法及时制定国家标准、行业标准，积极参与国际标准的制定，推动先进适用技术推广和应用。

国家建立有效的军民科技成果相互转化体系，完善国防科技协同创新体制机制。军品科研生产应当依法优先采用先进适用的民用标准，推动军用、民用技术相互转移、转化。

第十五条　各级人民政府组织实施的重点科技成果转化项目，可以由有关部门组织采用公开招标的方式实施转化。有关部门应当对中标单位提供招标时确定的资助或者其他条件。

第十六条　科技成果持有者可以采用下列方式进行科技成果转化：

（一）自行投资实施转化；

（二）向他人转让该科技成果；

（三）许可他人使用该科技成果；

（四）以该科技成果作为合作条件，与他人共同实施转化；

（五）以该科技成果作价投资，折算股份或者出资比例；

（六）其他协商确定的方式。

第十七条　国家鼓励研究开发机构、高等院校采取转让、许可或者作价投资等方式，向企业或者其他组织转移科技成果。

国家设立的研究开发机构、高等院校应当加强对科技成果转化的管理、组织和协调，促进科技成果转化队伍建设，优化科技成果转化流程，通过本单位负责技术转移工作的机构或者委托独立的科技成果转化服务机构开展技术转移。

第十八条　国家设立的研究开发机构、高等院校对其持有的科技成果，可以自主决定转让、许可或者作价投资，但应当通过协议定价、在技术交易市场挂牌交易、拍卖等方式确定价格。通过协议定价的，应当在本单位公示科技成果名称和拟交易价格。

第十九条　国家设立的研究开发机构、高等院校所取得的职务科技成果，完成人和参加人在不变更职务科技成果权属的前提下，可以根据与本单位的协议进行该项科技成果的转化，并享有协议规定的权益。该单位对上述科技成果转化活动应当予以支持。

科技成果完成人或者课题负责人，不得阻碍职务科技成果的转化，不得将职务科技成果及其技术资料和数据占为己有，侵犯单位的合法权益。

第二十条　研究开发机构、高等院校的主管部门以及财政、科学技术等相关行政部门应当建立有利于促进科技成果转化的绩效考核评价体系，将科技成果转化情况作为对相关单位及人员评价、科研资金支持的重要内容和依据之一，并对科技成果转化绩效突出的相关单位及人员加大科研资金支持。

国家设立的研究开发机构、高等院校应当建立符合科技成果转化工作特点的职称评定、岗位管理和考核评价制度，完善收入分配激励约束机制。

第二十一条　国家设立的研究开发机构、高等院校应当向其主管部门提交科技成果转化情况年度报告，说明本单位依法取得的科技成果数量、实施转化情况以及相关收入分配情况，该主管部门应当按照规定将科技成果转化情况年度报告报送财政、科学技术等相关行政部门。

第二十二条　企业为采用新技术、新工艺、新材料和生产新产品，可以自行发布信息或者委托科技中介服务机构征集其所需的科技成果，或者征寻科技成果转化的合作者。

县级以上地方各级人民政府科学技术行政部门和其他有关部门应当根据职责分工，为企业获取所需的科技成果提供帮助和支持。

第二十三条　企业依法有权独立或者与境内外企业、事业单位和其他合作者联合实施科技成果转化。

企业可以通过公平竞争，独立或者与其他单位联合承担政府组织实施的科技研究开发和科技成果转化项目。

第二十四条　对利用财政资金设立的具有市场应用前景、产业目标明确的科技项目，政府有关部门、管理机构应当发挥企业在研究开发方向选择、项目实施和成果应用中的主导作用，鼓励企业、研究开发机构、高等院校及其他组织共同实施。

第二十五条　国家鼓励研究开发机构、高等院校与企业相结合，联合实施科技成果转化。

研究开发机构、高等院校可以参与政府有关部门或者企业实施科技成果转化的招标投标活动。

第二十六条　国家鼓励企业与研究开发机构、高等院校及其他组织采取联合建立研究开发平台、技术转移机构或者技术创新联盟等产学研合作方式，共同开展研究开发、成果应用与推广、标准研究与制定等活动。

合作各方应当签订协议，依法约定合作的组织形式、任务分工、资金投入、知识产权归属、权益分配、风险分担和违约责任等事项。

第二十七条　国家鼓励研究开发机构、高等院校与企业及其他组织开展科技人员交流，根据专业特点、行业领域技术发展需要，聘请企业及其他组织的科技人员兼职从事教学和科研工作，支持本单位的科技人员到企业及其他组织从事科技成果转化活动。

第二十八条　国家支持企业与研究开发机构、高等院校、职业院校及培训机构联合建立学生实习实践培训基地和研究生科研实践工作机构，共同培养专业技术人才和高技能人才。

第二十九条　国家鼓励农业科研机构、农业试验示范单位独立或者与其他单位合作实施农业科技成果转化。

第三十条　国家培育和发展技术市场，鼓励创办科技中介服务机构，为技术交易提供交易场所、信息平台以及信息检索、加工与分析、评估、经纪等服务。

科技中介服务机构提供服务，应当遵循公正、客观的原则，不得提供虚假的信息和证明，对其在服务过程中知悉的国家秘密和当事人的商业秘密负有保密义务。

第三十一条　国家支持根据产业和区域发展需要建设公共研究开发平台，为科技成果转化提供技术集成、共性技术研究开发、中间试验和工业性试验、科技成果系统化和工程化开发、技术推广与示范等服务。

第三十二条　国家支持科技企业孵化器、大学科技园等科技企业孵化机构发展，为初创期科技型中小企业提供孵化场地、创业辅导、研究开发与管理咨询等服务。

第三章　保障措施

第三十三条　科技成果转化财政经费，主要用于科技成果转化的引导资金、贷款贴息、补助资金和风险投资以及其他促进科技成果转化的资金用途。

第三十四条　国家依照有关税收法律、行政法规规定对科技成果转化活动实行税收优惠。

第三十五条　国家鼓励银行业金融机构在组织形式、管理机制、金融产品和服务等方面进行创新，鼓励开展知识产权质押贷款、股权质押贷款等贷款业务，为科技成果转化提供金融支持。

国家鼓励政策性金融机构采取措施，加大对科技成果转化的金融支持。

第三十六条　国家鼓励保险机构开发符合科技成果转化特点的保险品种，为科技成果转化提供保险服务。

第三十七条　国家完善多层次资本市场，支持企业通过股权交易、依法发行股票和债券等直接融资方式为科技成果转化项目进行融资。

第三十八条　国家鼓励创业投资机构投资科技成果转化项目。

国家设立的创业投资引导基金，应当引导和支持创业投资机构投资初创期科技型中小企业。

第三十九条　国家鼓励设立科技成果转化基金或者风险基金，其资金来源由国家、地方、企业、事业单位以及其他组织或者个人提供，用于支持高投入、高风险、高产出的科技成果的转化，加速重大科技成果的产业化。

科技成果转化基金和风险基金的设立及其资金使用，依照国家有关规定执行。

第四章　技术权益

第四十条　科技成果完成单位与其他单位合作进行科技成果转化的，应当依法由合同约定该科技成果有关权益的归属。合同未作约定的，按照下列原则办理：

（一）在合作转化中无新的发明创造的，该科技成果的权益，归该科技成果完成单位；

（二）在合作转化中产生新的发明创造的，该新发明创造的权益归合作各方共有；

（三）对合作转化中产生的科技成果，各方都有实施该项科技成果的权利，转让该科技成果应经合作各方同意。

第四十一条　科技成果完成单位与其他单位合作进行科技成果转化的，合作各方应当就保守技术秘密达成协议；当事人不得违反协议或者违反权利人有关保守技术秘密的要求，披露、允许他人使用该技术。

第四十二条　企业、事业单位应当建立健全技术秘密保护制度，保护本单位的技术秘密。职工应当遵守本单位的技术秘密保护制度。

企业、事业单位可以与参加科技成果转化的有关人员签订在职期间或者离职、离休、退休后一定期限内保守本单位技术秘密的协议；有关人员不得违反协议约定，泄露本单位的技术秘密和从事与原单位相同的科技成果转化活动。

职工不得将职务科技成果擅自转让或者变相转让。

第四十三条　国家设立的研究开发机构、高等院校转化科技成果所获得的收入全部留归本单位，在对完成、转化职务科技成果做出重要贡献的人员给予奖励和报酬后，主要用于科学技术研究开发与成果转化等相关工作。

第四十四条　职务科技成果转化后，由科技成果完成单位对完成、转化该项科技成果做出重要贡献的人员给予奖励和报酬。

科技成果完成单位可以规定或者与科技人员约定奖励和报酬的方式、数额和时限。单位制定相关规定，应当充分听取本单位科技人员的意见，并在本单位公开相关规定。

第四十五条　科技成果完成单位未规定、也未与科技人员约定奖励和报酬的方式和数额的，按照下列标准对完成、转化职务科技成果做出重要贡献的人员给予奖励和报酬：

（一）将该项职务科技成果转让、许可给他人实施的，从该项科技成果转让净收入或者许可净收入中提取不低于百分之五十的比例；

（二）利用该项职务科技成果作价投资的，从该项科技成果形成的股份或者出资比例中提取不低于百分之五十的比例；

（三）将该项职务科技成果自行实施或者与他人合作实施的，应当在实施转化成功投产后连续三至五年，每年从实施该项科技成果的营业利润中提取不低于百分之五的比例。

国家设立的研究开发机构、高等院校规定或者与科技人员约定奖励和报酬的方式和数额应当符合前款第一项至第三项规定的标准。

国有企业、事业单位依照本法规定对完成、转化职务科技成果做出重要贡献的人员给予奖励和报酬的支出计入当年本单位工资总额，但不受当年本单位工资总额限制、不纳入本单位工资总额基数。

第五章　法律责任

第四十六条　利用财政资金设立的科技项目的承担者未依照本法规定提交科技报告、汇交科技成果和相关知识产权信息的，由组织实施项目的政府有关部门、管理机构责令改正；情节严重的，予以通报批评，禁止其在一定期限内承担利用财政资金设立的科技项目。

国家设立的研究开发机构、高等院校未依照本法规定提交科技成果转化情况年度报告的，由其主管部门责令改正；情节严重的，予以通报批评。

第四十七条　违反本法规定，在科技成果转

化活动中弄虚作假，采取欺骗手段，骗取奖励和荣誉称号、诈骗钱财、非法牟利的，由政府有关部门依照管理职责责令改正，取消该奖励和荣誉称号，没收违法所得，并处以罚款。给他人造成经济损失的，依法承担民事赔偿责任。构成犯罪的，依法追究刑事责任。

第四十八条　科技服务机构及其从业人员违反本法规定，故意提供虚假的信息、实验结果或者评估意见等欺骗当事人，或者与当事人一方串通欺骗另一方当事人的，由政府有关部门依照管理职责责令改正，没收违法所得，并处以罚款；情节严重的，由工商行政管理部门依法吊销营业执照。给他人造成经济损失的，依法承担民事赔偿责任；构成犯罪的，依法追究刑事责任。

科技中介服务机构及其从业人员违反本法规定泄露国家秘密或者当事人的商业秘密的，依照有关法律、行政法规的规定承担相应的法律责任。

第四十九条　科学技术行政部门和其他有关部门及其工作人员在科技成果转化中滥用职权、玩忽职守、徇私舞弊的，由任免机关或者监察机关对直接负责的主管人员和其他直接责任人员依法给予处分；构成犯罪的，依法追究刑事责任。

第五十条　违反本法规定，以唆使窃取、利诱胁迫等手段侵占他人的科技成果，侵犯他人合法权益的，依法承担民事赔偿责任，可以处以罚款；构成犯罪的，依法追究刑事责任。

第五十一条　违反本法规定，职工未经单位允许，泄露本单位的技术秘密，或者擅自转让、变相转让职务科技成果的，参加科技成果转化的有关人员违反与本单位的协议，在离职、离休、退休后约定的期限内从事与原单位相同的科技成果转化活动，给本单位造成经济损失的，依法承担民事赔偿责任；构成犯罪的，依法追究刑事责任。

第六章　附则

第五十二条　本法自 1996 年 10 月 1 日起施行。

国务院关于加快科技服务业发展的若干意见

国发〔2014〕49号

各省、自治区、直辖市人民政府，国务院各部委、各直属机构：

科技服务业是现代服务业的重要组成部分，具有人才智力密集、科技含量高、产业附加值大、辐射带动作用强等特点。近年来，我国科技服务业发展势头良好，服务内容不断丰富，服务模式不断创新，新型科技服务组织和服务业态不断涌现，服务质量和能力稳步提升。但总体上我国科技服务业仍处于发展初期，存在着市场主体发育不健全、服务机构专业化程度不高、高端服务业态较少、缺乏知名品牌、发展环境不完善、复合型人才缺乏等问题。加快科技服务业发展，是推动科技创新和科技成果转化、促进科技经济深度融合的客观要求，是调整优化产业结构、培育新经济增长点的重要举措，是实现科技创新引领产业升级、推动经济向中高端水平迈进的关键一环，对于深入实施创新驱动发展战略、推动经济提质增效升级具有重要意义。为加快推动科技服务业发展，现提出以下意见。

一、总体要求

（一）指导思想

以邓小平理论、“三个代表”重要思想、科学发展观为指导，深入贯彻落实党的十八大、十八届二中、三中全会精神和国务院决策部署，充分发挥市场在资源配置中的决定性作用，以支撑创新驱动发展战略实施为目标，以满足科技创新需求和提升产业创新能力为导向，深化科技体制改革，加快政府职能转变，完善政策环境，培育和壮大科技服务市场主体，创新科技服务模式，延展科技创新服务链，促进科技服务业专业化、网络化、规模化、国际化发展，为建设创新型国家、打造中国经济升级版提供重要保障。

（二）基本原则

坚持深化改革。推进科技体制改革，加快政府职能转变和简政放权，有序放开科技服务市场准入，建立符合国情、持续发展的体制机制，营造平等参与、公平竞争的发展环境，激发各类科技服务主体活力。

坚持创新驱动。充分应用现代信息和网络技术，依托各类科技创新载体，整合开放公共科技服务资源，推动技术集成创新和商业模式创新，积极发展新型科技服务业态。

坚持市场导向。充分发挥市场在资源配置中的决定性作用，区分公共服务和市场化服务，综合运用财税、金融、产业等政策支持科技服务机构市场化发展，加强专业化分工，拓展市场空间，实现科技服务业集聚发展。

坚持开放合作。鼓励科技服务机构加强区域协作，推动科技服务业协同发展，加强国际交流与合作，培育具有全球影响力的服务品牌。

（三）发展目标

到 2020 年，基本形成覆盖科技创新全链条的科技服务体系，服务科技创新能力大幅增强，科技服务市场化水平和国际竞争力明显提升，培育一批拥有知名品牌的科技服务机构和龙头企业，涌现一批新型科技服务业态，形成一批科技服务产业集群，科技服务业产业规模达到 8 万亿元，成为促进科技经济结合的关键环节和经济提质增效升级的重要引擎。

二、重点任务

重点发展研究开发、技术转移、检验检测认证、创业孵化、知识产权、科技咨询、科技金融、科学技术普及等专业科技服务和综合科技服务，提升科技服务业对科技创新和产业发展的支撑能力。

（一）研究开发及其服务

加大对基础研究的投入力度，支持开展多种形式的应用研究和试验发展活动。支持高校、科研院所整合科研资源，面向市场提供专业化的研发服务。鼓励研发类企业专业化发展，积极培育市场化新型研发组织、研发中介和研发服务外包新业态。支持产业联盟开展协同创新，推动产业技术研发机构面向产业集群开展共性技术研发。支持发展产品研发设计服务，促进研发设计服务企业积极应用新技术提高设计服务能力。加强科技资源开放服务，建立健全高校、科研院所的科研设施和仪器设备开放运行机制，引导国家重点实验室、国家工程实验室、国家工程（技术）研究中心、大型科学仪器中心、分析测试中心等向社会开放服务。

（二）技术转移服务

发展多层次的技术（产权）交易市场体系，支持技术交易机构探索基于互联网的在线技术交易模式，推动技术交易市场做大做强。鼓励技术转移机构创新服务模式，为企业提供跨领域、跨区域、全过程的技术转移集成服务，促进科技成果加速转移转化。依法保障为科技成果转移转化作出重要贡献的人员、技术转移机构等相关方的收入或股权比例。充分发挥技术进出口交易会、高新技术成果交易会等展会在推动技术转移中的作用。推动高校、科研院所、产业联盟、工程中心等面向市场开展中试和技术熟化等集成服务。建立企业、科研院所、高校良性互动机制，促进技术转移转化。

（三）检验检测认证服务

加快发展第三方检验检测认证服务，鼓励不同所有制检验检测认证机构平等参与市场竞争。加强计量、检测技术、检测装备研发等基础能力建设，发展面向设计开发、生产制造、售后服务全过程的观测、分析、测试、检验、标准、认证等服务。支持具备条件的检验检测认证机构与行政部门脱钩、转企改制，加快推进跨部门、跨行业、跨层级整合与并购重组，培育一批技术能力强、服务水平高、规模效益好的检验检测认证集团。完善检验检测认证机构规划布局，加强国家质检中心和检测实验室建设。构建产业计量测试服务体系，加强国家产业计量测试中心建设，建立计量科技创新联盟。构建统一的检验检测认证监管制度，完善检验检测认证机构资质认定办法，开展检验检测认证结果和技术能力国际互认。加强技术标准研制与应用，支持标准研发、信息咨询等服务发展，构建技术标准全程服务体系。

（四）创业孵化服务

构建以专业孵化器和创新型孵化器为重点、综合孵化器为支撑的创业孵化生态体系。加强创业教育，营造创业文化，办好创新创业大赛，充分发挥大学科技园在大学生创业就业和高校科技成果转化中的载体作用。引导企业、社会资本参与投资建设孵化器，促进天使投资与创业孵化紧密结合，推广“孵化 + 创投”等孵化模式，积极探索基于互联网的新型孵化方式，提升孵化器专业服务能力。整合创新创业服务资源，支持建设“创业苗圃＋孵化器＋加速器”的创业孵化服务链条，为培育新兴产业提供源头支撑。

（五）知识产权服务

以科技创新需求为导向，大力发展知识产权代理、法律、信息、咨询、培训等服务，提升知识产权分析评议、运营实施、评估交易、保护维权、投融资等服务水平，构建全链条的知识产权服务体系。支持成立知识产权服务联盟，开发高端检索分析工具。推动知识产权基础信息资源免费或低成本向社会开放，基本检索工具免费供社会公众使用。支持相关科技服务机构面向重点产业领域，建立知识产权信息服务平台，提升产业创新服务能力。

（六）科技咨询服务

鼓励发展科技战略研究、科技评估、科技招投标、管理咨询等科技咨询服务业，积极培育管理服务外包、项目管理外包等新业态。支持科技咨询机构、知识服务机构、生产力促进中心等积极应用大数据、云计算、移动互联网等现代信息技术，创新服务模式，开展网络化、集成化的科技咨询和知识服务。加强科技信息资源的市场化开发利用，支持发展竞争情报分析、科技查新和文献检索等科技信息服务。发展工程技术咨询服务，为企业提供集成化的工程技术解决方案。

（七）科技金融服务

深化促进科技和金融结合试点，探索发展新型科技金融服务组织和服务模式，建立适应创新链需求的科技金融服务体系。鼓励金融机构在科技金融服务的组织体系、金融产品和服务机制方面进行创新，建立融资风险与收益相匹配的激励机制，开展科技保险、科技担保、知识产权质押等科技金融服务。支持天使投资、创业投资等股权投资对科技企业进行投资和增值服务，探索投贷结合的融资模式。利用互联网金融平台服务科技创新，完善投融资担保机制，破解科技型中小微企业融资难问题。

（八）科学技术普及服务

加强科普能力建设，支持有条件的科技馆、博物馆、图书馆等公共场所免费开放，开展公益性科普服务。引导科普服务机构采取市场运作方式，加强产品研发，拓展传播渠道，开展增值服务，带动模型、教具、展品等相关衍生产业发展。推动科研机构、高校向社会开放科研设施，鼓励企业、社会组织和个人捐助或投资建设科普设施。整合科普资源，建立区域合作机制，逐步形成全国范围内科普资源互通共享的格局。支持各类出版机构、新闻媒体开展科普服务，积极开展青少年科普阅读活动，加大科技传播力度，提供科普服务新平台。

（九）综合科技服务

鼓励科技服务机构的跨领域融合、跨区域合作，以市场化方式整合现有科技服务资源，创新服务模式和商业模式，发展全链条的科技服务，形成集成化总包、专业化分包的综合科技服务模式。鼓励科技服务机构面向产业集群和区域发展需求，开展专业化的综合科技服务，培育发展壮大若干科技集成服务商。支持科技服务机构面向军民科技融合开展综合服务，推进军民融合深度发展。

三、政策措施

（一）健全市场机制

进一步完善科技服务业市场法规和监管体制，有序放开科技服务市场准入，规范市场秩序，加强科技服务企业信用体系建设，构建统一开放、竞争有序的市场体系，为各类科技服务主体营造公平竞争的环境。推动国有科技服务企业建立现代企业制度，引导社会资本参与国有科技服务企业改制，促进股权多元化改造。鼓励科技人员创办科技服务企业，积极支持合伙制科技服务企业发展。加快推进具备条件的科技服务事业单位转制，开展市场化经营。加快转变政府职能，充分发挥产业技术联盟、行业协会等社会组织在推动科技服务业发展中的作用。

（二）强化基础支撑

加快建立国家科技报告制度，建设统一的国家科技管理信息系统，逐步加大信息开放和共享力度。积极推进科技服务公共技术平台建设，提升科技服务技术支撑能力。建立健全科技服务的标准体系，加强分类指导，促进科技服务业规范化发展。完善科技服务业统计调查制度，充分利用并整合各有关部门科技服务业统计数据，定期发布科技服务业发展情况。研究实行有利于科技服务业发展的土地政策，完善价格政策，逐步实现科技服务企业用水、用电、用气与工业企业同价。

（三）加大财税支持

建立健全事业单位大型科研仪器设备对外开放共享机制，加强对国家超级计算中心等公共科研基础设施的支持。完善高新技术企业认定管理办法，充分考虑科技服务业特点，将科技服务内容及其支撑技术纳入国家重点支持的高新技术领域，对认定为高新技术企业的科技服务企业，减按 15% 的税率征收企业所得税。符合条件的科技服务企业发生的职工教育经费支出，不超过工资薪金总额 8% 的部分，准予在计算应纳税所得额时据实扣除。结合完善企业研发费用计核方法，统筹研究科技服务费用税前加计扣除范围。加快推进营业税改征增值税试点，扩大科技服务企业增值税进项税额抵扣范围，消除重复征税。落实国家大学科技园、科技企业孵化器相关税收优惠政策，对其自用以及提供给孵化企业使用的房产、土地，免征房产税和城镇土地使用税；对其向孵化企业出租场地、房屋以及提供孵化服务的收入，免征营业税。

（四）拓宽资金渠道

建立多元化的资金投入体系，拓展科技服务企业融资渠道，引导银行信贷、创业投资、资本市场等加大对科技服务企业的支持，支持科技服务企业上市融资和再融资以及到全国中小企业股份转让系统挂牌，鼓励外资投入科技服务业。积极发挥财政资金的杠杆作用，利用中小企业发展专项资金、国家科技成果转化引导基金等渠道加大对科技服务企业的支持力度；鼓励地方通过科技服务业发展专项资金等方式，支持科技服务机构提升专业服务能力、搭建公共服务平台、创新服务模式等。创新财政支持方式，积极探索以政府购买服务、“后补助”等方式支持公共科技服务发展。

（五）加强人才培养

面向科技服务业发展需求，完善学历教育和职业培训体系，支持高校调整相关专业设置，加强对科技服务业从业人员的培养培训。积极利用各类人才计划，引进和培养一批懂技术、懂市场、懂管理的复合型科技服务高端人才。依托科协组织、行业协会，开展科技服务人才专业技术培训，提高从业人员的专业素质和能力水平。完善科技服务业人才评价体系，健全职业资格制度，调动高校、科研院所、企业等各类人才在科技服务领域创业创新的积极性。

（六）深化开放合作

支持科技服务企业“走出去”，通过海外并购、联合经营、设立分支机构等方式开拓国际市场，扶持科技服务企业到境外上市。推动科技服务企业牵头组建以技术、专利、标准为纽带的科技服务联盟，开展协同创新。支持科技服务机构开展技术、人才等方面的国际交流合作。鼓励国外知名科技服务机构在我国设立分支机构或开展科技服务合作。

（七）推动示范应用

开展科技服务业区域和行业试点示范，打造一批特色鲜明、功能完善、布局合理的科技服务业集聚区，形成一批具有国际竞争力的科技服务业集群。深入推动重点行业的科技服务应用，围绕战略性新兴产业和现代制造业的创新需求，建设公共科技服务平台。鼓励开展面向农业技术推广、农业产业化、人口健康、生态环境、社会治理、公共安全、防灾减灾等惠民科技服务。

各地区、各部门要充分认识加快科技服务业发展的重大意义，加强组织领导，健全工作机制，强化部门协同和上下联动，协调推动科技服务业改革发展。各地区要根据本意见，结合地方实际研究制定具体实施方案，细化政策措施，确保各项任务落到实处。各有关部门要抓紧研究制定配套政策和落实分工任务的具体措施，为科技服务业发展营造良好环境。科技部要会同相关部门对本意见的落实情况进行跟踪分析和督促指导，重大事项及时向国务院报告。

国务院

2014 年 10 月 9 日

科技部办公厅关于印发《生产力促进中心绩效评价办法》的通知

国科办高〔2014〕9号

各省、自治区、直辖市及计划单列市科技厅（委、局），新疆生产建设兵团科技局，各有关单位：

为贯彻落实十八大和十八届二中、三中全会精神，深入实施《中华人民共和国中小企业促进法》和《国家中长期科学和技术发展规划纲要（2006-2020年）》，进一步指导生产力促进中心提升自身能力，更好地发挥生产力促进中心在服务地方科技进步和经济发展中的作用，科技部在原《国家级示范生产力促进中心绩效评价工作细则》（国科办高〔2011〕39号）的基础上，修订形成了《生产力促进中心绩效评价办法》。现印发你们，请结合本地区实际情况，组织做好落实工作。

附件：生产力促进中心绩效评价办法

科技部办公厅

2014年2月12日

附件

生产力促进中心绩效评价办法

为进一步加强生产力促进中心的管理，规范生产力促进中心的绩效评价工作，确保绩效评价结果公开、公正、科学和客观，推动生产力促进中心的可持续发展，制定本办法。

一、组织实施

（一）科技部组织开展生产力促进中心的绩效评价工作，包括：制定评价指标、评价程序和评价标准，认定和发布评价结果。

（二）各省、自治区、直辖市、计划单列市、新疆生产建设兵团科技行政管理部门，组织做好本地区生产力促进中心的绩效评价工作。

二、评价范围

（一）科技部已认定并保持国家级示范生产力促进中心（以下简称国家级示范中心）资格的生产力促进中心。

（二）各省、自治区、直辖市、计划单列市、新疆生产建设兵团科技行政管理部门推荐的本区域内非国家级示范中心。

推荐参加绩效评价的生产力促进中心须符合下列条件：

（1）依法注册2年以上、名称中含有“生产力促进中心”称谓的独立法人机构；

（2）发展方向明确，机构设置合理，具有符合市场经济规律的体制机制，从业人员中学士学位以上人员大于70%；

（3）有完善的质量保证体系，通过ISO9001质量管理体系认证以及年度监督审核；

（4）具有较为完备的服务条件，自主支配的办公场所、设施、设备能够满足为企业服务的需要；

（5）服务能力强，具有稳定的企业服务群体和比较显著的服务业绩；

（6）企业类生产力促进中心需具备以下条件：从业人员15人以上，上年度人均服务收入15万元以上；

（7）事业类生产力促进中心需具备以下条件：上年度末总资产500万元以上，可自主支配的办公和服务面积500平方米以上。

三、工作要求

（一）按企业类和事业类分别评价排序

1. 企业类中心

执行企业会计制度，或注册为事业单位但企业化管理并执行企业会计制度或小企业会计制度。

2. 事业类中心

执行事业单位会计制度或科学事业单位会计制度。执行非营利组织会计制度的中心参加事业类考核。

（二）国家级示范中心每年1月25日前报送《生产力促进中心统计报表》

（三）各省、自治区、直辖市、计划单列市、新疆生产建设兵团科技行政管理部门按评价范围第二条推荐的生产力促进中心，每年2月25日前报送推荐函及《生产力促进中心统计报表》

（四）所有参加绩效评价的生产力促进中心每年4月30日前报送下列材料

1. 企业类中心

（1）法人证书复印件；

（2）ISO9001质量管理体系认证（或年度监督审核）证书复印件；

（3）经审计机构出具审计报告的三张表，即：“资产负债表”“利润表”“现金流量表”；

（4）经审计机构审计鉴定的“收入支出表”。

2. 事业类中心

（1）独立法人证书复印件；

（2）ISO9001质量管理体系认证（或年度监督审核）证书复印件；

（3）经审计机构出具审计报告的“资产负债表”；

（4）经审计机构审计鉴定的“收入支出表”。

（五）参与评价的生产力促进中心须按时、完整地报送相关材料

（六）科技部采取信息和数据核实、专家评审、答辩等方式对参与评价的生产力促进中心进行绩效评价

四、评价指标

（一）评价指标

企业类生产力促进中心评价指标。具体指标及解释见附件1。

事业类生产力促进中心评价指标。具体指标及解释见附件2。

（二）计分方法

1. 财务数据评价指标

（1）无量纲变换。每个具体指标数据按变换公式进行无量纲变化，计算出该指标的变换值，变换值保留小数点后两位。变换公式为

$$Yij=(Xij-Yimin)/(Ximax-Ximin)$$

其中，i代表第i项指标，j代表第j个参评中心，Xij 为第j个参评中心的第i项指标数据，$Ximax$ 为该指标在全部参评中心该项数据的最大

值，*Ximir* 为该指标在全部参评中心该项数据的最小值，*Yij* 表示第 j 个参评中心第 i 项指标数据的变换值。

（2）指标值百分化。设定同次绩效评价中，某项指标最大值得分为 100 分，最小值得分为 60 分，中位数得分为 80 分，则第 j 个参评中心第 i 项指标的百分化数值得分 Zij 为：

如果 Yij Yimid，则 Zij =〔（Yij−Yimin）/（Yimid−Yimin）×20〕+60

如果 Yij Yimid，则 Zij =〔（Yij−Yimid）/（Yimax−Yimid）×20〕+80

其中，Yimax、Yimin 和 Yimid 分别为该指标在全部参评中心中无量纲化数值得分的最大值、最小值和中位值。中位值即该指标排序居中的参评中心的数值，若参评中心数为偶数，则为居中两个参评中心数值的平均值。

（3）统计数据评价指标。

① 统计指标的分值，企业类见附件 1，事业类见附件 2。

② 沟通交流中的指标根据评价年度的情况，由评价机构相应给出 1.0、0.7、0.4、0.1 的分值，即为变换值。

单项具体指标的最终得分 = 变换值 × 该项具体指标的最终权重，保留小数点后两位。

评价指标的最终得分为所有具体指标的算术和。

（三）指标采集。

（1）财务数据的获取。上报的财务报表。

（2）统计数据的获取。上报的统计数据。

五、评价结果

（一）评价结果分为四类。

A 类。即评价排在企业类、事业类前 15% 的生产力促进中心。

B 类。即评价排在企业类、事业类前 15%~55% 的生产力促进中心。

C 类。即评价排在企业类、事业类前 55%~90% 的生产力促进中心。

D 类。即评价排在企业类、事业类后 10% 的生产力促进中心。

（二）评价结果为 D 类的生产力促进中心应接受培训、进行整改。

（三）在年度绩效评价过程中，参与绩效评价的生产力促进中心出现下列任意一种或多种情况时，视为该中心当年绩效评价结果为 D 类。

（1）未按时、按规定参加年度绩效评价的国家级示范中心；

（2）在申报材料中弄虚作假的；

（3）上年度评价结果为 D 类且未按时参加培训、进行整改的。

六、附则

（一）本办法由科技部负责解释。

（二）本办法自发布之日起施行。原绩效评价细则（国科办高〔2011〕39 号）同时废止。

附1

企业类生产力促进中心评价指标及解释

（一）评价指标及权重

分类	权重	具体指标	权重	来源
中心规模	22	资产总额	6	财务
		职工人均资产	6	财务
		实收资本	5	财务
		职工人均资本	5	财务
服务成效	36	收入总计	8	财务
		主营业务收入净额	6	财务
		业务增长率	8	财务
		人均服务收入	8	财务
		服务企业总数	6	统计
财务效益	15	主营业务利润率	5	财务
		平均净资产	5	财务
		净资产收益率	5	财务
人力资源	12	职工总数	6	统计
		学士学位以上人员比例	6	统计
沟通交流	15	报表及时与准确性	5	定性
		参加行业活动情况	5	定性
		信息沟通情况	5	定性

（二）统计指标相应的分值

具体指标Xij	取值区间	变换值
服务企业总数	$Xij \geq 1500$	1.0
	$1500 > Xij \geq 1200$	0.7
	$1200 > Xij \geq 1000$	0.4
	$1000 > Xij \geq 600$	0.2
	$Xij < 600$	0.1
职工总数	$Xij \geq 100$	1.0
	$100 > Xij \geq 70$	0.8
	$70 > Xij \geq 50$	0.6
	$50 > Xij \geq 30$	0.3
	$Xij < 30$	0.1

续表

具体指标*Xij*	取值区间	变换值
学士学位以上人员比例	*Xij*≥95%	1.0
	95%> *Xij*≥90%	0.8
	90%> *Xij*≥85%	0.5
	85%> *Xij*≥80%	0.3
	Xij <80%	0.2

（三）指标解释

1. 资产总额

取值于评价当年“资产负债表”的“资产总计”的“年末数”。

2. 职工人均资产

职工人均资产 = 年末资产总额 / 年末职工人数。

3. 实收资本

取值于评价当年“资产负债表”的“实收资本”的“年末数”。

4. 职工人均资本

职工人均资本 = 年末实收资本 / 年末职工人数。

5. 收入总计

取值于评价当年“收入支出表”的“收入总计”的“年末数”。

6. 主营业务收入净额

取值于评价当年的年度“利润及利润分配表”的“主营业务收入净额”的“本年实际数”；

7. 业务增长率

业务增长率=（本年主营业务收入总额－上年主营业务收入总额）/ 上年主营业务收入总额 ×100%。

8. 人均服务收入

人均服务收入 = 收入总计 / 职工总数。

9. 服务企业总数

指当年接受过中心提供某项服务的企业数量。若某企业接受过多项或多次服务，仍按一个企业计数。

10. 主营业务利润率

主营业务利润率 = 主营业务利润 / 主营业务收入 ×100%。

11. 平均净资产

平均净资产=（所有者权益年初数＋所有者权益年末数）/2。

12. 净资产收益率

净资产收益率=净利润 / 平均净资产 ×100%。

13. 职工总数

指在本中心工作并由单位支付工资的人员，以及有工作岗位，但由于学习、病伤产假等原因暂未工作，仍由单位支付工资的人员（不包括停薪留职人员）以及聘期在一年以上的中心长期聘用人员的数量。

14. 学士学位以上人员比例

指获得学士、硕士、博士学位的职工数占职工总数的比例。

15. 报表及时与准确性

按时、认真填报统计快报和年报，报表中未发现虚报、瞒报、漏报指标。

16. 参加行业活动情况

按要求参加科技行政管理部门和协会组织的相关活动。

17. 信息沟通情况

及时向科技部和协会报送宣传信息，每年在协会工作网站发表的信息数量和质量。

附2

事业类生产力促进中心评价指标及解释

（一）评价指标及权重

分类	权重	具体指标	权重	来源
中心规模	16	资产总额	8	财务
		职工人均资产	8	财务
发展能力	37	收入总计	8	财务
		非政府性收入比例	7	财务
		主营业务收入净额	7	财务
		业务增长率	7	财务
		服务企业总数	8	统计
服务条件	14	人均政府投入	7	财务
		政府投入增长率	7	财务
人力资源	18	职工总数	6	统计
		学士学位以上人员比例	6	统计
		中级职称以上人员比例	6	统计
沟通交流	15	报表及时与准确性	5	定性
		参加行业活动情况	5	定性
		信息沟通情况	5	定性

（二）统计指标相应的分值

具体指标*Xij*	取值区间	变换值
服务企业总数	*Xij* ≥1500	1.0
	1500> *Xij*≥1200	0.7
	1200> *Xij*≥800	0.4
	800>*Xij* ≥500	0.2
	Xij <500	0.1
职工总数	*Xij* ≥80	1.0
	80> *Xij*≥50	0.7
	50> *Xij*≥30	0.4
	30> *Xij*≥20	0.2
	Xij<20	0.1
学士学位以上人员比例	*Xij*≥85%	1.0
	85%> *Xij*≥80%	0.7
	80%> *Xij*≥75%	0.4
	75%> *Xij*≥70%	0.2
	Xij <70%	0.1

续表

具体指标Xij	取值区间	变换值
学士学位以上人员比例	Xij≥80%	1.0
	80%> Xij≥75%	0.7
	75%> Xij≥70%	0.4
	70%> Xij≥65%	0.2
	Xij <65%	0.1

（三）指标解释

1. 资产总额

取值于评价当年“资产负债表”的“资产总计”的“年末数”。

2. 职工人均资产

职工人均资产 = 年末资产总额 / 年末职工人数。

3. 收入总计

取值于评价当年“收入支出表”的“收入总计”的“年末数”。

4. 非政府性收入比率

非政府性收入比率 = 非政府性收入总额 / 本年度收入总额 ×100%。

5. 主营业务收入净额

事业类中心的“主营业务收入净额”＝本年收入总计－本年其他收入。

6. 业务增长率

业务增长率＝（本年主营业务收入总额－上年主营业务收入总额）/ 上年主营业务收入总额 ×100%。

7. 服务企业总数

指当年接受过中心提供某项服务的企业数量。若某企业接受过多项或多次服务，仍按一个企业计数。

8. 人均政府投入

人均政府投入 = 上年各级政府投入总额 / 职工总数。

9. 政府投入增长率

政府投入增长率＝（本年各级政府投入总额－上年各级政府投入总额）/ 上年各级政府投入总额 ×100%。

10. 职工总数

指在本中心工作并由单位支付工资的人员，以及有工作岗位，但由于学习、病伤产假等原因暂未工作，仍由单位支付工资的人员（不包括停薪留职人员）以及聘期在一年以上的中心长期聘用人员的数量。

11. 学士学位以上人员比例

指获得学士、硕士、博士学位的职工数占职工总数的比例。

12. 中级职称以上人员比例

指具备中级或中级以上技术职称的职工占职工总数的比例。

13. 报表及时与准确性

按时、认真填报统计快报和年报，报表中未发现虚报、瞒报、漏报指标。

14. 参加行业活动情况

按要求参加科技行政管理部门和协会组织的相关活动。

15. 信息沟通情况

及时向科技部和协会报送宣传信息，每年在协会工作网站发表的信息数量和质量。

关于印发生产力促进中心服务产业集群服务基层科技专项行动实施意见的通知

各省、自治区、直辖市、计划单列市科技厅（委、局），新疆生产建设兵团科技局，各有关单位：

为深入贯彻《国务院关于发挥科技支撑作用促进经济平稳较快发展的意见》（国发 [2009]9 号）和《国务院办公厅转发科技部等部门关于推进县（市）科技进步意见的通知》（国办发 [2006]34 号），进一步提高生产力促进中心服务产业集群和基层科技工作的能力，我部组织起草了《生产力促进中心服务产业集群、服务基层科技专项行动的实施意见》。现印发给你们，请结合本地区实际情况，加强领导，组织实施，做好落实工作。

请将进展情况及时反馈我部高新技术发展及产业化司和火炬高技术产业开发中心。

专此通知。

附件：生产力促进中心服务产业集群、服务基层科技专项行动的实施意见

科学技术部办公厅

二〇一一年五月四日

附件：

生产力促进中心服务产业集群、服务基层科技专项行动的实施意见

为深入贯彻《国务院关于发挥科技支撑作用促进经济平稳较快发展的意见》（国发 [2009]9 号）和《国务院办公厅转发科技部等部门关于推进县（市）科技进步意见的通知》（国办发 [2006]34 号），进一步提高生产力促进中心服务产业集群和基层科技工作的能力，决定开展专项行动（以下简称“两服务行动”），特提出以下意见。

一、充分认识实施两服务行动的重要意义，明确总体要求

（一）重要意义。当前，我国经济正处在企稳向好的关键时期，科技直接面向经济主战场、服务经济发展对生产力促进中心提出新的要求。提升生产力促进中心服务区域经济和基层科技事业发展的能力，有利于促进加快经济发展方式转变、提高区域经济质量，有利于落实科技惠民、激发创新活力，有利于完善区域创新体系、加快创新型国家建设。

（二）指导思想。坚持以邓小平理论、“三个

代表”重要思想和科学发展观为指导，深入贯彻《国家中长期科学和技术发展规划纲要（2006-2020年）》，深化改革，不断创新，围绕区域经济和基层科技发展的需求，发挥生产力促进中心作为科技服务业核心载体的作用，提升服务区域经济和科技事业发展的能力，推动我国生产力促进事业科学发展迈上新台阶。

（三）主要任务。面向产业集群和产业链各环节，构建技术创新和成果转化服务体系，加快先进适用技术的推广应用，提升企业竞争力，促进传统产业优化升级和战略性新兴产业培育。围绕基层科技工作的总体部署，加强服务能力建设，促进科技创新支撑区域经济社会发展，促进基层科技事业的又好又快发展。面向现代服务业发展的重点领域，培育核心服务能力，加快推动科技服务业、新兴服务业的发展。

二、深入园区集群，提升服务区域经济发展的能力

（四）完善园区和基地的机构布局。引导生产力促进中心主动进驻各类园区、基地和产业集群，扩大服务覆盖面，优化体系结构。支持高新区、农业科技园区、可持续发展试验区、高新技术产业化基地、火炬计划特色产业基地和软件产业基地建立生产力促进中心，并在国家级示范中心认定中单列计划，重点扶持。

（五）加大技术创新公共服务平台建设力度。按照国家技术创新工程的总体部署，围绕区域主导和优势产业，建立一批公共服务平台，促进产业共性关键技术研发攻关，促进先进适用技术的推广应用。创新建设和运行模式，提高平台的专业化服务能力。打造一批以生产力促进中心为主体的特色平台。

（六）推动产业技术创新战略联盟建设。发挥生产力促进中心的桥梁和纽带作用，推动企业、高校院所和科研机构等围绕产业技术创新的关键问题，开展技术合作，引导或参与建立一批产业技术创新战略联盟。加快技术转移，提高创新效率，促进知识成果传播、转化、应用，加速科技成果产业化，提升产业竞争力。

（七）大力培育企业的技术创新能力。深入了解企业的创新需求，支持企业加强创新发展的系统谋划。开展专题辅导，帮助企业申报和承担各级科技计划项目。协助企业引进和培训各类创新人才。推动传统行业企业技术和产品的改造升级，提高企业竞争力。培育一批创新型企业。

三、创新服务方式，提高为基层科技服务的水平

（八）增强服务县域经济的能力。围绕区域主导产业，提高专业化服务能力。立足“一县一业”，加强服务基础设施和条件建设。支持县域生产力促进中心提升服务主导产业的能力，建立生产力促进中心服务社会主义新农村建设联盟。加强资源集成和共享，重点支持县域中心参与各专业化的生产力促进联盟。

（九）大力促进农村科技进步。围绕农业科技成果转化，加大力度支持生产力促进中心参与农业科技特派员、农村信息化、农业专家大院等工作，落实科技支农惠农政策。支持生产力促进中心积极参与星火培训学校建设，加强农民技能培训，促进农村科技创业。

（十）深化行业中心与地方中心紧密合作。提升行业中心对县域中心的支撑能力，加速行业中心服务重点的下移，促进科技成果转化和技术二次开发。引导行业中心采取设立分支机构、联合组建机构、签订合作协议、远程服务等方式，与地方中心开展实质性合作。开展转制院所行业中心市县行活动。

（十一）组织跨区域对接，支持东西部生产力促进资源互动。完善互帮互助机制，大力促进东中西部各个层面生产力促进中心的合作和交流。

启动生产力省际合作展望计划，引导体系建设重点省加大与西部省份的深层次合作。坚持分类指导，鼓励西部地区具备基本条件的省份开展体系建设重点省试点。

四、加强自身能力建设，打造生产力促进资源优势

（十二）培育科技服务核心能力。引导生产力促进中心运用现代信息技术手段，针对企业技术创新和公共科技服务需求，重点发展研发设计、知识产权、技术交易、科技创新创业、科技金融、信息咨询等专业化服务，提升服务的科技含量，支持生产力促进中心承担现代服务业等科技计划任务。

（十三）深化业务联盟建设。建立和完善依托市场机制的跨区域业务联盟，深入推动工业分包、工业设计、科技金融、新农村建设联盟建设，启动技术转移、咨询诊断联盟建设。加强对区域性联盟建设的指导，促进全国性与区域性联盟的合作。

（十四）创新服务模式。推动生产力促进中心和业务联盟参与科技服务业专项行动，创新支撑社会化公共服务的方式，探索市场化服务的机制，加强服务手段、商业模式、服务内容的创新，培育科技服务新业态，进一步提升服务的专业化、产业化水平。

（十五）加大从业人员队伍建设力度。抓紧制定全国性从业人员培训教材，加强培训师资队伍建设。开展从业人员轮训，重点培育一批中心负责人、业务骨干和青年后备人才。建立从业人员资质认证制度，逐步实现持证上岗。

（十六）加强对外合作。加快国际化进程，积极参与国际科技服务业的交流合作，加强与国际知名的科研机构、大学开展项目合作引进国际先进的技术手段。继续做好与台港澳地区同类机构的交流合作。依托园区和产业优势，支持生产力促进中心“走出去”与“请进来”。

五、加大实施力度，提高专项行动的实效

（十七）加强组织领导，加大支持力度。科技部将加强对专项行动的领导，发挥好各级各类科技计划的作用，创新支持方式，提高支持强度，优先支持生产力促进中心承担相关工作试点，组织编制“十二五”专项规划。省级科技部门要结合本地区实际，采取切实措施，认真组织实施专项行动。

（十八）总结和推广一批典型。培育一批两服务行动骨干中心，加大宣传力度。做好生产力促进奖的评审工作，表彰两服务行动中表现突出的中心。完善现有信息报送渠道，及时了解各地方创造的新模式、新机制、新典型，认真总结、提升和推广。

综合概述

综合概述

1992年以来，在科技部、各级政府和行业主管部门的大力支持和积极引导下，中国生产力促进中心逐渐发展壮大，特别是经过“十一五”“十二五”时期的加速发展，生产力促进中心已经遍布全国所有的省级行政区域，形成了组织网络化、功能社会化、服务产业化的生产力促进工作体系，实现了持续快速健康发展。生产力促进中心为科技型中小企业的技术进步和发展做出了贡献，服务领域涉及决策咨询、信息服务、技术推广、技术支持、人才培训、企业诊断等方面。有力促进了中小企业创新成长、区域经济健康发展和创新型国家建设，已经成为我国科技中介服务体系的一面旗帜。截至2015年，全国生产力促进中心达到2688家，国家级示范生产力促进中心247家，总资产284.4亿元，服务企业数量达到44.2万个。

2008年起实施的生产力促进中心体系建设重点省行动，在22个省、自治区、直辖市开展试点，有力地推动了省地市良性互动、行业区域有机结合、县市中心健康发展良好局面的形成。国际工业分包中国联盟、中国生产力工业设计服务联盟建设进展顺利，50多家中心参与联盟，初步探索了业务联盟建设的机制和模式。成功引进联合国工业发展组织的工业分包与合作交流服务模式，累计帮助6.1万家企业进入国际工业分包网络，匹配国内外订单261单，合同金额折合人民币27.6亿元。积极参与清洁发展机制实施、创新方法理论研究、科技信用体系建设、技术转移和成果交易等科技专项工作，不断探索服务模式，丰富服务手段，拓宽服务领域。

有效应对金融危机、创新支撑发展模式，在应对国际金融危机过程中，生产力促进中心利用自身优势，帮助企业渡过难关。在支撑区域经济发展方面，生产力促进中心进入园区、服务产业集群、推广节能减排技术、实施制造业信息化工程等工作深入开展，促进了区域经济结构调整和发展方式转变；农业专家大院、农业信息化建设、农民技术职称评定等工作扎实推进，促进了社会主义新农村建设；积极服务软件、动漫、创意等新兴领域的企业，促进了现代服务业的发展。对外交流合作水平不断提升，开展中欧知识产权保护培训5次，累计培训700人次。中国生产力促进中心协会与我国台湾地区“生产力中心”共同创办的“两岸生产力经管论坛”已成功举办九届，生产力促进中心服务台资企业转型升级行动成为惠台十项政策之一。

“十二五”期间，生产力促进中心坚持“各具特色、各专所长、分类指导、分别推进”的思路，稳步扩大规模和实力，积极探索适应市场经济条件下的科技创新服务的体制机制，建立与产业和企业发展相适应的生产力促进体系。行业类中心要依托行业主管部门和院所高校的创新优势，着力增强研究开发、技术支撑、标准服务的能力，重点提高“全程式、差异化”服务的能力；综合类中心要发挥科技部门资源，针对区域经济和企业发展的需求，重点提高“一站式、全方位”服务的能力；专业类中心要结合区域产业发展的实际，依托生产力促进体系，充分利用各类创新资源，重点提高“集聚式、专业化”服务的能力。

“十二五”期间，生产力促进中心发展成为服务产业、支持企业、促进创业就业的载体；成为促进传统优势产业、战略性新兴产业、现代服务业协调发展的载体；成为密切产学研用、衔接创新体系各主体、加快自主创新成果产业化的载体，促进提高了全社会创新效率，促进知识成果传播、转化、应用。

科技服务业专业化、国际化进程加快，生产力促进中心必须加强核心业务培育，提高服务水平和国际竞争力，占领国内科技服务业的龙头位置。同时，必须认真研究数量发展与质量提升、业务相似和差异化需求等新问题，有效整合资源，科学合理分工，增强生产力促进体系的公信力和综合竞争力。

按照国家对科技创新的安排部署，未来五年，我国科技创新工作将紧紧围绕深入实施国家“十三五”规划纲要和创新驱动发展战略纲要，有力支撑《中国制造 2025》、“互联网 +”、海洋强国、网络强国、“一带一路”、长江经济带、军民融合发展等国家战略实施，充分发挥科技创新的核心引领作用。并要在“十三五”时期，着力打造一批区域创新高地，引领带动区域创新水平整体跃升。科技中介服务体系也已成为国家创新体系五个重要组成部分之一，实施技术创新工程，培育创新型企业、搭建技术创新服务平台、构建产学研创新战略联盟，引领企业创新能力建设，支持企业成为技术创新主体已经成为生产力促进中心的责任。生产力促进中心将按照“组织网络化、功能社会化、服务产业化”的目标，深化改革，不断创新，着力促进经济结构调整和发展方式转变，着力促进企业增强自主创新能力和提升竞争力，着力构建引领科技中介机构发展的生产力促进中心体系，推动中国生产力促进事业科学发展迈上新台阶。

典型生产力促进中心

北京

北京生产力促进中心

【概况】

北京生产力促进中心是北京市科委直属的公益二类事业单位，主要职责是组织社会科技力量，为企业提供政策解读、科技金融、市场渠道、创新创业孵化器等综合性服务，促进科技成果转化，推动企业技术、产品升级，不断增强企业技术创新能力和市场竞争能力；负责北京地区生产力组织备案，组织与服务生产力体系建设，研究、分析与发展生产力相关的问题，为政府宏观决策提供依据，促进北京地区生产力水平的发展；承担政府委托的专项工作，支撑承担高端装备制造、科技服务业、文化科技融合、国际科技合作、轨道交通与应急救援等领域调研、发展战略研究、项目组织管理工作；组织承担北京市国际合作基地联盟、北京科技咨询业协会等相关领域联盟与协会工作。

【科技创新】

中心重点从科技项目、国际合作、研发平台、人才培养、产业集聚和科技金融等多方面，推进科技创新工作实施，重点建设3D打印、智能机器人、应急救援领域智能装备等各大领域。

·3D打印技术

支持北医三院开展3D打印相关技术研究，目前北医三院成功实施世界最长3D打印脊椎置换术。国家食品药品监督总局批准注册的3D打印人体植入物，在中国仅有两项，皆为北医三院骨科团队研制，分别是“3D打印人工髋关节产品”和“金属3D打印内植物——人工椎体”。

·应急救援

“轻型高机动救援装备”纳入北京市应急保障体系，与中船重工合作研发的重大科技成果国内首艘锂电池动力船“雁栖湖·海晏”号，为2014年APEC会议提供应急救援服务保障。

·智能机器人

中心重点攻克机器人结构设计、人工智能等关键技术。探索以北京航空航天大学王田苗教授领衔，建立“智能机器人协同创新研究院”。与台湾富堡工业股份有限公司、精卡科技股份有限公司达成合作协议，进一步推动了两岸在智能机器人与自动化领域的交流合作。

·文化创新

推出国内首例应用于博物馆行业的超高清文物修复过程大屏交互展示解决方案，为故宫藏品安全及抢救性修复提供支撑服务，助力“平安故宫”工程。促成故宫博物院与市科委签署关于共同推动首都重大科技创新成果向故宫博物院转移转化的合作协议。

·科技创新

联合北京航空航天大学开展“北京区域智能制造云服务平台创新方法应用推广与示范”，该项目已被科技部“创新方法工作专项”正式立项。

【双创服务】

中心积极推进大众创业、万众创新，构建有利于大众创业、万众创新蓬勃发展的公共服务体系建设，谋划众创空间规划设计。以“融创空间”为载体，加快“众创空间”文化科技专业公共服务平台的建设，围绕中小微企业成长路线，打造集主题、功能、体验、线上一体化的空间服务体系，树立服务品牌。

· 空间孵化

“融创空间”已获得了科技部、北京市科委“众创空间”授牌，依托全国生产力服务体系，加大对“融创空间”服务品牌的推广力度，将服务品牌率先辐射至杭州、义乌、宁波、包头、拉萨等京外区域。目前已与西藏、内蒙古、义乌等地区洽谈“众创空间”合作建设方案，以融创品牌输出为核心，拓展京内、外“众创空间”建设。

· 科技金融

积极推进智能硬件领域创投基金和晨创力合天使投资基金，智能装备创新创业投资基金，投资规模 1.5 亿元并获得科委科技成果转化引导基金的支持。晨创力合天使投资基金投资规模 1750 万元，已投项目 2 个（Firely Games、华科易汇），拟投项目 3 个；储备项目 55 个。

· 创业大赛

连续两年承办“众创杯中国 · 北京创新创业大赛科技文化融合与设计创意主题赛”，为参赛队伍提供的“创业集训营”“创新创业工坊”等系列培训、融资等深度服务，效果显著，筛选并培育出优秀参赛队伍，2015 年有 13 支队伍晋级全国总决赛，最终荣获北京赛区团队组第二名优异成绩。

【成果转化】

· 互联网 + 体验中心

以中心建设的“融创空间”中小企业服务平台为载体，通过向消费者提供电商平台产品的线下体验、试用服务，不仅可解决电商去中心化的问题，同时向中小文化科技企业提供优秀产品的推广渠道和展示平台，为北京众创空间联盟进一步完善服务体系提供坚实支撑。与京东集团合作基于体验式、场景式营销模式，建设京东互联—融创空间互联网 + 体验中心，借助京东强大的平台聚合和推广能力，帮助创业者打通产品推广的“最后一公里”，提供一整套完善的解决方案。

【特色服务】

· 融创在线

中心着力打造线上线下一体化工作。“融创在线”——中小微企业线上服务平台，2015 年正式上线融创空间的宣传和对外服务平台，围绕中小微企业成长路线提供专业在线服务，包括科技管家和创业伙伴两大服务模块，覆盖创业培训、科技金融、集中办公、公共会议室、政策解读、一站式服务等 12 项专业服务功能。

· 国际合作

中心通过“一个基地、一条线索、一个活动、一个机制”的工作目标，合作渠道由现有的 43 个增加至 65 个，组织开展台湾宝岛游学团赴台，推进两岸科技文化事业交流促进，聘任台湾文化创意产业领头人陈甫彦先生作为中心文化创意首席科学家；成功举办“中丹文化创意产业园合作会议”“北京国际技术转移大会智能制造专场”“2015 亚太地区中小企业创新服务链联盟论坛暨技术转移项目推介会”等一批国际交流活动，梳理了 370 家国际合作基地情况。

· 科技运动嘉年华

融创空间“科技运动嘉年华”是北京市科技科普活动之一，创立于 2015 年，是联接上游创新创业产品与下游消费端体验之间的平台，目前涉及科技体验产品四大类、 30 余项、130 多个品种，包括科普教育、展示体验、互动娱乐、挑战竞技。融创空间“科技运动嘉年华”，一方面致力于整合京东互联、国家地理、视觉中国等机构的优质资源，加强对中小微企业及创业团队科技创新产品的市场渠道拓展方面提供支撑服务；另一方面通过与中科院和东方演艺集团的合作，将科技产品展示体验融合在青少年的科学知识教育和普及中。未来，融创空间“科技运动嘉年华”将不断推出更多的科技产品体验场景和项目，进一步推动中小微企业及创业团队的产品走向市场，同时为更多的青少年提供更广泛的科学实践课堂，实现“创新与创业、线上与线下、投资与孵化、科普与教育”的有机结合。

【典型案例】

·融创空间

在“大众创业、万众创新”的浪潮下，中心联合社会力量，发起组建“融创空间”，通过打造“3+1”（最具科技体验感的创客咖啡厅、空间灵活多样的开放式集中办公区、多功能科技运动休闲体验区、全方位政策解读的综合服务区）的创业孵化空间；为中小微企业及创业团队提供引导资金、天使基金、创业基金、融资担保、上市并购等系列化科技金融服务；以“互联网+”为手段，搭建线上线下相结合的产品体验平台，先后成为“北京市新技术、新产品首发平台线下体验中心”“京东互联网+智能产品体验旗舰店”“国家地理地道风物体验中心”“视觉中国线下视觉体验中心”“智能交互机器人体验中心”。成为集“项目管理、政策解读、空间孵化、科技金融、线上线下体验”为一体的特色众创空间。2014 年“融创空间”成为北京市科学技术委员会首批认定的 11 家“众创空间”之一；2015 年成为科技部认定的国家级“众创空间”。

·京东互联

2015 年底正式启动京东互联—融创空间，场景嵌入式营销旗舰店，首批体验产品 138 个，签订了《众创空间互联网+解决方案》框架协议：北京众创空间联盟、京东互联、北京生产力促进中心三方签署，京东集团四大事业部（商城、职能、金融、物流）全面参与。中心致力于积极为中小企业提供“天使投资基金”“创投基金”及银行机构金融服务等，以基金为杠杆搭建金融服务链，引导社会资本加大对高端制造业和文化科技产业等科技领域的投资。

【人才建设】

强化“以人为本”的中心人才建设品牌，提升人才队伍综合素质。开展素质提高培训，形成科技参观体验、素质拓展、中心发展及文化、公文写作及实操演练、项目组织与管理、财政预算评审等丰富的课程，拥有优秀的讲师团，形成一整套完整的培训体系。已成功举办两期新员工素质提升培训班，连续组织“用心服务”“执行力”“大众创业、万众创新”等员工主题演讲比赛共 8 届。中心锤炼了一支领导班子素质过硬，业务骨干技术技能熟练，青年员工风正气盛的战斗队伍。

【机构设置】

中心下设：综合管理部、国际合作部、制造业服务部、服务业促进部、文化科技服务部、重大项目管理部、财务管理部、项目管理部 8 个部门，目前拥有职工 43 人，其中硕士以上学位 24 人（博士及博士后 3 人），占总数的 56%。

主要服务职能：重点开展面向政府的支撑服务和面向产业的促进服务。

·面向政府的主要服务职能

支撑北京市科委高端装备制造、文化科技融合、科技服务业、节能环保、国际合作、轨道交通、应急救援、科技政务服务等八大领域科技工作。

科技服务业：推进大众创业、万众创新，构建有利于大众创业、万众创新蓬勃发展的公共服务体系，组织“科技服务业促进专项”，承担北京生产力促进联盟秘书处工作。

高端装备制造：承担北京市科委科技振兴产业工程“精机工程”（高端装备制造跨越发展工程）具体工作，重点从科技项目、国际合作、研发平台、人才培养、产业集聚和科技金融等六个方面推进精机工程实施，重点建设3D打印、智能装备和高端数控装备三大领域，承担北京数控装备创新联盟、数字化制造联盟、智能机器人产业技术创新联盟秘书处工作。

文化科技融合：围绕文化产业创意创作、设计制作、展示传播和消费体验四大环节，开展文化科技产业发展研究和科技项目组织工作。

轨道交通和应急救援：以服务央企为核心，以轨道交通和应急救援产业板块为工作重点，重点从通信信号、工程技术服务、高端装备制造三方面推进轨道交通板块工作，从北京应急救援科技产业园、北京应急救援科技创新园两大园区建设推进应急救援板块工作。

国际科技合作：承担北京市国际合作基地联盟工作，深入挖掘国际合作资源，积极开展国际合作交流活动，目前联盟成员总数达到324家，国际合作路线图已覆盖美洲、欧洲、亚洲等43个国家，同时负责“中国（北京）国际技术转移大会”端装备分论坛的组织工作。

· 面向中小企业的主要服务职能

创新孵化服务：搭建众创空间及服务平台，为中小企业提供政策辅导、企业诊断、战略策划、知识产权保护相关信息咨询服务，为产品设计研制、技术开发提供服务，为中小企业产品市场推广提供包装策划、渠道对接、投资路演等服务，促进科技成果转化，实现创业孵化、企业技术创新、产品升级等。

科技金融服务：为中小企业提供“天使投资基金”“创投基金”及银行机构金融服务等，以基金为杠杆搭建金融服务链，引导社会资本加大对高端制造业和文化科技产业等科技领域的投资。

（供稿单位：北京生产力促进中心；
执笔人：梁茜）

北京市丰台区技术创新与生产力促进中心

【概况】

北京市丰台区技术创新与生产力促进中心成立于1999年，直属丰台区科学技术委员会，公益一类事业单位。促进中心严格贯彻运行ISO9001质量管理体系，以贷款担保、首都科技条件平台丰台工作站建设和运行、信息网络管理、科技项目申报、技术合同登记、科技培训等业务为特色，较好地发挥了服务经济、促进生产力发展的积极作用。2003年被科技部认定为第四批国家级示范生产力促进中心。多次荣获丰台区科技及中小企业贷款担保工作先进集体称号，自2011年开展首都科技条件平台区县工作站建设工作以来，屡次获得绩效考评第一名，2013年和2015年，两度荣获全国生产力促进服务贡献奖等。

【团队建设】

中心设有融资部、综合服务部、信息部、办公室和财务部五个部门。编制13人，在职人员13名，其中大学本科以上学历11名，高级职称1人，涉及经济、法律、化工、机械、电子信息、通信、计算机、制药等8个专业。全员取得ISO9001内审员资格，全员通过中国生产力学院高级咨询师培训并取证，4人取得技术经纪人资格，6人受过各级科技金融担保业务培训。建立了由高校、科研机构及企业科技管理人才200多名专家组成的智库。

【特色服务】

一、科技金融助力“双创”

自1999年中心成立以来，一直承担丰台区科技及中小企业融资担保资金管理办公室职能，面向全区科技及中小企业开展贷款担保工作。近年来，响应国家“大众创业、万众创新”的号召，加大科技型中小企业贷款担保力度，形成“小额绿通、优户绿通、全程服务、方式灵活、专业护航”的贷款担保服务特色和模式，解决了中小企业的融资难题，所服务企业在税收、解决就业、科技成果转化等方面都有所提升，收到了良好的社会效益。截至目前，累计接洽贷款担保企业咨询859次，担保项目433个，担保金额58410万元。此外，中心还联合区人力社保局、各街道社保所、北京银行和首创担保公司，为区域内失业创业人员提供小额担保服务，自2006年至今，已为失创业人员提供担保259项，担保金额1895万元，为丰台区失业创业人员再就业提供了小额流动资金贷款担保支持，为社会和谐稳定起到了积极的作用。

二、整合资源服务创新

中心作为首都科技条件平台丰台工作站的专业运营机构，自2011年底全面开展建设以来，先后建立了检测服务中心、创新服务中心、生物医药服务中心和智能制造创新中心，为企业提供研发创新、技术支撑、企业管理技术人员培训等全方位服务。截止到目前，已吸纳成员单位261家，整合仪器设备资源价值近7亿元，聚集科技人才230人，征集解决企业需求485项，组织供需对接26场次，服务企业1200多家次，形成典型案例21个，服务成员单位合同达4930万元，较好地发挥了连接科技资源与企业需求的桥梁作用，形成了整合科技资源服务丰台、产学研用促进项目落地丰台的工作模式，成为中心又一工作亮点。特别是自2014年以来，以首都科技创新券为抓手，积极对接企业需求，推荐企业申报创新券200家余次，60多家次企业获得创新券400多万元支持，为丰台区小微企业开展科技创新提供了重要支撑。

三、技术市场促进成果转化

中心自2002年开始，承担技术市场促进科技成果转化工作，积极宣传技术市场优惠政策、税收减免政策、技术市场交易规范，认真开展技术合同认定登记、重点企业技术市场交易调查数据统计分析、重大科技成果落地转化项目跟踪等工作。发放宣传材料一万多份，为300多家企业提供技术市场优惠政策及相关咨询一万多次，提供技术合同认定登记服务3000多次，登记技术合同2500多项，成交总金额达30亿元。通过加强对落地丰台区的重大技术转移项目的调研跟踪以及对重点企业技术交易的统计分析，为技术市场保增长以及政府制定相关政策提供了重要数据支撑。

四、科技培训助推创新

中心作为创新体系的重要组成部分，是推动企业尤其是中小企业技术创新不可或缺的科技服务机构。中心在信息咨询、政策宣传宣讲、企业需求对接、科技培训、人才培养等多个方面共同发力，为全区广大中小企业提供了卓有成效的服务。近年来，中心不断创新培训的方式，通过开展"百进千"、深入孵化器及企业问需，组织产业与金融对接等一系列活动，宣传了科技政策、提升了企业的创新发展意识、解决了企业需求。通过科技培训，中心还与科技部中国生产力中心协会、市科委、丰台区科委、丰台科技园区管委、区人力社保局等部门建立了很好的沟通和协作机制。统筹了区级计划项目、融资担保、技术市场、首都科技条件平台、高新认定复审等多项工作，放大了科技培训的效益。截止到目前，累计开展培训40多期，培训科技及中小企业人员8000多人次。

【典型案例】

1. 北京华美科博科技发展有限公司

该公司是入住中关村科技园丰台园区的高新技术企业，成立于2008年，主要从事建筑节能一体化住宅体系的研究与开发、推广和应用。华美科博公司以清华大学建筑设计院、北京建筑工程学院做技术支持，开发新型建筑体系，多项技术获得了全国建筑行业科技成果推广证书，目前已申报了《夹模边框式芯墙自承重结构多层住宅体系工业化施工方案》等十多项专利。随着产品不断改造完善，公司的流动资金捉襟见肘，到2010年通过中心，申请利用丰台区科技中小企业担保资金向银行贷款。中心多次到企业实地了解情况，认可企业的发展，在企业抵押物不足的情况下，为企业担保贷款150万元，并在之后的2011年至2014年每年都为企业提供信用担保，使该公司每年得到银行贷款300多万元。通过公司自身的不断努力，以及各个方面的帮助，新技术在全国各地推广使用，公司取得了快速发展，在建筑领域新材料、新工艺方面都取得了较大的突破，正计划技术出口印尼、哈萨克斯坦、乌兹别克斯坦等国家。

2. 北京科信华技术有限公司

该公司主要从事信号监控、机车监控、电力监控、防灾监控、铁路运输调度指挥、旅客服务等系统相关设备、生产、技术服务和集成项目实施一体化。公司为丰台工作站成员单位，2015年工作站曾帮助其解决了高铁上智能工具管理箱的开发需求，合作方为中科院自动化研究所。由于企业近些年研究投入过大，资金链也出现了很大的问题，企业急需资金购置相关设备，然而一般的银行贷款担保都是流动资金担保，无法满足企业需要。丰台工作站接到企业融资贷款需求后，根据企业情况，为其推荐并发放首都科技创新券7.5万元，解决企业一部分研发实验费用。又利用创新券配套政策，联系科技金融领域中心对接企业创新券贷款项目，在多方努力下，对接中关村建设银行，最终为企业达成50万创新券贷款项目，解决了企业需求，为企业迈过“生死坎”助了一把力。

（供稿单位：北京市丰台区技术创新与生产力促进中心；执笔人；高家春）

北京市石景山区生产力促进中心

【概况】

北京市石景山区生产力促进中心成立于2002年，于2015年调整为区科委所属相当正科级公益二类事业单位。按照我区构建高端的科技创新驱动体系的总体思路和“贯穿一条主线、强化四个功能、实现六个驱动”的总体要求，中心积极发挥在建设科技研发转化中心、科技创新服务中心中的作用，围绕高新技术、现代金融、文化创意等区域重点产业，整合政府、科技企业、科研院所与科技中介服务机构资源，建设了以企业需求为主的科技成果转化应用和科技管家服务平台，为促进区域生产力服务体系的发展和区域创新体系的完善发挥了重要的作用。

2009年，中心通过ISO9001质量管理体系认证，成为国家级创新示范中心。2010年，中心被国家科技部批准为“国家级示范生产力促进中心”；同年，成立“中关村石景山园技术转移中心”。2011年，中心获评中国生产力促进中心协会“生产力促进奖（企业进步类）”。2012年，中心获得国家科技部科技型中小企业技术创新基金项目的补助、国际技术转移专项和北京市技术转移机构补助等项目支持。2014年中心获得科学技术部火炬高技术产业开发中心颁发的“国家火炬计划产业化环境建设项目证书”，获评中国生产力促进中心协会“生产力促进奖（服务贡献奖）”，被中国技术市场协会授予“中国技术市场金桥奖”。2015年，获评中国生产力促进中心协会“生产力促进奖（服务贡献奖）”，中国技术市场协会“第八届中国技术市场金桥奖先进集体奖”。

中心的具体职能有：负责科技政策法规的宣传和培训工作；受石景山区科委委托，负责区级科技计划项目和科技奖励的受理、初审、组织评审等过程管理的相关工作；科技成果转化平台等科技公共服务平台的运营，促进区域优秀科技成果转移转化和示范应用；落实科委园区搭建中小企业创新服务体系建设工作，搭建科技管家服务平台，提供政策辅导、企业融资、品牌培育相关信息咨询服务，为中小企业产品设计研发、市场推广提供包装策划、渠道对接、投资路演等市场化服务；负责组织协调对外合作交流与优秀科技成果展览展示活动；负责生产力促进中心网站的运行维护。

【科技创新】

以中关村石景山区创新平台服务资源，探索“科技管家”市场化服务模式，为中小企业发展提供全程化服务。中心优选科技、金融等中介机构，组建科技管家服务团队，成立项目政策咨询、企业资质代办、财务策划咨询组，提供企业诊断、知识产权、高新申报、双软认定、质量管理体系认定、科技项目申报、技术转移、财务咨询、科技金融等服务。参与举办中韩电子信息、中加动漫游戏、中国东盟手机游戏企业专场等企业技术项目洽商活动。中心先后与《中国经营报》、长江商学院、金科华盛投资管理有限公司成功举办了宏观经济走势分析、行业企业发展战略、财务筹划及风险管理等内容的“中经 CFO 俱乐部”专题沙龙活动。

【双创服务】

1. 政府支持，营造创新创业氛围

2015 年 7 月，石景山区在全市率先出台创新创业专项政策——《“创新创业石景山”启航工程》和《石景山区关于支持大众创新创业的暂行办法》（石创二十条），相继出台《石景山区博士后（青年英才）创新实践基地管理暂行办法》等一系列政策文件，完善人才公租房等人才配套服务，吸引高端创新创业人才集聚，在区内形成“大众创业、万众创新”的良好局面。

2. 创新创业载体加速涌现，服务手段不断优化

对接创业公社、瀚海等国家级孵化器和国家级众创空间，启动石景山国际创业港、创业公寓等新型创新创业服务载体建设，打造“加速器 + 孵化器 + 国际技术转移”的全方位国际化创业平台。为创业企业搭建入园快速服务通道，实现服务流程标准化、服务事项公开化，便捷企业办理。对接金融机构，组织开展中小企业新三板挂牌培训、资本市场上市融资等活动。全区有上市企业 17 家，新三板挂牌企业 28 家。

【人才建设】

一是创新创业活动带动企业人才集聚。发挥中关村雏鹰人才创业基地、常青藤高端人才集聚区的资源优势，开展斯坦福“点燃”项目等高端创业培训，深入学习斯坦福大学独特的创新、创业精神和管理，使硅谷创业精神与国内创业者零时差接触，打造全新创业思维理念。举办中财精英探秘京西暨创业辅导学堂巡讲，加强青年人才对我区区情、企业的了解。开展“职在必得”现场求职暨石景山区企业走进中央财经大学专场招聘会等活动，招聘会提供了数百家企业的千余个适合大学毕业生的岗位，充分吸纳青年才俊充实完善我区市场化人才梯队。二是企业创新能力显著提升，中青年成科技创新主力。近三年来石景山区共有 4 项成果获国家科学技术奖，26 项成果获北京市科学技术奖。获区科技奖的 34 家单位中国家高新技术企业 24 家，上市企业 5 家，获奖项目完成人中，45 岁以下的中青年科技人员 131 人，占获奖人员总数的 87%，一大批“80 后”科技人员脱颖而出，引入博士后（青年英才）26 名，获奖企业中有 31 人先后入选中央千人计划、市“海聚工程”“高聚工程”、科技北京领军人才工程等，7 人入选科技北京百名领军人才培养工程，两位创业者入选“2015 年福布斯中文榜 30 位 30 岁以下创业者”榜单。中青年科技人员已经成为科技创新的主要力量，科技人才队伍梯次更加完善，为我区的转型发展提供了有力的人才保障。

【成果转化】

一是建设科技成果转化应用平台，推动科技成果转化应用强区建设。中心整合高校、科研院所、企业等各类优质科技资源，建设科技资源信息共享平台、共性技术创新服务平台、科技成果转化公共服务平台三个子平台。2015 年 6 月底平台上线试运营，该平台重点解决科技成果转化过程中的信息不对称问题，形成科技成果转化应用的全流程服务体系。二是科技成果应用广泛推广。航天测控、中国铁建电气化局、东土科技等公司成果分别应用于神舟飞船、高速铁路、智能电网等国家重大科技工程；易华录、康之维等单位科技成果先后应用于我区城市建设管理运行工作；尚易德成果应用于天安门广场等重点城市地区安全监控；石景山医院等单位在类风湿关节炎等领域的研究为区域人口健康提供强有力保障，易盟

天地获奖成果为家政提供信息化服务有效带动再就业，北方工业大学等单位的智能阅读辅助器具研究与开发可有效改善视障者的阅读体验，造福于盲人、老年人等视障者群体。

【特色服务】

一是强化“互联网 + 科技服务”意识，推动科技管家平台建设。中心以国家火炬计划——“文化创意产业孵化及金融支持服务体系建设”项目为抓手，发挥互联网平台优势，整合区域各类科技服务资源，提升线上和线下科技服务综合能力，搭建科技管家服务平台。二是探索建立科技成果转移转化的市场化运作模式。对接驻区科技企业，借助市场化评估机构和融资、法律等咨询服务机构专业化的手段，通过项目路演、产品推介展示等活动，引导带动驻区企业探索新的科技成果产业化路径和商业模式，力争将符合产业转型发展需求的科技成果在示范区落地应用。

【典型案例】

一是在“科技管家”服务中提升品牌。通过服务窗口大力宣传“管家服务”+“专项服务”的新型服务模式，并建立企业档案，开展企业调研、企业诊断、专家技术对接等活动。二是在分工合作上强化协同创新。加强与科委园区内部及区发改委、经信委等部门的协作，及时了解政策信息，做好企业调研和需求分析；利用政府资源、专家资源、信息资源，帮助企业申报市区和国家重点项目，完成“园区大讲堂”培训十余期。三是建设“中关村石景山园技术转移中心”。与中国国际技术转移中心合作，联合巴西、新加坡等科技机构为驻区科技企业提供国外产业信息、技术咨询等服务，为趣游、漫游谷、奇客星空等游戏公司进军巴西等海外市场提供政府沟通、运营渠道、人才招聘等咨询服务。对接北京长风信息技术产业联盟等技术转移机构，组织迪生动画科技股份公司等 6 家企业与以色列 3 家公司进行了项目对接；组织 6 家企业同韩国釜山科技园 6 家企业进行技术对接；组织企业参加中加创新合作与技术项目对接会。

（供稿单位：北京市石景山区生产力促进中心）

江苏

江苏省生产力促进中心

【概况】

江苏省生产力促进中心成立于1992年，为全国首批建立的试点生产力促进中心之一，是江苏省科技厅直属副厅级科技服务机构。经过几次机构重组调整，目前是江苏省生产力促进中心、江苏省理化测试中心、江苏省对外科技交流中心、江苏省苏南国家自主创新示范区建设促进服务中心4块牌子一套班子。

2015年以来，中心深入实施创新驱动发展战略，始终坚持以科技服务为主线，充分发挥“为政府科技管理提供支撑性公共服务，为企业技术创新提供专业化科技服务”职能作用，按照“服务大局、坚持主体、永续发展、做大做强”的指导方针，协同推进政府支撑性管理服务与市场专业化科技服务，树立了良好的科技服务品牌，产生了较大的社会效益和影响力。2015年，中心全年服务科技型企业11000多家，协助推动认定高企达10800家，引导银行为中小微企业发放贷款114.7亿元，科技服务总收入首次突破亿元大关，达1.05亿元，市场服务收入占比首次超过财政性拨款收入。

中心被国家科技部认定为“国家级示范生产力促进中心”，通过ISO9000国际质量认证，是江苏省AAA级信誉咨询机构，先后被授予“全国文化科技卫生‘三下乡’先进集体”“全国科普工作先进集体”“江苏省文明单位”“全国生产力促进奖（发展成就）”“全国生产力促进奖（服务贡献）”。

【科技创新】

“十二五”以来，中心承担或参与实施国家、省级各类科技计划项目65个，获得财政拨款12603万元。其中，2015年承担各类科技计划项目11项，财政拨款近2000万元。中心或个人获得市级以上科技进步奖3项，其中省科技进步一等奖1项，中心被科技部授予“十一五”国家星火计划执行优秀团队奖。发表各类学术或管理类论文150余篇。

【双创服务】

1. 科技人才服务

配合江苏省人才办，开展省双创计划、省“333工程”、省科技企业家培育工程、科技镇长团等人才引进与培养工程的组织实施服务。围绕企业对高端人才的个性化需求，在美国设立江苏省生物医药海外人才合作交流中心，开展海外高端人才猎头服务。依托中国生产力学院江苏分院，提供创业导师、技术经纪人、创客启蒙、创新工程师等系列培训服务。

2. 科技金融服务

加强与江苏银行、南京银行、中国人民财产保险股份有限公司和紫金财产保险股份有限公司等金融保险机构的合作，面向中小微科技型、创业型企业，提供“苏科贷”“苏科保”“成果转化贷”等金融产品服务。建立科技金融服务协会，搭建科技金融服务平台，提供多层次和个性化的金融服务。

3. 技术转移服务

充分利用国际国内创新资源，搭建产学研合作信息服务平台，拉近科教单位与地方、企业的距离，提供技术转移、成果转化、产学研合作等创新平台载体的建设咨询和大型资源对接活动的外包服务。推广“科技金管家”服务产品，通过线上线下相结合的方式帮助企业找专家、找技术、找成果、找项目。

4. 科技咨询服务

与德国弗劳恩霍夫协会共建江苏省标杆中心，为区域、产业及企业提供战略规划、标杆分析为主要内容的战略咨询服务；以科技查新、创新培育等为主要内容的创新顾问服务；以标准化管理、体系认证、产品认证为主要内容的管理咨询服务；以两化融合、研发外包、技术攻关、创新方法应用、清洁生产技术为内容的技术咨询服务。

5. 农村科技服务

推进农村科技服务超市建设，搭建社会化信息化“三农”科技服务平台，推广“互联网 + 农业”电商模式，提供专家咨询、成果转化（知识产权拍卖）、农资新产品推介、农产品营销等服务。依托农村科技服务超市，建设“星创天地”、科技特派员工作站等，提供创业辅导、政策咨询、投融资、战略咨询等服务。

【特色服务】

1. 检验检测服务

建设运行电子商务平台——金册网，与地方共建专业服务站，为企业提供“一站式”检测的线上咨询和线下服务；提供实验室规划、建设咨询、运行保障，司法鉴定，标准研制、试剂配送、设备租赁调剂、仪器代理、购置评议、技能培训和认证咨询服务。

2. 科技管理服务

建设省级科技项目管理专业机构，开发科技计划项目管理系统，为省级部门提供计划项目管理服务。利用自身掌握的专家资源和政策资源，为地方和企业提供项目诊断、项目评估、项目管理、项目监理、创新平台建设、高企培育和上市培育等服务。

3. 区域创新管理服务

承担江苏省科技厅委托的苏南国家自主创新示范区建设、高新区考核评价等区域创新管理服务。依托省苏南国家自主创新示范区建设促进服务中心，开展空间布局规划、地方性法规及配套政策研究，创新政策推广、落实及统计评估工作，以及省级高新区争先进位、考核评估等管理服务工作。

【典型案例】

1. 科技服务进产业园区（基地）行动。

为深入实施创新驱动发展战略，主动引导科技服务助推产业转型升级，积极融入“大众创业、万众创新”的时代浪潮，中心于 2015 年启动实施科技服务进产业园区（基地）行动计划。行动计划旨在围绕苏南国家自主创新示范区、高新区等科技产业园区（基地）的发展需求，面向产业、聚焦企业，集成科技服务资源，引导推动技术、人才、资本、信息等创新要素向产业一线集聚，推动产业转型升级和企业技术创新。

（1）服务内容。科技政策和项目咨询服务、技术转移服务、科技金融服务、检验检测服务、创新平台支撑服务、人才引进服务、科技咨询服务、创新创业服务。

（2）合作方式。采用与产业园区管委会、科技服务机构、企业合作共建等方式，在园区建设江苏省生产力促进中心科技服务中心。省中心选派业务骨干进驻园区，园区提供条件保障，针对园区和企业的创新需求，通过组织举办专题对接会、专项辅导、创新沙龙、专家会诊等形式，组织国内外相关科技创新要素提供创新服务，构建起由点到面、点面结合的服务网络，为园区及周边地区的产业发展、企业创新提供务实服务。

为落实全省科技创新大会的精神，按照《国家创新驱动发展战略纲要》中关于“构建专业化技术转移服务体系”的有关部署，在科技服务进产业园区（基地）行动取得预先成效的基础上，江苏省生产力促进中心牵头，联合国际国内技术转移机构、科技服务机构、金融机构、行业协会等92家单位组建江苏省科技创新服务联盟。联盟横向形成科技资源集成和推送的服务网络，纵向聚焦苏南国家自主创新示范区高新区等科技服务业集聚区，落点是在园区建立一站式科技服务窗口，定制一张服务产品包清单，动员一批科技服务大军，源源不断地把创新资源推送到创新园区和企业。

2. 农村科技服务超市网络体系建设

江苏农村科技服务超市（以下简称“科技超市”）是江苏积极推进探索实现农业现代化、在全国首创的一项工作，是针对江苏“三农”工作实际需求创新完善农村科技服务体系的一种新模式。自2010年启动建设以来，已在全省布点建设科技超市总店、分店、便利店总数达325家，实现各省辖市全覆盖，并在新疆伊犁市布点建设科技超市分店1家；累计组建科技超市三级专家服务团队3300多人，组织新品种、新技术展示活动1500余场，推广转化示范新成果3600多项，开展咨询培训活动4500多场次，直接培训农民12万人次，辐射带动农户数达36万户，带动农民增收致富总额达74.44亿元。江苏省生产力促进中心在江苏省科技厅的指导下，具体负责科技超市网络体系管理和科技超市总店运行。

（1）科技超市内涵。科技超市是借鉴现代商品超市理念，政府引导、企业为主体、市场运作，以有店面、队伍、网络、基地、成果、品牌等“六有”为主要模式，集聚各类农业科技服务资源于一体，具有一定的创新、转化、培训、试验示范和产业化能力的综合性科技特色服务平台。

（2）三级网络架构。科技超市由总店、分店和便利店三级服务网络构成。分店主要依托农业科技型企业、农业科技园区、龙头企业等为载体建设，下设若干个便利店。便利店是服务周边大户和农民的直接窗口，主要开展咨询、培训等各类日常的科技服务。

（3）科技超市体系主要特色。政府引导，企业主体，市场运作；运用超市平台，集成各类资源为农服务；运用信息化手段，有效解决“最后一公里”问题；统一品牌，增强农村科技服务的影响力；服务特色产业，带动农民增收致富成效明显。

【人才建设】

目前，江苏省生产力促进中心在职员工268人，硕士以上60%，中级以上职称80%，职工平均年龄35岁。毕业于985、211高校107人，占40%，海归12名。

【机构设置】

江苏省生产力促进中心内设19个部门，直属机构4个。

1. 内设部门

办公室、创新管理与高新技术服务处、创新发展与产业研究服务处（苏南中心规划建设处）、苏南中心政策与综合服务处、科技项目受理处（审理处）、科技项目管理处、跨国技术转移中心（国际科技合作服务处）、产学研合作服务处、创新平台管理与服务处、科技金融服务处、高层次人才服务处、环保与节能技术服务处、科技人才培训中心（中国生产力学院江苏分院综合处）、管理咨询中心、理化测试服务中心（生命科技创新园分中心）、农村科技服务中心、财务处、资产管理与后勤保障处、党办（纪检监察室、工会、团委）。

2. 直属机构

江苏省科技计划项目管理专业机构、江苏省苏南国家自创区建设促进服务中心、中国生产力学院江苏分院、江苏省科信认证咨询事务所。

（供稿单位：江苏省生产力促进中心；
执笔人：赵月兵）

连云港市生产力促进局

【概况】

连云港市生产力促进局是公益性事业单位，具有独立的事业法人资格。是集生产力促进、创业服务中心于一体的综合性服务机构，是全市科技创新服务体系的重要组成部分，是市科技行政主管部门职能延伸的公益性单位，并受政府委托，承担着为全市经济建设和社会发展，尤其是中小企业的发展，提供科技服务的重要任务。是全市科技服务体系中业务范围最广、实力最强的中小企业公共技术服务机构，具有独特的行业优势。连云港市生产力促进局通过ISO9000质量管理体系认证，相关业务均按照ISO9000标准规范进行。先后被评为国家示范生产力促进中心、江苏省科技服务骨干机构、国家技术转移服务联盟成员单位、江苏省三维打印技术联盟成员单位，是该区域唯一的一家国家示范生产力促进中心。

【科技创新】

“十二五”以来，承担或参与实施国家、省级、市级各类科技计划项目17个，获得财政拨款近400万元。其中，2015年承担各类科技计划项目7项，财政拨款近200万元。获得市级科技进步奖2项，发表各类学术或管理类论文20余篇。

【双创服务】

创业中心拥有孵化面积3.6万平方米，创业中心拥有完善的运营机制及内部管理制度，于2014年被认定为国家级孵化器。对于满足要求进入孵化器的企业及团队，免费协助办理企业成立所需项目审批、立项、工商、税务登记、银行开户等开业报批“一站式”和“一条龙”服务。

积极响应国家“大众创业、万众创新”的号召，组织创业者参加省科技创业大赛，近年共组织近400家企业和团队参加江苏科技创业大赛，30多个项目进入省创业大赛决赛，4家企业和团队被表彰为优秀企业或优秀团队，通过创业大赛等形式为企业获得省项目支持200余万元，引进风险投资1000余万元。通过大赛带动社会投资近亿元，提供科技金融资金近6000万元。

【成果转化】

围绕企业需求，通过与高校、科研院所、企业合作，建立技术转移资源共享平台。收集300多家机构的科技成果信息18000条。通过与有关高校共建技术转移分中心，将大学的863计划的备选项目发送给相关企业，组织企业到大学开展成果对接，有针对性地开展技术转移服务工作。2013年成立了“东南大学国家技术转移（连云港）中心”“南京航天航空大学技术转移（连云港）中心”，紧紧围绕我市新医药、新材料、新能源，高端装备制造等支柱高新技术产业发展需要，联系科研院校与专家，针对企业存在的技术难题与技术需求，开展技术交流与合作、技术咨询等服务活动，通过服务，孵化器内40多家企业与科研院校签订了产学研合作协议63项，解决企业技术难题26项，实施先进技术及重大科技成果转化项目8项，带动了企业自主创新能力的提升。

【特色服务】

1. 科技管理服务

协助孵化企业申报国家及省、市、区各级政府部门计划项目及高新技术企业、软件企业等；协助组织科技成果（产品）鉴定和质量认证等。在知识产权、项目申报等方面给予积极的引导和主动服务，免费为创业服务中心内企业进行各类计划项目申报材料的修改和完善。

2. 政策扶持服务

为鼓励科技人才和企业来创业服务中心创业，连云港市委市政府下发了《关于实施创业创新领军人才集聚工程的意见》《关于印发连云港市加快引进高层次人才实施办法的通知》，以及连云港高新技术开发区园区管理委员会出台的一系列优惠政策。包括《关于服务促进外包产业发展的扶持政策》《关于加大对科技创新扶持力度的意见》《关于进一步加强人才工作的意见》《连云港高新技术开发区引进高层次人才暂行办法》《科技发展金扶持政策》。中心人员积极指导和帮助入驻企业用足用好各项优惠政策，并做好相关政策的协调落实工作，让企业在最有利的政策条件下创业、创新，使孵化器成为创新创业沃土。

3. 科技金融服务

构建本地区科技金融公共服务平台，为科技型中小微企业提供包括“苏科贷”等科技金融服务。与江苏银行连云港分行建立了良好的合作关系，共同制定了《“启明星”科技创新创业扶持贷款（授信）管理办法》，为金融支持科技创新创业起到了积极的推进作用。设立科技企业种子资金300万元，并制定了《连云港高新技术产业园区科技创业种子基金管理办法》。通过种子资金的使用，解决部分入驻企业资金短缺问题，同时协助入驻企业申请绿色通道担保贷款。通过调研、风险评估和综合评审，报省审批，全市三批“苏科贷”获批项目100余项，贷款总金额约5亿元。

4. 研发资源共享服务

为方便中小企业研发创新，建立了连云港市研发资源共享服务平台，可为用户提供仪器共享、专家咨询、信息发布、运行保障、公共实验室等服务，并且积极加强对外合作，形成区域联盟。目前，平台已入库设备仪器3598台，总市值约24.8亿元，拥有开放实验室8家，专家125名，能够为平台的良性运转提供可靠技术保障。

【典型案例】

案例一：

整合科技成果转化中心各部门的业务协作，形成具有连云港市特色的链式成果转化新模式。连云港市万泰医药辅料有限公司是以生产药用辅料为主的科技型企业。是我们长期合作和服务的企业之一，也是重点服务的企业。在服务过程中，我们积极主动、及时地为他们提供产学研、成果转化技术信息，并组织专家对他们的需求进行分析。在我们的服务下，企业分别承担了多项国家、省中小科技企业创新基金项目等省、市科技计划项目，并得到了很好的实施。

2015年初，我们了解到企业根据市场的需求，准备开发新产品“聚丙烯酸树脂Ⅰ的开发”。我们安排工作人员，检索各类数据库，广泛收集有关技术信息、成果信息、硕士博士论文、文献信息，但国内在这方面的研究很少，没有现成的技术可以利用。与有关研究机构进行了沟通，答复是要开发这一产品，需要200万～300万元的经费。而企业难以接受这么高的开发费用。为了能用更低的研究费用，在较短的时间里把新产品开发出来。我们组织专家对项目的技术进行了认真的分析、分解，并联系企业与淮海工学院化工学院达成合作协议，共同进行技术难题攻关。在我们的服务下，双方仅用了半年的时间，完成了产品的开发研究，其开发经费仅用了 76 万元，同时为产品聚丙烯酸树脂系列药用辅料进行中小科技企业创新基金计划申报，并成功立项，于 2015 年底产品试生产，该产品现已正式生产。可实现年销售收入 400 万元，利税 180 万元，并新增加就业人员 20 人。

案例二：

为创业者提供全方位服务，解决创业者后顾之忧。智慧图书馆创业团队是由 3 名南京大学高层次人才组建的团队，团队于今年 4 月份入驻本空间孵化。在孵期间，本空间实时了解该团队创业信息，通过与团队的深入沟通，对其创业产品特性、目标市场、未来商业计划等相关经营理念有了一定的了解，并且举办了相关路演及培训会，为创业团队自我提升提供良好的平台。该创业团队今年参加了连云港市创新创业大赛，大赛期间，我们对创业团队进行了系统性辅导，在该团队获得大赛三等奖后，我们向创业团队颁发了 5000 元现金奖励。该团队已完成工商注册，并通过众创空间的推荐入驻连云港市科技创业服务中心的孵化区。

【人才建设】

目前，江苏省生产力促进局在职员工 14 人，员工均具有大学本科以上学历，其中高级职称 5 人，中级 7 人，职工平均年龄 33 岁。江苏省六大人才高峰培养对象 1 人。

【机构设置】

江苏省生产力促进局内设 5 个部门，分别为办公室、科技成果转化中心、科技金融服务中心、科技创业服务中心、研发资源共享服务中心。

（供稿单位：连云港市生产力促进局；
执笔人：范强贤）

太仓市生产力促进中心

【概况】

太仓市生产力促进中心是太仓市科技局下属，面向中小企业提供全方位、多层次、综合性服务的不以盈利为目的的公益性事业单位，中心秉承“背靠政府、面向企业、顾客至上、诚信科学、持续发展”的工作方针，“创新科技服务、服务科技创新”的工作宗旨，主要为企业提供产学研合作、科技成果推广、科技项目申报、科技培训、科技信息、技术贸易，科技创投服务，为政府提供决策咨询服务、信息网络建设服务等。

中心经过这几年的建设发展，已经基本建成了以中心为主体，集合省内众多科技服务机构，依托中科院上海分院和上海国家技术转移中心（太仓分中心）进行技术交易服务，太仓地区唯一的全方位的集约化科技服务中心。中心有效地整合科技服务资源，展示了科技发展成果，树立了太仓科技发展的新形象，有效地促进了科技成果转化，加快了高新技术产业发展，提高了太仓科技创新和产业发展水平。服务中心现已成为太仓地区贯彻落实国家科技发展规划的重要服务机构，推动产业结构调整和提升经济实力的重要服务平台，促进企业自主科技创新和强化企业核心竞争能力的重要服务载体。

【特色服务】

中心核心业务包括：

（1）科技咨询：中心依据自身优势，结合其他资源，为企业提供高新技术产品、高新技术企业、各级各类“科技计划项目”申报的咨询服务；提供科技项目查新、企业产品标准编写和产品检测等的咨询服务。针对内外资企业，民营企业，科技型中小企业，制定不同的服务方案，进行有针对性的科技咨询服务，强化过程控制。增加对于重大工程项目的监理功能，对于企业获得各类资助后的上级复检等服务。完善工作链：项目申报服务——项目监理——项目复检服务。

（2）科技情报：利用现代IT技术和网络信息平台整合权威的科技文献数据、科技信息和商业信息数据、经济信息数据，权威媒体的动态信息数据，各类科技成果、大型科学仪器、专家等数据，为科技企业提供各类科技信息服务、科技查新服务等。针对内外资、民营企业，科技型中小企业，进行不同科技情报服务。增加共享资源数据库，完善资源。

（3）技术交易服务：中心与华东理工大学国家技术转移中心、中科院上海分院国家技术转移中心、上海交通大学国家技术转移中心四方共同组建“国家技术转移联盟太仓工作站”。在此基础上增加合作单位，构建多元分行业的国家技术转移中心。中心将充分发挥其诸多领域的学术、技术、信息和人才等方面的综合优势，积极为太仓提供各种适用科技信息及可转化为现实生产力的科技成果，进行各类技术培训和人才培养，改造传统产业及提升传统产业的技术水平，发展高新技术产业，促进太仓经济结构调整和发展。定期检验技术转移中心的实际效果，构建网上技术交易市场（太仓市网上技术交易中心），实现技术转移的信息化和市场化。

（4）技术平台服务：中心与中国科学院化学研究所共同建立专业化公共技术服务平台。旨在面向高分子利料应用技术研发，同时立足于太仓塑化产业群，并辐射到苏州及长三角地区的需求，为相关企业提供第三方标准检测服务。主要建立一个高分子材料应用技术研发中心及一个分析检测中心，主要从事高分子材料研发、医药分子与中间体合成、高分子材料和有机化合物分析测试、生物医用材料开发等。在此基础上，通过不同渠道，按产业与国家、省级中心联系，构建多技术方向的多元平台，支持太仓市不同产业的发展需求，前期可以以高分子材料研发中心、生物技术服务平台、物联网技术服务平台等为抓手。

（5）产学研服务：结合本地情况，建立以企业为主体的产学研合作模式，积极参与研究开发，转变过去单一的成果转让方式，着重增强企业创新能力和可持续发展能力，产学研合作从面向某一产品的项目合作发展到高校、研究院所与企业建立面向长远的联合研发中心，在政府支持下建立面向区域创新的行业技术服务平台。中心在原有与上海 17 所高校建立产学研合作联盟的基础上，将该模式拓展到其他高校，以促进太仓地区企业科技创新能力的提高。定期检查产学研项目的实际效果，构建一个网络化的人才实习实践中介平台（太仓市产学研合作高层次人才交流网），以把高校、科研院所的高端人才吸引到太仓，并为太仓当地企业提供一个人才选择空间。完善产学研市场化机制，形成技术需求的招投标运作，构建产学研项目的招投标体系，减少企业成本，提高产学研项目质量。

【科技创新】

近年来，中心在推进全市科技工作方面主要做了以下工作：

一是率先谋划布局：中心参照国家生产力促进中心的“十三五”要求，围绕“助力创新引领，助推转型升级”的科技工作主线，拟定了中心“十三五”科技服务发展规划，明确今后五年的目标任务、推进措施和保障举措，提出了加强中心制度建设，规范服务流程，争创青年示范岗的要求。

二是注重工作落实：中心按照领导的分工要求，参与了科技人才双百对接洽谈会、“曙光学者”沪太产业与人才对接会、省生产力促进中心年会、“科技企业东北行”“一院两校北京行”和“科技企业东南行”等活动，协调落实了东南大学、苏州大学、哈尔滨工程大学和常熟理工学院与我市签订全面合作协议；与中科院上海国家技术转移中心等沪上 5 所院校拓展共建“5+1”技术转移联盟太仓工作站，促进了苏州大学、南京航空航天大学技术转移中心太仓分中心建设，进一步夯实了产学研合作的基础。与农村商业银行等金融机构建立了工作会商制度，及时沟通工作信息，商讨为我市科技型企业提供适合的金融产品，初步建立了科技金融工作渠道；中心通过招标建立了科技企业投融资评估系统，该系统能有效地对我市有融资需求的企业进行删选分类，针对不同银行的金融产品进行量身定制，有效地提升了科技金融服务的效能。

三是完善中心体制：包括制定并下发了中心人员分工细则；制定了中心业务流程规范；建立中心信息上报机制；完善了中心科技服务信息化体系。完善了科技项目申报系统、科技服务网上营业厅、科技投融资评估系统、科技领军人才评估系统、企业信息库等；加强科技服务中心的管理，建立了联席会议制度，加强了中介机构间的交流和合作。

【典型案例】

中心从事“成果转化、技术咨询、技术中介、科技培训”等多方面科技服务，主要为中小企业和社会提供科技咨询和科技培训服务。累计服务企业200多家，重点服务20家，取得了较好的服务成效。

典型服务案例1：为太仓腾创益昂科技资讯有限公司提供常年科技信息咨询服务。

太仓腾创益昂科技资讯有限公司成立于2008年10月，注册资本500万元人民币，由太仓市创业投资有限公司、苏州诚航信息科技有限公司、益昂资讯科技（北京）有限公司共同投资建立。经过两年的发展，公司已发展成为集研制、开发和销售为一体的高成长性科技服务企业，主要从事呼叫中心服务和软件外包服务。2010年企业总资产为610.54万元，净资产565.54万元；主营业务收入706.08万元，净利润81.39万元，资产负债率仅为10%，公司成长性良好。公司通过了ISO9001：2000质量管理体系认证，被认定为资信等级3A企业，2010年被确认为江苏省民营科技企业。截至目前，公司共申请软件著作权9项，均已授权，2010年认定软件产品7个，江苏省高新技术产品1个，企业被认定为软件企业。“腾创益昂政府便民呼叫服务系统”项目被列入江苏省中小企业技术创新资金项目，获得省无偿资助25万元，地方匹配15万元。

典型服务案例2：为江苏中联地毯有限公司提供常年申报咨询服务。

江苏中联地毯有限公司，固定资产1.3亿元，拥有土地面积58000平方米，建筑面积25000平方米，员工182人，其中大专以上占30.22%，专业技术人员占11.5%。主要生产汽车成型地毯、汽车纺织内饰件、汽车声学元件及系列民用、展览用地毯。公司在国内轿车成型地毯配套和国内汽车内饰材料生产企业中的生产、销售、市场占有率等各项指标均列全国前茅。主要产品有ZL01重质涂层可成型汽车内饰材料、ZL02复合针刺可成型汽车内饰材料、ZL03复合粘合可成型汽车内饰材料等，产品主要应用于中高档汽车内饰零件材料，是属于符合行业发展趋势的汽车内饰用复合新材料领域。产品广泛应用于上海大众、上海通用、东风雪铁龙、东风标致、一汽大众、南京菲亚特等多种车型。公司拥有多项自主知识产权，其中发明专利已经授权3项，实用新型多项。ZL02复合针刺可成型汽车内饰材料、ZL03复合粘合可成型汽车内饰材料被认定为江苏省高新技术产品，企业2009年被认定为高新技术企业（新标准）。2010年公司研发中心被列入苏州市内资研发机构，两个项目申报了太仓市科技进步奖。

典型服务案例3：为太仓市创业投资有限公司提供常年咨询服务。

太仓市创业投资有限公司成立于2008年8月15日，注册资本1亿元，实收资本6500万元，主要从事高新技术企业的投资、参股；高新技术项目和科技基础设施的投资、融资或担保；科技成果转化项目的中介、投资；参股科技创业投资公司以及其他科技创业投资业务。截至2010年底，公司已经投资5家科技型企业，被投资企业运营状况良好。2010年，创投公司被列入2010年度江苏省科技型中小企业创业投资引导资金项目，省科技厅下拨补助经费24万元；同时，该项目还被列入2010年度国家科技型中小企业创新基金项目——科技型中小企业创业投资引导基金风险补助，科技部下拨经费45万元。

（供稿单位：太仓市生产力促进中心）

无锡市生产力促进中心

【概况】

无锡市生产力促进中心自1999年成立以来，始终以提升企业技术创新能力、促进科技成果转化为己任，积极强化资源整合，大力拓宽服务领域，建立起了一套较为完整的服务体系。经过17年的发展，中心已成长为为政府、企业和社会提供政策咨询、项目申报、金融投资、技术转移、科技培训、企业孵化、科技资源共享等多项科技服务的全方位、多功能、开放式的科技创新综合服务基地，年服务企业逾千家，是国家级示范生产力促进中心、AAA级江苏省信誉咨询企业（机构）、江苏省重点科技服务机构，先后获得全国技术市场工作先进集体、全国生产力促进奖、中国技术市场协会“金桥奖”、江苏省科技服务业名牌等荣誉称号，其建设管理的无锡国际科技合作园是江苏首家省级国际科技合作示范基地和知识产权园，同时也是科技部“国际科技合作基地”和中科院“青年创新研究与实践（无锡）基地”。

【机构设置】

中心内设办公室、创业孵化部和创新服务部等部门。办公室负责中心日常综合性事务；创业孵化部主要负责中心下属国际科技合作园的招商、运营和服务；创新服务部主要负责为科技人员提供各类培训服务，培育高新技术企业。

【业务发展】

近年来，中心紧紧围绕本市科技工作重心，主动适应经济发展新常态，深入实施创新驱动发展战略，凝聚创新资源、加快成果转化，不断提升企业技术创新主体地位，有效地发挥了科技在“稳增长、调结构、惠民生、抓改革、促和谐”中的支撑引领作用。

（一）优化创新创业环境

无锡市生产力促进中心积极响应“大众创业、万众创新”号召，投身众创空间建设，为创新创业营造良好氛围。2015年，与江苏云蝠集团携手，共同创建了云蝠众创空间，在空间内开设“无锡科技服务之窗”，全面植入无锡市科技局所属科技服务机构的服务资源，同时积极导入创业辅导、风险投资、金融信贷、专利代理、技术交易等社会化中介服务要素，为入驻创客提供服务。目前空间已入驻15个创业团队，聘请30位知名创业导师，引进30家创业链上战略合作中介服务机构，柔性引入15个基金和30亿元创投资金，并将定期与不定期活动有机结合，为创新创业打造了优良的生态环境。

（二）强化科技园区建设

中心下属的无锡国际科技合作园，不断加强软硬件环境建设。在硬件建设方面，全部按照智能化园区设计，功能布局合理，配套设施一应俱全，企业级光速宽带接入，高速移动无线wifi覆盖整个园区，支持各种移动设备轻松上网。在软件（服务）建设方面，园区打造了政策咨询、科技金融、技术研发、成果转化、知识产权、中介服务等六大公共服务平台，努力为企业打造全方位的科技服务产业链。此外，中心还积极与交通银行签署银企合作协议，获得授信和融资 3000 万元，服务于园区企业的项目贷款、流动资金贷款、贸易融资业务、票据业务、非融资类保函及债务融资主承销等，为园区企业解决资金瓶颈。多年来，国际科技合作园积极帮助企业进行知识产权管理和科技项目申报，入园企业拥有的国内外专利累计达到 300 多项，承担部、省、市级科技项目 68 项，获得各级科技项目经费 5800 万元。截至 2015 年底，园区已累计培育创业人才 300 多名，孵化毕业企业 150 多家，其中 2 家企业成功上市，另有 8 家企业成为江苏省上市后备企业。

（三）开展科技宣传及培训

2015 年上半年，中心协同江苏省创新驿站、无锡市技术市场办举办了我省首届技术经纪人培训班，为来自省内外的 130 余名学员提供了技术经纪、成果转化、知识产权等方面的培训，增强了我省技术经纪服务能力。中心与江南大学网络教育学院保持合作关系达 5 年，累计为 285 名学生提供学历培训，为企业输送高素质技术人员的同时，也提升了社会人员的理论水平和实践能力。

【典型案例】

无锡奥特维科技股份有限公司于 2010 年 2 月进入国际科技合作园孵化，主营业务是自动控制设备尤其是太阳能电池片全自动串焊机和全自动串焊机软件系统研发及产业化，2014 年 3 月毕业出园。在园期间，中心人员经常走访企业，为其提供科技政策咨询和项目申报辅导等服务。经过 6 年多的发展，公司规模扩展迅速，员工从成立之初的 8 人猛增至 550 余人，2015 年产品销售收入达 4.8 亿元，预计 2016 年销售收入将逾 10 亿元。其产品光伏自动串焊机装备在细分市场的占有率名列前茅，性能已达到甚至超过国际先进水平，并在马来西亚、南非、泰国、越南、韩国等国家和中国台湾地区建立了售后服务机构。公司已申请发明专利 18 项，有 4 项发明专利、31 项实用新型专利和 1 项外观设计专利已获授权。在中心的辅导下，2015 年，该公司获得江苏省首台（套）重大装备及关键部件示范应用项目和无锡市成果转化贷款贴息项目支持，2015 年获得高新技术企业、省科技型中小企业、省民营科技企业、市企业技术中心认定，荣获“2014 年中国光伏行业十大创新设备企业”奖。

（供稿单位：无锡市生产力促进中心；
执笔人：夏桃梅）

盐城市生产力促进中心

【概况】

盐城市生产力促进中心成立于1997年4月，在原盐城市工业技术开发中心和盐城市农业技术开发中心的基础上组建。为全额拨款事业单位，现有编制14人，其中中高级职称人数占90%以上，拥有健全的管理体制、运行机制和服务规范，主要开展科技金融、科技创业、项目申报、技术咨询、科技统计等业务。2001年11月，被国家科技部认定为国家级示范生产力促进中心；2005年11月，被江苏省科技厅和江苏省人事厅表彰为“江苏省科技系统先进集体”；2009年11月，被江苏省科技厅认定为“江苏省重点科技服务机构”。连年被盐城市委、市政府表彰为“三个文明建设先进集体”和“科技进步工作先进集体”。2015年5月在中国生产力促进中心协会成立20周年纪念会上，被中国生产力促进中心协会表彰为生产力促进事业“杰出贡献奖”。

【科技创新】

·开展设备调剂，使闲置设备“重新就业”

闲置设备有着广阔需求市场，拥有闲置设备的企业急需将这些闲置设备调剂出去，给企业注入新的资金活力，甚至有了这些钱就能救活企业；为需要设备的企业节省投资，做到花小钱办大事，花仅有的钱办成本来无法办到的事。在提供闲置设备调剂服务的同时，中心为企业提供工艺流程设计、设备安装、设备翻新和设备拆零等技术服务，防止出现设备的二次闲置。经过多年努力，中心摸索出一条有效的闲置设备调剂经验，并使闲置设备调剂成为品牌业务。江苏省科技厅曾专门在中心召开现场观摩会，科技部领导出席，全省300多位市县科技局局长、生产力促进中心主任参加，推广为企业提供闲置设备调剂的经验。《科技日报》《中国技术市场报》和《新华日报》等媒体给予广泛宣传报道。开展闲置设备调剂以来，帮助1200多家企业调剂闲置设备5800多台（套），为企业节省资金6500多万元，为拥有闲置设备企业盘活资产9200多万元，增值450多万元。

为拓宽闲置设备调剂领域，使调剂的有形市场与无形市场有机粘合，中心建立了“中国设备调剂网”。网站年发布供求信息8万多条，年网上交易额达1.2亿元。在开展闲置设备调剂的过程中，中心不仅注重自己业务量的不断扩大，更加注重培育盐城闲置设备调剂产业的发展。目前，已由原来化工专项设备调剂发展成为涵盖电子、机械、建筑、化工、医疗和各类大型仪器的调剂，盐城的专业调剂企业也由独家经营发展成几十家。

【双创服务】

·承办科技创业大赛

作为盐城市科技创业大赛承办单位，负责大赛办公室日常事务。进一步整合创新创业要素，营造良好的创新创业氛围，形成大众创业、万众创新的生动局面。2015年，全市报名总数达320个，列全省第一；38个项目在省科技创业大赛获奖，其中二等奖1项、三等奖2项，全省排名第二。25个项目入围参加国家创新创业大赛，涵盖七大新兴行业，获得第三名1个，最具人气奖2个，12个项目获得优秀企业和优秀团队奖，在全国地级市中名列前茅。

· 推进众创空间建设

负责盐城市众创空间公共服务中心和盐城市众创空间联盟的日常工作，开展众创空间服务体系、创业云服务平台、开放共享创新网络建设以及形式多样的创业培训，指导县（市、区）建立分中心开展服务工作。启动我市“众创空间”建设，负责盐城市众创空间联盟秘书处日常工作，参与起草全市《关于发展众创空间推进大众创新创业实施方案》《盐城市关于支持众创空间发展的若干政策》。认定市级众创空间29家，13家通过省众创空间备案，3家众创集聚区获得省级认定，其中9家众创空间、3家众创集聚区获得省1140万元资金资助，受资助名额及金额列全省第三。

【成果转化】

中心牵头创办了盐城市首家科技企业孵化器——盐城高新技术创业园有限公司，成为全市首家江苏省服务业集聚区和国家级高新技术创业服务中心。盐城孵化器坚持有所为、有所不为，重点发展有基础、有优势的高新技术项目，加快推进高新技术产业化进程。重点围绕盐城地方支柱产业——汽车、汽车零部件、汽保设备以及纺织、纺织机械等产业的科技项目开展科技孵化。在孵项目科技成果转化率100%，孵化成功率95%。在孵企业家家拥有自主知识产权，全都具备自主创新能力。一是具有国内先进水平。盐城东车科技有限公司开发铁路专用的自动化设备，每年申请发明专利10项以上，成为铁路行业磁粉探伤标准制定的参加单位。江苏慰泽创伤医药有限公司“慰平烧伤再生膏”“疤痕膏”“抗过敏烧伤膏”等系列产品，解决了临床创伤组织再生的问题，在国内外具有较高的知名度。二是吸引留学归国人员创新创业。美国GLSynthesis公司高级科学家徐卫初，利用在美国工作多年的技术，回国创办盐城天海医药技术有限公司，从事抗耐药性革兰氏阳性菌新药开发。留美博士李成刚在园区创办盐城杰瑞克环保科技有限公司，研发出具有国际先进水平的汽车尾气处理技术。孵化器现有50名留学归国人员创新创业。三是与国内高校院所建立合作关系。中国科学院化学研究所为盐城汇龙科技有限公司提供科技支持，将最新的膜技术研究成果进行产业化的高科技企业，该产品缓解了目前国内对各种高质量膜多依赖进口的现状。中科院微电子研究所与园区合作，成立由中科院微电子研究所专家组成的盐城中科微电子设备有限公司，负责盐城汽车电子与光电产业技术提供公共服务平台的建设、管理与运行。具有北大、清华等背景的盐城菁化新材料科技有限公司，原始股东均具有国内顶级大学的博士学位。以高分子化学、生物化工、电子信息工程、生物医学方面技术人员为核心，吸纳了多方面的优秀人才，形成协作建设的博士团队结构。

【特色服务】

· 大力实施“苏科贷”工作

“苏科贷”全称为江苏省科技成果转化风险补偿专项资金贷款，以无担保、低利率的方式，帮助规模小、无可抵押资产、用传统办法融资难的科技型中小企业获得银行贷款。遵循“政府引导、市场运作、利益共享、风险共担”的原则，其贷款风险责任由科技部门、项目承担单位及协作银行共同承担。通过专项资金的引导和支撑，为银行与企业搭建了一个互动平台，降低了银行对科技型小企业的放贷风险，科技型小企业也降低了融资门槛。2015年全市新增科技成果转化风险补偿专项资金2600万元，总额达到8604万元。与南京银行、中国银行、建设银行、工商银行、农业银行签约，拓展我市“苏科贷”业务合作银行，放大“苏科贷”业务扶持科技型中小企业扶持效应。全年共发放科技成果转化风险补偿专项资金贷款274笔8.81亿元。大市区苏科贷I共有67家企业被立项，贷款额达1.753亿元，5家企业苏科贷水II项目备案，贷款额9500万元。其中“苏科贷I”项目发放数量列全省第二，为企业节省担保费用约250万元，减少贷款利息支出约250万元，节约保证金1600万元。同时，开展盐创母基金工作，建设运行盐城市科技型中小微金融信息服务平台，组织融资项目对接活动。

【人才建设】

建设国家级人才服务基地，成立国家级科技领军人才创新驱动中心盐城分中心，针对企业创新发展、转型升级，制定了20多条人才优惠政策，从2015年起，每年引进50000名大学生（其中全日制本科及以上不低于50%）、10000名专门人才、500名领军人才。在“515”计划中设立了科技部创新创业人才支持专项，对科技部人才创新驱动中心牵头建立技术创新联盟、与我市企业开展技术合作的每一个人才项目都分别给予50万元、30万元的经费支持。中心对各县（市、区）上报的企业技术进行精心梳理筛选，在局分管领导的带领下逐一到企业进行现场考察论证，将笼统的、零散的技术需求进一步细化，便于企业所需领军人才合作洽谈，详细了解企业负责人对人才合作的具体想法，并带着具体明确的技术需求赴科技部人才创新驱动中心落实人才对接事项。首批10名科技领军人才到我市实地考察交流，面对面洽谈，在机械、精细化工企业成功达成了合作意向，有两家企业与高层次人才正式签约。此举促进了科技领军人才与本地企业交流与合作，推动产学研深度融合，实现科技人才同产业的无缝对接。

（供稿单位：盐城市生产力促进中心；
执笔人：高文超）

广东

广东省生产力促进中心

【概况】

广东省生产力促进中心（广东省高技术研究发展中心）是广东省科技厅直属的副厅级事业单位。中心紧紧围绕创新驱动的核心环节，在“双创”“四众”、互联网＋创新创业、企业创新发展、生产力服务体系建设、基层科技服务、成果转移转化方面开展服务工作，取到了较好的成效。中心下属广东软件科学园建成了包含政府服务平台、投融资服务平台、培训服务平台、中介服务平台、科技交流服务平台、后勤保障服务平台的一站式公共事务服务体系，同时，软件科学园依托软件共性技术重点实验室、公共实验室、开放实验室等为企业提供软件测评、人才培训等服务。

2015 年，中心组织开展各类咨询服务 15257 项次，同比增加 197%；服务企业 8539 家次，同比增加 37%；组织培训 6245 人次，同比增加 70%；签订技术服务合同 263 项，孵化器在园企业产值 53 亿元，纳税总额 4.21 亿元。广东软件科学园获得国家级科技企业孵化器考核优秀（A 类），广州市孵化器绩效评价优秀，广州开发区孵化器考核第一名；生产力大厦获天河软件园“优秀分园”奖。

【科技创新】

·重心下移，服务好基层科技

一是对全省生产力服务体系开展全面调研摸底，提出发展措施和建议。2015 年，中心领导班子分 4 组带队到全省开展大型调研和问卷调查活动。8 月，组织各地市和行业生产力中心召开了全省座谈会；11 月，召开了专业镇生产力培训会，邀请厅相关处室和台湾地区专家为各中心负责人与骨干进行业务培训，并相互交流发展过程的成功经验和遇到的困难，共同商议进一步加强全省服务联盟建设。通过走访调研，基本掌握了全省各中心发展现状和存在问题，提出了具体措施和建议。

二是加强业务合作与指导。2015 年，中心牵头组织各中心开展交流学习，相互促进，加强业务互助与合作。一方面，中心加强与珠三角生产力中心的业务合作，共同开展生产力大讲堂、政策巡讲、企业咨询、培训等业务；另一方面，也加大了对粤东西北生产力中心的业务指导和帮扶。如，中心领导多次带队梅州、汕头等地市中心，或进行人员培训，或协助开展相关业务。

三是服务地市（高新区、专业镇）科技管理部门。2015 年，中心加强与江门、肇庆、惠州、汕头、茂名、清远、韶关等地市、高新区、专业镇科技管理部门合作，提供规划编制、政策文件制定、专项建设方案编写、孵化器建设等服务，积极为基层科技管理部门出谋划策。如协助完成了《江门市实施创新驱动发展战略加快创新型城市建设的意见》，由江门市政府于 5 月正式印发；协助编写了《科技支撑江门小微企业创业创新示范城市建设工作方案》；协助编制了《云浮市

“十三五”科技发展规划》等。

【双创服务】

·整合资源，服务好创新创业

一是加强内部条件和能力建设。中心依托广东软件科学园建立了创业苗圃、“TOPS众创”和智能装备创业投资基金。目前，已经有29个创业团队入驻，8个获风险投资，创业投资基金完成7个初创项目投资，12个项目已成立新公司进行运作，初步形成创业生态圈。为进一步加强软件园的辐射带动作用，中心进一步加强了园区软件和集成电路技术支撑条件建设，加强了地市服务网络和专业服务队伍建设。2015年中心向相关领域企业提供各类专业技术服务超过3100项，在肇庆、江门等地市共建了新的服务基地，服务网络基本覆盖全省。如与肇庆科海公司合作建立肇庆服务站，在江门智慧教育装备产业基地与同天投资合作建立广东软件科学园创业孵化江门服务基地。

二是积极推动大学生创新创业。为进一步促进大学生创新创业，落实“大众创业，万众创新”战略，年初，中心与教育厅就业指导中心签订协议，提供创业条件支持、创业培训、创业导师组织等服务。11月，中心在广东工业大学的大学生创新服务基地挂牌成立，为广东工业大学“创客空间”及大学城相关高校的创新创业基地提供创新创业咨询、培训和投融资等服务。同时中心与华农、华师、暨大、广州大学华软学院等高校创新创业学院或大学生创新创业孵化基地加强合作，组织创新创业学生到省内知名孵化基地参观学习，邀请企业家为大学生们开展创新创业培训，并提供项目路演、投融资对接服务。

三是服务地市创新创业平台建设。广东软件科学园作为2015年全省科技企业孵化器建设工作现场会会场之一，充分地向省委书记胡春华、省长朱小丹等领导同志及全省地市主要领导、孵化器同行们展示了园区的建设成果和孵化成效，各级领导对软件园的发展给予了充分肯定。省委省政府主要领导对软件园依托生产力服务网络和服务资源，提升孵化效率，服务带动全省的模式给予了较高的评价，对软件园的下一步发展也提出了殷切期望。2015年，中心接待了全国各省、市、区科技部门及科技企业来访超过60批次，就共建孵化器和技术服务网点、风险投资管理等方面达成了多个合作意向。2015年，中心通过南方日报、科技日报、广州日报等多家媒体，进一步加强园区品牌宣传，加强我省孵化器及相关创新创业政策环境宣传。

四是认真组织创新创业大赛。中心积极邀请投资机构、银行、社会资本参与创新创业大赛组织策划工作，广东软件科学园对参赛团队落地的场地、孵化、导师辅导、专项投资等方面进行支持，赛事逐步社会化和市场化，形成了政府引导、社会办赛的良好局面。在组织推广方面，中心积极与地市科技部门合作，广泛发动，积极宣传，充分调动全省科技企业和金融机构的积极性。2015年，广东赛区的报名企业合计1966家。

【成果转化】

中心积极推动重大科技成果数据库建设。2015年，整理汇总了2600多项高校、科研院所的优质研发资源和成果，收集整理了企业技术需求1300多条。同时，在科技部高新司、火炬中心的支持下，引入了一批全国优质科技成果，目前已完成了数据库和网络平台的开发和测试，并将已经征集的应用型研发项目和成果录入数据库。

【特色服务】

·多渠道多层次，促进好科技金融紧密结合

一是完善科技金融服务网络。2015年，推动肇庆高新区、汕尾、清远、珠海等5个分中心启动建设，目前，全省已建立28个科技金融综合服务分中心。珠三角地区已实现全覆盖，粤东西北地区也都有布局。2015年，依托服务网络组织了2015年科技金融工作座谈会、广东科技金融综合信息服务平台推广应用工作会议、第四届中国创新创业大赛（广东赛区）常态化工作核心团队业务培训会、全省科技和金融结合促进创新创业试点工作会议、创新驱动发展与科技金融结合专题研修班等会议或培训。

二是组织科技金融特派员和专家服务团。在服务队伍建设方面，重点加强对分中心业务人员的业务指导和培训，并聘请了62名有能力、有经验的专家作为金融特派员和专家服务团，通过走访和深入企业调研，为分中心和相关企业出谋划策，协助开展科技金融对接服务。

三是多层次联动。科技金融综合服务中心年初开通了科技金融服务网站、微信公众号等线上平台，以多种网络渠道宣传科技金融政策和资讯。联合广东金融学院和各地市分中心积极开展线上线下服务。目前，广州、东莞、江门、佛山、顺德等多个地市已经完成科技金融综合信息服务平台的接口对接工作和本地区银行产品的上架。省科技金融综合服务中心加强与人民银行、中国银行等机构合作，推动建设科技企业信息库，鼓励和引导开展科技企业信用评价和信用评级，建立和完善科技信贷风险分担机制，发挥再贷款、再贴现等货币政策工具作用，定向支持重大科技专项项目和科技型企业融资等。

· 加强企业咨询、诊断与培训，服务好企业创新发展

一是企业管理升级咨询辅导成效显著。近年来中心加大力度开展企业管理升级咨询诊断与顾客辅导服务，不断做精做专，并取得了突破进展和良好效益。2015年，咨询顾问小组考察调研企业20多家，成功签约并完成了广州红日、郑州信昌两家企业的管理升级咨询辅导项目。两家企业咨询辅导期共计12个月，顾问团队总计投入人力超过400人天，教育训练累计达156课时，为企业训练人员2175人次，辅导企业梳理优化流程452个、表单374个、规范制度文件120个。通过管理升级辅导，有效促进企业员工转变观念、提高综合管理素质，提升企业整体管理效能，为开展科学化管理奠定了坚实的基础，也为企业带来了良好的经济效益，受到企业的高度评价和认可，如通过管理升级辅导，红日公司生产效能显著提高，烟机和灶具两大重要产品产能分别提升43%和28%；信昌公司从濒临被主要客户长城公司淘汰，到进入核心供应商名单，且其生产经营成本与上半年相比下降1218万元。

二是企业科技辅导继续保持良好的发展势头。2015年，中心继续抓好企业科技顾问辅导服务，为企业着力解决创新发展过程中发展规划、技术发展路线图、研发资源整合、人才引用和技术平台资质提升等工作。2015年，中心开展企业科技顾问辅导服务319项（不含一般日常咨询解答），协助企业获得直接投融资2055万元，协助旺大集团、贝源检测等2家企业上新三板，国迈科技、吉欧电子、吉欧光学、思拓力等4家企业被上市公司并购，杰迅通信、林泽信息等20家企业入围高新技术企业培育库，协助11家高新技术企业获得认定。

【典型案例】

《广州红日：一个中小企业管理升级的成功样本》（科技日报 -2015年8月7日）

“过去是老板叫做什么就做什么，现在是每个员工有空就琢磨，这项工作，这道工艺，为什么非要这么做，能不能那么做；过去找问题是自上

而下的，现在是自下而上找问题；今天，红日的员工，连步履都明显比过去加快许多，管理升级让人看到了实效。”近日，在广州市红日燃具有限公司采访，公司董事长张全胜这番发自内心的感叹，让人感受到企业实施管理升级所带来的巨大变化。

·红日不缺少核心技术

说到企业升级，尤其是中小企业升级，如何尽快掌握和拥有一定核心技术，常常是提升企业核心竞争力的关键所在。因此，一个时期以来，业界对于企业升级更多关注的是“技术”问题。红日公司并不缺少核心技术。作为目前中国最大的陶瓷红外线灶具生产企业，红日 30 多年来一直潜心于自主关键技术“高红外发射率多孔陶瓷节能燃烧器技术”的研发，取得了丰硕的科研成果，仅集中于燃烧器和燃烧技术方面的核心技术专利就达 28 个。该公司先后被科技部认定为国家火炬计划重点高新技术企业；经国家人力资源与社会保障部批准设立“国家企业博士后科研工作站”；经广东省科技厅认定为“广东省节能型功能陶瓷及其应用技术企业重点实验室”“广东省节能型功能陶瓷（红日）工程技术研究中心”与“广东省创新型试点企业”；经广东省经信委认定为“广东省企业技术中心”。承担过“国家重点新产品”“国家火炬计划项目”与国家 863 科技攻关项目等十多项国家级、省级科研项目，曾获得“广东省科学技术奖励一等奖”“广州市科学技术奖励一等奖”。其完全自主的“高红外发射率多孔陶瓷节能燃烧器技术”，2011 年入选国家“十二五”计划重点节能技术推广目录；2012 年通过广东省科技厅的技术成果鉴定，结论是产品技术达到国际先进水平；2013 年入选国家发展和改革委员会制定的《战略性新兴产业重点产品和服务指导目录》。今年 5 月 11 日，国家发改委公布中国“双十佳”最佳节能技术和最佳节能实践清单，广州红日的“高红外发射率多孔陶瓷节能燃烧器技术”成功上榜，成为十大最佳节能技术之一，同时也是厨电领域唯一上榜的技术。“十大节能技术和十大节能实践评选和推广”项目是中国在国际能效合作伙伴关系（IPEEC）发起的，由中国、澳大利亚、日本、美国等成员国推荐本国的十大最佳节能技术和十大最佳节能实践，最终评选出 IPEEC 十大最佳节能技术和十大最佳节能实践。红日应用“高红外发射率多孔陶瓷节能燃烧器技术”生产的红外线多孔陶瓷节能灶具备“高效节能、环保健康、洁净卫生、安全可靠”等显著特点，节能 20%~40%，是一种低碳环保节能的产品，产品经中国质量认证中心认定为“中国节能认证产品”“中国环保认证产品”；经广东省科技厅认定为“广东省自主创新产品”“广东省高新技术产品”“广东省重点新产品”。

·企业升级管理先升级

技术不是万能的，在红外线多孔陶瓷燃烧板和红外燃烧技术拥有如此雄厚技术实力的红日公司，同样在发展过程中遇到了管理问题的瓶颈。尤其产能方面，多年徘徊始终没有大的突破。红日公司过去曾历经国有企业 20 年，2001 年转制为民营企业。“企业从小到大，发展到目前，规模也有 4 亿元。过去主要领导的知识结构集中在技术、产品，管理上不成系统。在中国，尤其是中小企业，多半是‘自我感觉’的管理，在企业文化、管理制度和流程方面改善、提升的空间往往都很大”。张全胜说。

·自觉是治疗的开始。

2015 年 1—6 月，红日公司引进广东省生产力促进中心顾问团队对企业进行了为期 6 个月的管理升级咨询辅导工作，主要内容包括绩效考核、生产合理化、信息系统化、组织结构优化和教育训练。顾问团队经过 3 个多月的沟通和调研发现，从公司的战略目标、组织结构，到薪酬制度、绩效考核、管理流程、制造流程等多方面，红日公司的管理都存在较大优化、提升空间。如生产计划、储运和采购分别隶属不同部门，部分职能被条块化分割不利于部门协作；工艺部兼研发职能，分别向生产副总和总工程师汇报，客观上形成了多头指挥；公司的发展目标不够全面系统，战略实施缺乏具体行动计划；没有成文的薪酬制度，工薪资核定没有明确标准；绩效考核流于形式，没有形成制度；作业没有流程，员工不会画流程……不理不知道，一理吓一跳，一个技术创新如此优秀的企业，管理细节竟存在这么多问题。

6个月，在红日公司全体员工和省生产力顾问团队密切合作共同努力下，“红日管理升级辅导项目”终于圆满完成各项指标，并取得了显著成效：组织结构合理优化，工作职能清晰明确；工作流程再造重整，管理制度合理规范；薪酬与考核配合实施，员工积极性有效激发；制程与工艺渐进改善，生产效能显著提高；固化思维逐步打破，员工管理理念有效提升。其中最为显著的就是突破了产能瓶颈，灶具日产能从原来的400台提高到600台，烟机日产能从原来的250台提高到350台，人均劳动效能增加了20%以上。

·一颗螺钉带来的能效

通过“软”的管理升级立竿见影地收到产能大幅提升“硬”的实效，红日公司的案例着实令人叹为观止。这里仅通过一个小小的基层员工“提案改善”，或许能够窥见这能效迅速提升缘由之一斑。红日公司过去没有系统的提案改善推动组织与制度，“红日管理升级辅导项目”实施过程中起草并发布提案改善制度（含5个附件），明确提案改善推动组织，确定部门分工与权责；建立了学习交流发表平台，提供展示自我舞台，安排授课2次，累计辅导6天，2个月内员工有效提案70件，评审3次，优秀提案36件，发表6件。在员工马少华的提案中，有这样一颗螺丝钉：现产品使用螺钉为十字槽盘头螺钉，螺钉在灶具底壳难装配或造成滑牙。生产过程中，底壳等配件返工率较高，影响生产效率，增加劳动成本。使用现螺钉装配困难，通过对5月6个批次的产品进行统计，由于螺钉问题造成的不良统计如下：总量1430台，215台不合格，不合格率15%。通过查阅、考察等发现市场有一种自攻锁紧螺钉完全可解决现问题，螺钉优点叙述如下：提高装配效率，降低生产成本。自攻锁紧螺钉独特的三角断面形状，接触面较小，有效减小摩擦力，可减少50%的拧入力矩，使装配工艺更简单，易生产，可有效解决因底壳喷涂较厚、无攻牙、攻牙不良、孔位偏移造成难以安装的问题，提高连接效果。自攻锁紧螺钉的机械性、自锁特性，有效提高了振动情形下的防松性能。独特的三角外轮廓，使得装配时材料流向螺纹中间的缓冲区内，使配合更可靠，而且在装配过程中有一个热效应，冷却以后会起到防止螺丝走位的作用，从而提供更好的防松脱及防震动效果。一颗螺钉的改善或可扭转产品不合格率15%的败绩，我们还能认为管理提升属于“软”提升吗？

“转型、升级是有方法的，从这个意义上说红日公司具有标杆意义。”广东省生产力促进中心项目组首席顾问欧长昌对该项目实施有如此评价。张全胜进一步解释：“古希腊科学家阿基米德说过，假如给我一个支点，我就能撬动整个地球。要转型升级，一定是有了问题，找到这些关键问题，就找到了支点。有了支点，撬动升级便不会远了。”

【机构设置】

中心内设办公室（党办）、企业发展部、合作交流部、创业服务部、产业研究室等5个部门，直属单位有广东拓思软件科学园有限公司、广东省科技人才服务中心和广东科技进修学院。中心拥有一批高素质的专业技术人员队伍，现有员工130多人，其中具有大学以上学历和中级以上职称的人员超过职工总数的70%；聘任一批技术、经济、管理、法律等方面的专家为顾问。中心2003年通过ISO9001质量体系认证。

（供稿单位：广东省生产力促进中心）

广州生产力促进中心

【概况】

广州生产力促进中心是于 1997 年经中共广州市委、市人民政府批准组建的副局级事业单位，是综合性、公益性的科技服务机构。围绕广州市建设创新型城市和国家中心城市，建成国际创新枢纽的大局，中心秉承“链接创新，创造价值”的使命，把促进科技与经济紧密结合、提高企业自主创新能力、密切产学研用结合、服务区域经济社会发展作为重点，努力实现形成区域创新要素聚集平台，建设广州一流特色智库，打造全国科技创新服务标杆的目标。

中心是科技部认定的国家级示范生产力促进中心，广东省科技厅认定的省级示范生产力促进中心、省级科技查新资质机构、广东省科技服务业百强企业（机构）；多次荣获“全国生产力促进奖”“全国技术市场先进集体”“广东省科技型中小企业公共技术服务示范机构”等荣誉称号。

【机构设置】

中心现有 16 个部门，其中管理部门 4 个，分别是办公室、财务部、人事部、综合业务部；业务部门 12 个，分别是企业发展部、成果推广部、创新基金服务部、科技金融服务部、培训部、科技评估中心、科技统计分析中心、信息工程部、化工部、物业部、科学城基地管理办公室、院士办。并分设了天河、黄埔和南沙三个分中心（办事处）。下属有 1 个全资子公司（鑫川公司）和 1 个合资公司（广州生力模型制造有限公司）。

中心的主体业务分为三大板块：

创新智库服务，包括：科技政策规划咨询、科技计划编制咨询、软科学研究、科技统计与数据分析研究、政府决策咨询、科技政策评估等战略咨询研究服务，并面向社会开展广州本地的技术、产品技术路线的研究等情报咨询服务。

创新服务，一是围绕强化企业的创新主体地位，通过整合科技信息、创新人才、科技企业、技术成果等资源，针对企业不同发展阶段的创新需求，开展创业服务、科技培训、信息服务、科技咨询、科技金融、企业创新治理、创新代理等服务；二是围绕落实创新政策措施，面向各级政府部门，承接政策推广、技术评价、政务服务、科技项目管理、科技资源管理和公共服务平台建设等工作。

技术转移转化服务，以“互联网 + 技术市场”为核心，构建科技成果转移转化服务平台，依托平台提供研发设计与快速制造、化工研发中试服务、科技成果与知识产权交易、技术咨询与技术经纪、特约专家技术指导等服务，降低企业技术交易成本，推动中小企业技术创新。

【科技创新】

一、谋篇布局，创新模式，提升中心持续发展能力

广州生产力促进中心 1997 年成立以来，坚持

服务科技创新型企业的科技创新事业，提高企业自主创新能力，年均提供服务4000次。

明确中心发展定位和目标。随着科研机构体制改革的不断深入，广州生产力促进中心及时调整经营思路，明确了“以服务创新创业为核心，提升服务政府和企业的专业化能力，深化政府创新管理和决策服务，拓展企业创新创业服务，聚力于发展创新服务、技术转化服务、科技智库三大业务板块，做好政府创新决策和管理的助手、企业创新的帮手、技术转化的推手”的主攻方向和发展目标。

形成一体化创新顾问产品包。为优化企业创新服务的业务结构，创新服务手段，针对企业不同发展阶段的创新需求，设计“创新帮”创新顾问服务产品包，提供专业性、定制化服务，形成涵盖创业服务、科技培训、信息服务、科技咨询、科技金融、企业创新治理、创新代理等全链条的服务链。

联动区级政府打造网络化服务体系。区级科技主管部门身在创新工作的一线，直接面向广大的科技型企业，如何让企业了解创新政策的好处，切实获得政府的奖励，引导企业创新发展是区级创新工作的难题。广州生产力促进中心作为市科创委直属单位，紧密联系区级政府，联动各区打造网络化服务体系。一是配合广州市创新政策的推出，加大与区级科技主管部门的业务互动，围绕广州市各区重点，抓住热点，深入开展各类专题培训；二是围绕各区重点产业，开展院士行，先后到访海格通信、广电运通、广药集团、金发科技等重点企业，了解企业发展优势及瓶颈，交流和咨询技术问题，为产业发展提供技术支撑；三是送政策上门，与天河、荔湾、白云、增城、从化等区联合开展深入孵化园区科技政策巡讲。

二、构建平台，强化服务，推动政府支撑服务突破发展

广州生产力促进中心着力为政府提供支撑和保障，承担政府购买服务的事务性基础工作，努力打造核心服务能力，做好政府的帮手。

政务平台建设持续加强。中心是市科创委信息化和电子政务应用的主要依托单位，多年来培养了一支具备开发、运维、客服的电子政务支持队伍，协助开发和运维的应用内容主要包括：广州市科技创新委政务信息平台，并开发建设有科技创新资源共享服务平台、广州市科技专家库等多个系统。近年来，中心多次配合完成了项目申报、合同填报、网络评审等多个系统的部署，为广州市科技项目申报、评审提供有力支撑；建设并多次改造广州科技创新资源共享服务平台，实现了文献跨库检索与共享服务、服务需求征集、服务调度及记录等服务协同，获得软件著作权1项。

加大政务信息采集力度。中心多年来还负责政务门户和信息建设，做好广州市科创委门户网站、官方微博、官方微信的信息采编和发布；配合公众网站、热线互动交流和与上级政府网站信息对接、报送等工作，共收取转办各类留言1628条，向市政府网及省科技厅网站报送信息207条。

科技项目管理服务继续深化。随着科技项目简政放权步伐的加快，对科技管理服务提出更高要求。广州生产力促进中心积极调整，坚持规范、严格流程，18年来，中心共受理国家、省、市、区各类项目5万余项；评估及监理验收各类项目共4.8万项，先后承办近80项重大项目的招投标工作。广州市科技项目和天河、越秀、开发区等8个区的网络评审、论证、要件审查、企业研发机构核查、中期检查、验收共20000余项，并将评审业务向珠海、东莞等珠三角城市拓展；仅2014-2016年三年，就受理全市12个区4686家次企业共29641个企业研发费税前加计扣除项目，经专家鉴定，共有26466个项目通过评审，通过率是

89.29%，为企业减免所得税额约47.92亿元。

三、整合团队，循序渐进，推动智库服务有序开展

决策咨询与软科学研究取得新突破。中心在决策咨询和软科学研究方面积累了丰富的经验，近一年来，中心更是组织精干力量，从团队建设和研究两方面着手，通过整合、引进、合作等措施增强团队实力，加大研究力度。一方面与高校和科研院所合作，开展广州城市创新指数、广州国家自主创新示范区空间发展规划（2016–2025年）等研究，并独立开展了自主创新示范区方案和政策评估等系列研究；另一方面积极申报和争取省、市、区软科学研究课题或政府咨询委托，开展了《“互联网+”环境下科技服务业发展模式创新研究》《广州市科研管理诚信体系建设研究》等共14个项目的研究，有计划地对国际前沿技术和政策进行了跟踪和数据监测，完成12期《创新观察》编制等，实现量的突破。科技统计服务稳步拓展。随着科技创新被作为国家战略提出，科技统计工作也得到空前重视。中心适应新形势将科技统计服务向各区延伸，采取一对一辅导、指标梳理、潜力资源挖掘、反馈答疑、数据预审多措并举，确保统计数据的准确性，取得了显著的成效。2015年度广州地区科学研究和技术服务业的R&D经费内部支约92亿元，比2014年度增长了28.7%。

【双创服务】

完善服务，探索转型，创业孵化服务成效初显

随着双创氛围的不断增强，中心抓住广州市实施孵化器倍增计划的契机，积极探索物业服务的转型，着力提升孵化器对外形象，并取得一定成绩。一是完善了孵化服务，起草孵化园区服务清单、孵化服务合同和租赁合同，丰富孵化服务的内容，同时依托中心科技服务优势，建立入驻企业服务平台，成功为多家入驻企业提供咨询、培训等服务。二是新增孵化器面积，吸纳更多科技企业进驻。三是先后与高校、企业、孵化园的管理者签订创业导师聘任协议，增强了服务团队能力，丰富孵化服务内容。四是加强孵化器管理团队建设，派出多人参加国家和省级孵化器的培训，提升孵化服务团队能力。

【成果转化】

紧跟市场，注重合作，技术产业化服务协同推进

为帮助中小企业提升产品研发能力，增强其核心竞争力，中心致力于推广应用工业设计与快速制造技术、化工中试与成果转化服务，中心搭建的快速制造共性技术服务平台可提供从反求设计、结构设计、快速原型、手板制作、小批量复模到快速模具的一整套解决方案，服务企业数量超1.2万家次，化工共性技术服务平台可提供研发、小试、中试、检测等产品开发前中端服务，服务企业数量达300家次。

【特色服务】

2003年，中国工程院与广州市政府共同组建“中国工程院院士广州咨询活动中心”，活动中心办公室设在我中心，不仅能为广州市重大项目、重大工程开展决策咨询，向广州市引荐适宜转化和产业化的科技成果，对重大技术难题进行攻关，还能为企业的技术攻关提供高端智囊的支撑。十多年来，为推动广州中医药产业化、电子信息化，装备制造业和光机电产业的发展，院士中心先后邀请了全国各地的院士426人次（其中外地院士135人次）来穗开展重大工程决策咨询、诊断、重大技术难题攻关和进行学术交流研讨等活动，受到了上级领导好评。其中：组织举办院士专家系

列科普讲座34场，与会人数超过万人；邀请院士及创业专家进行创新创业的演讲，分享创新的理念和成功的经验，推动在校大学生双创精神传播，使大学生积极投身创新创业、提高实践能力，来自广州地区的5所高校的800多名师生参加了活动；围绕广州发展的热点和重点问题共举办各类专题院士沙龙30期；为配合广州市新型城市化发展和区域经济发展、重点产业发展的需要，组织了16期院士行活动，其中组织专业对口的院士专家到南沙、增城、萝岗、中新知识城等区（县）及广电运通、金发科技、广船国际、达安基因等重点企业开展院士行活动，为各区（县）的发展规划和企业的产学研创新合作提供现场指导；还邀请了国内多位资深院士及专家，与政府的相关部门共同组织了多场院士沙龙活动，通过政产学研的交流互动，为广州的发展出谋划策。

【人才建设】

中心坚持以调整和优化人才结构为主线，重点培养业务带头人和业务骨干，建立有利于人才成长的机制，吸纳高素质人才。从事专业涵盖工业、管理、经济等多个领域，中心服务队伍更加专业化。在人才培养方面，支持员工进修高学历，派出员工参加各种业务培训。目前，中心从事科技服务106人，高、中级职称57人，博、硕士32人，已初步建立了一支具有较高学历、较高水平、专业全面、年龄合理的人才队伍。中心先后参与了广州市九五至十二五科技发展规划的研究制定、高新技术产业发展政策调研、广州区域创新体系建设研究、广州市创新型城市发展路径及模式研究等多项研究课题，为政府的决策提供有力的支撑。另外，中心还以各类统计数据资源为基础，深度挖掘，为上级主管部门提供了《关于广州市R&D经费支出占GDP比重的情况报告》《高新技术产品统计工作形势分析》《广州市科技和信息化发展形势国内对比分析》等多个分析报告，初步具备一支具有政策研究、规划研究的人员队伍。

【典型案例】

案例1：中小微纯信用贷款案例

广州市好采猫科技有限公司是2011年成立的一家电商公司，是一家典型的轻资产小微科技企业，该公司构建了一个全方位领先的开放式企业政府采购阳光化电商平台，是在国家对电商行业的大力支持背景下成立的大型创新性MRO工业品平台，是中国领先的企业政府采购阳光化电商平台，由于公司运营模式新颖，企业发展很快，运营资金也显得比较紧张，但缺乏传统的固定资产等抵押物，银行按照传统信贷方式无法给该公司提供贷款，在这种情况下，广州生产力促进中心因为了解该公司的科技情况，知道该公司获得了科技项目的立项但政府拨款还没到位，同时其也是广州市科技小巨人企业，于是组织中国银行番禺科技支行和建设银行惠福西路支行的科技信贷工作人员一起去该公司了解企业实际融资需求情况，经过3个多月的努力，终于在建设银行为企业通过科技立项贷的形式争取到了40万元的纯信用贷款，解决了企业资金上的燃眉之急，随着银行和企业的联系加强，第一笔贷款完成后，银行还准备给企业增加贷款额度，为企业的发展带来生机。

案例2：广州瑞启化工科技有限公司孵化案例

广州瑞启化工成立于2012年，是一家极富创新意识和经营理念的科技型创新企业。2015年进入广州生产力促进中心孵化器，根据企业的需要，广州生产力促进中心为其提供了物业服务、商务配套、网络通信、文化生活等一系列的基础配套服务，保障了企业在孵化器的基本需要，双方建立了良好的关系。同时，在充分了解企业主营业务的基础上，为其提供了科技项目咨询、知识产权管理、政策咨询、人力资源咨询等多方面的服务，帮助企业深入了解我市各类科技政策，充分享受到政策的优惠，同时积极协助进行相关项目的申报。在我中心的大力支持下，该企业成功孵化为高新技术企业。

案例3：创新方法专题培训辅导案例

广州金升阳科技有限公司是一家成立于1998年的国家高新技术企业，国内集研发、生产、销售一体，规模最大的模块电源制造商之一。致力于为工业、能源、电力、交通和医疗等行业客户提供完整的电源解决方案，帮助客户提高生产效率和能源效率，同时降低对环境的不良影响。由于技术上公司产品只是Vicor等国际品牌的跟随者，成本上无法与国内二线品牌竞争，六西格玛、组装可靠性体系维持增长无以为继，大部分产品的专利只能依靠实用新型而发明专利较少。在了解该企业实际研发情况下，中心从2011年至今先后通过宣讲会、区县企业辅导、高级班培训以及企业内部培训等方式为金升阳公司开展创新方法培训超10期，培训天数达32天。通过应用TRIZ创新方法针对公司产品电路、结构、工艺、生产工装夹具等技术问题产生了多个创新的解决方案，并申请发明专利110项，实用新型专利70项。同时公司在2013-2015年连续3年蝉联“广州开发区专利创造20强”。

（供稿单位：广州生产力促进中心）

广东省农业技术转移与扩散中心

【概况】

2002年7月，依托于广东省农业科学院组建的广东省农业技术生产力促进中心经广东省科技厅批准成立，挂靠院科技处，实行两块牌子一套人马的运行管理模式。2008年5月，由广东省农科院科研处移交到院科技情报研究所（农业经济与农村发展研究所前身），属内设机构，无独立企业法人代表。2008年11月，经广东省科技厅批准，该中心更名为“广东省农业技术转移与扩散中心”，日常管理工作挂靠院农业经济与农村发展研究所。2011年，“广东省农业技术转移与扩散中心”被国家科技部审定为第三批国家技术转移示范机构，为院农业经济与农村发展研究所科技示范推广工作提供了新的平台和发展机遇。

中心以加速农业科技成果转化、推动科技与经济紧密结合、提高农业中小企业的技术创新能力与市场竞争力为宗旨，以广东省各科研院所各学科专业人才、技术、成果为依托，以市场为导向，紧密结合科技成果中试、推广以及科技扶贫、科技兴农、科技综合示范、基地建设等工作，依托院农业经济与农村发展研究所，广泛开展农业新品种、新技术、新产品的示范、推广，以及技术咨询、技术培训、技术服务和信息服务等，为广东省农业中小企业提供多元化、综合性的实用技术服务和信息服务。

【机构设置】

中心下设综合部（负责“中心”日常事务及各部门的协调管理）、科技服务部（负责农业种养及加工等技术培训、科技成果查新、评价、示范推广转化等）、咨询服务部（负责农业规划、可行性研究、投融资管理咨询等）、农业信息服务部（负责农业信息技术服务、农产品信息流通等）。

【人才建设】

中心以科研创新为导向，优化人才结构，创新人才管理激励机制，培养了一支优秀科研人才队伍。现有员工100人，其中，高级职称14人，国家注册咨询工程师6名，注册责任编辑6名，入选广东省现代农业产业（水稻、生猪）技术体系流通与经济岗位专家各1人。专业技术人员队伍年龄结构合理，学科带头人在科技创新中发挥核心和骨干作用。

【科技创新】

中心，“十二五”期间，共承担国家、省（部）等科研课题100多项，获资助项目经费达5000多万元；获各类科技成果奖项近30项，多个决策咨询研究成果被国家、省领导（副省长以上）批示或采纳；获计算机国家软件著作权20多项，发表科技论文300多篇，出版专著10余部。连续5年编纂《广东省现代农业产业发展报告》。先后成为“广东省农业技术转移与扩散中心（国家技术转移示范机构）”“全国农业农村信息化示范基地”“广东省决策咨询研究基地”。

【成果转化】

（一）为广东“三农”发展提供重要的科技信息服务支撑

本中心充分利用各类农业信息服务平台，将各种政策法规、市场行情、农业技术、品种推荐、供求信息、病虫情报等信息发布到平台上，为涉农企业、基层协会、农技站等组织机构发布农业信息近5000条，获得信息服务的企业近百家、基层农业协会80多家、农技站50多家；同时针对各市县基层农村提出的需求，大力推广科技服务，向广大种养殖户传递农科知识，近两年来为农业企业、供销社、协会等涉农机构开展农业知识培训50多期，直接受惠人数达5000多人次，间接受惠人群遍布全省20多个山区市和50多个县级单位及个体农户；这些都为广东的“三农”发展提供了重要的科技信息服务支撑。

（二）为各地农业发展提供了规划咨询参考

近年来，本中心承担了农业工程咨询、农业规划咨询、农业科技查新、企业管理咨询等方面农业咨询项目，完成项目建议书、可行性分析研究报告、扩初设计等近300项，包括国家农业综合开发、国家高技术产业化现代农业专项、现代农业示范、健康农业科技示范基地等数十个类型。年服务企业超过50家，各级政府部门超过30个，年均开发创收800万～1000万元。编制的如《河源市紫金县畜牧业中长期发展规划（2014-2020年）》《现代都市生态农业科技示范园总体规划》等区域性农业发展规划超过30个，大部分规划已经由当地政府组织实施，对指导广东各地区域农业布局、区域特色农业发展、区域农业产业结构调整起到重要的作用，成为区域内农业发展的行动指南，有效地带动了周边地区农业发展进程。

【特色服务】

依托本中心，近年来，形成了农业工程咨询、农业信息服务、农业技术推广、科技成果评价、农业科技查新等智力型三农服务模式。

农业工程咨询服务。可以提供立项建议书、可行性研究报告、现代农业发展规划、产业规划、农业园区规划、实施方案到设计，涵盖农业产业、区域发展、项目投融资的多层次、多类型的咨询服务。

农业信息服务。可以提供涉农原创性互联网信息、手机短信、微信等开发，农业信息服务平台、农业电子商务、农产品质量安全追溯、农产品信息流通、应用系统及农业网站开发与维护，3D、2D创意农业视频制作等服务。

农业技术推广服务。可以提供项目策划、成果申报、高新技术企业申报及名优农产品认证、科技示范、科技培训、科教声像及宣传视频策划制作、农业展览策划、平面画册设计和期刊编辑出版等服务。

科技成果评价服务。设有全国农业科技成果评价中心广东工作站，建有广东省农业科技成果转化公共服务平台，可以为企事业单位成果报奖、转化及推广提供公正、客观、权威的第三方评价等服务。

科技查新服务。可以提供科技立项查新、成果鉴定查新、奖励申报、新产品开发、创新基金申报、引进技术项目论证等服务。近5年依托广东省农业科技查新中心完成农业科技查新1000多份。

【典型案例】

典型案例一：

2011年9月，“中心”受梅州市农业科学研究所委托编制了《梅州农业科技创新中心总体发展规划（2013—2020年）》(以下简称《规划》)。该《规划》提出了合理的地形整治方案和产业规划方案，并提出以梅州市“一园两特带动一精”产业发展战略为契机，以农业高科技成果转化和应用为先导，以良种引进、生物技术及信息技术等先进适用技术为突破口，大力发展现代精致高效农业。以创新中心“一心一区”为载体，以现代农业新技术、新品种引进、消化、吸收、示范、推广为基础，充分发挥创新中心的科研、辐射、示范、培训、科普、休闲等功能，将创新中心建设成为梅州市精致高效现代农业孵化基地，新品种、新设施、新技术展示基地，现代农民培训基地，农业科教结合的基地，成为农业科技创新平台，农业信息化交流、应用平台和农业观光休闲“绿谷”。

《规划》实施以来，大幅提高了粤东地区农业科技研发水平，加速了科技成果转化，有效推广了优良品种与先进适用技术，促进了示范区农民增收。

典型案例二：

2012 年 5 月，“中心”受鹤山市农业局委托编制了《鹤山市现代农业龙口花卉示范区总体发展规划（2012～2020 年）》（以下简称《规划》）。《规划》提出要整合龙口镇现有的花卉、苗木、锦鲤等现代农业生产、自然生态环境以及生态休闲旅游资源，积极开拓产品流通贸易、科技示范推广、农业休闲观光等业务，打造一个集园艺园林产品生产示范、流通贸易、生态休闲旅游等为一体的现代高效园艺园林产业综合示范区。《规划》还对规划区的所有水土资源类型、面积等进行统计分析，从而科学合理地进行总体布局和功能区规划布局，有效提高规划的准确度、精确度。

《规划》实施以来，鹤山市农业局加快引进各类龙头企业和种植大户，严格执行规划提出的建设目标、建设内容和建设任务，进行可视化与动态化管理，各项工作有序开展，逐渐完成规划任务和目标，产生了良好的经济效益、社会效益和生态效益。

典型案例三：

2014 年，“中心”受广东省农业厅的委托编制了《广东省现代农业发展规划与功能区划（2016-2025 年）》（以下简称《省规》）。《省规》按照“需求引导生产、定位县域精准指导、充分利用两种资源两个市场”的理念，收集全省 121 个县市区的农业基础数据、地理信息数据、社会经济数据、产业发展数据等构建基于县域的广东现代农业功能区划库，实现广东现代农业的“点、线、面”发展和“一张图”管理。

《省规》实施以后，将打造成为引领广东现代农业发展的白皮书，成为广东农业、农民增收致富的指导性文件。

（供稿单位：广东省农业技术转移与扩散中心；执笔人：曹阳）

天津

天津市滨海新区大港生产力促进中心

【概况】

天津市滨海新区大港生产力促进中心围绕滨海新区产业布局规划，结合区域产业结构特点和经济社会发展的总体需求，以提升区域自主创新能力为核心，以推动中小企业转型升级为重点，以创新服务机制和服务模式为手段，面向石化产业集群、上下游产业和区域内科技型中小企业的发展，通过不断提升自身服务人员的素质和能力，提供全方位“保姆式”服务，成为滨海新区综合性科技创新服务平台。服务内容主要包括：科技信息检索、技术开发转让、技术交易、招商引资、知识产权服务、科技金融等。

中心先后帮助大港8个街镇分别建立了8个生产力促进中心和7个科技企业孵化器，促进了街镇经济的发展。2011年通过了ISO9001质量管理体系认证，获得天津市科委首批市级示范生产力促进中心认定。2012年被国家科技部认定为国家级示范生产力促进中心。

【机构设置】

为了更好地为区域中小企业提供服务，围绕工作重心和工作职能的延伸进行了体制改革，2007年5月经天津市编委批准，在原“大港科技投资服务中心”的基础上，加挂了“天津市滨海新区大港生产力促进中心”。中心隶属大港科技局，为全额拨款事业单位，具有独立法人资格。中心针对服务大港石化产业和特色产业的需要，按照服务业务范围，将中心各项工作进行了细化，建立了在中心主任领导下的发展协调及综合管理部、信息及成果转化部、技术及知识产权服务部和创新驿站“三部一站”共四个工作部门。

【人才建设】

中心从培育优化人才队伍入手，使人才队伍不断发展壮大。从业人员数由原来的8人发展到18人；通过选派员工参加在职进修、市场招聘等形式，使本科学历比例由原来的70%提高到100%；先后与中国石油大学、天津大学、南开大学等26家高校院所的80余名科技特派员建立了长期的合作关系，形成了专家、协作、服务三个网络和内外联动服务机制，成为中心的技术支撑，针对不同企业的技术需求，提供快捷的综合配套服务。

【特色服务】

（一）搭建平台，确保石化产业创新持续发展

协助大港石化产业园区规划并建成了“两区一基地”和六个科技服务平台。中心已吸引具备孵化转化条件的企业132家，其中内资企业118家，外资企业14家。其中，投资35亿元的天津渤化集团精细化工基地项目、投资25亿元的金伟晖溶剂油项目及投资14亿元的陆港石油橡胶项目均被列入天津市重点工业项目，项目的实施对园区的经济发展起到强有力的助推作用。

（二）多措并举，推动科技型企业迅速发展

中心从实际出发，成立宣讲服务组，从科技政策宣讲、成果交流、高新技术企业申报及知识产权创造与运用入手，通过有针对性的服务加快了企业转型升级，科技型中小企业呈现竞相发展的良好局面。大港科技型中小企业发展到850家，培育“科技小巨人”81家、国家级高新技术企业46家。

（三）创新服务，促进科技项目申报硕果累累

中心立足于区域企业的需求，从科技型中小企业“铺天盖地”，到培育“顶天立地”的科技“小巨人”开展全程保姆式服务。中心精选了一批科技含量高、成长性好、符合国家产业政策等竞争力强的项目，积极申报科技部、天津市和滨海新区三级科技项目共420项，争取科技项目资金1.1亿元，加快了科技型企业成长速度，提升了企业的科技创新能力。

（四）牵线搭桥，促成产学研合作

中心积极探索适合大港地区科技成果转化模式，优化区域科技合作环境，提高科技成果的转化率和转化成效。加强大港创新驿站建设，重点抓好与中科院、“863”计划项目对接。通过努力，中心积极促成大港地区300多家科技型企业与26家高校院所建立了产学研合作关系，领域主要包括：石化及下游产品开发、金属制品、生物制药、汽车配件、电子电器、自行车六大支柱产业。

（五）银企对接，解决中小企业融资困难

针对科技型中小企业融资难的问题，中心积极协调中国银行、天津银行、浦发银行、大港中小企业担保公司等十几家金融机构与500多家科技型中小企业进行了40次“银企对接”。累计为350多家科技型中小企业进行担保，担保贷款4.51亿元，融资14亿元，有效地助推了科技型中小企业加快发展。

（六）注重创造，专利开发跃上新台阶

中心知识产权部代理专利申请量达到3268件，占区域申请量的55.9%。申报专利清零企业113家。组织申报了滨海新区知识产权奖励项目，其中申报知识产权优秀工作单位2家，专利申请资助奖励项目117个，共获得新区知识产权奖励资金302万元，占新区知识产权奖励资金总额的30.2%。2011年，通过中心创造性地开展知识产权服务工作，使大港专利申请量增幅排名上升至天津市第二位，滨海新区第一位。

【典型案例】

（一）搭建平台，开展创新服务，推进石化产业载体建设指导石化产业园区建立六个科技服务平台

即石油油品检测平台、染料研发平台、功能高分子材料检测平台、纺织纤维界面处理技术研发平台、合成橡胶实验研发平台和精细化工研发平台。平台创新服务的开展，在搞好科技孵化器的同时，有效地推进了石化产业孵化转化一体化载体建设，形成了孵化转化一体化载体的雏形。通过努力，已吸引具备孵化转化条件的企业132家，其中内资企业118家，外资企业14家。其中，投资35亿元的天津渤化集团精细化工基地项目、投资25亿元的金伟晖溶剂油项目及投资14亿元的陆港石油橡胶项目均被列入天津市重点工业项目，项目的实施对园区的经济发展起到强有力的助推作用。

（二）加强产学研合作，助推成果转化

中心通过发放企业需求表、到区属企业进行前期调研摸底和带领企业参加与中科院、“863”计划项目对接会等形式，帮助企业创新发展。中科院地质所与江洲海洋工程有限公司合作“二氧化碳分离封存技术”项目，试验获得圆满成功，

现进一步合作二氧化碳驱油技术，提高采收率10%以上，广泛用于油田三次采油；中科院与余联科科技（天津）有限公司合作，引进一名海归博士进行高端合金粉末新材料的研发、生产，该产品用于高速钢刃具、机翼的涂层，达到国际先进水平，填补国内空白；天津春雨食品配料有限公司与中科院合作“海鲜型风味食品香精开发项目”，均获成功。

（三）整合科技资源，为石化产业的发展提供保障

通过中心的行业技术创新服务平台，将从事石油石化行业研究开发的专家、企业、科研院所、高等院校连接起来，从而打破地域、学科和部门的界限，实现各种科技资源的互利共享。实现企业集群与创新集群的良性互动。从而形成健全的石油石化行业产业链，最大限度地做大石油石化延伸行业（下游产品）的整体实力。

东宝润滑油脂有限公司：该企业生产的“微氟系列节能减磨汽油机油（SJ）”，在研制过程中遇到技术问题，面对企业的技术难题，中心协助联系天津大学教授到企业进行技术诊断，帮助企业进行配方筛选试验，研制出一种适合国内各种车辆使用的节能减磨发动机油。通过技术研发促进了该企业经济效益提升，累计实现销售收入4220万元，累计净利润667万元，累计缴税总额705万元，累计创汇50万美元。

兴源化工：“均四甲苯”项目，在研制过程中产品纯度一直没有取得突破，中心协助联系天津大学化工学院教授到企业进行考察，发现工艺有待改进，中心组织专家帮助企业进行现场试验，经过一段时期研制，研发了三塔连续精馏的方法富集均四甲苯液，大大节约了能耗，降低了生产成本，生产过程不产生烟尘，达到了环保节能目的。

（四）专业服务促成企业从领先到领军的跨越

随着中心的科技服务工作逐步展开，企业对科技研发的重视程度也在不断提升。天津渤化中河化工有限公司知识产权保护工作实现了重大突破。在2011年，企业设立并完成科技创新研发项目8项，为了保护相关科研项目的成果，年内申请专利5项，其中4项获得授权。同年被成功认定为滨海新区级高新技术企业和专利试点企业，并成功中标滨海新区小巨人领军项目，为企业争取科技发展资金100余万元。通过专利使企业产品得到保护，并进一步占领市场，企业销售收入从2011年的3.7亿元增长到2012年的5.3亿元，总资产从2.28亿元增长到3.5亿元，增长率为65%。

（五）科技战略服务引领企业发展

天津世起科技发展有限公司在生产经营中遇到瓶颈，资金一度紧张，正在研发的项目由于资金问题，只能暂时搁置。中心及时了解企业情况，并及时开展帮扶工作。通过帮扶使该企业获得天津市科技型中小企业技术创新资金、天津市技术创新优秀项目、天津市中小企业发展专项资金等扶持项目，被认定为滨海新区高新技术企业、天津市优秀科技型中小企业、国家高新技术企业。

（供稿单位：天津滨海新区大港生产力促进中心；执笔人：孙立明）

天津市滨海新区塘沽滨海生产力促进中心

【概况】

天津市滨海新区塘沽滨海生产力促进中心成立于2001年12月，是具有独立法人资格的自收自支事业单位，隶属于天津市滨海新区科学技术委员会。在中心十几年的建设发展过程中，得到了科技部高新司、天津市科委和滨海新区区委区政府的高度重视和指导，以及社会各界的鼎力支持。在机构精简、经费紧张的情况下，中心按照市科委和滨海新区区委、区政府对科技工作的要求，采取一系列行之有效的措施，积极为辖区内科技型中小企业做好服务，营造出政府提供创业环境、科技型中小企业发展经济的良好社会氛围，中心也从无到有、从小到大、从弱到强，不断发展壮大。

中心立足于滨海新区广大科技型中小企业，充分发挥科技中介服务职能作用，求真务实，开拓创新，积极加强自身软硬件环境建设、提高科技创新服务能力、促进中小企业创新创业、加速科技成果转化，为滨海新区经济发展和社会进步提供了强有力的科技支撑。

中心现有办公、孵化两栋楼宇，占地面积4000多平方米，建筑面积达7000多平方米。配有2个标准化教室，1个计算机网络教室及2个中小型会议商务洽谈室。建有中心网站和局域网系统，现有高配置计算机80余台。所属科技企业孵化楼——津滨科技园占地3200平方米，建筑面积3500平方米，可为50余家中小企业提供入驻孵化。

中心成立以来，服务能力不断增强，效益不断提高，规模和资产总量迅速扩大。注册资金由20万元增至350万元；总资产由20万元增至2000多万元；技术服务业务收入由2002年10多万元增至2015年460万元，走上了一条时间短、效益高，跨越式发展之路。中央电视台、天津电视台、《科技日报》《天津日报》等各大新闻媒体多次报道中心建设成效和经验。2006年6月，中心被科技部认定为第六批国家级示范生产力促进中心。

【服务业绩】

一是为辖区500余家科技型企业提供科技项目申报、科技奖励申报、高新技术企业认定等政策讲解5000项次，组织中小企业创新资金、科技计划项目、高新技术企业认定培训100次，培训人数达5000人次。帮助50家企业在中小企业创新资金项目中立项，获得资金支持共2530万元；帮助200家企业的280个科技项目在国家、市和区级项目中立项，获得资金支持5000万元；帮助60家企业先后通过高新技术企业认定，共为企业减免税收4亿元；帮助300家企业的400个科技项目在市、区级科技奖励中立项。

二是为企业进行新产品研发、技术检测、新成果鉴定、项目验收、成果登记、技术标准审定和质量管理体系认证等提供相关服务。协助认定科技型中小企业1801家，网上注册企业达2350家。辅导和协助企业申报科技发展计划项目、中小企业创新基金项目并提供相关的咨询服务。

三是为企业提供知识产权代办业务450余项，承办市级专利资助3700项，拨付资金103万元，提供各类科技信息查寻检索服务500次。因知识产权工作成绩突出，天津市知识产权局在中心设立了天津知识产权维权援助中心滨海分中心，面向社会提供知识产权方面的咨询及援助服务。

四是培育孵化企业87家，在孵企业49家，企业孵化毕业26家。累计实现招商引资7000万元，新增就业岗位500个，企业开展新产品研发、新技术推广40项，申请和实施专利9项，批准列入各级科技计划项目15项，获得区级科技进步奖励2项。2015年入孵企业实现技工贸总收入1.6亿元，利税1936万元。

五是开展创新驿站工作，以中科院、863计划、河北工业大学等成果为技术依托，借助生产力促进中心的网络资源，开展技术转移服务；先后组织200余家企业参加863、中科院、华人华侨等成果对接、座谈活动21次，促成海发公司、修船所、鑫宇环保等企业与中科院天津工业生物技术研究所建立密切的产学研合作关系。积极走访企业进行调研，完成滨海新区技术需求调查110项。

六是成立塘沽科技金融对接服务中心，交易大厅面积达450平方米，并于2014年通过天津市科委第一批区县级科技金融服务平台认定，专职工作人员6名，10家银行、2家金融担保机构与金融服务中心签订协议，截至目前，服务平台已举办6次银企对接专场，服务企业达到76家，累计为滨海新区企业融资1.81亿元。

七是搭建科技人才服务平台，中心与滨海人才市场共同成立了塘沽裕鑫科技人才服务有限公司，办公地点设在中心。公司已与24家企业签订了人事代理服务协议，建立了人事档案管理系统，面向社会开展人事档案管理服务；为40家企业提供了职称评定咨询，为10人代办了初级职称评定；为5家企业办理了人才引进落户手续，为20家企业提供了人才引进政策咨询服务。

【经典案例】

（一）服务天津市海发珍品实业发展有限公司案例

天津市海发珍品实业发展有限公司成立于2000年4月，位于天津海滨浴场西侧，是以牙鲆、半滑舌鳎、石斑鱼等高档海水鱼育苗 / 养成为主，是集科研、生产、开发于一体的科技型水产养殖企业。中心整合农科院、中盐制盐院、中国水产科学研究院黄海水产研究所和中科院海洋研究所等几家科研院所的优势资源、为海发公司提供政策咨询、技术创新和知识产权战略等科技服务，取得了明显成效。中心为帮助提高海发公司高档鱼的成活率和品质，聘请中盐制盐院工程师为海发公司技术负责人，在短短的1年时间里通过不断的探索与实践，海发公司的高档鱼成活率已达到90%以上，并且形成了一整套海水养殖高档鱼先进的育苗、温控及防病的技术工艺。同时，帮助海发公司围绕海水养殖开发新的项目，帮助该公司建立长期的产学研合作机制，明确了以天津市现代渔业技术工程中心（海发公司）为依托，与中国水产科学研究院黄海水产研究所建立长期科技合作机制，开展了多层次、多形式的科技、人才、信息等方面的交流与合作。中心帮助该公司与中科院海洋研究所联合成立了专业技术研发中心“天津海洋技术研究院”，为企业进一步发展提供了技术储备。随着技术创新服务的深入开展，中心帮助海发公司走上一条科技创新之路，通过发挥产学研合作的整体优势，在海水养殖方面研究开发出多项科技成果，先后承担了国家星火计划项目 1 项、国家重点支撑计划 1 项和塘沽科技创新重大专项 1 项，并荣获天津市科技进步奖三等奖 1 项和天津市滨海新区科技进步奖三等奖 1 项。海发公司在对承担的项目进行刻苦攻关的同时，不断将取得的成果应用到实际生产中，为区域经济的发展做出了贡献。海发公司资产总值已达到 3.6 亿元，成为国家星火计划龙头企业技术创新中心和天津市农业产业化龙头企业，建成了具有国际先进水平的全封闭内循环海水养殖车间 2.7 万平方米，形成了年产 50 万公斤高档海水鱼的生产规模。该公司年产值达到 3000 万元，其循环水养殖技术和生产规模达到国内领先水平。

（二）服务天津市塘沽区鑫宇环保科技有限公司案例

天津市塘沽区鑫宇环保科技有限公司，是海洋高新区注册的民营科技企业，成立于 2001 年，是专门从事环保技术开发、环境治理的企业。中心主要为企业提供科技项目申报、知识产权申请等服务，为企业的壮大发展提供支撑。鑫宇环保公司是科技创新、开发能力较强的公司，但一直忽视对自主知识产权的保护，公司的十几项技术中没有一项申请专利。中心在对该企业调研过程中，及时发现了这方面突出问题。中心动员企业有关人员参加知识产权培训，从普及专利知识、增强企业的知识产权保护意识入手，使企业认识到专利的重要性。中心先后帮助企业申报了 13 项专利，其中 12 项为发明专利。通过专利技术的保护，鑫宇环保公司已经占领滨海新区塘沽地区 80% 的环保治理市场，取得了较好的经济和社会效益。在提供专利服务的同时，中心帮助鑫宇公司申请科技项目 6 项，其中 2 项目前已经成功立项，共获得政府无偿资助 500 万元。通过承担科技项目的方式，对成熟技术进行成果转化，为滨海新区环境保护做出了较大的贡献。目前，该公司注册资金已增至 2000 万元，总资产为 3110 万元，年产值达到 1240 万元，缴纳税收 50 余万元。

（三）服务天津东大化工有限公司案例

天津市东大化工有限公司厂区占地面积约 8.2 万平方米。创建于 2002 年 8 月，主要生产苯甲酸与苯甲酸钠两大系列产品。中心主要为东大公司提供技术创新服务，帮助企业与大学院校联合成立研发中心，通过技术创新使企业进一步做大做强。随着企业调研工作的深入开展，中心了解到东大公司生产的苯甲酸与苯甲酸钠产品产量较大，但同时也产生很多废气、废料，能源消耗非常大，无论是环境还是资源都受到了较大破坏，生产工艺改造迫在眉睫。中心根据企业该项需求，与天津科技大学王昶教授联系，在说明情况的基础上，校方与企业草签了技术合作协议，天津科技大学将部分科研人员派往企业进行产品测试和生产工艺的改造，通过一年技术合作对苯甲酸钠生产系统尾气治理工艺、苯甲酸生产系统节能减排工艺及应用的生产装备进行创新改造，申请了 1 项发明专利和 1 项国家新产品项目。由于采用先进的生产装备，达到了节能降耗标准，实现循环经济产业链，节约了资源，使环境保护、产品质量得到全面提高。本着互利互惠的原则，年底企业与天津科技大学正式成立了“天津市东科食品添加剂研发中心”，标志企业的研发水平上了一个新台阶。公司总资产已经由 1500 万元发展到 2 亿元；公司的总收入已经由 2800 万元发展到 1.7 亿元；公司的生产能力已经由年产 5000 吨发展到 5.3 万吨；公司的产品已经由单一产品发展到多种系列产品；公司的员工已经由 40～50 人发展到 210 人，已成为亚洲第一大苯甲酸与苯甲酸钠生产厂家。

（四）服务天津斯巴克瑞汽车电子有限公司案例

天津斯巴克瑞汽车电子有限公司坐落于塘沽海洋高新区，是一家从事汽车电子器件、仪器仪表、无线电通信设备研发和制造的企业。中心主要为企业提供科技信息检索服务，为企业的研发、生产和销售做好参谋工作。中心通过对企业走访了解到斯巴克瑞公司是一家研发实力较强的科技型中小企业，尤其是在汽车点火线圈的研制与销售方面有较强的实力，在国外市场有很强的竞争力，但随着国外汽车生产厂家进入该领域，企业利润也随之有所下降，企业面临巨大的压力。为使企业能够迅速摆脱困境，中心为该企业提供了相关科技信息的检索服务，每周定期为企业提供通用、克莱斯勒、德尔福、博世、韦尔斯、韦世通、拉达等世界著名汽车商的研发、生产和销售的信息资料，使该企业发展方向进一步明确，最终选择分缸式、笔式点火线圈作为研发、生产的主攻方向。通过从分缸独立小型化四端输出汽车点火线圈到外置低压点笔式汽车点火线圈，到无低压骨架型笔式汽车点火线圈，到点火线圈控制电子模块，再到综合参数检测台的技术发展，使企业逐步掌握点火线圈、控制模块的核心技术，并运用这些新技术生产出具有市场竞争力的拳头产品，外商订单数量以每年20%～30%速度递增。

（五）服务天津瑞泰精细化工有限公司案例

天津瑞泰精细化工有限公司是专业从事苯乙烯系列阻聚剂产品、石化添加剂、油田化学品的科技型企业。中心主要为该企业提供科技贷款服务。瑞泰公司多年来凭着自己的专利技术在国外市场占有一席之地，而且产品有较高的附加值，但由于受到经济危机影响，许多上游厂家倒闭，一些货款不能按期返还，企业的资金周转出现了问题，直接影响到企业的研发和生产经营。掌握了这些情况后，中心结合市委、市政府“解难题、促转变、上水平”活动的开展，帮助企业总结技术上的创新点，为企业申报科技型中小企业创新基金做好咨询服务，并通过企业申报、专家评审获得立项。在此基础上，帮助企业以市科委为担保方申请了科技型小企业科技贷款40万元，给困境中的瑞泰公司以政策资金的支持，从而使企业的研发和生产恢复正常，该公司实现年产值2300万元，缴税102万元。由此摆脱了困境，实现了良性发展。

（供稿单位：天津市滨海新区塘沽滨海生产力促进中心；执笔人：刘键）

天津市食品工业生产力促进中心

【概况】

天津市食品工业生产力促进中心于1998年11月成立，2001年11月被科技部认定为国家级示范生产力促进中心，2003年5月通过了ISO9000认证。中心坐落在天津市静海经济开发区，占地21.31亩，科研检测综合楼3500平方米、中试车间占地3000平方米。中心连续多年被评为市级文明单位，2008年12月被科技部授予“国家科技计划先进服务机构”。2012、2013年被科技部评为“国家级示范生产力促进中心A类示范中心”，2013年获科技部“发展成就奖”。

【机构设置】

多年来，中心积极创新运行机制，发展成为集中国商业联合会食品质量监督检验检测中心、天津市质量监督检验站第六十九站、天津市新科职业培训学校、《食品研究与开发》编辑部、中国天津食品网网站等一体化的服务机构。为企业积极搭建起科技创新的服务平台，拥有独特的技术服务体系，建立了研发、检测、培训、信息、成果转化、科技咨询六个分中心。同时充分发挥中心建立的专家、协作、服务“三个网络”作用。

（一）六个中心

食品研发中心：对食品行业新技术、新产品、新工艺、新包装进行研发。

质量检测中心：作为第三方公正机构，承担政府、企业和消费者的委托检验，出具具有法律效力的检测报告。

技术培训中心：食品检验工、公共营养师、营养配餐员等多种发证培训；食品企业检化验员、技术人员、关键岗位操作工培训；食品安全知识讲座；见习基地和科普基地管理工作。

信息资讯中心：以“两刊两网”即《食品研究与开发》《食品生产力》、“中国天津食品网”“天津枣网”为主要信息服务窗口，提供国内外食品科技动态，科研成果、政策法规等信息。

成果转化中心：致力于高新技术和先进适用技术的研究推广，对食品相关科技成果进行转化。

科技咨询中心：致力于为中小科技企业提供诸如专利等知识产权申报、科技项目申报及科技信息服务等。

（二）三个网络

专家网络：拥有120人专家库，借脑融智，“不为我有，但为我用”，为企业提供服务。

协作网络：与全国60余家高校、科研院所建立协作关系，架设校企、院企间的服务桥梁。

服务网络：在全国23个省、市和天津市12个涉农区县成立分中心、联络处、办事处，及时掌握企业需求信息，共同为企业提供科技服务。

【双创服务】

中心在国家科技部、中国生产力促进中心协

会、天津市科委、天津市生产力促进中心协会的领导和支持下，实现了持续快速发展。中心结合自身的优势，积极响应科技部的号召，开展特色双创服务，已成为促进食品工业加快发展的一支重要力量。

（一）新技术食品研发

中心紧紧抓住天津市大力发展科技型中小企业的历史机遇，以提高中小型食品企业科技创新能力和市场竞争力为宗旨，为天津绿色坐标食品有限公司、中宝药业等企业研发鲍汁白灵菇罐头、白灵菇脆片等近50种新产品，为企业创造经济效益1200余万元。其中与大连辽渔集团合作，在承担国家“863”项目“南极磷虾快速分离与深加工关键技术”项目中，通过子课题研究，成功开发了南极磷虾肽、南极磷虾营养粉、南极磷虾酱等20项新产品。自主研发的功能红糖、系列膨化果蔬脆片等新产品（新技术）共13项，其中“冬枣脆”“枣精华素口服液”和“肉松饼”等6项新产品实施了转化，累计主营收入达1577.7万元。

（二）先进的质量检测服务

中心对检测设备的投入不断加大，扩大了食品检测授权范围，服务能力得到大幅提升。2013年以来，设备投入累计已达到1231万元，目前授权检测技术参数增加至12大类483个、产品为33大类386种。

2015年，中心帮助企业建设检测实验室10个，培训企业检化验人员320余名，使相关企业掌握了先进检测技术。

中心每年为企业检测产品8000多批次，保障了产品质量，成为天津市食品安全战线的忠实守卫者，为天津市食品企业质量安全做出了重要贡献。

（三）搭建科技培训平台

中心为130余家企业相关人员开展培训，受训人员1800人次。到中心实习及见习人数达2600余人次。参观科普基地人员达3000余人次。中心为天津市食品企业搭建了科技培训与交流的平台。

（四）全媒体传播行业资讯

中心通过自有网络服务平台“中国天津食品网”“天津枣网”及微信公众平台，每年发布食品科技信息近20000条。2015年，中心承担了国家科技部火炬计划《天津市生产力促进中心信息化服务平台》项目的申报实施工作，为天津市中小企业、服务机构、政府部门搭建了信息资源服务平台。中心出版的中文核心期刊《食品研究与开发》是天津市一级期刊，每年发表食品学术专业文章1800余篇。2015年《食品研究与开发》被评为“RCCSE中国核心学术期刊（A）”。中心出版的内部宣传资料《食品生产力》创办于2003年12月，以宣传食品安全、食品营养、科普知识等为重点，在宣传国家方针政策，介绍食品行业的新产品、新技术、新工艺等方面发挥重要作用。2015年，在天津市首届“优秀企业报刊”评展活动中，《食品生产力》经过严格评议，荣获《好报（刊）头》三等奖、《好图片》三等奖。

【人才建设】

中心现有从业人员70名，全部为本科及以上学历，其中硕士33人，占总数的33%。具有专业职称人员42人，其中正高级工程师3人，副高级职称5人，中级职称35人，占总数的60%。中心建成的专家库有120位行业专家，借脑融智，“不为我有，但为我用”，更好地为企业提供更优质的服务。中心协作网络与全国60余家高校、科研院建立协作关系，架设校企、院企间的服务桥梁。

【典型案例】

（一）服务静海区枣产业案例

中心地处天津市静海区，枣产业为该区的优势产业，但多以鲜食枣为主，枣深加工技术处于相对落后状态。针对这一现状，中心组织了由天津市食品研究所有限公司牵头，由多家高校及科研院所作为技术支撑，由天津核生科技生物工程有限公司为产业化实施单位，与静海区西翟庄枣产业合作社共同组建枣产业技术创新联盟，开发了一系列带动静海区枣产业及附属产业发展的项目。

2015 年，中心深入静海区枣种植区进行调研，与天津市食品研究所有限公司、天津核生科技生物工程有限公司合作，选定了静海区冬枣、金丝四号等优质品枣进行枣精华素提取、枣环磷酸腺苷提取、温压差膨化冬枣脆等研究，研发成功枣精华素口服液、枣核苷口服液、枣核苷胶囊、非油炸膨化冬枣脆等 10 余种新产品。通过以上项目的研究实施，2015 年共利用静海区枣资源 1500 吨，为枣农增收 100 余万元。随着项目的进一步实施，中心的影响力不断扩大，产品市场竞争力不断提高，预计今后枣资源的利用和为枣农增收将以每年 20% ~ 30% 的速度快速增长。

（二）为知名企业技术导入服务

中心与天津食品集团有限公司达成技术服务协议，服务范围包括：为食品集团下属多家老字号食品企业提供新产品研发、技术攻关和技术咨询服务，其重点是对部分传统食品进行品质评定，找出其品质提升点、突破点，并会同企业技术人员，运用现代食品科学技术将传统食品品质提升到新的水平。

天津市肉类联合加工厂的迎宾牌老火腿，因其真材实料、口味醇香，一直畅销不衰。但是老火腿也长期存在品质上的短板，表现在保质期短，在 0℃ ~ 4℃储存条件下保质期仅为 20 天。中心研发人员和技术攻关小组经过几十次小样试验，实现了新的突破，最终使老火腿保质期由原来的 20 天延长到 60 天，且在 60 天的保质期内，产品品质仍保持在规定标准范围内。此次技术攻关解决了困扰肉联厂多年的技术瓶颈，得到了厂方的高度评价。

【发展方向】

“十三五”是我国深化改革开放、加快转变经济发展方式的攻坚时期，是天津市在多重利好政策支持下经济快速发展时期，也是中心突破瓶颈，实现快速发展的黄金机遇期。为此，中心将在确保专业服务全面性、综合性的前提下，提升科研开发、检测、期刊、培训、成果转化等方面的水平，同时积极拓展“互联网 +”、APP 信息平台、学术期刊英文版等业务，进一步提高中心市场竞争力。

（一）增强科研与科技服务能力

1. 加大开放创新力度，提升自主创新能力

“十三五”期间，要充分发挥专家网络、协作网络和服务网络的作用，整合食品行业科技资源，联合高校院所和食品企业，以市场为导向，加强合作协同创新。

2. 搭建科技服务平台

通过整合食品研发、食品检测、信息咨询、科技中介资源，加强与高校的合作，积极开发新的项目。至 2020 年，搭建一个食品质量安全与技术的推广服务平台。

（二）加强成果转化能力建设

在食品产业化技术开发、特色传统产品的新技术改造、特色资源的产业化技术开发等方面，至 2020 年取得一批有竞争力的技术成果，开发一批高新技术产品，培育一批科技型企业，完成成果转化 20 项。

（三）期刊国内著名、国际知名

1. 提升期刊质量

在同行业期刊整体质量达到国内先进水平，至 2020 年顾客综合满意度要达到 95% 以上，被引频次在同类期刊中名列前茅，打造双效期刊。

2. 创办英文期刊

创办《食品研究与开发》英文版，将优秀学术成果、优秀作者推向世界，使期刊走出国门，真正与国际接轨，在促进行业发展的同时提升期刊国际知名度。到 2020 年，全面完成《食品研究与开发》英文版的出版发行。

（四）联合发展，检测服务向国际化迈进

加强与国际食品行业具有较强竞争力的检测机构合作，实现资源共享，利益双赢，共同打造出具有核心竞争力的高端实验室，以满足日益发展的国内国际食品检验检测需求。

（五）不断推动科技服务向多元化发展

1. 建设“国际成果转化基地”

申报市科委“国际成果转化基地”，创新服务模式，为企业提供跨领域、跨国界、全过程的技术转移集成服务，促进科技成果加速转移转化，联合高校、科研机构等建立企业、科研院所、高校良性互动机制，促进技术成果转移转化。

2. 建设“天津市食品安全工程技术中心”

与国内知名大学合建“天津市食品安全工程技术中心”，为政府食品安全监管部门执法提供技术支撑，并以其需求为目标，开展方法学研究和前瞻性研究；与科研院校、企业联合，研究开发共性技术和关键技术，促进科研成果工程化开发、标准化集成、产业化发展，并发挥辐射作用。向生产性企业推广食品安全保障技术并提供技术咨询和技术服务。

3. 创新科技咨询服务模式

开展高新技术企业认定、知识产权、项目咨询等科技中介服务，积极应用大数据、云计算、移动互联网等现代信息技术，创新服务模式，开展网络化、集成化的科技咨询服务。

4. 建设“健康食品成果转化中心”

自主研发、集成高等院校及科研院所对健康保健食品的科技成果、专利技术，进行中试熟化、二次开发，缩短科研成果与产业化之间的距离，建设“健康食品成果转化中心”，提高科技成果转化率。

（供稿单位：天津市食品工业生产力促进中心；执笔人：赵义、王琦、王洪霞）

天津市制造业信息化生产力促进中心

【概况】

天津市制造业信息化生产力促进中心，前身先后为天津电子计算机应用研究所、天津市计算中心，是我国早期致力于高科技和信息化研究所发展的单位之一。2002 年更名为天津市制造业信息化生产力促进中心，并被国家科技部认定为国家级示范生产力促进中心。

中心成立以来，承担了多项国家和天津市重大科技攻关计划和重点推广计划项目；培养了一大批信息化实用人才；具备了技术开发与中介、咨询服务与人才培训等方面的综合服务能力。中心的业务方向是：从事制造业信息化及计算机软件相关的培训、咨询、监理、技术推介、共性技术平台的建设，以及政府委托的科技服务工作等。

【服务特色】

中心多年为中小企业进行信息化服务，组织了一支资深且业务全面的专家团队，其成员由驻津大学、科研机构专家教授组成，为信息化工程的开展提供决策咨询。在大众创业万众创新形势下，中心为“创客”提供服务资源，与多家创客咖啡、众创空间进行对接，建设创客服务新体系，为众创空间提供产品展示、技术推广、科技金融、法律咨询等服务。

中心致力于服务制造行业各类型企业，帮助企业提升自身信息化水平，提高生产能力解决企业发展问题，从而通过信息化手段帮助企业进行转型升级。中心成立以来，已积累了对天津市近 1000 家制造业企业提供信息化服务的业绩和成功案例，与天津市相关企业建立了密切联系，实现了完善的服务体系；并连续参与天津市“十二五、十三五”科技发展战略课题研究；并多次获得天津市科技奖。

【重点工作】

（一）服务政府天津市自主创新创业项目

中心多年配合政府科技管理部门，进行《天津市自主创新产业化重大项目》的监理工作。负责监理八个批次的天津市自主创新产业化重大项目，每月统计自主创新产业化项目共 82 项，每月仅数据汇总部分就需统计数据 3280 个，每月进度汇总成稿字数均达 1 万字以上，并于每季度末做一次季度汇总，保证项目实施的质量与进度。

在工作中，中心始终坚持“以管为主，管、帮、促相结合”的原则，“管”就是严格按照市级督查和市科委主管部门对此项工作的要求，按照部门制定的监理办法、项目任务书上的进度指标等，对项目的全过程、全方位进行监督管理；“帮”就是热情服务，及时帮助项目单位解决项目实施过程中存在的问题，并改进工作；“促”就是检查督促各项工作的落实，保证项目实施的质量与创新项目的产业化实施情况，并统计所有在研产业化项目的新一年投资计划情况，并进行汇总分析。

（二）实施制造业信息化项目

中心多年承担国家及天津市重大项目，为使项目顺利验收做了大量的工作，主要工作有：组织专家与项目组成员、制造型中小企业分别召开多次工作推动会与平台推广会，深入企业调研并走访区县科委，商讨服务天津中小企业信息化的工作模式等。

为使服务企业工作更完善，中心与合作单位紧密联系、深度沟通，及时调整工作进度。与多家企业及高校签署了战略协议，并开展多种形式的平台推广会和研讨会，对企业进行政策宣导、云制造平台的讲解与咨询诊断等服务。为使企业更好地了解制造业信息化工程平台，聘请制造业信息化专家到现场为企业讲解信息化趋势，免费为企业提供制造业信息化数据信息分析服务。同时，完善了天津市制造业信息化门户网站，不断丰富门户网站中多个模块的内容，如：国内新闻，信息化动态，活动动态等板块，每周更新 2 次，每次更新 5 篇，共计文章 300 余篇。针对门户网站还申请了微信公众号（微信公众号 TJ-MIE，名称：天津市制造业信息化服务平台），及时发送最新的信息化知识和动态消息，每周更新 2 次，每次更新 4 篇，共计文章 230 余篇。该项目还取得了制造业综合信息搜索引擎系统软件著作权。

（三）对天津市科技计划项目执行情况进行年度检查

按照天津市科委的工作安排，中心分管部门按照计划项目进行分类，并对执行情况进行检查。专项涉及：科技创新专项资金、重大项目、成套装备及装备零部件专项、电子信息领域、电子政务与电子商务关键技术专项、公共安全减灾与防灾专项、光电子与激光专项、航空航天领域、科技服务业专项、民航科技专项、软件产品及技术、软件专项、数字化高端装备专项、数字技术专项、微电子专项、微电子与光电子专项、先进制造专项、现代服务业专项、信息安全关键技术及产业化重大科技专项、制造业装备现代化专项、重点实验室、装备制造业领域。

（四）开展制造业咨询服务

作为天津市 5 个生产力促进中心服务联盟之一，在联盟成立至今，作为盟主单位，保持着与 11 个生产力促进中心成员单位的密切联系，遍布天津市的滨海新区、西青区、宝坻区、北辰区等 10 个区县，深入区县切实为企业进行服务，定期开展对天津市科技型中小企业咨询诊断业务活动。

在制造业咨询服务工作方面，中心积累了大量的实际案例，并一直与制造业信息化专家组建立紧密合作，定期组织专家召开制造业信息化会议，为企业提供信息化技术的咨询服务，开展市场调研，针对存在的问题提供解决方案，已为天津市多家优秀企业进行信息化服务。如：为容大自动化提供研发管理方案的服务；为亚安科技在国家科技计划项目的工作提供咨询帮助等，均取得了很好的社会效益。另外，联合天津市软件协会组织召开多次软件商大会，驻天津市的多位软件企业家出席，共同研讨服务天津制造业的策略。同时与用友、金蝶、达索等优秀企业共同举办了多场技术交流活动。

2012 年，中心与北辰区进行深度合作，编制了北辰区“国家高端数字装备产业化基地”的申报书，2012 年 4 月天津市科委与北辰区人民政府签订了《委区工作会商框架协议》，主题为共同推动北辰“天津北部中心高端制造产业基地”建设其中之一“创建国家级高端装备制造与转化基地”。

（五）服务天津市生产力促进中心绩效考核工作

中心多年以来，组织完成天津市国家级示范生产力促进中心绩效考核申报工作及参与天津市两级示范生产力促进中心年度绩效考核工作。同时，完成各项数据的汇总上报工作，如每月上报京津冀协同发展工作事项落实情况表、按时填报季度动态管理季度绩效考核报表等。

每年组织完成科技部火炬中心天津市生产力促进中心的“快报”“年报”统计工作，汇总数据70余项，统计数据总量达到10000项以上；每年协助天津市生产力促进中心协会召开天津市生产力中心数据填报工作培训会，全力做好各项数据统计工作。

（六）撰写高新领域项目绩效评估报告

自2014年起，编写《高新领域项目绩效评估报告》。根据天津市财政局《关于首期开展2014年市级财政支出项目绩效评价工作的通知》（津财督[2014]19号）的要求，调研了近20个承担天津科技项目的企业情况，主要内容包括：项目基本情况、项目绩效目标、项目资金安排和使用情况、项目绩效情况等，汇总分析后完成高新领域项目绩效评估报告。搭建政府联系企业的桥梁，对促进相关高新领域项目落地发挥了积极作用。

（供稿单位：天津市制造业信息化生产力促进中心；执笔人：全芃蕊、崔玉）

天津自行车电动车行业生产力促进中心

【概况】

天津自行车电动车行业生产力促进中心是2004年根据市科委[2004]248号文件批准筹建的，于2011年8月在武清区中华自行车王国产业园区正式注册为“天津市兴轮生产力促进有限公司”，并通过市级生产力促进中心认定及ISO9001认证，定位为行业科技创新服务平台，成为天津市自行车行业协会推动天津自行车行业创新发展的重要机构。

目前，中心已构建起31人的科技团队，中心本部专职人员18人，技术研发中心人员13人，其中学士学位以上占80%，高级职称占35%。中心除设有咨询培训部、信息部、市场部和综合办等机构外，还建起了中国北方自行车网站，开通了中心微信公共账号，组建了行业内外116余名专家学者参与的专家库；与天津大学机械学院、南开大学经济研究所等八所高校院系共建了产学研实践基地；2010年创办了福康自行车骑行文化俱乐部，并于2012年成立中国自行车骑行文化华北促进中心，开展丰富多样的骑行交流活动。中心坚持“轻、精、巧、高”的产品创新战略和绿色环保的发展理念，促进企业提高自主创新能力水平。

【建设成果】

1. 尊重知识，凝聚人才，组建专家智库，共建产学研基地

开展职称评审工作和人才技能大赛，完善行业科技创新体系建设，使中心基础能力不断增强

“中心”努力构建阵容强大的科技团队，吸引和聘请百位专家学者组成大型专家智库，使科技服务能力大大增强。在市统战部和工商联的具体支持下又连续开展职称评定工作并作为试点单位，进行职称工作试点。（截至目前共评出行业初级职称718人、中级职称95人，高级职称18人，共831人）。另外，自2011年连续多届开展华轮杯青工技能大赛活动，为企业提升员工技能，培养人才发挥了促进作用。从2010年开始，中心连续每年召开行业科技大会，鼓励企业加大产品研发创新力度，有力推动企业的技术研发机构建设，评选科技带头人和创新产品，形成科技研发体系。（截至2015年科技大会共评选创新成果奖198项，行业技术研发先进企业140名，企业科技创新带头人61名）。极大地推动了产业整体技术水平的提升。

2. 提出“轻、精、巧、高”的产品创新战略，加快产品结构调整，推动产业转型发展

为破解产品低质化开发格局，中心于2006年提出“轻、精、巧、高”的产品创新战略，此举得到了市政府领导充分肯定。中心大力推广镁合金、碳纤维及锂离子动力电池等新材料、新技术的开发应用，申办了国家级自行车应用镁合金及新材料应用技术平台，有效推进天津自行车电动车产品和产业链整体创新。中心充分利用天津自

行车产业资源优势、市场优势和人才优势，构筑产业技术创新与技术应用体系，为全行业服务，不断增强产业整体的技术研发能力。

3. 加强电动自行车产品标准化建设，完善标准体系，充分发挥提升中心的创新服务能量

2005 年，针对国内电动自行车产品违规开发现象，中心组织专家组编写了《电动自行车五项核心电器件的技术标准》，填补了国内电动自行车行业的标准空白，被天津市技监局批准为天津地方标准。2011 年 3 月被中国轻工业联合会评为科技优秀奖。2007—2008 年，中心组织专家先后编写了《电动自行车实用技术》和《电动自行车维修精要》两部共近 90 万字的技术专著，由人民邮电出版社出版发行，受到国内业界的欢迎。2012 年中心与中国物理与化学电源协会联合修订《电动自行车用锂离子电池组和电器通用技术条件》，促进了锂电池电动自行车产业发展，得到业界的支持和认可。

4. 组织大型骑行文化活动，积极拉动产品升级

2012 年中国自行车骑行文化华北促进中心落户天津，为中心开展骑行活动，交流骑行文化创造了更为有利的条件。随着国内骑行文化的兴起，大力倡导推进骑行文化建设，推动自行车产品创新和结构调整，成为中心的一项重要工作，近年来，中心配合协会组织了多种骑行活动，除在中国北方国际自行车展会上举办骑行嘉年华活动和论坛外，还在山西黎城举办三届国际太行红山骑行文化活动周、津沈互动骑行活动及山西古县骑行活动等，此外，在中心四楼专门成立文化中心基地和俱乐部活动室，展示介绍骑行文化动态，极大地促进了骑行产业文化交流和推广。

5. 组建高端产业联盟，实施走出去战略，帮助高端自行车电动车企业入驻静海自行车现代产业园，全面打造提升天津高端自行车产业链

2013 年，中心及协会组建天津高端自行车产业联盟，形成自行车企业及新能源电动自行车套件联盟，实施“一带一路”，走出去战略，经过两年多的实践，天津市自行车电动车行业协会零配件高端联盟已初具规模，在国外也建立了统一标志 TBA，确立了合作伙伴，目前中心与印尼东爪哇省教育局签约合作，引入人才，为更好促进国内自行车产业高端化打下基础。

6. 制定产业发展规划，实现天津自行车产业的二次腾飞

天津市委市政府领导给予天津自行车产业高度重视，时任天津市委孙春兰书记、黄兴国市长指示《关于进一步促进我市自行车产业健康发展的实施意见》津政办发 5 号文，在社会各界引起强烈反响。围绕 2014 年在市政府和相关部门的指导下制定的促进我市自行车产业健康发展的五年规划，重点推动实施自行车、电动车产品档次的升级；提升整体行业形象；在构建产业集群方面，构建完善武清王庆坨、中华自行车王国、静海产业基地建设，打造助推产业引擎。在建成中国自行车电动车产业基地·王庆坨的基础上，进一步提升建设王庆坨自行车电动车转型升级形象产业园。静海自行车产业园区于 2013 年通过中国自行车电动车产业基地·静海的认定后，于 2006 年 8 月申报国家级“自行车电动车产业之都”，目前已通过了专家审定，正在批报过程中。静海自行车产业经过三方共建，已经形成集研发、生产、销售、检测为一体的完整的产业体系，打造天津自行车电动车的整体形象；中心将以”创新驱动发展，文化拉动提升，攀高实现转型”为发展理念，努力实现天津自行车产业的二次腾飞。

【主要活动】

2012 年 11 月 9 日，在第二届中国北方国际锂电车及配套展示洽谈会举办了“锂电车产业高

峰论坛”。会议全面分析了我国电动车用锂电池产业的现状和锂电车产业的现状，对取得的成果和存在的问题取得了共识，对下一步的发展提出了展望。

2013 年 3 月 29 日，中心与天津市质检院合作召开了 2012 年度全国自行车标准化技术委员会镁合金及新型材料应用分技术委员会年会。龚理事长发表了重要讲话，分标委员会专家学者和镁合金自行车产品上下游生产企业负责人出席会议。

2014 年 7 月 17 日上午，中心召开“推动天津电动车锂电池配套工作座谈会”，会上，全面分析了当前锂电电动自行车的发展现状和趋势的看法和锂电自行车发展的目标，探讨了锂电自行车目前存在的问题，提出了对锂电发展的一点思考和建议。

2014 年 9 月 3 日，行业协会和中心举办了“2014 首届中国电动车产业核心技术与发展高峰论坛”，这次论坛是在电动自行车产业出现历史性拐点变化之际，组织行业企业家和技术专家，共同探讨电动自行车行业转型、提质、增效的发展之道，树立锂电车高端健康发展的路标，寻找厂商与经销商共同发展之路。

2014 年 12 月 27 日，为大力推进不产生 VOCs 排放的绿色环保涂料——粉末喷涂，在 2014 年天津自行车电动车行业科技工作会议上请专家详细介绍了国内外粉末喷涂在自行车、电动自行车零件上的应用状况、前景分析及成本优势和环保优势。促进了粉末喷涂产品在自行车上的应用。

2014 年 11 月 5 日，中心组织水性漆生产企业和行业烤漆企业负责人召开了水性漆在自行车电动车上的应用专题研讨会，介绍了目前水性漆在国内外的应用情况，目前的发展状况和存在的问题及解决方法。

为贯彻落实政府出台的一系列防治大气污染的法规和标准，有效降低我行业的有机性污染物的排放，特别是为有效防治溶剂型油漆在喷漆烤漆过程中产生的 VOCs，2015 年 8 月 11 日，中心邀请中弘创远环保科技（天津）有限公司，在会上介绍 VOCs 污染末端治理的最新技术和设备整体模型方案，行业 40 余家烤漆企业负责人参加了会议。

（供稿单位：天津自行车电动车行业生产力促进中心）

天津市天大银泰快速制造生产力促进中心有限公司

【概况】

天津市天大银泰快速制造生产力促进中心有限公司（以下简称“中心”）的前身是 1998 年经原国家科学技术委员会工业科技司批准成立的“快速原型制造技术生产力促进中心（天津）”。中心依托天津大学内燃机研究所运营，2008 年注册为独立法人“天津市天大银泰快速制造生产力促进中心有限公司”，2010 年被科技部认定为“国家级示范生产力促进中心”。中心以激光快速成型（Rapid Prototyping，RP，或称 3D 打印）技术开发与综合技术集成应用为特色，面向广大中小企业提供 3D 打印及产品快速制造服务，属专业型生产力促进中心。

中心是按照现代企业管理制度运行的有限责任公司，主要收入来自市场，同时承担政府委托的科研项目和推广任务。中心按照《国家级示范生产力促进中心认定和管理办法》的要求，规划中心的发展方向、经营范围和管理体制。

【技术特色与科技创新】

中心主要的研究方向和服务领域有：光机电产品设计开发、工业设计服务、激光快速成型（3D 打印）、快速制模（Rapid Tooling，RT）、快速铸造、快速测量、CAD/CFD/CAE/CAM 技术集成及产品优化设计。中心成立以来，研究开发了多项关键技术，以多种激光快速成型（3D 打印）技术的综合应用技术为核心，向上游拓展到工业设计、CAD 设计、逆向工程设计；向下游拓展到多种快速制模技术和数控加工技术，实现了数字化新产品开发过程的系统集成。开发集成了多项数字化设计与制造技术（ID/CAD/CAE/CAM/RE/RP/RT）构成技术体系和软硬件服务平台。

中心成立以来先后获得天津市科技进步一等奖 1 项、三等奖 2 项，拥有专利技术 10 余项，是国家载人航天工程配套科研单位。

【人才建设与机构设置】

中心依托天津大学学科人才优势，同时面向社会凝聚一批专业化人才，形成了一支多学科交叉的人才梯队。中心现有员工 29 人，其中具有本科以上学历的占员工总数的 70% 以上，在技术研发、技术管理、市场营销、关键技术操作等多岗位形成高效运营团队。中心主任崔国起为研究员，英国 WARWICK 大学访问学者，天津市五一劳动奖章获得者，在 3D 打印、内燃机、制造业信息化等行业具有丰富的科研和管理经历，具有较强的行业影响力。

中心设股东会、董事会。中心实行董事会领导下的总经理负责制。中心由天津大学控股。中心下设市场部、快速成型部、液压产品部、技术质量部和办公室。中心先后制定并完善了一系列管理制度，如“科技奖励和经济核算办法”、财务人事制度、客户数据保密制度、3D 打印工作流程、技术服务收费标准等，使中心的内部管理制度和服务流程得到逐步完善。中心按照 ISO9001 质量管理体系要求，建立了产品和技术服务的质量管理体系，并通过 ISO9001：2008 质量管理体系认证。

【双创服务与成果转化】

作为专业化技术推广服务机构，中心的定位是：面向广大中小企业提供激光快速成型（3D 打印）及其配套技术服务的基地。中心的建设目标是：在激光快速成形（3D 打印）及其配套技术应用研究方面达到设备上配套、技术上成熟，并在天津市及周边地区、全国汽车（摩托车）及发动机行业推广应用，使之成为上述地区和行业新产品开发工作的有力支撑技术。

自 1998 年开展推广快速成型（3D 打印）技术始，面对这一项新兴技术，一些企业还没有具备产品三维设计能力，中心通过举办企业技术宣传会、开放日活动、帮助企业开展三维结构设计、免费示范制件等多种方式宣传推广。中心已累计在数千家企业宣讲普及了激光成形及其配套技术，服务企业约 1600 家次，制作新产品样件约 20000 件。

中心正在滨海高新区筹备建设以工业设计为主题的创客空间，并将服务辐射到天津市多个创新园区和创客空间。

【特色服务与典型案例】

中心服务工作坚持不断提升和扩展自身技术和服务能力，服务区域行业创新环境建设、服务企业特别是中小企业产品创新活动、服务国家重大项目需求，促进产品创新和科技进步。以 3D 打印技术综合开发应用为基础，在国家载人航天工程、天津公共技术服务平台、滨海国际工业设计园、服务中小企业产品创新开发等方面，作出一定成绩。

（一）典型服务案例：集成多项技术服务载人航天工程

依据乘员的身材量身设计订制的个性化坐垫，称为赋形坐垫。中心先后为历次“神舟”飞船航天员梯队量身设计了个性化的“赋形缓冲减振坐垫”。该项目是中心完成的一个典型的产品设计创新、应用创新和集成创新案例。项目集成了 7 项现代数字化的产品研发单元技术（ID/RE/RP/RT/CAD/CAM/CAE），解决了乘员人体三维赋形设计的复杂问题，并设计研制了赋形缓冲减振坐垫及其制造模具，确保了在短周期内一次研制成功，降低了研制成本。

该项目技术获得天津市科技进步一等奖。天津市委、市政府和中国航天科技集团分别给予表彰。该项目展示了在高科技领域、国家重大项目中生产力促进中心的风采和实力。

（二）典型服务案例：建设特色园区，服务区域创新

针对天津滨海新区产业结构特点，开展工业设计园区建设，聚集和辐射优秀设计资源，提升天津滨海新区区域设计创新氛围。

中心联合海洋高新技术开发总公司、天津大学、南开大学，共同建设“天津滨海国际工业设计园”。中心作为主要技术支撑单位，承担共性技术平台建设和技术支持。“天津滨海国际工业设计园”已完成园区建设，10 家企业落户园区。中心承担建设的“逆向工程技术平台”“快速成型技术平台”“数控技术示范平台”等公共服务平台，为园区工业设计技术开发和推广应用提供共性技术支撑。

（三）服务业绩：服务中小企业产品创新

· 配合企业快速试制及小批量生产，“福牛乐乐”迎奥运

·3D 打印 + 精密铸造，服务产品小批量定制生产

· 塑料金属复合件快速小批量制造，服务药品分装系统定制生产

· 产品、改型设计和金属样件快速试制

（供稿单位：天津市天大银泰快速制造生产力促进中心有限公司；执笔人：陈光辉、刘洋）

天津滨创生产力促进有限公司

【概况】

天津滨创生产力促进有限公司（以下简称“滨创中心”）成立于2012年，是天津市科委认定的市级示范生产力促进中心，是中国生产力促进中心协会、天津市中小企业协会、天津市科技服务业协会会员单位。滨创中心先后承担国家科技部“中小企业技术提升和产业化推进的技术咨询和技术工程化服务平台”项目、天津市科委“中小企业信息化服务平台”项目，是天津市唯一一家2015年“中国中小企业创新100强”企业。所建设的手牵手众创空间于2015年被天津市科委通过认定。2015年，滨创中心荣获中国生产力促进服务贡献奖。

【科技创新】

（一）通过服务模式创新、合作技术开发等方式，拥有自己的知识产权

滨创中心自成立以来，共申报知识产权如下：

一种科技服务用多类信息采集系统，201510201069.5；

一种科技资源的信息共享服务系统，201510201070.8；

一种中小企业科技创新服务系统，201510201106.2；

一种中小企业知识产权服务信息平台，201510201170.0；

一种信息安全管理系统，201510201503.X；

协同办公管理系统，2015SR274512；

知识产权管理系统，2015SR274552；

科技项目管理系统，2015SR259559；

科技信息化管理系统，2015SR258810；

科技成果评价管理系统，2015SR259554；

科技文献管理系统，2015SR259557。

（二）自主研发信息化服务平台

滨创中心以科技型中小企业技术创新需求为基础，以整合利用社会科技资源为路径，以提高中小企业技术创新与转化为目的，按照全市中小企业公共服务平台网络共同建立健全统一的服务规范，搭建中小企业科技服务信息化平台。实现科技信息一体化查询、科技服务一站式提供，实现科技资源管理科学化、科技服务智能化、市场运作规范化。

平台的技术架构为“四横两纵一支撑”，其中“四横”为自底而上依次的基础设施层、数据资源层、应用服务层、门户展现层，各层通过统一的服务接口为上一层提供服务；“两纵”分别为信息安全保障体系和运维管理服务体系，主要为“四横”提供信息安全与综合管理保障；“一支撑”为内部管理体系，保障内部管理的有序性和有效性，为“四横两纵”提供技术和人员支撑。

【双创服务】

2015年国务院发布指导意见指出，顺应网络时代大众创业、万众创业的新趋势，加快发展众

创空间等新型创业服务平台，营造良好的创新创业生态环境，是加快实施创新驱动发展战略，适应和引领经济发展新常态的重要举措。滨创中心在此精神指导下，建设手牵手众创空间，并于2015年通过天津市科委认定。

（一）以信息化服务平台为支撑，打造线上线下结合的服务方式

手牵手众创空间除了硬件设施建设和导师培训机制建设外，大力发展科技信息化平台建设，采用线上线下相结合的方式为创业人员和创业团队提供政策法规查询、产学研对接合作、企业科技成果展示、知识产权保护、科技人才引进、科技金融服务等信息服务支持。

（二）整合上下游产业资源，实现大手拉小手

手牵手众创空间以滨创中心为依托，能够为创业企业提供丰富的整合资源。滨创中心在领域内具有为各类科技型中小企业服务的经验和渠道资源，可以围绕企业的发展和创新着重开展信息查询、项目规划、认证、技术诊断等服务，在企业数量、科技信息、新产品、新工艺、科技成果等方面有很多的资源储备，可以更好地根据创业企业和创业团队的需求提供科技动态、科技成果、知识产权保护、技术需求、科技对接、招商引资、科技金融、人才需求等相关服务。同时，滨创中心与北京大学创业培训营天津基地，天津滨海新区众创空间，天津西青经济技术开发区同为天交所的合作服务平台，可以为“手牵手众创空间”在横向上吸收和共享其他众创空间的优势资源，实现优势互补、协同发展。

（三）科技金融无缝对接，提供全面资金保障

手牵手众创空间能够为企业提供深化服务，针对创业后发展较好的企业，手牵手众创空间能够为创业人员和创业团队提供股改上市辅导及对接服务，手牵手众创空间与天交所、申万宏源证券建立了长期合作关系，能够协助企业早日进入资本市场。

【成果转化】

滨创中心采用线上线下结合的方式，融合手牵手众创空间的创业团队，形成两条有特色日常服务主线：

第一，应用运营单位的信息化服务平台，线上建立各高校的成果资源库，让创业团队和创业企业找到适销对路的成果资源进行二次开发，输入到企业，形成知识产权，最终形成成果转化；

第二，针对创业团队的可形成成果的创新想法，手牵手众创空间的项目团队通过技术信息检索、相关产业链企业交流的途径，进行深度技术挖掘，通过创业团队的自主技术开发、学校的深度研发、大型相关企业的联合开发等方式，最终将相关技术或创新产品输出到相关企业形成产业化，进行成果转化与技术转移。

【特色服务】

滨创中心创新服务意识，构建全方位、多流程创新创业服务生态循环系统，如下页图所示。

【典型案例】

（一）索途创业团队——成果收购、信息化服务平台嫁接

索途创业团队于2015年6月入驻手牵手众创空间，创业项目——区域人力资源对接平台。该项目通过线下实践、线上平台的模式开展。当今求职与招聘市场日益凸显价值，供需关系的时刻变化导致求职者与招聘企业间很难找到一个动态平衡状态。该项目以招聘信息精准匹配为导向，主要面向高校毕业生求职者进行推广。通过检索技术的升级改造，提升招聘信息与求职者的匹配度，显著改善招聘效果与成功率。

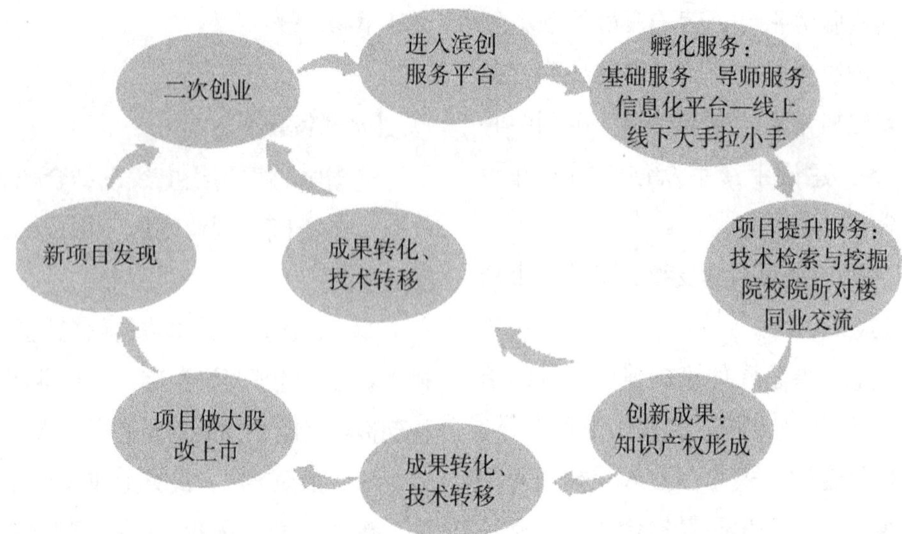

手牵手众创空间项目团队通过项目检索、技术挖掘，发现项目可行性，以成果收购的方式，将该区域人力资源对接平台项目买入，并嫁接到众创空间信息化服务平台上，作为信息化平台的子模块出现。该创业团队获得短期收益，并进行新项目的开发，同时，众创空间信息化平台服务模块得到扩展，一方面为企业输送相关人才，另一方面帮助高校解决就业问题。

（二）天津市众源环保有限公司＋污水净化项目团队——“大手拉小手”

污水净化项目团队于 2015 年 7 月入驻手牵手众创空间，专注于“集成 ABR 与 TMBR 的高效微生物法的工业废水处理工艺”的研究与开发。天津市众源环保有限公司成立于 2009 年，承接各类污水处理工程。

手牵手众创空间开展“大手拉小手”行动，经过项目团队的初期跟踪评估，根据污水净化项目团队技术研发所处的行业位置进行精准推荐，将该团队“集成 ABR 与 TMBR 的高效微生物法的工业废水处理工艺”技术输送到众源环保公司，通过帮助企业与天津工业大学进行产学研合作、申请知识产权保护、技术检测及国内科技查新方面进行指导，结合手牵手众创空间创业导师——天津大学教授、天津天大天久股份有限公司总工程师赵汝文导师的意见，分析技术实施过程中可能存在的问题及相关解决方法，为完善技术工艺提供了有力的技术支持。目前，该项目技术已在西青区郭庄子电镀厂污水处理工程、武清区河西务镇污水处理厂提供污水处理工程中应用，成功实现成果转化。

【人才建设】

滨创中心现拥有各技术领域背景的从业人员 41 人，全部为本科以上学历，其中研究生学历人员过半，具有专利代理资格人员 6 人，具有证券从业资格人员 6 人，具有加计扣除研发项目鉴定资格人员 6 人，创新创业咨询师 2 人，技术经纪人员 2 名，均具有 3 年以上从事科技服务的经验，人才队伍的整体服务能力在服务科技企业和创新创业实践中不断提升。

【机构设置】

滨创中心组织为：总经理 1 名，副总经理 2 名；下设战略研究部、市场拓展部、业务部、知识产权部、融资服务部、项目部、信息部、企宣部、合同管理部、财务部、人力资源部等 11 个部门。

（供稿单位：天津滨创生产力促进有限公司；执笔人：杜春明）

天津海天缘生产力促进中心有限责任公司

【概况】

天津海天缘生产力促进中心有限责任公司（以下简称“海天缘”），成立于2008年12月份，是天津市市级示范生产力促进中心，在近几年天津市生产力促进中心的综合排名中始终名列前三。在大众创业万众创新的新形势下，海天缘创办了第一批经天津市科委认定的众创空间——星谷创业工场，被科技部火炬中心正式批复为创新型孵化器纳入国家级孵化器管理。海天缘专注于科技咨询行业，是集政策研究、平台门户和专业服务于一体的科技服务咨询公司。经过七年的苦心经营，海天缘逐渐成为天津市科技服务体系的中坚力量，荣获“天津市市级示范生产力促进中心”“天津市中小企业公共服务示范平台”“北辰区科技型中小企业服务中心”“天津市领军生产力促进中心”“国际技术转移机构”“中国生产力政策服务专业委员会”成员单位等称号。海天缘以“提供智慧服务、推动创新发展”为使命，依托国源众创、中国协同创新网、科创网等平台资源，以及政策专委会、各领域及清华大学的专家资源，凭借多年来积累的丰富科技咨询经验，结合对行业的深刻理解及专业的服务团队，为客户提供全方位的智慧服务。

【机构设置】

作为一家知识型、学习型企业，始终重视积累，乐于分享。同时紧跟国际咨询界潮流，不断变革创新，改进工作方法，搭建适合企业发展的组织架构。海天缘采用的是直线——职能性组织架构管理模式提高管理效率，设有北辰分中心、南开分中心、津南分中心、政府服务部、综合办公室5个部门，各部门权责明晰、各司其职又相互配合，围绕共同的目标积极进取，求实创新，为科技型中小企业提供优质服务。

【人才建设】

海天缘已形成了由管理团队、项目工程师团队、财务工程师团队、专家咨询团队和相关后勤团队组成的较为完整的工作团队，现有员工33人，平均年龄28岁，其中大专（含）以上学历和中级（含）以上职称专业人员占全部员工的100%。专业背景涉及工业控制、信息工程、机械、化工、新材料和科技管理、经济管理等专业，拥有一支复合型、年轻化的人才队伍。同时，海天缘形成48人各行业领域的专家团队，作为专业智力支撑，可为企业提供一对一指导咨询服务。

【科技创新】

海天缘采用“互联网+”的思维模式，整合各方面技术和科技资源，建立面向中小微企业创新创业智慧服务平台——科创网，在线上集成并激活京津冀具有影响力的科研院所、人才资源、科技中介等资源，切实为天津地区中小微企业创新创业提供全方位、多层次的公共服务。

同时采用“O2O”模式搭建综合性电子商务信息服务平台，打破传统服务企业模式，利用“企业服务公众账号”，突出“线上”功能集成、“线下”实现跨区域点对点即时服务功能，采用“O2O”模式搭建“创新服务平台”+“服务管控平台”+“信息增值服务平台”，三大平台实现“线上”沟通和“线下”互动有机结合，可为初创期企业提供并实施从注册手续到企业成长路线图的“一揽子孵育”工程；为成长期、壮大期企业提供并实施“企业诊断”体系建设工程；为小巨人企业提供并实施“领军”形象工程等全方位一体化综合服务，满足不同发展阶段企业的不同需求。

【双创服务】

海天缘作为市级示范生产力促进中心，顺应时代发展潮流，认真贯彻落实天津市政府《关于发展众创空间推进大众创新创业的政策措施》，围绕新一代信息技术领域，建设“星谷创业工场”众创空间，通过专业化服务和资本化途径打造满足不同层次、不同阶段创业者需求的工作空间、网络空间、社交空间和资源共享空间，从而实现创业者创意、创新、创业服务的低成本化、便利化、全要素化和开放化。通过“星谷创业工场”众创空间的建立，将服务对象扩展到创客，从而实现创客、创业团队、孵化企业、科技企业服务对象的全覆盖。截至2015年年底，入驻创业团队45家，转化企业14家，依托海天缘的专家资源，为创业团队提供技术辅导50次，开展各类培训和公开课15次，受到了创业者的一致好评。

【成果转化】

海天缘与天津大学、天津理工大学、河北工业大学建立对接渠道，搭建企业与大学院校沟通的桥梁，开展技术交流、成果转化等活动，加速科技成果转化。同时，与中国科学院成立“老专家技术中心天津工作站北辰分站”，与北京工业大学等高等院校共建联合实验室，可为企业提供技术研发、工艺改进、成果转化等专业化的技术辅导、咨询服务。

【典型案例】

天津银龙预应力股份有限公司建立于1998年，是预应力钢材行业集科技研发、产品制造、销售服务、国际贸易于一体的大型联合企业，由天津市银龙预应力钢材公司有限公司等5个国内公司、一个研发中心和两个国际公司组成。银龙公司是中国铁道专用器材研发中心成员单位，连续三年被农行北辰支行评为“AAA”级信用企业。

2015年，海天缘将银龙公司作为重点辅导企业，主要为企业提供以下三方面服务：

一是为企业搭建信息资源平台，提供信息资源共享。根据预应力行业发展趋势，在银龙公司已有研制的钢绞线、钢筋的基础上，整合该行业相关政策和前沿信息资源，建立专业、政策信息资源库，对其技术进行更新换代。同时搭建企业和专家的一对一技术信息交流通道，以企业为中心开展系统化、个性化的技术信息交流活动，先后为银龙公司引进行业专家16名，为企业解决发展中存在的技术管理、发展模式等问题，协同企业健康、快速成长。

二是搭建企业与大学、政府之间的桥梁。为银龙公司开展多次校企交流会，分别与天津大学、天津理工大学、河北工业大学进行对接，搭建企业与大学院校沟通的桥梁，开展技术交流、成果转化等活动，加速科技成果转化。目前银龙公司正式与河北工业大学建立长期、稳定的合作关系，共同就螺旋肋钢绞线技术领域进行技术研究，重新对行业技术规范进行修订，此技术规范成为国内预应力技术领域的重要参考文件，对于行业发展意义重大。另外，2014 年初海天缘公司成功促成银龙公司和北京工业大学签订产学研合作协议，又一次体现了公司搭建校企合作的桥梁作用，其产学研合作项目也获得了 863 成果对接扶持资金。银龙公司从真正意义上实现了以学托产、以产托研、产学研合作的发展模式。

三是为企业提供“一站式”咨询服务。密切跟踪银龙公司的研发工作，提供科技创新“一站式”服务，积极帮助企业挖掘核心技术，加快企业成果转化步伐，提高企业创新能力。共辅导银龙公司申报了中小企业发展专项资金等 10 项科技项目和 101 项知识产权申请（其中发明专利 21 项，实用新型专利 80 项），不断对企业开展政策宣讲和辅导培训，银龙公司已被成功认定为“国家级企业技术中心”和“高新技术企业”，极大地提高了企业产品及整体品牌形象。

【特色服务】

海天缘于 2011 年成功托管天津辰寰星谷科技企业孵化器，并于 2015 年和天津北辰经济技术开发区签署战略合作关系。为天津市北辰区中小企业健康成长提供技术开发、公共服务、资质认定、科技项目申报与管理服务、孵化企业服务、政策咨询、管理咨询、知识产权咨询、投融资服务、产业规划、专利转让、技术转移、交易服务等“一站式”专业化服务，满足政府、孵化器、企业等各方面需求。依托海天缘运营的“星谷创业工场”众创空间，凭借海天缘托管的“辰寰星谷孵化器”以及与北辰经济开发区的全面战略合作，结合“星谷创业工场”对有良好创意和想法的创业者的全面培育，为创业者提供从创业苗圃到孵化到加速再到产业化的全周期全链条的科技服务。

（供稿单位：天津海天缘生产力促进中心有限责任公司；执笔人：王宝红、王艳芬、宋雅辰）

天津科创医药中间体技术生产力促进有限公司

【概况】

天津科创医药中间体技术生产力促进有限公司（以下简称“公司”）于2011年成立，注册在天津滨海高新区，注册资金1000万元，是一家以构建生物医药产业技术创新平台为抓手，专注行业共性技术、关键技术研究开发，面向行业产业发展及上下游科技型中小企业提供研究开发、工艺设计、检验检测、科技咨询、科技信息交流等服务为一体的专业性生产力促进中心。

公司自成立以来，通过全体员工的共同努力，取得了多项荣誉和成效：天津市市级示范生产力促进中心；天津市市级中小企业公共服务示范平台；承担国家、天津市、滨海新区科技计划项目3项，获得400万元资金支持；第五届中国企业国际融资洽谈会，与天津理工大学实现科技成果融资300万元；与天津理工大学共建“化学联合实验室”；与天津市医学科学研究所、天津市化学试剂研究所共建“科技成果转化基地”；与天津大学理学院合作搭建“产学研合作平台”；国际技术转移中心。

【科技创新】

公司依据天津市生物医药产业基础和企业需求，把握天津市科技型中小企业大力发展的契机，建立了“一衔、一提、一覆盖”的综合服务体系，实现了“点、线、面”层次分明、服务特色鲜明的业务结构，主要包括专业化技术平台服务、产品检验检测服务、仪器设备共享服务、创新链科技咨询服务以及综合性配套咨询服务。此外，公司非常重视科技创新，在公司业务结构不断完善充实的基础上，将互联网和电子信息技术应用到服务体系中，构筑生物医药产业集群式创新网络，构建O2P生态圈，加速知识创造、储存、转移、应用、共享速度，优化资源配置，降低研发成本，提高技术创新的效率和效益，真正实现大数据、互联网、电子信息与医药中间体的融合和应用。

【双创服务】

依托公司成熟的科技研发生产技术、广阔的市场空间、强大的专业技术服务和咨询服务能力，建立了众创空间（以下简称“空间”），空间依托天津市的各项优惠政策，在专业运营团队的运营管理下，集中自身优势与各方资源，更好地为创客、创业团队及初创阶段的科技型中小企业提供优质、高效的“一站式”服务。空间以助推创业者创新与创业、孵化更多创业者成功创业为目标，利用聚集的资金、行业技术、专业人才、市场等资源，以努力打造一个依托生物医药行业、融合“互联网+”的全包式专业化服务平台为方向，实现空间与创业者的共同进步、共同发展、共同盈利，为天津市培育更多优质、有发展前景的企业，同时也培育一批优秀的新型企业家，形成生物医药产业集群，培育共同的区域产业品牌。

空间可为创业者提供在研发过程中必要的产

品检验检测、设备共享、技术攻关等服务，帮助创业者攻关关键技术，最终实现研发成果转化。此外，空间通过举办日常性创业沙龙、创业大讲堂、创意交流会、订单发包交流会等创业培训活动，为创客提供各种专业咨询服务，如政策咨询、财务咨询、法律咨询、融资服务、知识产权服务以及研发成果转化等。通过为创业者提供一系列的服务支持，进而降低创业者的创业风险和创业成本，提高创业成功率，促进科技成果转化。

【成果转化】

公司主要服务对象为生物医药及其上下游科技型企业。公司自成立以来为企业服务总计607家，其中开展技术服务334家，科技咨询服务173家，提供其他服务100家。组织各类培训活动52场1437人次。2015年公司为企业服务总计206家，其中展开技术服务102家，科技咨询服务66家，提供其他服务38家，组织各类培训活动17场共计473人次。带动天津市制药产业创新链的完善，促进前端研发成果尽快向企业转移，以天津市市场为重点，辐射北方地区，形成知名专业化服务品牌。为企业实现经济效益高达5亿元，帮助企业提高相关技术水平，增强企业核心竞争力。

【特色服务】

公司以市场化运营模式搭建生物医药产业集群式创新网络，聚合各类创新要素形成“小实体、大网络”，并通过互联网技术面向全社会开放，实现资源“线上平台化、集群化、高效化”“线下联盟化、共赢化、专业化”。生物医药产业集群式创新网络聚集政府、高校、科研院所和金融机构资源，以“公共技术云服务平台”“关键技术众包服务平台”“检验检测在线服务平台”“仪器设施网上超市平台”“科技创新协同服务平台”五大服务平台为支撑，面向行业内外企业提供研究策划→开发实验→工艺设计→成果转化→检验检测→仪器共享各环节全包式、一站化专业咨询服务。

【典型案例】

（一）为研发类企业通向产业化目标的合成工艺放大服务及提供相关工艺开发设计服务

天津和美生物技术有限公司是专业化从事新药技术开发，并提供相关的技术转让和技术咨询服务的科技型企业，2015年3月中心受该公司的委托，共同开发N-甲基-4-氯-2-吡啶甲酰胺的生产化工艺。

公司成立专业技术开发团队，进行项目调研、工艺筛选、路线设计、小试开发、中试优化等环节工作，经过多次试验，优化了项目的步骤，实现产品的放大生产，产品纯度能够达到98.9%以上，杂质控制在0.5%以内，收率提高了8%。公司已将产品推广给多个客户，均获得好评。

（二）为不具备实验室和检测设备的中小企业提供从设计到生产和产品出厂的全过程检验服务

（1）为天津顶硕药业科技有限公司提供超低温中试平台；

（2）为天津市思露森医药材料科技有限公司提供气相含量检测服务；

（3）为天津博法泰克医药科技有限公司提供液相含量检测服务；

（4）为天津市康谊药业有限公司提供液相含量检测服务。

（三）为行业资源整合与创新提供政策咨询、技术规划、产学研合作对接、组建产业创新联盟等相关服务

1. 进行行业资源整合、实现产学研对接

与天津城建大学、北方技术交易市场建立长期友好合作关系，共同走访企业、调研企业技术需求，提供技术支持，为行业内企业提供关键技

术研究及产业化产品的开发与推广平台，提高我国医药行业的产、学、研水平，更合理、充分地发挥科研院所及企业的资源优势。

2. 组建京津冀经济区创新设计产业联盟

为了促进京津冀地区医药行业协同发展，加快京津冀一体化进程，公司作为理事单位，联合京津冀地区医药、化工及化学试剂行业相关技术开发机构、专业生产企业，共同组建“京津冀经济区创新设计产业联盟”。

通过整合行业优势资源，建成集信息技术平台、技术创新平台、逐次放大平台、产品检测平台、科技服务平台于一体的创新体系。为中小企业提供了专业的医药领域服务平台。

3. 开展多场国内国际交流会

2015 年 5 月份，公司派员前往以色列特拉维夫参加科技部组织的“中以生命科学技术洽谈会”。9 月份，公司派员赴美参加“中美中小企业投资与贸易合作洽谈会”“国际工程科技发展战略论坛”。这些都为公司的国际化发展提供了更广阔的空间，搭建了一个合作交流的平台，通过交流合作实现双赢。

【人才建设】

公司现有员工 55 人，其中博士 3 人、硕士 8 人、本科 41 人，本科以上学历人员占总人数的 95%；中级以上职称人数 19 人，占总人数的 35%；参与技术研发和管理人员 25 人，占总人数的 45%。现有人员专业背景涉及药学、有机化学、生物技术等专业领域，形成了一支知识结构完备、技术能力强、经验丰富的专业化、高素质技术创新团队。

【机构设置】

公司在总经理的带领下，下设两个分管副总，分别管理公司有关部门，即科技咨询部、网络运营部、技术研发部、综合服务部以及财务部，各部门权责分明，分工明确，保证公司正常运营。

（供稿单位：天津科创医药中间体技术生产力促进有限公司；执笔人：王雅楠）

天津融企科服生产力促进有限公司

【概况】

天津融企科服生产力促进有限公司（以下简称“融企科服”）是于 2014 年 1 月注册成立的独立法人单位，注册资金 100 万元人民币，注册地址为天津市南开区科研西路 9 号 B 座，办公地址为天津市和平区滨江道 1 号金谷大厦 20 层。办公场地约为 400 平米，除正常的办公区域外，配有可容纳近百人的多功能会议室，及多间小型洽谈室。融企科服是一家围绕企业需求提供科技金融、股改上市及政策咨询、管理咨询等专业化服务的科技中介机构。

【科技创新】

融企科服作为一家专业性的生产力促进中心，服务于政府部门、投资机构、科技企业。根据不同服务需求，安排相应服务内容，具体服务如图所示：

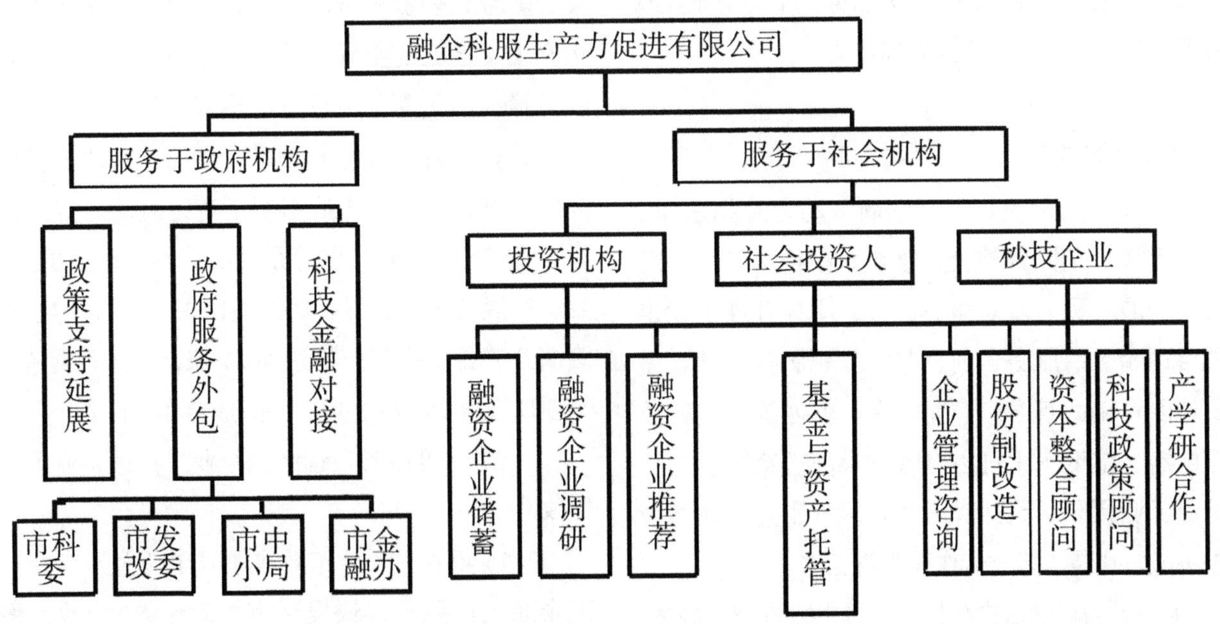

在针对科技企业的服务业务中，融企科服在企业不同发展阶段提供相应的专业化科技金融服务，初创期的企业以培育为主，主要提供管理咨询、政策顾问、业务合作内容，较成熟企业以股改推荐为主，帮助企业实现融资、股改挂牌等，具体内容如下图所示：

随着天津市生产力促进中心及类似机构的数量快速增加，主要工作多围绕科技企业政策咨询、成果转化、知识产权等方面开展，存在同质化问题。融企科服在创立之初，对科技企业的生产力促进工

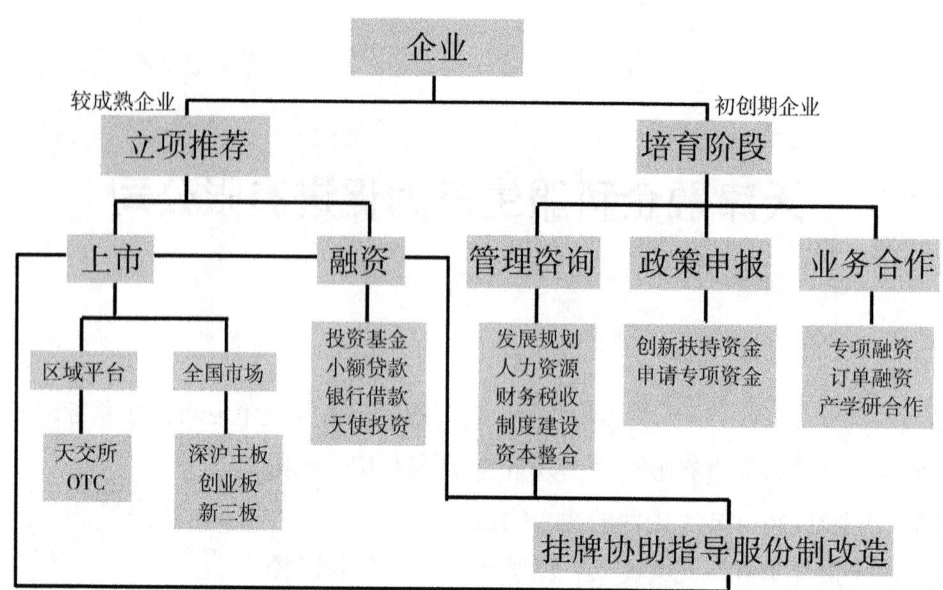

作详细调研，确定自身特色，最终定位以科技金融服务为主，企业管理咨询、政策咨询为辅的发展路线。通过解决科技企业普遍存在的融资难、融资贵问题，协助企业提高生产力水平；通过资本市场意识灌输，帮助企业走向股改上市的快速发展道路。此外，还通过管理咨询、政策服务，帮助企业获取更多政策支持，增强企业发展内力。

【双创服务】

在“大众创业、万众创新”的方针指引下，结合天津自创园区建设，融企科服把本市“一区二十一园”列入重点服务目标，率先开展了“走进自创园区、服务创新创业”专题服务活动。先后与西青精武镇学府产业园区、河西陈塘庄科技孵化器、宝坻水上硅谷园区、海河教育园区、八里台工业园区、天津武清开发区分别签署战略合作协议，开展了多种合作和服务工作。

（一）为自创区内科技企业提供融资对接服务

经过认真准备和筹划，2015 年 5 月 20 日，融企科服与天津海澜德生产力促进有限公司在天津国家信息安全产业基地，共同举办了第一场针对园区内企业的科技与金融项目对接路演会，拉开了走进自创园区、服务创新创业的序幕。市科委创新体系处和市生产力促进中心协会高度重视，有关领导出席了会议，路演会上区内的检测数据智能传输与管理系统项目、光纤通信产品制造项目、3D 数字建模技术项目，以及唐山建华集团年产 100 吨石墨烯粉体等优秀项目组分别向银行、投资基金、融资租赁、小贷公司等十多家金融机构介绍了自己的主导产品、核心技术、市场前景以及管理团队等，会场气氛热烈，投融资双方交流充分，取得了很好的效果。继第一场路演推介会后，融企科服又先后组织了走进武清、走进津南、走进河西自创园区等系列活动，召开路演会 6 场、座谈会 5 场，展示优秀项目 32 个，其中参加路演会的各类投资机构达到 21 家，其中已经有 6 个项目被投资机构认可，并达成合作意向。

（二）深度服务自创区内企业，推进企业股份制改造

2015 年 6 月天津市政府颁发了《关于支持我市企业上市融资加快发展有关政策》（津政办发[2015]39 号）文件后，融企科服作为主要为科技企业提供投融资服务的专业机构，利用公司网站、对接会议、专题会议等多种形式积极传达和贯彻市金融局、市科委、市财政局等八部门的决定，先后组织 50 多家企业开展政策宣讲，还有针对性

地深入11家企业“把脉问诊”为企业提供专业指导意见，培训企业高管人员35人。12月份应西青区的请求，融企科服会同天津国投君盛小额贷款有限公司、天津滨海柜台交易市场，在西青区精武镇举行专场推动会，向该镇辖区内企业介绍关于上市融资支持政策，推动企业股改上市。会议以“推动企业上市，拓宽融资渠道”为主旨，向与会企业介绍了天津市金融改革创新行动计划，解析天津市、西青区关于支持企业上市融资相关政策。针对企业的具体情况，会议还邀请滨海柜台交易市场相关负责人介绍了交易所情况及企业挂牌条件。本次会议得到西青区精武镇领导的高度评价。通过努力融企科服已经与3家企业签订了滨海柜台交易挂牌服务协议，相关工作正在进行中。

（三）为自创区内优质企业引进各类投资

天津津融投资服务集团和天津科技投资集团原为天津创投之家有限公司股东，也是融企科服重要业务依托单位。两家集团拥有股权投资、融资租赁与小额信贷等业务，融企科服作为两个集团的市场前沿，积极向其推荐自创区内的优秀企业。其中，宝坻开发区的“天津莱茵克拉电梯有限公司”、滨海高新区的“天元康宇环境科技有限公司”、武清电商产业园区内的“赫莱恩特生物医药有限公司”立项报告已提交至集团基金投资立项，正在开展尽职调查。同时，还向渤海产业基金、北京嘉宸资本等PE机构推荐投资项目12个，向融资租赁公司和小贷公司推荐业务5项，解决了部分科技企业融资问题。

【特色服务】

形成科技金融综合服务、科技企业服务等业务板块并重的格局，配合有关部门，成为天津市优秀的科技公共服务供应商，持续储备企业需求信息，拓展咨询业务，大力开发社会投资人与金融机构资源，构建资金池，为科技企业引入社会资本。

（一）科技金融综合业务服务

传统对接服务：开展对接会、投融资撮合等业务。

每一种业务均以上一阶段业务为基础，在具备资源条件后，逐渐升级。新业务开展后，原有业务持续进行，各自归属不同业务板块，相互配合，不存在垂直替代。

在传统对接、撮合服务基础上，结合创投之家拟启动的信贷通道服务，赋予科技金融对接新的内涵。

1. 企业股份制改造辅导

作为市科委认定的企业股份制改造总协调机构之一，以及科技创新券授权使用机构，推动天津市科技型中小企业进行股份制改造，为股权融资以及在资本市场挂牌交易做好准备。

2. 场外市场挂牌推荐

与天交所、滨海OTC等场外交易市场合作，推荐企业在上述市场挂牌、融资，并实现股权交易。对于优质企业，可为其新增股本提供融资顾问服务。

（二）科技企业服务

融企科服倡导“以咨询为切入点，建立长期、贴身顾问关系”的理念，形成与客户的黏性，开展持续服务。

1. 企业管理咨询

企业治理机制建设、财务规范与税收结构优化、董事会秘书外包服务、企业家学习培训、猎头服务等。其中，财税规划、学习培训以及猎头等业务，将与会计师事务所、教育机构、猎头公司合作开展，共享收益。

2. 企业融资顾问

企业融资需求分析、订单式融资、定向融资渠道开发、融资项目与企业包装、融资谈判代表。

3. 科技政策咨询与项目申报顾问

科技政策适配性分析、科技政策申报服务外包。

本板块业务除盈利目标外，也为科技金融综合服务与信贷通道业务储备项目资源。

【典型案例】

（一）投融资对接服务

2015 年，融企科服共组织召开科技金融对接会 12 场，平均每次会议邀请 4～6 家企业以及 20 余家投资机构参会，全年路演项目 61 个。对接会采取现场路演、专家点评提问、会后洽谈的形式，现场由企业负责人进行项目陈述与展示，然后专家就项目亮点及不足进行综合点评，投资机构代表向其感兴趣的企业提问。会后融企科服项目工作人员带领有意向的投资机构深入企业调研，洽谈投资意向。

（二）企业股改上市推动会

2015 年融企科服共召开 8 场企业股改推动会，参会企业 50 余家，会议邀请律师事务所、会计师事务所及 OTC 相关人员多层次开展业务商洽。通过股改推动会，帮助企业深入了解股改上市过程中可能面临的各种问题以及政府支持企业股改上市的政策文件，深化企业资本市场意识，加快企业发展步伐。到目前，已与河西区信诚通公司、西青区智驼科技等企业签署股改及保荐协议，并与多家企业达成股改合作意向。

（三）企业家论坛及培训服务

2015 年融企科服共组织各项培训会及企业家论坛会 4 场，参会企业 60 余家，主题包括企业管理咨询、企业组织架构与人力资源、企业扶持科技政策解读、企业融资培训等。通过论坛，一方面帮助企业管理者就企业某一方面问题深入解读认识，另一方面以组织交流形式，发现企业需求，进而提供更多的相关服务。

（四）项目信息储备与输出

2015 年融企科服继续扩充投资机构和相关服务机构，并为部分机构提供项目信息输入服务，通过有效整合有融资等需求的企业、有投资意愿的投资机构、相关服务机构等资源，搭建项目信息储备、整理、输出的综合性服务平台。融企科服根据原控股股东天津科技投资集团需求，定向、分类筛选输出融资项目信息，为集团各下属企业提供相关信息。到目前，已输送莱茵克拉电梯公司、赫莱恩特生物医药公司、中冷亚太地源热泵公司、融创家装公司等多个优质项目。

【人才建设】

在人才建设方面，融企科服注重引进高学历相关专业人才，现有员工 15 人，全部本科以上学历，其中研究生学历 6 人，本科学历 9 人，涉及企业工商管理、财务管理、金融学、经济学以及电子信息工程等专业。

融企科服每年制定员工培训计划，强化团队建设，帮助员工成长和能力提升，提高团队整体专业化服务水平。

【机构设置】

（一）管理体系

融企科服根据提升服务质量和强化管理要求，建立起完整的质量保证体系，通过了 ISO9001 质量管理体系认证，确保对各项经营业务实施严格的过程化质量控制。

（二）组织机构设置

融企科服建立了在董事会领导下的总经理负责制的经营管理体系，并设置副总经理一名，同时设立专家委员会、综合业务服务部、投融资业务服务部等部门，健全了服务保障体系。

（供稿单位：天津融企科服生产力促进有限公司；执笔人：杨欣、梁曦）

天津天纺生产力促进有限公司

【概况】

天津天纺生产力促进有限公司（以下简称“公司”），成立于2013年4月，注册资金100万元，从业人员15人，其中高级工程师5人、硕士研究生2人。公司以天津天纺投资控股有限公司为依托，为纺织行业内企业开展科技服务，是天津市环保产品促进会和天津市外经贸企业对外发展促进会指定科技服务平台。2014年被天津市科委认定为“天津市市级示范生产力促进中心”，成为天津市科技创新券第一批68家服务机构之一，获得“天津OTC股份转让平台保荐机构”“天津市知识产权贯标辅导机构”“天津股权交易所基本推荐人”等资格，2013-2015年荣获天津纺织集团“科技创新推动企业”等荣誉称号。

公司始终坚持以“提供科技高端服务，助推企业升级转型”为服务宗旨，坚持“外圆内方”管理和经营理念，与客户企业共同坚守“诚信为本、互为资源、经济共赢”的合作理念，服务能力不断提升，服务领域进一步扩展，销售收入逐年提高，同比年均增幅达到136%以上。

【团队建设】

（一）学习与创新，改变现状开创未来

公司针对从业人员知识结构、专业技能不均衡不匹配等发展“瓶颈”，主动走出去，向天津市生产力促进中心协会、市成果转化中心、市科技情报所、东丽区科委、天津市科学学研究所等单位沟通学习，选派专人到天津市科学学研究所驻地学习请教，向辛天方等专利代理机构深入学习和探讨专利撰写技能和申报流程。积极请进来，诚意邀请天津市知识产权局、河北区科技办公室等专项负责同志给予高新技术企业、专利导航等项目的撰写、财务分析等专项指导；组织团队前往北京生产力促进中心、内蒙古包头生产力促进中心、鄂尔多斯生产力促进中心等参观学习交流“众创空间”“孵化器”等运营模式，参加中国生产力促进中心协会举办的首届创新创业讲师培训。

经过多方学习和交流，服务意识不断增强，专利服务能力突飞猛进，实用新型授权率成倍增长，科技项目申报和获批成功率不断提升，在转向科技创新服务领域上迈出了坚实的步伐。

（二）强化管理创新机制，从管理上要效益

“没有规矩不成方圆”，公司在管理和运营团队上，坚持“外圆内方”，从内部着手严格“立规矩”“树标准”。一是持续强化制度建设和规范管理，公司成立伊始开始实施ISO9001质量管理体系认证，连续三年顺利通过复审考核。二是建立健全规章制度，新建和修订规章管理制度、岗位职责等，编订实施《手册》《职业操守协议》，进一步规范员工行为，塑造了以“四个忠于（忠于企业、忠于领导、忠于岗位、忠于同事）”“梅奥价值观”为核心价值观的企业文化体系。三是实行《绩效考核方案》和《月度任务派遣单》等激励制度，以成绩定效益，全力激发员工工作热情。四是注重员工技能培训和职业生涯规划，加大对年轻中层干部的培养力度，投入资金组织员工进行理工专业进修学习，抽调年轻骨干参加知识产权贯标外审员培训，掌握知识产权管理体系标准和流程，打造干事创业的发展平台。五是严格维护客户资产管理，建立企业服务档案400余份，对客户财务运行、产品市场前景、知识产权（专利、商标）跟踪服务，在公司内部建设一支“反应快、把握准、业务精、效率高”的核心团队。

【科技创新】

（一）站稳脚跟，力推纺织系统企业科技转型创新发展

作为“纺织系统科技服务平台”，公司坚持从大局出发，组织员工倾其全力开展专利、项目等科技服务，三年内已累计为系统内95%以上中小型生产型企业提供“科技型中小企业”资格认定服务。免费为天纺投资、靖隆橡胶、纺织机械研究所、北洋纺织分公司等撰写专利636件；联合资深专利代理事务所开展发明专利清零12家。成功帮助企业申报并获批市级专利试点15家、区级专利试点21家、资助和补贴额度总计高达320万元。在科技项目服务上已为天纺投资控股有限公司、天纺高新物流、天津市靖隆橡胶公司等申报国家重点新产品项目、国家高新技术企业项目、“市级示范生产力促进中心”“纺织专业技术推广应用与服务平台”、科技型中小创企业项目，“小巨人”企业项目、市区级产学研项目共计61个，成功获批46个，扶持资金共计890万元。在落实“千企万人”项目中，为行业内外各服务企业提供人才引荐服务，2015年成功推荐对接高端管理人才6人。

同时公司也为提升自身服务层级付出了努力，取得了显著成效。2014年顺利通过“天津市市级示范生产力促进中心”现场专家评审及天津市科委认定；2015年10月再次成功获批“天津市创新平台与人才项目”，累计获得科技扶持资金额度200万元。

（二）突破自我，全力开启服务群体和领域市场化竞争新模式

企业的发展必须有市场的支撑。公司面对科技服务领域的激烈竞争，不断调整服务内容和竞争策略。尤其是2015年以来，公司精心筹划全新“市场化运营模式”。一是加大与各区县科委的沟通和联系，及时掌控科技政策动向，积极配合区县科委完成各项任务，梳理科技服务覆盖空白区域，做到“政策熟、底气足”。二是针对各行业协会服务领域中的科技服务空白点，积极构建科技战略协作服务平台，组织召开科技政策普及推动培训会，借此主动宣传和扩大科技服务影响力，切实在企业与各科委、知识产权局等政府部门之间发挥“桥梁”作用。仅2015年联合天津环保产品促进会、外经贸企业对外发展促进会、网商会、服装商会等举办科技创新推动培训会30多次，辐射受益企业累计达到326家共1100余人次，服务领域涉及机电配件、轮胎、物业管理、实验设备、机器手臂、航空航天器件、建筑、服装等，已全面覆盖天津市东丽、西青、津南、河北、北辰等各个区，在很大程度上填补了科技创新服务领域的空白，也为深入开展科研成果转化和实施产业化对接打下基础。三是充分利用微信平台、科淘网等互联网资源加大与新老客户的沟通交流，对被服务企业深入分析和战略规划，提供全方位跟踪式服务，最大限度满足客户需求，以全新的姿态真正跻身科技服务市场领域。四是市场化服务初现成效：完成涉及8个区的42家企业天津市市级试点及区级备案等项目申报工作，撰写申报专利420余件；顺利签订天津天宇源国际贸易公司等8家企业股改上市打包服务合作协议；助推天津市环保产品促进会内企业天津美冠科技有限公司在天交所挂牌上市。

【创新服务】

公司不仅承担“纺织系统科技创新服务平台”的重任，更要不断提升服务层级和水平。公司从“融智、融合、融资、高效”的整体规划目标出发，全力集聚一切有效资源，不断优化企业产品结构，切实发挥“天津市市级示范生产力促进中心”科技推动引领作用，为客户提供全面、优质、高效的社会化科技服务平台。

（一）联合各方专业人才，成立专家顾问智囊团队

公司十分注重人才和专家智囊团的储备，主要负责同志先后多次到天津工业大学、天津科技大学、天津师范大学、天津市科学学研究所以及天津纺织工程研究院等各大院所，诚意聘请有关信息技术、机械装备、新材料、节能环保、经营管理、法律财税等领域的专家教授加盟公司专家团队，努力构建实力雄厚、极具权威、服务到位的科技咨询服务智力支撑体系。

（二）实施跨区县、跨省市资源共享、机构联盟的科技创新服务模式

公司在“资源共享、互利互赢”的基础上，积极与新天方、企兴、中亿集团等专利代理事务所及审计事务所开展广泛合作，在专利、科技项目服务等领域提升综合竞争实力，为客户提供满意服务。在加快推进企业知识产权贯标活动中，公司创新思路，与宁波生产力促进中心开启贯标协作，既达到资源共享，又在协作中提升自我、增强公司核心竞争力。同时联合各区县科技主管部门洽谈合作，先后与天津市东丽区科委、西青区科委、河北区科委、河西区科委、天津市科技创业服务中心等多家单位对接，在纺织品高性能材料、环保家具等领域确定了协同促进企业科技创新合作意向，实现人才、技术、理念与企业科技创新的高效融合。创新富有弹性、机制灵活、反应快捷的服务模式。

（三）为企业提供全面、高效的融资服务

2015年以来，公司主要负责同志凭着敏锐的洞察力和广泛的人脉，多次与天津市股权交易所、天津滨海柜台交易市场股份公司以及专业律师事务所和中审等知名会计师事务所沟通交流，针对公司治理、财务规范、融资模式、上市条件、上市流程等方面达成一站式全方位合作战略协议，并获得“天津市OTC股份转让平台保荐机构”“天津股权交易所基本推荐人”等资格。先后为天纺进出口、健龙公司、以及金海天桥、双兴旋转门等10家企业改制挂牌提供了前期规划，目前正在积极筹划运作。同时公司借助平台资源，尝试多层次资本运作，联合建设银行、平安银行、评估所、审计所、会计师事务所、北京中融大有投资公司、天交所、天津OTC股份转让平台等多家机构联合开展贷款融资等服务。

（四）努力搭建科技成果对接转化桥梁

为了进一步加大天津宝盈电脑机械公司的科技创新和科技成果转化力度，公司积极与天津市科学学研究所研究拟定“柔性材料、柔性设备工程研究院”项目方案，并以天投公司“众创空间”筹建项目为契机积累经验，把控“众创空间”的承办流程和必备要件，梳理出一套全新的基于传统制造业向结合互联网+融合新业态新商业模式的创新创业服务体系。

（五）积极推进招商引资，凸显社会效益

公司积极与东丽区、津南区等各区县科委沟通协调，了解和掌握招商的优惠条件以及后续科技扶持政策，先后成功推荐和泽普华、德嘉科技、睿杰尔沃、东亚科技等11家企业注册落户在东丽区，同时将天津市盛铭信科技有限公司引进到津南区，为东丽区、津南区加快经济发展，推动科技创新工作做出了应有的贡献。

（供稿单位：天津天纺生产力促进有限公司；执笔人：杨树成、张莉、刘晓华、张秀军、张一弛）

河北

石家庄生产力促进中心

【概况】

（一）中心基本情况

1992年，党的十四大明确提出建立社会主义市场经济体制。原国家科委根据《中共中央关于科学技术体制改革的决定》，确立了进一步深化科技体制改革的思路，决定成立面向中小企业、乡镇企业提供技术支持、各类信息服务并组织专业技术培训活动的非营利性科技中介服务机构——生产力促进中心。

1993年10月20日，石家庄市编办将原石家庄地区科技开发中心更名为石家庄市生产力促进中心。2002年8月，与原市专利所重组为石家庄生产力促进中心，是石家庄市科学技术局直属的全额事业单位，具有独立法人资格，是不以营利为目的的科技服务机构。中心现有人员24人，其中研究生学历3人，本科学历14人，占总人数的71%；高级职称6人，中级职称3人，占总人数的38%。现有办公面积1200平方米，孵化器建筑面积42000平方米，公共服务平台面积3300平方米，2015年固定资产1300多万元。

（二）全市生产力促进中心发展情况

目前，全市共建生产力促进中心16家，其中3家国家级示范中心，4家省级示范中心，6家市级示范中心，已基本形成了区域特色科技创新服务体系。

（三）主要业务

石家庄生产力促进中心在建设和发展过程中始终遵循“背靠政府、组织资源、服务企业”的宗旨，本着非营利性科技服务机构的定位，努力架设企业与科技界，企业与政府，企业与企业间沟通合作的桥梁，成为石家庄市科技创新体系中推动“政产学研用”合作的“大平台”。石家庄生产力促进中心坚持培育“品牌服务”，努力打造核心服务，已形成了“二二九”的业务格局，为石家庄科技发展做出了重要贡献。

第一个“二”是指两个主导业务方向：药物及精细化工、制造业及其信息化

第二个“二”是指两个“政产学研用”合作的公共服务平台：石家庄市生物产业公共服务平台、石家庄快速制造公共服务平台。

“九”是指九种服务能力：孵化服务、公共平台服务、科技金融服务、创新基金服务、科技型中小企业认定服务、高新技术企业认定服务、技术合同登记服务、信息咨询培训服务、县域中心辅导服务。

【中心职责】

按照科技部对生产力促进中心规定的定义、定位和职责，中心在成立之初便确定了不以盈利为目的的非营利性机构的性质。目前，石家庄生产力促进中心的职责为：

（一）孵化培育

依托科技企业孵化器为入孵企业提供中小企业孵化、培育、创新、创业等服务，提供市场营

销、投资融资等专业化服务。

（二）公共服务平台建设及服务

结合主导业务开展“政产学研用”合作，建设非营利性、开放性的公共服务平台，为科技型中小企业的技术研发、产品检测提供公共服务。

（三）科技金融

履行“石家庄市科技成果转化风险补偿资金管理服务中心”的职责，为科技型小企业提供科技金融服务。同时还依据国家相关政策为科技型企业提供其他金融服务。

（四）创新基金

履行“国家科技型中小企业技术创新基金河北省服务机构”的职责，负责省、市申报创新基金的受理，以及相关的咨询、培训、宣传等工作；负责国家、省、市创新基金项目的监理、验收工作。

（五）科技型中小企业认定

依据“河北省科技型中小企业认定管理办法”，负责申报科技型中小企业受理、认定工作，同时开展相关的咨询、培训、宣传等工作

（六）高新技术企业认定

履行“石家庄市高新技术企业服务机构”的职责，负责申报高新技术企业的受理工作，以及高新技术企业的复审工作。同时开展相关的咨询、培训、宣传等工作。

（七）技术合同登记

履行“石家庄市技术合同登记站”的职责，切实保障国家有关促进科技成果转化财税优惠政策的落实。

（八）信息咨询、技术支撑、培训交流

结合自身优势，为企业提供信息咨询、技术支撑、培训交流服务。

（九）县域中心辅导

作为全市生产力促进中心的“龙头”，履行“河北省省会生产力促进联盟”理事长单位、秘书处单位的职责，大力培育县域特色生产力促进中心，建立健全全市生产力促进体系。

【中心荣誉】

在科技部、科技厅及市局相关部门的大力支持下，特别是2002年中心重组后，中心坚持秉承“背靠政府，整合资源，服务企业”的宗旨，团结开拓，不断提高服务能力和服务绩效，一年一个台阶快速发展，取得了以下荣誉：

2005年被省科技厅认定为省级示范生产力促进中心；

2006年被科技部认定为国家级示范生产力促进中心，进入全国生产力促进中心“百强”行列；

2007年科技部对全国120多家国家级示范生产力促进中心进行绩效考核，石家庄生产力促进中心进入前25名，获优秀国家级示范中心；

2008年在国家科技计划（火炬计划）实施20周年纪念活动中，石家庄生产力促进中心被科技部评为20家先进服务机构之一；

2009年，作为骨干中心顺利通过科技部对生产力促进中心体系建设重点省行动试点（河北省）评估；获得中国生产力促进中心协会颁发的“2009年度生产力促进（服务贡献）奖”。

2010年被河北省质量技术监督局评为“河北省服务质量先进单位”；被河北省科学技术厅、财政厅、人力资源和社会保障厅评为“河北省科技型中小企业技术创新资金工作先进单位”；

2011年被河北省科技厅认定为“河北省中小企业技术创新公共服务示范机构”；被中国生产力促进中心协会评为“生产力促进（发展成就）奖”。

2012-2014连续三年，在科技部全国绩效排名中评为事业类A类，评为优秀国家级示范中心，被中国生产力促进中心协会评为“生产力促进（发展成就）奖”。

【特色服务】

一、科技金融服务取得新进展

自中心负责“石家庄市科技成果转化风险补偿专项资金管理服务中心”日常工作以来，积极探索创新和实践。面对协作银行承担的风险与银行风险控制规定抵触较大和近年资金流动性偏紧，资金价格不断抬升等问题，我们积极向上级反映情况争取政策支持，并积极与财政局、协作银行反复沟通和协调，对“石家庄市科技成果转化风险补偿资金”的风险承担比例、贷款利率、贷款额度进行了修订商议。该工作难度很大，工作量很大，目前一直在努力进行中。

2015 年，工商银行总行出台了《小微企业“银政通”业务管理办法》，提出以借款人缴纳保证金和政府设立的风险补偿资金作为增信手段，突破了贷款抵押物全覆盖的局限。在此基础上，中心积极与工商银行石家庄市分行及东胜科技支行相关人员反复沟通协商，已基本达成合作协议。

另外，中心还进行了贷款贴息、科技支行、上市辅导等一系列的科技金融服务的调研和探索，为科技金融服务储备新的渠道。

二、公共服务平台建设取得新进展

中心拥有的两个公共服务平台建设 2015 年继续按照“以用为主，用建结合”的思路，平台利用率与上年同期相比增长近 30%，为中小企业的发展支撑作用明显增强。同时，中心继续加大平台建设投入，已累计直接投入 1304 万元。两平台的社会影响力和企业认知度也有了大幅提升，“品牌服务”已基本形成。

（1）“石家庄快速制造工程技术平台”是由石家庄生产力促进中心牵头，与河北科技大学合作共建的非营利性、开放式的公共服务平台。目前，平台建筑面积 3500 平方米，整合仪器设备 2600 多万元，其中中心直接投入设备 694 万元。目前，该平台已具有产品设计、逆向工程、快速产品加工、快速模具研发四项功能。该平台被“国家快速制造工程技术中心”命名为“快速制造国家工程研究中心河北示范中心”；已立项的国家火炬计划环境建设项目——“石家庄快速制造技术创新公共服务平台建设”正在按计划实施。

通过专家指导和培训宣传，平台使用率大幅上升。2015 年共服务企业 560 多家次，制作模型 3100 件，服务企业涉及机械、电力设备、汽车制造、医疗、军工、动漫等行业。如：石家庄伊特机械设备制造有限公司 2015 年 5–7 月使用服务平台的 SPS450B 激光快速成型机制作舞台相关设备模型，快速实现了新开发产品，比传统方式缩短时间 50%，节省成本 20 万元。河北祥马工程机械有限公司 2015 年 8 月使用平台的 SPS450 激光快速成型机制作小型液压挖掘机仪表台模型，快速实现了新开发产品的实体装配，缩短了新产品试制时间，降低了开发成本，客户量比 2014 年提高了 15%。

（2）“石家庄生物产业基地技术服务平台”是由中心牵头，与石家庄润柏有限公司共建的非营利性、开放式的公共服务平台。目前，该平台建筑面积 1300 平方米，整合仪器设备 1650 多万元，其中中心直接投入设备 610 万元，设备 108 台套。2015 年新投入 68 万元，新增美国 PE　HS40 顶空进样器、梅特勒 XSE205DU 天平等 12 套仪器。现已具备欧美通用标准检测分析、技术服务、FDA 认证、国际合作等四项功能。目前，该平台是全国唯一一家同时通过了美国 FDA 认证、加拿大卫生部认证、CNAS 评审三方认证的国际生物医药公共技术服务平台，被石家庄市科技局评为“石家庄国际科技合作基地”予以支持。2015 年度平台完成市级科技计划项目“一种恩诺沙星注射液及其制备方法的联合研发”1 项，获市级国际科技合作基地支持 5 万元。为加大平台投入，目前已申请国家科技部第二批科技服务业创新发展行业试点《石家庄医药科技服务业试点》和省创新基金项目《石家庄市医药化工产业技术创新公共服务平台服务》。

为进一步提高平台知名度，2015 年共为 70 家企业 200 人次进行了医药 GMP、微生物检测，国际业务法律服务等培训。使用率有了跨越提升，共 30 余家医药企业进行了 1743 项测试服务。如：为华北制药集团爱诺有限公司的伊维菌素进行定量分析；连云港金康医药科技有限公司的 5- 甲基叶酸钙进行杂质定性定量检测分析等。在 2015 年 6 月和 11 月分别为内蒙古常盛制药有限公司，丽珠集团新北江制药有限公司等进行了 FDA 复认证服务并零缺陷通过。2015 年共有 30 余家政府企事业单位来平台参观考察。

三、孵化服务高质量规范化，“核心服务”取得新进展

为高质量、规范化搞好孵化服务，2015 年中心继续按照《石家庄生产力促进中心孵化服务规范》规定的内容进行了标准化服务，并且各项服务已全面实现规范化操作。

在项目包装方面：科技项目支持体现了政府导向，也是企业发展的迫切需求。对此，中心利用自身优势，引导和协助企业申报各类项目的科技计划。目前，共有 15 家入孵企业获各类资金支持，金额达 1900 万元。如：为河北三环电器设备有限公司（《同步有源无功谐波补偿 IGBT 节能装置》）、石家庄瑞澳科技有限公司（《基于物联网的 IC 卡排污总量监控系统》）、石家庄博思特非标设备制造有限公司（《薄壁铝管鼓基精密加工数控车床》）、石家庄西比克仪表有限公司（《Ceebic-V4 数字型超声旋涡流量表》）等 4 家企业成功申报创新基金项目。

在高新技术企业培育方面：在服务过程中积极培育企业自主创新能力，引导企业加大研发人力、物力投入，辅导其编制高新技术企业申报材料。目前，共有 12 家孵化器企业认定为高新技术企业享受科技免税政策。

合同登记免税方面：石家庄生产力促进中心 2015 年共为孵化企业进行登记买卖合同 38 份，合同成交额 1388.57 万元，技术交易额 1243.45 万元。登记站入驻孵化器不仅让企业享受到了科技政策带来的实惠而且通过积极的技术买入进一步提高了企业产品的技术升级。

在培训服务方面：2015 年组织入孵企业进行了 2 次医药 GMP、微生物检测，国际业务法律服务培训，为企业开拓思路，进入国际市场，提高企业管理及科技水平指明了方向。

交流宣传、咨询、人才引进等服务是中心孵化工作中的日常工作并保持稳步增长，2015 年组织专家对接 17 次，进行各类咨询 6500 人次。

通过高质量、规范化服务，企业发展迅速，据统计，2015 年孵化器企业实现年产值 6.02 亿元，利税 1.74 亿元，科技研发投入 5112 万元，专利授权数 61 项。

四、创新基金服务实现新突破，继续打造“品牌服务”精品

为了将创新基金服务打造为“精品服务”，中心不断积极探索创新，2015 年在该工作全面实现机制化基础上进一步深化，努力为 2016 年受理工作进行项目储备。为实现这一目标，中心组织全市中小企业项目申报培训，同时到孵化器进行了申报前培训。通过一年的努力，企业对创新基金认知度和积极性明显提升，2015 年中心受理项目 185 项，上报 157 项。

2015 年项目立项 28 项，获资金支持 1150 万元。全市共立项 49 项，获资金支持 1810 万元。资助额占全市 63.5%。全省共立项 200 项，资金支持 5000 万元，我市资助额占全省 36.2%，位居全省首位。另外，组织 58 家 2015 年到期项目承担单位进行结题验收。

创新基金已成为企业发展的“催化剂”，有力地促进了企业的自主创新能力和市场竞争力。如：石家庄东方轴瓦有限公司，获立项支持90万元，总资产、总收入、缴税总额在申报时分别为1626万、2960万、72万元；项目完成验收时分别为3460万、3772万、97万元；同比分别增长113%、27.4%、35%；新增就业人数14人。河北高工工具有限公司，获立项支持95万元，总资产、总收入、缴税总额在申报时分别为3557万、1949万、118万元；项目完成验收时分别为5814万、5130万、272万元；同比分别增长63%、163%、131%；新增就业人数80人。

五、高新技术企业认定服务取得新进展，努力打造“品牌服务”精品

中心负责高新技术企业认定服务以来，不断创新服务模式，在实现全面机制化基础上，进一步深化企业挖掘，多次组织申报培训。2015年，中心受理企业认定申报104家，审查合格并上报共102家，认定通过96家，通过率高达94.1%。全市新认定144家，中心占全市66.7%，全省2015年新认定580家，我市占24.8%，位列全省第一。2015年受理到期复审22家，22家均通过审核。目前，我市高新技术企业共487家，约占全省30.4%。

另外，协助高新处完成2014年火炬统计调查，共统计高新技术企业253家，火炬项目6项；协助省科技厅完成2014年全省高新技术企业季度统计前三季度的统计工作，共统计250家高新技术企业。

高企认定工作已在科技型企业中形成一定影响，中心将努力把高企认定工作打造成“品牌服务”精品，更好地为企业服务。

六、技术合同登记服务

截至2015年12月31日，中心负责的两个登记站共登记731份，合同成交额81132.8万元，技术交易额69939.3万元。全市合同成交额125428.5万元，中心占全市总成交额64.7%，继续位列全市第一。2015年发展新增注册企业41家。为进一步加强该项工作服务能力，已申请省科技厅课题《石家庄第一、二合同登记站能力提升建设》。

七、信息、咨询等软服务工作开展顺利

2015年，中心咨询、信息化等工作在中心各项工作有效开展中迎来了新的增长，共进行信息、咨询8700余条，完成中介服务35项，专家对接67次。此外积极组织专家与企业交流会，其中包括孵化器管理交流会、快速制造公共服务平台培训推介会等涉及公共管理、实验室安全、精细化工、软件推广等多个领域的会议。

（供稿单位：石家庄生产力促进中心；
执笔人：梁竞磊）

廊坊市生产力促进中心

【概况】

廊坊市生产力促进中心成立于1999年，坐落于廊坊市安次区龙河科技成果孵化园，拥有2000余平方米的开放式、现代化办公场地，员工60余人。廊坊市生产力促进中心是国家级示范生产力促进中心和国家技术转移示范机构，自成立以来先后荣获全国五一劳动奖状、全国青年文明号、中国技术市场协会金桥奖、国家生产力促进发展成就奖、国家生产力促进服务精英奖、群众满意中层单位、科技型中小企业创新资金工作先进单位等荣誉。

17年来，中心累计直接服务企业21000多家次，签订服务合同2600余项，促成全市近千家中小企业与京津大学科研机构联姻，引进科技成果600余项，为企业解决技术难题276项，推广共性技术32项，帮企业申请专利1800余项，完成各类项目申报1200余项，为企业争取科技资金支持2.2亿元，完成工程类、网络、维护、软件类信息化建设项目400余项，开展ISO9001等管理体系认证和咨询、拓展培训、企业内训服务400余次，累计培训15000余人次，知识产权服务企业500家次，申请专利800余项。中心建成科技创新创业、技术产权交易、工业设计制造、大型仪器共享、大数据、知识产权、廊坊生产力微信服务等多个公共服务平台。中心参股成立了廊坊市高科创新创业投资有限公司，完成投融资项目15个，投资总额4420万元，撬动吸引金融资金和社会资本2.5亿元。

中心的发展得到了各级领导及社会各界的大力支持，廊坊市委、市政府将“生产力促进中心建设”连续两年写入政府工作报告，列入全市软环境建设十大工程。2015年，廊坊市科技局依托我中心，整合全市科技服务和中介服务资源，搭建了廊坊市科技创新创业服务中心，集综合服务、产权交易、展览展示、科技金融、交流培训和创客咖啡为一体。

【机构设置】

中心现有项目部、网络信息部、标准化认证部、技术转移中心、咨询顾问部、ERP中心、培训部、综合管理部等八个部门，可为企业提供项目包装、商业计划书制作、网络信息化服务、软件开发与实施、网络推广、标准化认证咨询、人才培训、技术项目对接、专利申请、大数据、传统制造业企业转型升级等综合服务。

【人才建设】

中心汇集了60名科技英才，其中本科以上学历占80%以上，中级以上职称占30%以上。中心在人才建设方面逐步确立了包括竞争上岗制、人员聘任制、劳动合同制、报酬效益制在内的开放、流动、竞争和协作的全新管理机制，采用竞争上岗、双向选择的人事制度，平时考核与年度考核相结合的考核制度和有利于高层次人才发挥作用的人才引进制度，搭建起制度化、有序化的运行框架。

【特色服务】

中心以集聚科技资源为重点，以提高企业创新能力为核心，不断开拓工作领域，完善科技服务职能，根据企业成长阶段和发展情况，构建了“科技管家＋创新顾问”的服务模式，推出了覆盖中小企业成长全过程的综合一站式顾问服务项目。

一是项目咨询服务。借助国家和地方政府对各类项目的扶持政策，为企业争取项目资金，推动中小企业技术创新。同时，协助企业进行高新技术企业申报。近年来，中心帮助企业申报各类项目1200多项，为企业争取科技资金支持2.2亿元。

二是认证培训服务。中心是我市唯一一家集企业标准化管理咨询、培训一体化的专业服务机构。为满足企业发展需求在为中小企业提供ISO9001、ISO14001、OHSAS18001、TS16949、ISO22000ISO13485、HSE、十环标志认证咨询的基础上，又开拓了安全生产标准化、安全评价、实验室认可、特种设备制造生产许可咨询等服务。2013年，中心承担了全省生产力促进中心能力建设工作，为全省80家生产力促进中心开展ISO9001质量管理体系咨询认证服务，2014-2015年连续两年承担了全市21家机关单位的标准化认证工作。

三是企业信息化综合服务。中心是河北省制造业信息化培训基地，长期与用友软件、拓尔思等国内知名供应商合作，共同促进成长型企业的信息化建设。中心获得河北省安防工程设计、安装、维修资质，参与政府招标采购项目100余项，为全市近2000多家企事业单位提供系统集成、安防监控、综合布线及相关服务，同时开展网站建设、软件开发、上网行为管理、TRS互联网舆情监控及网络推广等服务。

四是知识产权及大数据云服务。知识产权服务包括专利申请、商标注册、软件著作权申请、知识产权管理等服务。大数据云服务，与沈阳格微软件合作从技术通、市场通、对手通和政策通四个方面为企业提供服务。同时，中心还与北京万方软件股份有限公司合作推出“创新助手”，从提供科研项目课题成果与进展、机构科研能力统计结果、实时采集科技领域最新动态等方面为企业提供量化的分析服务。

五是传统制造业企业转型升级服务。中心与北京理工篮园科技发展有限责任公司、北京宜中圣哲投资有限公司合作，利用其专业的咨询力量和丰富的投资资源，联合开展“传统制造业企业转型升级专项行动”。该行动在廊坊市范围内首批甄选20家制造业企业作为试点，为企业提供互联网＋及信息化升级改造咨询和设计，帮助我市传统制造业企业适应市场的竞争，利用互联网＋技术让企业快速实现弯道超车和无风险的信息化升级改造，更稳妥快速地提高企业管理水平和企业竞争力。

【科技创新】

中心着眼于解决创新创业主体的科技创新创业和科技成果转化交易难等问题，建设了廊坊市科技创新创业服务中心，为中小微企业及创新创业主体提供全方位、一站式、高效率服务。服务中心先后举办廊坊市科技型企业项目路演暨投融资对接、企业研发费用加计扣除政策解读、中小微企业创业指导与咨询、企业知识产权管理与运营、小微企业税收优惠政策解读及税收筹划、企业劳动合同风险防范等培训交流活动，在全市营造了“大众创业、万众创新”的良好氛围。同时，中心积极拓展科技创新服务体系。通过与县区科技部门及各园区建立联动机制，形成中心与区、县、各开发园区以及相关科研机构相连接的科技创新服务体系，实现科技服务全覆盖。

【双创服务】

一是创建龙河创客咖啡众创空间。2015 年，中心在廊坊市龙河科技成果孵化园搭建了龙河创客咖啡众创空间，为创业团队或小微企业提供或者推荐成本低廉的办公场地，免费提供会议室、路演大厅等公共空间，并为企业开展工商注册、税务登记、专利代理、法律会计等相关服务，同时提供创业导师、坐席专家指导创业服务。

二是搭建科技金融服务平台，为创业者提供风险投资服务。我中心参股创办廊坊高科创新创业投资有限公司，联合银行、担保、保险、创投等域内外投融资机构，为科技型中小企业提供一站式融资产品咨询和业务办理。目前，中心已经与河北银行、北京银行、浦发银行、工商银行、光大银行等 10 家银行，中关村创投、河北风投、天津泰达等 7 家投资机构，以及财达证券、国兴担保共 19 家投融资机构建立了长期合作关系。

【成果转化】

一是建设廊坊市技术产权交易中心。2015 年，中心谋划建设了廊坊市技术产权交易中心，并设置了专利成果展示大厅，采取线上线下、网内网外有机融合的交易方式，线上实时发布和查询最新科技成果信息，线下每周组织一次现场交易对接和成果转化辅导。目前中心与中国技术交易所、中科院北京国家技术转移中心、北方技术市场、清华大学、南开大学、河北工业大学等京津冀 30 余家技术交易机构实现了互联互通、资源共享。专利成果展示大厅公开征集专利产品进场展示，为专利项目提供了一个直观的展示舞台。

二是搭建廊坊知识产权服务平台。平台为创新创业主体提供专利技术服务和法律保护服务，与中国发明协会、北京金信、河北国维等机构建立了长期合作关系。目前，中心已累计帮助企业及个人申请专利、软件著作权、商标注册 800 余项。

【典型案例】

· 为廊坊古莱特石油技术有限公司提供一站式科技管家服务

廊坊古莱特石油技术有限公司成立于 2009 年 9 月 4 日，是一家以研发、生产、销售油田助剂和技术服务为主的专业化公司。

2009 年 5 月，中心认证部到该企业进行需求调查时，了解到该企业因为一家刚成立不久的新公司，急需通过质量管理体系认证，才能更好地开展业务。我中心随后根据企业实际情况制定认证咨询方案，先后成功帮助古莱特通过 ISO9001 质量管理体系认证、14000/18000 环境管理体系和职业健康安全管理体系的认证，并为其申报了“中小企业国际市场开拓资金”，公司的主要产品均获得中石油、中石化的产品合格、准予入网资质；2014 年，中心帮助公司取得河北省安全生产许可证。

2011 年 6 月，中心项目部开始为该企业提供高新技术企业申报咨询服务。针对企业申报认定过程中出现的问题，中心专门成立申报小组，对该公司进行一对一专项辅导。从公司的资质证明、人员结构、知识产权、财务审计、总资产和销售额成长性、纳税说明等方面入手准备申报材料，成功帮助该企业通过河北省“高新技术企业”认定。2014 年，中心项目部又帮助古莱特公司申报河北省科技小巨人项目并使该公司成功入选河北省科技小巨人企业（培育）库，获得 100 万元省级科研资金支持。

2013 年，中心为古莱特公司申报的首个自有专利获得授权。截至目前该公司已经获得 4 个独占许可专利、1个自有专利，另外还有5个自有专利在申报中。2015年，中心与古莱特签订大数据云服务合同，利用大数据和网络云服务平台，从技术通、市场通、对手通和政策通四个方面为该企业提供大数据服务。

（供稿单位：廊坊市生产力促进中心；
执笔人：刘秉鑫）

山西

阳泉市生产力促进中心

【概况】

阳泉市生产力促进中心成立于1999年11月，隶属阳泉市科技局，是自收自支的事业单位。中心自成立以来，在国家科技部、省科技厅的大力支持下，勇于进取，开拓创新，经过几年的艰苦创业，于2004年7月被国家科技部认定为国家级示范生产力促进中心，同年10月又被国家科技部和人事部授予“全国科技管理系统先进集体”的荣誉称号。

中心严格按照“服务企业、造福社会、追求卓越、创新发展”的服务理念，以市场需求为导向，积极开展各种科技中介服务。中心以促进阳泉市高新技术产业发展战略为指导，以服务中小企业为对象，以提高自身特色服务能力和组织中介服务、技术服务为手段，为中小企业提供公益性、综合性、专业化的技术转移服务，开展技术转移服务，产学研技术转移服务等，是阳泉市中小企业发展的好帮手，中小企业成长的助推器。中心以科技型中小企业为主要服务对象，按市场化方式积极开展技术引进、信息咨询、科技培训、企业诊断、成果推广和科技评估等业务工作，不断增强中心的核心服务能力，充分发挥科技与经济的纽带作用，为中小企业健康发展提供了强有力的技术支持，取得了经济效益和社会效益的双丰收，为提高阳泉市科技型中小企业的技术创新能力做出了突出贡献。

【科技创新】

中心提出并创建了耐火行业节能环保技术转移服务平台，以耐火工业园区建设为载体，以耐火龙头企业为支撑，以高等院校和科研单位为依托，大力开展耐火行业节能环保技术转移，努力开拓优质、节能、长寿、绿色型耐火材料，达到耐材生产总量下降，优质高效品种比重增加，企业效益明显提高，使得耐火材料工业持续快速健康发展。

【双创服务】

2015年全国上下启动“大众创业、万众创新”双创工作，中心顺应“大众创业、万众创新”的大趋势，积极落实国家、省、市关于“大众创业、万众创新”的各项政策，加快实施创新驱动发展战略，大力推进创新平台建设，把众创空间作为区域创新体系建设的重要环节，有效整合资源，加强政策集成，完善服务模式，最大限度激发创新创业潜力。一是聚焦政策，营造良好环境。先后出台了《关于全面推进科技创新的实施意见》《关于发展众创空间推进大众创新的实施办法》《阳泉市众创空间认定和管理办法》等一系列鼓励“双创”的政策措施。随着各项政策措施的落地生根，双创环境不断优化，氛围不断向好，创客群体不断增大，对推动“双创”工作发挥了积极的作用。二是建设众创空间，搭建创业孵化平台。到目前为止，阳泉市科技孵化网络体系初步形成，全市各县区已建有各类创业孵化平台达13家，其中国家级孵化器1家，省级众创空间2家，市级众创空间10家，服务面积超过10万平米，管理运营人数189人，提供1500多个创业工位，已入驻创业主体近340家，引导创业人数超过3000人。创业创新平台建设初具规模，初步形成了以市高新技术创业服务中心国家级孵化器为龙头，县（市、区）各具特色的孵化网络体系，为全市“双创”工作形成有力的支撑。

【特色服务】

为加快实现山西转型跨越发展的战略目标，为传统能源大省山西在新材料发展领域占有一席之地，发展、壮大山西耐火产业，2014年，由中心牵头，组建了山西省耐火材料产业技术创新战略联盟。联盟旨在为企业、产业、政府服务，作为政府、企业、市场相互联系的通道和载体，通过资源共享、产学研合作、服务平台搭建、市场化运作等途径，为政府了解企业诉求，掌握市场运行态势，制定产业政策提供信息服务，为企业求得政府支持、了解市场动态、进行相互学习交流提供平台和服务，推动耐火企业做大做强。

【典型案例】

典型案例1：

2014年8月，山西省耐火材料产业技术创新战略联盟正式成立，联盟的组建是市场经济条件下的新趋势，有利于提高产学研结合的组织化程度，在战略层面建立持续稳定、有法律保障的合作关系；有利于整合产业技术创新资源，引导创新要素联盟企业集聚；有利于保障科研与生产紧密衔接，实现创新成果的快速产业化；有利于促进技术集成创新，推动产业结构优化升级，提升产业核心竞争力；有利于耐火产业尽快形成规模，并对山西省战略性产业发展起到良好的示范带头作用，以推进山西省转型跨越的快速发展。

典型案例2：

为阳泉市庚光高温材料有限公司和山西大学资源与环境工程研究所牵线搭桥，开展“利用煤矸石生产莫来石均质料”的课题研究，该项目主要是利用我市中低品位的铝矾土及尾矿和碎矿，配以一定比例的煤矸石，利用三级均化破碎、细磨、脱水成型、高温烧结等新技术、新工艺，制备成成分性能稳定的莫来石均质料。该项目的研发，不仅可以提高我市煤矸石和铝矾土的综合利用率，节约资源，保护环境，而且还可以大幅度提升企业的自主创新能力。

【人才建设】

根据阳泉实际，中心不断探索，勇于实践，在创新创业人才工作方面，走出一条外引内联，柔性引才的发展道路。

（1）为充分发挥高新技术创业园承载人才创新的作用，发挥其集聚人才、项目、技术效应，支撑我市产业转型的技术需求，2006年市政府在开发区东区筹建了高新技术创业园。截至目前，阳泉市高新技术创业园一期工程完成了孵化服务中心、科技人才培训活动中心、专家公寓和标准厂房四个独立主体，建筑规模达到了2.7万平方米。建立“园外孵化基地”，外孵企业22家。成功孵化毕业企业20多家。根据科技型企业发展的特点，园区孵化器重点在科技资源平台整合、产学研体系建设、创新人才培养、科技咨询服务等四个方面开展服务工作。

（2）充分利用阳泉市与中科院、北京市科委、山西省科技厅等签订的一系列科技合作协议，不断加强阳泉市企业与国内外科研院所、大专院校的科技交流合作，支持企业与科研院所共建研发平台。推进天元绿环与中科院工程塑料国家工程研究中心签署全面战略协议，共同成立中科院天元环保塑料联合研究中心；云泉岩土科技公司与中科院何满潮院士合作成立山西云泉生态环境院士工作站，与中国工程院卢耀如院士合作成立山西省院士专家企业协作中心云泉工作站；中兴环能与太原理工大学和澳大利亚西澳大学合作，引进留澳博士张卫珂团队和“纳米碳材料制备技术”，建成了国内领先的纳米碳材料研发生产基地；阳泉市口腔医院建立的口腔医学国际合作研发基地，被山西省科技厅认定为省级国际科技合作研发基地，填补了阳泉市在这方面的空白。通过构建“校企合作、协同创新”的科技成果转化平台，实现了技术与成果、技术与人才、创新资源与创新能力的转移转化。随着技术创新能力的提高，全市科技成果产出能力逐步提升，技术交易市场逐渐活跃。

【机构设置】

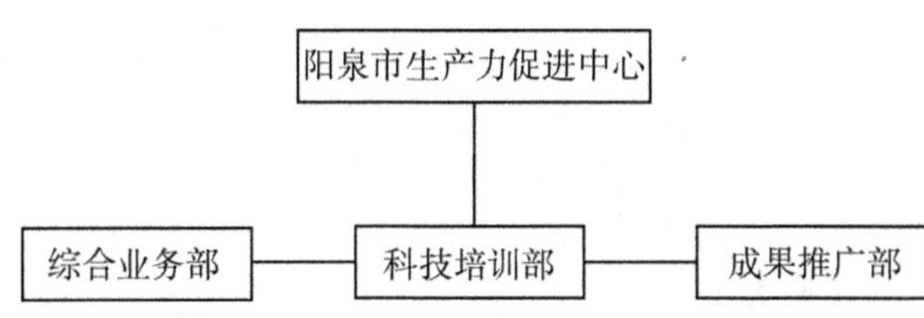

（供稿单位：阳泉市生产力促进中心；
执笔人：罗建波）

长治市生产力促进中心

【概况】

长治市生产力促进中心成立于1999年，是长治市科技局直属的全额事业单位，是长治市科技创新服务体系重要组成部分。中心现有人员13人，其中高级职称6人、中级职称3人，初级职称4人，全部具有大学以上学历。中心2004年通过ISO9001：2000质量管理体系认证，2008年被科技部认定为“国家级示范生产力促进中心”。中心主要通过长治市技术交易信息服务平台、长治市农村科技信息服务平台和形式多样的科技合作交流，为长治市科技创新、产业转型升级和经济社会发展做出了积极推进作用。

【科技创新】

一、构建技术交易平台，促进科技成果转移

（1）长治市技术交易信息服务平台依托中国技术交易所技术资源，于2015年底建成，是一个基于互联网信息数据交互、技术资源共享的线上线下一体化信息服务平台。平台开设技术供给、技术需求、支撑服务、竞价交易、在线路演、网络展会、众创空间、技术合同登记、要闻中心、政策法规等10个功能板块。

（2）长治市技术交易信息服务平台既可共享全国技术资源，又能实现本地技术的信息自主管理和独立业务操作。截止目前，共导入科研院所、高校科技成果及技术项目127598项，其中，全国专利技术和科技成果供需项目127343项，本地专利和技术项目255项。支撑服务机构15家，服务专家信息2305项。发布本地技术需求29项，本地企业和人才信息75项。信息内容实行动态更新，可为广大企业和投资者提供新技术项目查询、科技成果在线展示、网络竞价交易、需求信息发布、技术合同认定和政策法规咨询等全方位功能服务。

（3）举办技术交易线下项目推介活动。结合长治市产业布局，从中科院过程工程研究所、宁波材料所、中国航天材料研究院和中国技术交易所等科技成果项目库中，精心筛选新能源、新材料和先进制造等领域技术项目119项，先期在《长治日报》、长治市科技信息网和长治市技术交易信息服务平台等媒介刊载，并在长治制造展销周上进行集中推介展示，有100多家企业和个人对市科技局重点推广的技术进行了详细咨询，其中20余家企业达成了初步合作意向。邀请中国空间技术研究院、北方工业大学等专家赴长治高新区，在长治市久豪充电技术有限公司、山西炎黄照明科技有限公司现场调研，就技术合作进行了精准对接。

二、打造专业化农村科技信息服务体系，服务新农村建设

（1）中心从实施长治市科技信息村村通工程入手，积极推动长治市农村信息化建设。通过专家咨询热线、长治市农业科技信息网、微信平台、《科技在线》电视节目、《科技之声》广播栏目等

五大服务平台开展农业科技信息服务。

（2）长期聘用10名专业技术全面的农业专家组成专家组，定期坐班为农民提供咨询服务，要做到有问必答，针对农业生产中出现的共性问题和通过电话不能解决的问题，要亲自现场解决，形成了良好的咨询服务机制。选择科技星火带头人、科技特派员、科技示范户和大学生村干部作为网络服务信息员，通过对他们进行信息系统操作和信息采集发布技术培训，达到了信息快速集散传播目的。

（3）在全市13个县市区建立科技信息服务站，形成了以服务平台为支撑，以市、县、乡、村四级服务网络为组织体系，专家咨询、科技信息员服务为保障的多元化、全方位的农村科技信息服务体系。

（4）组织专家针对各县市区农业特色产业和主导产业，深入农业园区和特色种养殖企业，对农民在农业生产中的问题进行集中诊断和现场技术指导培训，共组织农作物、蔬菜、林果、畜牧等专家深入园区、企业服务10次，培训指导农民800余人，完成专家咨询服务420多次。

（5）结合农时通过网站、微信发布技术信息4900余项，制作电视专题节目8项，《科技在线》电视节目播出48期，《科技之声》专题广播节目播出48期。

（供稿单位：长治市生产力促进中心）

内蒙古

内蒙古自治区生产力促进中心

【概况】

内蒙古自治区生产力促进中心成立于1996年，是内蒙古自治区科学技术厅下属公益二类事业单位，通过了ISO9001质量管理体系认证。中心现有员工22人，其中硕士6人，高中级专业技术人员14人，95%以上具有大学本科及以上学历，平均年龄33岁。

中心下设“五部一办”，成立至今，累计服务中小企业近万家，累计为中小企业提供培训咨询、信息、技术等科技服务1.4万项次，举办各类培训班300余次，培训人数超过2万多人，联系科研院所及专家1100多家。

中心自成立以来，多次得到科技部和自治区科技厅的认可和表彰：

被评为国家级示范生产力促进中心；

2004年，被评为国家重点示范生产力促进中心，在全国2000多家生产力促进中心位列前十；

2009年，被科技部高新司列为“服务社会主义新农村建设首批试点单位”及“科技金融服务首批试点单位”；

获得“2010年度全国生产力促进奖”；

被中国生产力促进协会授予“发展成就奖”；

被评为科技中介服务诚信机构；

在国家级示范中心绩效评价中多次位列A类中心；

中心连续10年荣获自治区科技厅先进单位称号。

中心作为内蒙古区域技术创新服务体系的重要组成部分，主要职能为：围绕区域创新体系建设和中小企业技术创新发展，承担从科技行政职能中剥离出来的社会公共职能，以促进政产学研金结合、提升区域生产力总体水平为目的，为政府提供政策和信息决策咨询服务，为中小企业提供公益性基础科研服务，具体工作包括两部分，一是承担科技厅委托的业务工作，二是为中小企业提供专业化科技服务。

【双创服务】

为全面贯彻落实《国务院办公厅关于发展众创空间推进大众创新创业的指导意见》（国办发〔2015〕9号）精神，以及《内蒙古自治区人民政府办公厅关于加快发展众创空间的实施意见》（内政办发〔2015〕124号），按照内蒙古自治区科技厅关于发展众创空间推进大众创新创业的工作部署，加快发展众创空间，为大众创新创业营造良好的生态环境。中心受内蒙古自治区科学技术厅委托，承担内蒙古自治区众创空间指导及建设工作，具体负责内蒙古自治区众创空间的组织申报、认定、指导、绩效考核等工作。

在服务创新创业的过程中，中心和内蒙古自治区众创空间联盟举办承办了各类创新创业服务活动16场，其中举办创新创业服务培训6场，共培训1200余人次；联合众创空间举办了创新创业座谈会、论坛、游学等活动；组织举办了国家级创新创业导师认证培训班2场，培养了国家级创新创业导师107人，并成立了内蒙古自治区众创空间创新创业导师宣讲团。

在中心和联盟的推动下，目前内蒙古自治区众创空间总面积已经达到58万平方米，入驻企业达2500多家，服务创新创业项目达4000多个，举办承办国家级创新创业赛事6场次，省级赛事活动50多场次，形成了海纳百川、蓬勃向上的创新创业大局。

【科技金融服务】

主要业务内容包括：

1. 管理自治区三项科技基金

自治区科技风险基金、自治区科技型中小企业技术创新基金、自治区科技合作发展基金等三项资金，总规模近1亿元。

2. 政策性贷款业务

是自治区科技厅与国家开发银行内蒙古分行共同设立的“政策性贷款”的执行机构，对自治区需要融资的中小型企业进行综合初审、考察、审议，统一放款，授信额度5亿元。

3. 融资租赁业务

与国内外融投资战略合作伙伴形成合作联盟，以设备等有形资产租赁为融资方式，为企业及政府提供短、中、长期资金。既可以用现有设备（或其他有形资产）折价融资，又可以垫付将购置的设备（或其他有形资产）资金。

【特色服务】

经过20年的发展，已经具备了整合社会资源，服务中小企业和特色产业的能力，面对中小企业的技术创新需求，通过“生产力要素市场”和“资本市场”两个方面为企业提供科技服务。

在生产力要素市场方面，主要开展了以下科技服务工作：

（1）内蒙古节能减排技术支持公共服务；

（2）中小企业科技创新培训与交流咨询服务；

（3）内蒙古创新方法应用推广服务；

（4）技术标准推进战略综合服务；

（5）内蒙古人兽共患病生物防控技术研发与应用监测服务；

（6）防灾减灾应急预案服务；

（7）农牧业科技信息服务。

（供稿单位：内蒙古自治区生产力促进中心；执笔人：张仰眉）

呼伦贝尔市生产力促进中心

【概况】

呼伦贝尔市生产力促进中心成立于2004年7月，是隶属于呼伦贝尔市科学技术局的全额事业单位，是内蒙古自治区示范生产力促进中心。中心位于呼伦贝尔市海拉区“三馆一湖”核心地带，中心使用面积6800平方米。中心于2005年增挂呼伦贝尔市科技成果推广中心牌子，2015年增挂呼伦贝尔市科技创业服务中心牌子。2015年被中国生产力促进中心协会授予“特殊荣誉奖”。2012年至今中心通过了ISO9001质量体系认证。

中心编制9人，现有专职人员8名，其中本科学历以上8人。中心常年聘用兼职专家顾问10余名。形成了科技政策咨询、科技项目申报、科技型企业孵化、产学研平台建设等服务体系。到目前中心已联系呼伦贝尔市科研机构9家，联系专家300多人，服务企业800多家，为企业提供信息5000余条，帮助企业申报各级科技项目30余项，已有27家企业入驻中心的孵化器。

【科技创新】

中心为地方企业提供技术转移服务，包括为特色资源型企业、技术创新型企业提供服务，在企业与大专院校及科研机构间开展转移服务。一是搭建信息化技术集成示范平台；二是为创业者搭建创业服务平台、交流合作平台、完善中小企业创新创业环境，促进科技成果转化。以技术转移为主要服务内容，同时举办科技成果推广现场会、培训会，深入企业现场，为企业提供专利、标准技术信息，帮助企业申报各类科技项目、科技成果鉴定、奖励和科技贷款。

【双创服务】

呼伦贝尔市科技创业服务中心——2015年由市编办批准在中心上加挂牌子，整合相关社会资源，服务创新型企业并促进其成长。科技创业服务中心大楼的物理功能包括：一层设置三个功能区，一是“创业从0到1”，是帮助企业认识创业，成功创业的空间；二是“创客空间”，为技术人员提供了3D打印机、激光雕刻、机械安装、无人机活动等内容；三是多功能室，是培训室和活动室为一体的空间。二层设置三个功能区，一是企业孵化区，现已入孵企业16家；二是孵化苗圃，将有10家创业者入驻；三是管理办公区，是我市科技创业服务中心服务人员的办公与管理办公室。三层现有8家企业进入孵化区，1个知识产权服务中心。四层北侧科技展厅设置了两个功能区，一是孵化器科技成果展示区，有1000多平方米，二是创业咖啡、创业奶茶的创业人员交流活动区，三是项目融资路演区，有投影仪和演讲台提供给项目推介者。

目前呼伦贝尔市科技创业服务中心入驻企业27家，涵盖电子商务、智能旅游、智能牧场、北斗导航应用等领域。呼伦贝尔市科技创业服务中心的“内蒙古自治区呼伦贝尔市科技创业众创基地”被评为自治区级“众创空间”。众创空间面积共1000平方米（在一层和四层），用于支持鼓励大学生、青年人创新创业。

【成果转化】

呼伦贝尔市地处国家北部边疆，与俄罗斯、蒙古国接壤，中俄边界1048公里，中蒙边界675.82公里。在这样的地理区域上，开展科技成果转化既有意义又独特。中心同时开展多方合作共建，联系工业、信息化、农牧业等多部门共同为全市的中小企业服务。加强中俄蒙技术转移交流合作，帮助企业实施“走出去”战略，加强企业区内外产学研的合作，在生产和销售过程中，提高企业技术水平和科技含量。一是畜牧业开展合作引进，与俄罗斯合作，引进了俄罗斯马种及技术，加快了三河马的转型育种进程。二是淡水鱼引种和技术转移，与俄罗斯科学院交流合作，开发新的淡水鱼业资源，重点引进俄罗斯优良鱼种，通过消化吸收，形成适合我国实际情况的技术，进而带动我市冷水鱼养殖发展，改变呼伦贝尔市水产养殖模式，并带动相应产业快速发展。三是对蒙古国开展蔬菜出口，建设呼伦贝尔市蔬菜出口基地，以及到蒙古国开展蔬菜种植。四是对俄蒙交流合作矿业资源进行开发与利用。五是建立信息平台，充分利用满洲里每年举办的中俄蒙高新技术产品交易会开展全市的对俄蒙技术转移交流合作。

【特色服务】

中心以区域科技创新为服务重点，以建立共享机制为核心，以资源系统整合为主线，建设科技文献资源共享平台。并通过加强搜集、整理和开发全市科技信息资源；引进科技、文献等事实性数据库，提供科技成果、适用技术、专利技术、文献目录等检索服务；引进电子期刊，提供专业核心期刊的全文阅览和下载服务等手段，不断加强资源建设。

【典型案例】

（一）牵头成立内蒙古蓝莓产业技术创新战略联盟

2010年10月26日，内蒙古蓝莓产业技术创新战略联盟在呼伦贝尔市正式成立。联盟由中心和呼伦贝尔市重点蓝莓企业牵头，联合全市种植、加工、物流等骨干企业和国内多家具有雄厚科研实力的大学、科研院所组织而成。中心是联盟秘书处单位。目前共有成员单位31家，其中企业19家、高校5家、研究机构5家、科技中介机构2家，基本形成了种植—技术依托—技术转移—生产加工—销售的完整产业链条。该联盟作为全国首家蓝莓产业技术创新战略联盟，将瞄准国内外蓝莓产业领域先进水平，组织蓝莓专家、科研单位与联盟企业，开展蓝莓产业战略研究、高端技术研究，提升蓝莓企业自主创新能力，使呼伦贝尔市成为内蒙古最大的蓝莓科研与生产基地。内蒙古蓝莓产业技术创新战略联盟的建立标志着内蒙古产学研合作方式迈向了更宽的领域，促使蓝莓产业成为内蒙古经济发展的又一支柱产业。

中心引导联盟按制定的近远期目标开展各项活动。在近3年里探索建立以企业为主体、市场为导向、产学研结合的产业技术创新机制。联盟集成和共享技术创新资源，加强合作研发，突破蓝莓产业发展战略及共性、关键技术瓶颈，搭建联合攻关研发平台。联盟开展技术辐射，培育蓝莓产业重大技术及产品创新的产业集群主体，使呼伦贝尔市蓝莓产业技术创新战略联盟成为国家、自治区技术创新体系的重要组成部分。完成了自治区科技厅立项的软科学项目《内蒙古蓝莓产业技术创新战略联盟发展策略研究》，该项目已结题并通过项目验收。2012年编制“内蒙古蓝莓产业技术创新战略联盟规划”，并于同年立项自治区软科学。2012年完成了呼伦贝尔市科技项目《蓝莓产业技术创新战略联盟国内创新团队的引进与培养》。

通过了《兴安1号蓝莓生产技术规程》。从2013年自治区质量技术监督局立项《兴安1号蓝莓生产技术规程》地方标准建设，到2016年5月已完成。

（二）绿色墙体材料专利技术推广示范

为改变我国目前仍在使用黏土实心砖墙体材料现状，联合内蒙古拉锁式新型建材科技有限公司，利用该公司的专利技术，开发出新型环保墙体材料。目前企业已获得有效专利50多件，其中发明专利15项，正审查中的发明和实用新型专利20多件。目前与企业对外开展专利技术许可、协助接产企业的经营、生产墙体材料产品的质量咨询。该公司生产的材料是利用农业剩余物所制作的绿色建材，能够实现隔声、保温、耐火、抗风雪，杜绝了墙板连接处开裂和产生冷热桥的效果。产品的研发推广，实现了土质墙体材料向非土质墙体材料发展，小块墙体材料向大块墙体材料发展，块状墙体材料向条形墙体材料发展，重质墙体材料向轻质墙体材料发展，现场湿作业多的墙体材料向现场湿作业少的墙体材料发展，单一功能墙体材料向多种功能复合材料在一起的复合墙体发展。

【人才建设】

为企业提供创新型团队培养，各类人才培训，成果和人才引进，搭建合作交流平台，开展各项交流活动等服务。

一是通过建立和完善基层农牧业服务体系，形成稳定高素质的农牧业技术推广和服务队伍，提高农牧业生产的科技含量，同时加大对农牧民的科技培训力度，培养和造就新一批高素质的农牧民。通过完善农业科技服务体系建设，提高农民依靠科技发展生产的能力和水平。完善科技特派员制度，开展“科技特派员创业行动”，实现科技特派员覆盖全市13个旗市区、74个乡镇苏木，带动农牧民人均收入增幅30%以上。

二是指导企业建立学习型团队组织。提高了企业创新人员研发能力与水平，积极整合与有效利用外部科技资源，扩大企业科技创新空间。为蓝莓联盟企业进行诊断，帮助多家企业进行技术升级。组织科研人员与企业技术人员共同研发蓝莓种植、加工生产技术，产生新产品和新技术标准和知识产权的专利等。

【机构设置】

按照《关于在呼伦贝尔市生产力促进中心增挂呼伦贝尔市科技创业服务中心牌子的通知》（呼机编办发〔2015〕5号）文件，呼伦贝尔市科技创业服务中心与呼伦贝尔市生产力促进中心合署办公，核定事业编制9名，其中：专业技术人员9名。下设综合办公室、成果推广室、科技项目室、科技合作室。

（供稿单位：呼伦贝尔市生产力促进中心）

鄂尔多斯市生产力促进中心

【概况】

鄂尔多斯市生产力促进中心是鄂尔多斯市科技局下属的全额拨款事业单位。鄂尔多斯市科技信息研究所（鄂尔多斯市生产力促进中心）成立于1999年7月，2014年10月，鄂尔多斯市生产力促进中心（鄂尔多斯市科技创业服务中心前身）单独设立。中心现有工作人员8名，其中研究生2名，本科以上学历100%；中心于2001年被科技部认定为国家级示范生产力促进中心；2004年至今，通过国家ISO9000标准管理体系认证，顾客满意度均在96%以上；2015年被认定为自治区科技企业孵化器和自治区众创空间基地，获中国生产力促进中心协会20周年“杰出贡献奖”“全国生产力促进服务贡献奖”。加入“京津冀蒙生产力服务联盟”和“内蒙古自治区众创空间联盟”。

【科技创新】

中心始终把信息网络建设作为促进企业技术创新和科技进步的切入点和重要内容来抓，建立了“鄂尔多斯市科技创新公共服务平台”“鄂尔多斯科技信息网”“星火计划网”“鄂尔多斯生产力促进中心网”等子网，后增加了OA办公系统、鄂尔多斯市煤化工网络服务平台、鄂尔多斯市低碳网。同时建立了科技项目数据库、科技专家数据库。

【双创服务】

中心大楼位于康巴什新区市府南街，总面积9800平方米。中心基础设施完善，建有创业苗圃1个，办公室46间，中心300M宽带专线接入，建有鄂尔多斯市科技创业公共服务平台；设有2间公共会议室，可满足不同规模的会议需求，设有两间开放式咖啡厅；建有可容纳80人的培训室。中心入驻企业61家，累计毕业24家；2015年入驻企业实现销售收入1.2亿元，税收2000余万元；中心企业申请专利14项，授权专利8项；3家企业进入青创板，两家企业在新三板挂牌（1家挂牌交易）。2015年，中心组织全市企业申报“中国好技术”5项，报送全国“双创活动典型项目”3项，成功推荐申报自治区级众创空间13家。

【成果转化】

中心建有“鄂尔多斯市技术转移平台”，中心会同科易网通过技术交易平台面向全市中小企业免费开放“中国在线技术交易市场”，该平台于2012年3月中旬开启运行，并不定期开启交易在线专题对接会。中心每年实地征集全市企业技术需求，并汇编成册，在网上发布，开展企业技术和人才需求对接；2015年成功举办“第二届中国煤化工自动化技术高级研讨会”。

【特色服务】

中心注重技术创新与模式创新，通过打造

"苗圃－孵化器－加速器"一体化的科技创业孵化链条，针对不同发展阶段的科技企业，提供差异化服务。通过打造科技创新创业沙龙、科技创业公开课、科技创业分享汇、科技创新创业 CEO 特训营、创业导师和科技金融港等创新创业品牌服务，为创业者和创业团队量身定制创新创业培训与服务。

【典型案例】

内蒙古信科行智能卡科技有限公司成立于2014 年 8 月，以生产制造磁卡、IC 卡、CPU 卡及支付管理为主营业务，9 月入驻中心。作为初创型企业，中心免费为其提供了办公室、网络、财务和咨询服务等，在做好企业支撑点的同时，中心还通过培训、路演、大赛为其对接了资金、资源、项目等，助推其快速发展壮大。目前产品已相继应用到金融、电信、交通、能源、教育、医疗、行政、国家安全、商业等各领域。

内蒙古东联旅游管理集团股份有限公司成立于 2010 年，是一家以提供旅游产业链一站式管理服务为主要业务的公司，于 2015 年 8 月入驻中心，中心在场地、资金、政策、服务等方面予以大力支持，成为企业不断发展壮大的助推器，且通过中心的服务平台，公司得到了有效的宣传推广，成功对接了诸多项目资源等。易东联通过资源整合，目前，下设有三大全资子公司，分别为内蒙古易东联网络科技有限责任公司、内蒙古东联旅游商品销售有限责任公司和内蒙古东联旅行社有限责任公司，并于 2016 年初在新三板挂牌。

【人才建设】

中心通过政产学研合作，与国内 50 多所高校、科研院所建立合作关系，引进高端人才 200余人，为企业建立院士工作站 13 家。中心承担了鄂尔多斯市科技专家进园区行动计划，两年来政府聘用科技专家 40 多位，为企业解决生产技术难题。中心正在组建鄂尔多斯科技创新创业专家库和鄂尔多斯科技创新创业导师队伍。

【机构设置】

中心下设五个部，即综合协调部、财务部、企业孵化部、宣传培训部、项目管理部。

（供稿单位：鄂尔多斯市生产力促进中心；
执笔人：高丽娥）

赤峰市生产力促进中心

【概况】

赤峰市生产力促进中心成立于2000年，是隶属于赤峰市科技局的公益性全额拨款事业单位。根据业务发展需要，2004年由赤峰市技术市场管理办公室、赤峰市科技信息研究所、赤峰市科学技术开发中心合并重组为新的赤峰市生产力促进中心，并经赤峰市机构编制委员会批准，陆续增挂“内蒙古赤峰国家农业科技园区管委会”“赤峰市科技信息研究所”和“赤峰市技术市场管理办公室”牌子，承担相应的职能职责。

中心核定人员编制20人，实有18人；其中本科以上学历10人；高级职称7人，中级职称6人，开办资金382万元，办公用房面积838.12平方米。中心是国家认定的国家星火计划农村信息化基地和自治区认定的农村区域科技成果转化中心。中心于2015年1月通过了GB/T19001–2008 idt ISO9001：2008版标准体系再认证。中心于2008年被评为第七批国家级示范生产力促进中心，至2015年连续保持国家级示范生产力促进中心资格。多次获得中国生产力促进协会颁发的“服务贡献奖”“杰出贡献奖”。

【核心业务】

中心除履行技术市场管理、科技信息研究、科技信息网络建设、科技查新代理、科技合作、科技成果推广、国家农业科技园区管理等职能外，还重点开展了以下几个方面的工作：赤峰市中小企业科技信息共享服务平台建设；内蒙古赤峰国家农业科技园区科技服务；农牧业科技服务体系建设；中国北方农业科技成果博览会工作。

【服务绩效】

（一）建设赤峰市中小企业科技信息共享服务平台，提供科技项目咨询服务

中心通过科技信息共享服务平台提供科技信息咨询、科技评估服务；利用专业化的服务人员和服务手段以及充实的专家库和大量的信息资源优势，为企业科技决策提供咨询服务、项目可行性分析研究、科技计划项目申报、培训等服务。2015年为100多家企事业单位进行咨询服务，为20多家中小企业进行项目申报服务，共争取国家和自治区项目资金1000多万元。

（二）内蒙古赤峰国家农业科技园区科技服务

内蒙古赤峰国家农业科技园区是国家科技部、农业部等六部委于2002年批准建立并于2010年验收挂牌的全国首批38个国家农业科技园区之一，也是内蒙古自治区第一家国家级综合性农业科技园区。中心在园区的立项、规划、建设过程中开展了卓有成效的工作，提供全方位服务，重点实施了赤峰市国家农业科技园区科技服务体系建设工作，充分发挥专家团队的作用，加大示范带动力度，园区依托高等院校和科研机构，组建了6个各具特色的专家大院，聘请自治区外30余位知名专家学者，在搞好科研开发的同时，积极

推进科技成果转化，不断彰显国家农业科技园区的示范引领带动作用。2010 年经内蒙古自治区科技厅批准，成立了由园区核心企业为理事长单位的“内蒙古寒冷地区蔬菜产业技术创新战略联盟”，引进国家现代农业产业技术体系首席科学家，成功地研发和引进了多项新技术，获得多项专利授权，有效地促进了地区设施农业产业发展。

（三）农牧业科技服务体系建设

中心自 2004 年开始实施了农牧业科技服务体系建设工作，通过整合原有各类科技服务资源，围绕赤峰地区支柱产业发展的需要开展了系列科技服务。具体实施了国家级项目《赤草一号杂花苜蓿新品种中试与示范》《复合沙障治沙技术集成示范》《丘陵区半地下双拱日光温室建造技术中试示范》《赤峰市中小企业科技服务体系建设》；自治区级项目《赤峰市农村信息化基地建设》《赤峰市农村科技信息村村通工程》《赤峰市农牧业星火科技 12396（96048）服务体系建设》《赤峰市科技中介服务平台建设》《中国北方农博会农业科技成果示范及服务平台建设》《赤峰市技术转移对接服务平台建设》等，制定并经赤峰市技术监督局发布了地方标准《水稻无土育苗技术操作规程》。通过这些项目的实施，有力地推动了赤峰市农牧业科技服务体系建设进程。

（四）中国北方农业科技成果博览会工作

一年一届的中国北方农业科技成果博览会始于 2001 年的赤峰市农业新品种、新技术交易会，2003 年更名内蒙古自治区首届农牧业科技成果博览会暨赤峰市第三届农业新技术新品种交易会，2012 年正式升格为由内蒙古自治区人民政府、国家科技部共同主办的国家级展会——“中国北方农业科技成果博览会”。

中心作为展会的承办机构，一直参与展会的各项工作。“2015 赤峰·中国北方农业科技成果博览会暨全国农高会新丝绸之路创新品牌展示交易会”有来自北京、天津、河北等 18 个省市、地区和美国、荷兰、法国、比利时、韩国等 8 个国家及中国农业大学和中国农科院等 31 家知名院校和科研机构共 1258 家展商参展，展示交易的新技术、新品种、新成果达到 4815 种，参会人数达到 13.8 万人次。

为了使农博会更好地服务于农牧民和涉农科技企业，中心还连续多年举办农博会分会展示，并常年举办网上农博会，将农博会打造成为不落幕的展会。

农博会分会在各旗县的政府所在地或乡镇（苏木）举办了 16 场，参加分会的农牧民及各界人士达到 10.9 万人次。参加网上展会的涉农科技企业 175 家，展示了 450 种新技术、新品种、新成果。

“赤峰·中国北方农业科技成果博览会暨全国农高会新丝绸之路创新品牌展示交易会”立足春耕生产，满足广大农牧民实际需求，受到了广大农牧民的欢迎和社会各界的好评。

（供稿单位：赤峰市生产力促进中心；
执笔人：李文志、隋礼江）

浙江

杭州市生产力促进中心

【概况】

杭州市生产力促进中心（杭州市科技对外交流中心）是杭州市科委所属公益二类事业单位。现有员工 21 名，其中在编职工 11 名。硕士生学历 6 名，本科学历 12 名、大专学历 3 名，高级职称 4 名、中级职称 7 名。中心现设有技术服务部、技术合同登记室和综合管理部三个部门，主要职责是为促进本市的中小企业发展，提供相关的技术信息、技术协助、技术咨询、技术中介和技术转让等服务工作。肩负着服务企业、服务政府、服务社会的多种任务，并建立了一套完整的服务体系。中心 2002 年通过质量体系认证，先后被国家、省、市授予多项荣誉。2003 年被国家科技部列为国家级生产力促进中心示范中心，被科技部评为“全国技术市场工作先进集体”，多次被杭州市政府授予“杭州市中介服务业示范机构”，被科技部授予第三批“国家技术转移示范机构”，被杭州市经信委授予“中小企业服务示范中介机构”，被浙江省科技厅授予第一批“重点科技中介服务机构”，2012 年被浙江省科技厅授予“浙江省优秀技术市场中介服务机构”，被中共杭州市委、杭州市人民政府授予“现代服务业先进企业”，2013 年被中国（杭州）工业设计产业博览会授予“2013 中国（杭州）工业设计产业博览会最佳组织奖”，2015 年被浙江省科技厅授予“浙江省优秀技术市场中介服务机构”等。

【成果转化】

中心大力推动科技成果和专利技术的交易，持续围绕科技成果转化、专利技术转让、许可等开展技术咨询、技术服务与技术协助，促进科技成果转移和转化，实现科技成果和专利技术的产业化。进一步为企业开展技术转移、转化服务和技术创新提供支撑。2015 年共征集企业技术难题 400 余项，其中有效技术难题 150 项，在中国浙江网上技术市场、杭州科技中介服务平台等公共平台发布，得到了省内外高校院所、企业专家学者的积极响应。例如，中心得知浙江图维电力科技有限公司“地下电缆防破坏检测系统开发”、浙江天正思维信息技术有限公司“业务流程协同处理关键技术研究”、复旦品牌管理（杭州）有限公司“91 品牌网管理平台开发”等项目需求后，联系了杭州电子科技大学。通过组织高校老师和相关企业人员的一对一交流沟通，促成企业和高校达成了合作协议。浙江图维电力科技有限公司“地下电缆防破坏检测系统开发”签订了技术开发合同，合作经费为 37.52 万元；浙江天正思维信息技术有限公司“业务流程协同处理关键技术研究”项目签订了技术开发合同，合作经费为 12.6 万元。复旦品牌管理（杭州）有限公司“91 品牌网管理平台开发”签订了技术开发合同，合作经费为 10 万元。

中心从 2006 年开始，通过“中国浙江网上技术市场技术中介服务联盟”等平台，将触角伸向全国，广泛搜集战略性新兴产业的“种子”项目。搜集活动得到南京大学、天津大学、西安交通大学、南京航空航天大学、河南大学、上海交通大学、中科院过程所、电工所、北京计算机所等众多高校和科研院所的积极响应，提供了生物医药、装备制造、新能源、节能环保、电子信息、新材料等领域的科技成果600余项。历年来，联盟在浙江省科技厅的指导下，充分发挥联盟成员单位作用，在服务地方产业，加速技术转移，促进产业转型升级等方面发挥了积极的作用。据联盟秘书处不完全统计，2015年联盟成员单位与浙江省合作的企业有4480家，其中杭州市2184家，合作项目达6604项，合作项目总金额14.21亿元，较2014年合作项目数4861项、合作项目总金额11.26亿元有了明显的增长。

【特色服务】

中心秉承“当好市科委的助手、做好区县科技部门的帮手、成为服务科技型中小微企业和区域自主创新的推手”的工作思路，在尽责完成市科委和各级科技部门的委托工作的基础上，充分利用浙江网上技术市场、科技中介服务平台和杭州知识市场等各类科技资源平台，积极开展多样化、全方位、创新性的科技服务，在部门委托工作、企业科技服务、创新体系建设等方面都取得了一定的成效。

（一）拓展科技服务内容，助力创新创业

中心深化知识产权服务，组织在杭高校、科研院所资源，服务地方企业，走企入户促进企业技术创新，对杭州新湖电子有限公司（以下简称“新湖公司”）进行了深度服务。各方就新湖公司的知识产权申请、省市科技项目申报、科技进步奖申报和科研项目等方面开展合作达成一致意见，已签订了四方合作意向协议。结合市科委委托工作，开展延伸服务。通过配合市科委做好“青蓝”“雏鹰”计划的实施和技术市场管理等工作，为企业开展系列服务工作，已与30多家企业达成了合作意向。

（二）做好政府相关委托工作，发挥参谋助手作用

在做好市科委委托的各项事务工作的基础上，中心已经与上城、滨江、西湖、江干、拱墅、未来科技城（海创园）、桐庐、建德等科技局建立了稳定合作委托关系，协助区县科技局推进科技创新工作，包括技术合同认定登记、发明专利补助资金发放、协助组织“市长杯”工业设计大赛、“雏鹰”“青蓝”计划相关管理服务工作、科技服务业统计工作、每年的浙江省科技成果竞价（拍卖）会的项目组织和协调工作、负责中国浙江网上技术市场杭州市场、知识市场、科技中介服务平台等线上平台的管理运营工作。其中，2015年杭州分市场共发布技术难题485项，拟提供资金33839万元，网上合同项目备案616项，成交技术金额57847.52万元，发布技术成果50项。杭州知识市场网站2015年新增会员1000余名，信息800多条，各高校新增专利成果3400余项。

【服务案例】

中心努力拓展新的业务渠道，丰富服务内容，以建设智慧小镇为契机，与江干区丁兰街道联合打造“杭州市丁兰智慧小镇雏鹰创业基地”，积极挖掘自身潜力结合一站式服务打造以“互联网+”众创空间为内核的杭州科技大市场。

1.打造杭州市丁兰智慧小镇雏鹰创业基地

为更好地服务“雏鹰计划”等科技型初创企业培育工程，拓展中心服务雏鹰计划企业的广度和深度，结合我省“特色小镇”建设，中心和江干区丁兰街道、西子·杭锅集团合作，联合打造“杭州市丁兰智慧小镇雏鹰创业基地”。基地位于江干区丁兰街道西子智慧产业园，是“丁兰智慧

小镇”的核心功能区块。中心作为基地的运营方，与丁兰街道紧密合作，为入驻企业创造了最优的政策支持环境，从而降低雏鹰企业创业与经营成本，中心将进一步提升创业服务能力，为入驻企业搭建创业服务平台，努力使雏鹰创业基地发挥集聚效应，成为丁兰智慧小镇的创业名片，为推进杭州东部地区创业创新增添新的动力。

2. 整合“互联网 +”创新创业资源打造杭州科技大市场

为更好地的服务“大众创业、万众创新”，落实省政府办公厅关于推进科技大市场建设的要求，中心在市科委的统一部署下，整合“互联网 +”创业创新资源，结合自身已建平台，推进杭州科技大市场建设。充分利用中国浙江网上技术市场技术中介服务联盟这一资源，发挥联盟成员单位的作用服务企业，大力推动科技成果和专利技术的交易。

3. 积极探索科技大市场和“众创空间”基地的建设模式

为了更好贯彻落实“大众创业、万众创新”战略，结合本中心实际情况，与好园科技合作成立众创空间，将众创空间打造成杭州科技大市场的内核，为入驻的创业项目和创业团队提供了良好的创业场地，优良的集成式服务。同时，进一步优化内部结构，激活人员活力，主动地服务全市科技创新工作，积极探索科技大市场与众创空间的运营模式。

（供稿单位：杭州市生产力促进中心；执笔人：张楚信）

宁波市生产力促进中心

【概况】

宁波市生产力促进中心成立于1999年4月，是经国家科技部和宁波市人民政府批准成立的基于政府立场的公益性、非营利性的社会化科技服务机构。中心一直以来以服务中小企业，提高企业技术创新能力，促进社会生产力发展为宗旨，坚持“以人为本，服务制胜”的工作理念和“组织网络化、功能社会化、服务产业化”的发展思路，并以“战略联盟”方式整合社会资源，为企事业单位和政府部门开展全方位的服务，成为政府和企业之间重要的桥梁和纽带。

作为宁波市科技中介及服务业的龙头单位，经过十几年的发展，中心服务能力不断加强，服务功能不断拓展，服务优势不断凸显。2001年2月被评为浙江省科技创新服务中心，2003年7月通过ISO9000质量管理体系认证，2008年被科技部授予火炬计划先进服务机构，2009年和2011年分别荣获中国技术市场协会颁发的“中国技术市场协会金桥奖”，2011年分别获得“浙江省重点科技中介服务机构”和“国家技术转移示范机构”称号，2012年成为第二批中国创新驿站试点区域站点。

【机构设置】

根据宁波市编办批复，中心为正处级自收自支事业单位，2013年增挂“宁波市科技金融服务中心”牌子，编制50人。目前，中心拥有办公室、项目申报受理部、项目咨询评估服务部、企业信息化及管理咨询部、综合业务部、技术市场部、科技会展服务工作办公室、对外科技交流部、科技金融服务部、物业管理部等10个部门以及北仑区分中心、高新区分中心和杭州湾新区分中心等3个分中心，现员71人，其中事业在编30人，企业合同制方式用工41人，研究生学历22人，本科学历37人，大专学历7人，高级职称5人，中级职称22人。

【人才建设】

中心坚持通过加强人才队伍，推动创新服务能力发展。经过十多年的发展，员工人数已达70多人。近几年来，中心根据发展需求，面向全国招贤纳士，补充团队新鲜血液，研究生学历员工不断增加。在自身人才团队建设方面，中心积极探索激励机制，不断激发员工潜能，提高员工工作积极性。收入上，实行事业编制和企业编制同工同酬；培养模式上，积极组织开展内部培训，并为广大干部职工提供参加各类高层次社会化培训和学习深造的机会，如赴美技术转移能力提升培训班、科技创新和经济发展转型高端培训班、宁波市科技企业孵化器台湾精益管理培训班等。在强化自身团队建设的同时，整合社会优质资源，联合各研究院所、大专院校、企业等，建立了“科技管家服务联盟”“宁波市体外诊断产业技术创新联盟”，不断扩大人才队伍储备，提升服务力量。

【特色服务】

一、天使投资

宁波市天使投资引导基金成立于2013年，是全国第一只由政府设立的天使引导基金，5年内基金总规模达2亿元。

天使引导基金的宗旨是发挥财政资金的杠杆效应和引导作用，通过引导基金的跟进投资，鼓励天使投资机构（人）对具有专门技术或独特概念的原创项目或具有发展潜力的创新型初创企业实施投资、提供高水平创业指导及配套服务，助推创新型初创企业快速成长。

目前，天使引导基金已累计投资项目超过130个，投资资金超过1.1亿元，引导超过13亿元社会资金投入创新型初创企业。同时开创了“天使投资+天使服务”的宁波模式，积极推动和营造了宁波创新创业领域的投资氛围。

二、科技管家服务

作为国内首家提出“科技管家服务”概念的生产力中心，目前在线下通过多年的努力，科技管家咨询服务业务能力逐渐提升，范围不断扩大，通过开展科技管家咨询服务，极大程度地提升了中小科技型企业的科技成果转化和自主创新持续能力，加强了中小企业的可持续发展能力和市场竞争力。

中心提供的科技管家服务是基于企业不同成长阶段的技术创新能力，通过对企业现场调研、信息采集分析、方案设计、员工培训等形式，为企业建立相应的科技创新体系、制定相应的科技创新发展战略、提供相应的科技创新优惠政策和科技创新项目管理等方面的咨询服务。中心为企业提供科技创新方面的咨询和辅导服务，做企业科技创新的管家，协助决策者做好企业科技创新的规划与决策，定位企业创新管理顾问，伴随企业共同成长。

科技管家服务同时为科技服务业带来了新的服务业态和新的商业模式。新的服务业态：集成服务，将企业除生产外的培训、项目、牌子、管理制度、产学研等业务集成到科技管家服务中；深度服务，从某一项业务入手，全面铺开，伴随企业成长；引导式服务，由变过去的坐商为行商，由客户提出需求到管家提建议，由被动服务到主动服务，由解决当前问题到长远发展。

科技管家服务的特点决定了服务机构必须有丰富的科技资源，并有能力集成这些科技资源。目前中心能为全市中小企业提供科技金融、科技管家、科技项目申报、项目咨询评估、技术转移及中介、科技培训、国际科技合作、管理咨询、制造业信息化、快速成型、工业设计、共性技术推广、网上技术市场、技术合同认定登记等服务。经统计，中心目前已经在线下为142家企业提供科技管家服务。

三、难题竞标（中国创新挑战赛）

长期以来，中心一直致力于开拓创新，积极探索技术转移的服务模式，加大技术转移工作的力度。随着各方资源的有效整合，技术转移业务规模不断扩大，业绩不断增加，有力地推动了企业的技术创新能力和市场竞争力。

为充分发挥科学技术第一生产力的作用，有针对性地引导企业选择高校、研究院所相关研究团队解决生产过程中遇到的关键技术难题，营造技术转移转化的氛围，中心在宁波市科技局带领下，积极探索技术转移新模式，开拓产学研合作新途径，通过前期充分调研，于2015年在省内率先尝试企业技术难题竞标活动。

技术难题竞标活动有效地将“需求导向一站式技术转移模式”“网上技术市场模式”“技术商务紧密融合模式”结合在了一起，为企业解决在生产过程中遇到的技术难题创造了有利条件。以技术难题竞标为纽带，技术供需双方有了直接见面的机会和当场成交的条件，很容易实现结合。尤其对于本地企业来讲，不出宁波就可以与全国各地高水平专家开展面对面交流洽谈，一举改变了以往出宁波逐一上门请教的格局。

四、甬台合作

2013年，根据市政府安排，中心随宁波科技分团赴中国台湾地区参加了2013“台湾·宁波周”活动。期间，与台湾地区的生产力中心签订了《两岸生产力中心合作意向书》，就此拉开了甬台深度合作的帷幕。截至目前，共成功举办了3期赴台“科技创新和经济发展转型高端培训班”和1期“宁波市科技企业孵化器台湾精益管理培训班”。培训班体现了台湾地区科技管理理论和实践经验的高质量聚集，具有主题鲜明、形式活泼、管理有序、学习主动等特点。在组织企业高层次管理人员赴台学习先进理念和经验外，已2次邀请台方专家来甬传授经验，对接难题。这些活动对于促进两岸科技交流与合作，推动宁波市科技创新驱动发展起到了积极的作用。

五、宁波科技大市场建设

宁波科技大市场按照“展示、服务、共享、交易、合作”功能设定，着眼“小核心大网络”，着力互联网支撑下的“全方位布局 + 多元化路径 + 精准化服务”网格式的技术市场发展促进体系。大市场由科技大市场网站和科技大市场综合大厅二部分组成，即“一网一厅”。以科技大市场网站辐射全市，以科技大市场综合大厅带动全市试点市场、专业市场、中介机构、产业联盟等创新科技服务。目前，宁波科技大市场线上平台已开始试运行，科技大市场综合大厅将于2016年年底前投入使用。投入使用后的宁波科技大市场将致力于解决科技资源分散、科技服务功能分离、分割的问题，通过聚集技术需求、科技成果、专家人才、科技服务等各类资源于一体，实现科技要素的聚集、聚合、聚变，成为技术转移服务O2O平台。

【典型案例】

一、天使投资

宁波世游信息科技股份有限公司成立于2010年，注册于鄞州区。宁波市科技金融服务中心在走访企业过程中，发现世游公司主要从事智慧旅游的开发，团队拥有多年的导游经验，公司为转型发展，准备融资搭建一个能链接起景区、旅游区管理者和游客之间沟通与服务的B2B2C智慧旅游平台。在中心的对接下，公司于2013年9月获得市内一家专业投资机构的投资，同时获得宁波市天使投资引导基金100万元的跟投。

获得投资后，2014年公司整合旅游行业资源，加快产品研发进程，自主开发了“世游智慧旅游系统”，该平台为景区解决了智慧服务、智慧营销、智慧管理中关于构建智慧旅游景区的需求；也为游客解决了旅游前、中、后衍生出的各种即时需求。

2014年4月，公司获得投资机构二轮融资，天使投资引导基金继续追加投资至200万元。获得二轮投资后，公司的旅游行业资源整合、市场推广更加顺利开展，2014年完成了与鄞州区、奉化、宁海等本地旅游局或景区合作推进智慧旅游开发建设。由于题材好、投资机构支持，公司于2015年1月7日成功登陆新三板挂牌，成为智慧旅游领域首家新三板挂牌企业，也是天使投资引导基金所投项目中首家新三板挂牌企业。挂牌后，公司于2015年9月又获得市外另一家投资机构的投资，完成定向增发114600股。

自挂牌以来，公司的实力和形象得到了多方面的认可，又承接了东钱湖、天一阁等多个政府和景区的订单，2015年公司实现订单额的突飞猛进，是2014年同期的2倍。

为了更好地支持企业壮大发展，宁波市科技金融服务中心为公司积极对接科技信贷政策，在中心的推荐下，世游信息成功获得了中国银行500万元的科技信贷。

二、科技管家服务

中心根据宁波各县市区地方科技工作重点和难点，制定企业走访调研计划，挖掘优质项目源，根据企业需求提供各类项目申报咨询、政策咨询、知识产权管理、科技管家、技术转移、科技金融等优质高效的科技服务，协助企业决策者做好科技创新规划与决策，为企业带来稳定的科技管理人才支撑，提高企业自主创新能力，帮助企业转型升级。以下为中心“科技管家”为宁波思进机械有限公司服务的案例：

宁波思进机械有限公司成立于1995年，是一家从事压铸锻压设备研发、生产、销售的公司，2008年销售收入3339万元，拥有员工115人，各类工程技术人员15人。随着企业的进一步扩张，企业希望通过申报国家科技类项目来完善公司技术创新管理体系，促使企业健康发展。2009年，中心组织专家实地了解后，发现思进研发项目管理较为混乱。经过中心科技管家服务团队跟踪辅导，并邀请相关专家与企业管理人员、技术人员进行多次沟通，指导公司多项核心技术的专利申报，并协助申报科技型中小企业技术创新基金项目，于2010年成功立项，获得50万元贷款贴息。

随着企业专利的申报授权和研发管理体系的健全，公司与浙江大学、上海交大等高校和中国科学院宁波材料技术与工程研究所开展产学研合作，成功申报国家创新基金项目、宁波市重大科技攻关项目等，并于2011年被认定为国家级高新技术企业。截至目前，该公司共授权专利28项，其中发明专利10项，实用新型18项。2015年度公司销售收入达1.6亿元，正在准备申请创业板上市事宜。

三、首次技术难题竞标

“2015中国宁波高新技术成果交易洽谈会”期间，中心在市科技局的带领下，成功试水企业技术难题竞标活动。此次技术难题竞标以公平、公开、公正为前提，通过由我市企业主动提出急需解决的技术难题的具体要求和条件，先经本地相关专家在文献及专利数据库中进行大数据分析，确定拟参加竞标的技术难题以及潜在的可投标团队，再公开发布竞标公告。以公开竞标与定向邀标相结合，吸引拥有难题解决技术实力或有相关科技成果的供方报名投标，并于现场竞标期间邀请投标专家前来宁波，与我市企业进行现场交流、洽谈，最后由企业选择最有利的一家投标方进行技术合作。此次活动共向定向邀标单位发送技术难题近60项次，最终共收到11份定向邀标单位的标书，邀标成功率近20%。经过现场的交流洽谈，最终这11份标书中有7个项目双方签订了意向合作协议，对接成功率达64%。

（供稿单位：宁波市生产力促进中心）

湖州淡水渔业生产力促进中心

【概况】

湖州淡水渔业生产力促进中心于2002年6月经浙江省科技厅批准成立，中心依托单位为浙江南太湖淡水水产种业有限公司，2004年7月中心被科技部列为第五批国家级示范生产力促进中心。2004年8月中心经省科技厅批准认定为第一批浙江省农业科技企业；2006年以农业领域组第一名的成绩通过了浙江省科技厅组织的省级科创中心绩效评价；2007年3月"浙江湖州国家级罗氏沼虾良种场"在中心正式挂牌成立；2010年9月中心被评为国家级高新技术企业；2011年11月国内第一个罗氏沼虾遗传育种中心"国家罗氏沼虾遗传育种中心"在中心正式挂牌成立；2013年12月中心被评为农业部水产健康养殖示范场；2014年1月中心被农业部评为"全国现代渔业种业示范场"；2016年7月中心通过了中国水产协会的"中国水产科技创新示范基地"验收。中心于2003年11月建立起ISO9001：2000国际质量管理体系，并于2010年完成了ISO9001：2008标准的升级和换证审核。

中心现已建设用于成鱼养殖、亲本培育的标准池塘150亩，亚热带新品种越冬温室9088平方米，虾蟹类全人工育苗温室20000平方米，饵料车间1000平方米，高密度循环水工厂化养殖车间700平方米，全天候鱼类繁殖设施一套及其他生产配套设施，已建立基础水化、病害、生化检测实验室，现有办公建筑面积2439平方米，其中用于创新服务中心的建筑面积684平方米。中心的发展战略为"以优质水产种苗繁育为龙头，通过科技信息网络、技术培训、科技下乡、技术咨询、鱼病门诊等途径，在水产良种、渔用饲料、病害防治、水质管理、养殖技术、环境保护及市场信息等方面提供全程技术服务，为浙江省乃至全国水产养殖业的可持续发展提供可靠的技术支撑和技术服务"。

【科技创新】

中心成立以来，承担或合作承担省、部、市级项目35项，获得总经费1800多万元，获得科技成果资励7项，获得发明专利5项，获国家水产新品种认定1个、国家一类新兽药证书2个。其中"淡水名优鱼类规模化繁育及健康养殖技术开发与示范"获浙江省2007年度科学技术奖一等奖；"罗氏沼虾'南太湖2号'新品种培育与配套技术研究"获浙江省2013年度科学技术奖一等奖；"虾蟹种质选优及生态养殖技术研究"获浙江省2011年度科学技术奖二等奖；"罗氏沼虾病毒性肌肉白浊病病原的分离鉴定及诊断技术研究"获浙江省2004年度科技进步二等奖；"罗氏沼虾良种选育技术研究"获2006年度浙江省科技三等奖；"青虾主要病害——红体病的诊断及综合防治技术"获2003年度浙江省科技进步三等奖；"罗氏沼虾良种选育技术研究"获2006年度湖州市科技进步一等奖。

【机构设置与人才建设】

通过近年来的发展，中心的科技人员已逐步形成了四大研发团队，分别为水产动物遗传育种研究团队、水产养殖研究团队、水产动物病害研究团队、渔业环境保护团队。

中心科技人员中有 3 人享受国务院特殊津贴，5 人入选浙江省“151”人才工程，6 人入选湖州市“1112”人才，获浙江省农业科技奖 2 人，获省农业成果转化推广奖 1 人。围绕中心服务及开展关键共性技术开发内容，中心在职培养硕士 4 人，在职培养博士 5 人，引进博士 4 人。

【成果转化】

中心为了进一步强化科技服务职能，鼓励科技人员走出去，通过派出科技特派员和向全省重点渔业县区派驻科技服务人员等形式开展全方位的科技服务。中心累计服务企业 252 家，服务农户近 7 万户。服务面涉及本省及安徽、江苏、上海等 20 多个省市、自治区。科技下乡 1000 多人次，发放各类水产科技资料 5 万多份，举办培训班 128 期，培训农民（养殖户）2 万多人次。同时，自本中心建立以来，累计生产和推广罗氏沼虾、南美白对虾苗种 80 多亿尾，翘嘴红鱼白、沙塘鳢、花鱼骨、巴西鲷、细鳞鲳、大口胭脂鱼等新品种鱼苗 3 亿尾，累计推广面积 20 多万亩，服务农户 8000 多户，累计实现销售收入 1.6 亿元，实现利润 5000 多万元，通过给其他良种场及苗场供种的方式间接推广良种虾苗 150 亿尾，间接推广养殖面积达 26 万亩。中心通过向国内罗氏沼虾主产区供种、供苗和技术指导，一定程度上实现了罗氏沼虾良种的规模化，有效地促进了本地区乃至全国渔业产业结构调整优化，产生了很好的经济效益和社会效益。

【特色服务】

中心积极参与了浙江省政府科技特派员的派遣服务工作，多次派遣具有中、高级职称的科技人员分别到浙江省内担任特派员。特派员充分利用自身的专业特长和技术优势，结合当地实际举办各类水产养殖培训班，开展现场技术指导，面对面、手把手地向当地农民传授先进、实用的水产养殖技术及鱼病防治知识，为促进当地经济社会发展作出了积极的贡献。同时中心还参加了省科技厅、省海洋与渔业局等在德清县、衢州和上虞等地开展的“渔业科技入户”活动，为广大从业者分别进行了“青虾标准化养殖技术”“中华鳖标准化养殖技术”“鱼病在养殖中的防治技术”“加州鲈鱼的人工繁殖和苗种培育”和“淡水虾蟹养殖新技术”等培训，受到了广大从业人员的普遍好评。

针对湖州市部分罗氏沼虾育苗厂发生虾苗大批死亡导致损失惨重而关门的事件，我中心及时组织力量对育苗厂育苗用水水质、虾苗病害等进行了监测分析，配合有关部门及时提供技术咨询报告，为湖州市政府决策提供了科学依据。中心人员对罗氏沼虾肌肉白浊病、“铁虾”和幼体细菌性疫病等病原、诊断及防治技术进行了全面、深入、系统的研究。建立了一系列检测、综合防治技术，经在湖州市罗氏沼虾苗种场全面应用，起到了良好的效果。

中心建立了“浙江南太湖淡水水产种苗网”“浙江渔业科技网”和浙江省淡水水产研究所管理信息系统，通过网络技术向湖州乃至全国的水产养殖户宣传我省淡水渔业的新技术、新信息和新产品，及时向广大水产企业、养殖户提供渔业科技、新品种、新技术、新方法以及产品市场需求及供需信息指导。同时以 QQ、MSN、微信等方式提供实时在线的技术咨询服务。累计网站浏览量 4 万多人次，累计发送水产科技信息 1000

多条。为广大用户提供产品信息、市场动态、养殖技术的支持，使广大水产企业和养殖户足不出户就能享受到专家的直接指导，真正体现了我中心的公益性。

【典型案例】

中心针对罗氏沼虾生产上出现的种质退化、病害频发等问题，同中国水产科学研究院黄海水产研究所合作，通过应用多性状复合育种技术连续开展罗氏沼虾大规模良种选育和扩繁推广，获得了我国第一个罗氏沼虾选育新品种——罗氏沼虾“南太湖2号”（品种登记号：GS-01-001-2009），同时还建立了罗氏沼虾良种SPF生产技术、养殖技术规范和种质标准等一系列服务资料，采用边选育边推广的模式，实现了罗氏沼虾“育繁推一体化”模式。农业部和浙江省2011年至2013年连续三年将罗氏沼虾“南太湖2号”良种列为了渔业主导品种之一。

近些年来，我国观赏渔业发展势头强劲，成为我国渔业发展中的一个新亮点。其发展在为渔民提供就业机会，为社会提供升级消费产品，增加渔农民收入等方面正发挥着越来越重要的作用。中心通过开展观赏鱼类新品种研发，引进国外品种、采集野生品种十多个，完成了7个观赏鱼品种的人工繁育技术。国内首先突破苏丹鱼人工繁殖技术，国内首次开展了鳑鲏、斗鱼的规模化人工繁殖与针鱼的采集与驯养；通过长鳍鲤与锦鲤杂交及二代筛选，获得了兼备长鳍鲤与锦鲤特征的观赏鱼类新品种——“龙凤鲤”；同时金鱼的繁殖、培育、筛选与病害防治工作等方面也取得了重大进展。总结出了一整套引进品种、野生采集品种养殖及苗种培育过程中的适宜饲料，形成了一套观赏鱼人工繁育、苗种生产及生态养殖技术规范。

（供稿单位：湖州淡水渔业生产力促进中心）

安徽

铜陵市生产力促进中心

【概况】

铜陵市生产力促进中心成立于2001年2月，是在原铜陵市科技情报研究所、计算机技术研究所、科技开发中心的基础上整合而成的全额拨款事业单位，公益性科技服务机构，隶属铜陵市科技局，同时承担着全市产学研合作办公室的工作职能，是国家级示范生产力促进中心、科技型中小企业创新基金服务机构、安徽省技术转移示范机构，中国创新驿站安徽基层站点，中心通过国家级示范生产力促进中心年度绩效考核并在全省生产力促进中心绩效评价中排在全省前列，在全市事业单位法人绩效评估中被评为四星级事业单位，荣获“中国生产力促进事业先进集体”等荣誉称号。中心内设综合协调部、策划发展部、信息工程部、技术支持部4个职能部门，代管铜陵市技术市场（产学研）办公室。中心现有职工22人，其中学士学位20人，占职工总数的91%。中心总资产达2000多万元，建筑面积2800平方米，建立有220平方米的独立机房和300平方米的多媒体培训室，拥有维普期刊数据库、中国知网、万方数据库、中国专利数据库等12个大型数据库的使用权，还建立起了铜陵市专家数据库、民营科技企业数据库、科技成果库和技术难题库等特色数据库。

【核心业务】

中心的核心业务是围绕铜陵市科技工作的总体目标，紧靠政府，面向市场，发挥自身优势，联合社会力量，为全市相关部门和各类企业提供全方位的科技服务，积极促进科技成果转化及产业化，推动企业技术进步。

【服务绩效】

1. 科技信息资源平台影响与成效不断显现

中心联合全国相关院校和科研院所，建立了动态项目信息数据库、难题数据库、科技成果库和专家库，并利用先进、完善的信息网络，为企业提供科技、经济、政策法规、市场需求以及人才等方面的信息服务。每年邀请重庆维普、清华同方、北京超星数字信息、重庆尚维等公司对全市多家党政机关、企事业单位进行大型科技信息资源普及和推广交流会，受到各单位的欢迎和好评。中心自2002年起先后引入维普数据库、清华同方数据库等近十个数据库，供企业使用并提供技术支撑。据统计，仅数据库使用费一项，每年可为企业节约经费300多万元。

2. 着力为中小企业技术创新服务

中心先后为100多家重点联系企业提供了管理改善、ISO9000质量体系认证、科技项目申报、高新技术企业（产品）认定等体系化服务，使20多家企业通过ISO9000质量体系认证，争取市级以上科技项目40多项，50多家获得高新技术企业称号。开展人才培训服务，中心先后为中小企业举办了“科技创新基金申报培训”“高新技术企业申报培训”“信息化培训”和“网上科技进步奖申报培训”等专项培训100多班次，培训1万余人次。

3.全面承接科技管理事务性工作

中心承担了全市科技项目申报受理、高新技术企业、产品、民营科技企业申报、科技成果鉴定等事务性工作。受理科技计划项目申报700多项，并组织了项目评审，在2012年的评审中，尝试进行了网络评审和异地评审，获得了市领导、局领导和评审专家的好评。受理项目验收、科技成果鉴定200多项，帮助企业申报国家级高新技术企业50多家，完成对我市20多家国家创新基金项目立项企业的项目监理工作。完成省科技厅的四大成果统计工作并及时上报，受理政策兑现项目200多项。在受理企业自主申报的同时，中心及时挖掘企业信息，对符合条件的企业采取主动上门服务的形式，鼓励企业申报各级计划项目，为企业发展提供帮助。

4.大型仪器共享服务得到进一步提升

一是铜陵市大型科学仪器协作网建成并投入使用，目前共收录了包括计量、电子测量、分析、工艺试验、物理性能测试等各类大型科学仪器设备153台；二是积极组织本市大型科学仪器设备拥有单位申报省大型科学仪器设备共享补助资金，每年为我市有色金属材料质量监督检验站等单位获得省补助资金100多万元。三是会同市财政局制定了《铜陵市大型科学仪器设备检验检测服务补助资金管理暂行办法》。2014-2015年开展了市大型科学仪器设备检验检测服务补助资金申报工作，全市共有26家企事业单位获得铜陵市科技创新专项资金补助，总金额30.65万元。

5.产学研合作取得了显著成效

2006年以来，铜陵市政府与清华大学、上海交通大学、中国科学院、江西理工大学等建立了市校全面合作关系，并在技术、人才、研发机构建设等方面开展了全方位合作。2015年组织清华大学等近20家高校院所专家来铜开展产学研专题对接活动40余次，签订了一批产学研合作协议，征集企业技术难题60多项，中心共联系科研机构56家，联系专家402人，服务企业总数873家，2015年全市产学研合作项目60多项，产学研项目金额达1亿多元。

（供稿单位：铜陵市生产力促进中心）

安徽省计算机软件生产力促进中心有限公司

【概况】

安徽省计算机软件生产力促进中心有限公司于2002年经安徽省科技厅批准成立，中心秉承“组织科技力量推动软件企业技术进步，促进软件企业建立技术创新机制，增强企业的技术创新能力和市场竞争力，加速科研成果转化，提高软件产业生产力水平”的宗旨，全力促进中小软件企业生产力的提高，打造区域性的企业服务平台，推动安徽省及周边地区软件产业的发展。

目前拥有专职工作人员25人，90%为大学本科及以上学历，形成了一支业务素质过硬、服务经验丰富的高效团队，近7100平方米的专业化服务场地，60余台（套）专业服务设备，涵盖科技、创业、孵化、法律、财务、融资、挂牌、培训等众多内容的专业服务领域。

中心的发展得到了国家、省以及地方各级主管部门的大力支持和充分肯定，中心于2006年6月被国家科技部认定为“国家级示范生产力促进中心”，同年被合肥市高新技术产业开发区评为优秀服务机构，自2007年以来为中国生产力促进中心协会会员、理事单位。2013年被安徽省经信委认定为省第三批公共服务示范平台，2014年、2015年连续两年获得科技部、中国生产力促进中心协会颁发的“发展成就奖”“杰出贡献奖”，2015年被合肥市经信委认定为市公共服务示范平台，是安徽省生产力促进中心联合会发起及副理事长单位。

【科技创新】

中心自成立以来为企业服务的职能得以充分地体现，累计为1000多家企业提供近5万条科技政策信息，为企业争取国家科技产业政策支持资金达亿元以上，直接给企业增加产值数十亿元。科技创新服务内容如下：

（一）企业管理咨询服务

中心坚持为企业机制创新、创新能力建设提供帮助。针对中小型企业管理能力普遍不强的现状，中心为企业提供诊断和改善管理等方面的咨询服务。其着力点放在强化管理意识、规范管理行为、培养竞争能力等方面，引导企业向“现代企业人才管理、企业流程再造、企业能力发展”等更深层次转变。

（二）体系认证咨询

中心可为企业提供CMM、CMMI、SJ/T11234、SJ/T11235软件能力成熟度和软件过程能力评估等方面的咨询服务。还提供建立质量管理体系（ISO9001）、环境管理体系 （ISO14000）和职业安全健康管理体系（OHSAS18000）等认证咨询服务。

（三）项目政策咨询

中心以项目为载体，促进技术成果向现实生产力的转化。同时还为企业、投资商和风险资金寻找符合其投资方向的项目，促进技术、资本、市场的联合和协作。

（四）科技创新板企业挂牌业务

2013年，中心与安徽省股权托管交易中心

（以下简称“交易中心”）进行业务接洽，中心申请成为交易中心挂牌推荐商，在省内从事企业成长板挂牌推荐业务。2015 年至今，中心已成功推荐挂牌企业 12 家。

（五）产学研合作

十多年来，中心和中科院合肥物质研究院、中国科技大学、合肥工业大学等机构和高校建立稳定的合作关系，形成了拥有电子、信息、农业、化工、医疗器械、材料等行业近百位专家的专家库，在全省开展产学研合作服务，使得发展中的中小企业在技术方面得到有效的帮助和提升。

（六）融资服务

中心和徽商银行、杭州银行、华夏银行形成意向性合作，为中小企业和银行开展“银企对接”，提供贷款申请服务。此外，2012 年中心与东北证券股份有限公司北京分公司合作，实施中小企业私募债券的发行，在我省境内对于符合条件的企业进行推荐，由东北证券股份有限公司北京分公司负责对实施私募债券发行的中小企业提供全部服务。

（七）财务和法律方面

中心根据服务企业过程中，对中小企业所面临的财务管理咨询和法律方面出现的问题，积极与省内知名相关专业服务机构——安徽安天行律师事务所、安徽辰龙会计师（税务）事务所合作，为中心服务企业提供财务和法律方面的咨询服务。

【双创服务】

为响应国务院提出的“大众创业、万众创新”号召，2014 年底，中心投资 310 余万元，改造 2000 平方米服务场地，实施“亿智创客空间”项目建设，为创业团队提供便捷环境服务、政策集成服务、法律综合服务、专业金融服务、多元信息服务、特色创业服务、品牌战略服务等全链条服务。通过实施众创空间项目建设，全力打造由众创空间、孵化器、生产力促进中心三位一体的创业 + 孵化 + 成长的特色服务体系，充分融合众创空间、孵化器、生产力促进中心的功能，为科技型中小企业发展壮大提供综合服务。

【成果转化】

凭借与安徽省内高校和科研院所的良好合作关系，十年来，中心共帮助企业对接高校、科研院所、各类实验室产学研合作超过 500 次，累计服务和促成科技成果转化数量达 40 多项。

【特色服务】

（一）三位一体孵化服务

1. 前端——创新创业

亿智创客空间总面积 2000 平方米，位于合肥高新区，旨在融合创新资源，激发大众创造活力，鼓励草根创新创业，实现创新与创业相结合、线上与线下相结合、孵化与投资相结合，为广大创新创业者提供良好的工作、网络、社交和资源共享空间，已获得“省级众创空间”荣誉称号。

2015 年度，空间共服务创业企业（团队）19 家，毕业企业 5 家；开展创业交流、创业培训活动（50 人以上规模）13 次；各领域、各学科、各专业较为稳定和成熟的创业导师 15 人；设立孵化种子资金 200 万元，已投资企业 2 家；引入创业风险投资机构 2 家，已投资企业 3 家；建有网站、微信公众号和微博等信息平台。

2. 发展——专业孵化

创业企业（团队）在亿智创客空间经过专业科学的培育后，发展良好的毕业企业可申请进入与中心同属一集团的安徽亿智电子信息创业中心（孵化器）进行专业孵化，2015 年空间 5 家毕业企业全部顺利入驻孵化器。

安徽亿智电子信息创业中心于 2012 年底开始运营，孵化场地总面积 7077 平方米，在孵企业 26 家，设有孵化和种子资金 200 万元，能够为在孵企业提供工商注册、科技咨询、财务法律咨询、融资对接等全方位服务，已获得“省级孵化器”“市级孵化器”“省级小微企业创业基地”“市级小微企业创业示范基地”等荣誉称号。

3. 加速成长——生产力促进中心

中心提供的各类服务内容，贯穿创业企业（团队）发展的全过程，能够为科技型中小企业，尤其是初创企业在科技政策知识、财务法律知识、融资难融资贵、企业管理等方面的不足，加速在孵企业的快速成长。

（二）科技创新板企业挂牌业务

2014 年，为贯彻落实《国务院关于进一步落实促进资本市场健康发展的若干意见》，安徽省金融办、科技厅联合印发了《关于推动科技创新型企业到省区域性股权交易市场挂牌发展的意见》（皖金〔2014〕69 号），推出科技创新板挂牌业务，为省内各类型科技企业提供挂牌展示、投融资服务和上市培育等资本市场综合服务的专属板块。中心通过与安徽省股权托管交易中心进行业务接洽，申请成为挂牌推荐商，在省内从事企业成长板挂牌推荐业务，中心已成功推荐挂牌企业 12 家。

【典型案例】

典型案例一：

中心服务和孵化的企业中，很多是持技术创业的类型，然而在发展过程中常常会遇到技术瓶颈，中心凭借与省内知名高校和科研院所良好的合作关系，介绍企业开展产学研合作。例如在服务合肥博谐电子科技有限公司过程中，该企业主营智能健康设备和健康系统的研发与生产，企业反映在传感器技术、健康软件开发方面需要技术支撑，中心帮助联系中国科大信息学院和中科院合肥智能机械研究所的教授和专家，与企业结成帮扶关系，为企业的技术进行专业评估，帮助纠偏和解决负影响，为企业的技术攻关提供了保障，同时高校和科研机构的技术成果测试工作也由该企业协助承担。截至目前，该企业在本中心的协助下，与省内高校和科研院所成功开展产学研合作 7 次，有效地提升了企业产品的技术性能和高附加值。

典型案例二：

中心坚持创新服务类型和范围，促进科技企业和金融的对接为中心 2014 年推出的一项服务工作，旨在为广大科技型企业提供良好的展示、融资平台。

中心在帮助合肥通用电源设备有限公司（股权代码 700096）、芜湖迈特电子科技有限公司（股权代码 700099）申请科技板挂牌过程中，实地走访企业，与企业各相关部门沟通以及翻阅公司的相关资料，严格按照《尽职调查报告》的要求对企业发展过程和运营状况进行梳理，按照安徽省股权中心的挂牌指南准备相关材料，通过整个流程的申报，挂牌企业在项目申报、科技金融方面的熟悉度大大增强，同时在专利申请、项目技术检验检测方面的保护意识得到进一步加强，中心也在企业挂牌后对企业持续督导，并积极推荐企业参与股权中心银企对接、项目路演等活动。

【人才建设】

中心通过和中科院合肥物质研究院、中国科技大学、安徽大学、合肥工业大学、安徽农业大学建立长期的合作，形成了拥有电子、信息、农业、化工、医疗器械、材料等行业近 200 位专家的专家库。

中心拥有专职工作人员 25 人，中、高级职称的各类专业人才 14 人，国家注册咨询师 1 人（投资类），专业项目咨询评估师 3 人，工程预算师 2 人，国家注册审核员 4 名。中心重视员工继续教育和深造工作，每年出资选拔 1～2 位员工，参与在职研究生、MBA 等再教育，同时中心积极委派员工参与由省科技企业孵化器协会举办的安徽省科技企业孵化器（众创空间）从业人员培训班，以及由市经信委中小企业局举办的合肥市创业辅导师培训班，持有孵化器从业人员证书以及德国赛飞创业辅导师证书的人员达 8 人。通过鼓励继续教育和专业培训，进一步提升中心的人才队伍综合能力，更好地服务小微企业创业。

【机构设置】

中心设有综合发展部、双创服务部、科技投资部、财务部四个主要部门，设主任一名，全面负责开展工作。通过明确各部门职责，细化部门分工，分解工作任务，业已形成了一支高效、务实、创新的服务团队，推动区域内科技型中小企业的成长。

（供稿单位：安徽省计算机软件生产力促进中心有限公司；执笔人：钱进、崔巍巍）

福建

福建省生产力促进中心

【概况】

福建省生产力促进中心是在福建省科学技术信息研究所基础上，经中共福建省委机构编制委员会办公室和国家科技部高新司批准，于2002年4月加挂“福建省生产力促进中心”牌子。2002年10月中心通过ISO9001质量管理体系的认证，2004年6月中心被国家科技部认定为“国家级示范生产力促进中心”。先后荣获中国生产力促进协会设立的2009、2010和2015年度生产力促进服务贡献奖等。

【机构设置】

中心是福建省生产力促进协会理事长单位。设有12个内部机构，包括综合管理办公室、业务管理科、老干科、网络资源室、科技发展情报室、产业发展情报室、科技评估部、制造业信息化部、监理技术研究室、软件测试研究室、科技声像室、信息技术研究室等。现有办公场所11400平方米，编制143名，其中行政管理17名，专业技术及辅助人员126人。中心还拥有优越的基础设施和工作条件，主要包括：高性能计算机局域网，福建科技信息网（内含福建数字科技文献信息中心和海量中文文献全文数据库系列）及电子阅览厅，中文科技期刊馆藏库及阅览厅，国际联机检索系统，福建省信息网络重点实验室，较先进的电视摄制编辑设备和相对稳定的电视播出渠道，以及配备较先进的计算机培训教室。中心下属还有福建省海峡信息技术有限公司、福建省科信影视制作中心、福建省海峡信息技术培训学校等实体。

【创新服务】

中心自成立以来，以科学发展观为指导，按照国家科技部开展生产力促进中心“服务产业集群、服务基层科技”专项行动和福建科技工作的总体部署，紧紧围绕推动科技与经济紧密结合、增强自主创新能力，实现跨越发展的主题开展各项活动。多年来，在福建省科技厅的指导与支持下，中心积极承担和组织实施福建省制造业信息化科技工程工作，从“九五”期间的“甩图板”工程，到“十一五”期间的“甩图纸＋甩账表”工程，“十二五”期间，中心积极推动并落实福建省制造业信息化工作2011–2015年行动方案，在推进制造业信息化应用示范，开展数字化设计、数字化制造、数字化管理的信息综合集成技术开发与推广应用，培育“数字化示范企业”等方面取得了明显的工作成效，从而有力地推动了福建省制造业信息化建设。

“十二五”期间，为促进福建工业设计产业发展，2012年初，由中心牵头，联合省内外高校、科研院所、科技服务机构及工业设计相关企业等自愿组成了区域性业务协作的福建省工业设计产业技术创新重点战略联盟。联盟成员153家，下设“创意设计”“装备设计制造”“汽配行业CAE”三个行业技术创新设计服务中心。2012年12月

31 日，福建省工业设计产业技术创新重点战略联盟被福建省科技厅批准确定为省级产业技术创新重点战略联盟。

联盟是集专业性和平台性于一体的非法人、非营利性的组织，以“合作、共建、创新、多赢”为目标，坚持开放和共享的原则，通过内部资源的整合和共享、优势互补，形成从设计到产品实现的整体协作链，通过强化为中小企业开展技术培训、技术咨询、技术服务、项目监理、人才培训等服务，逐步形成了组织网络化、功能社会化、服务专业化的全省工业设计创新服务体系，为福建省企业的技术创新提供支撑。主要科技创新服务抓手有：

一是通过举办专题讲座，传播工业设计先进理念。联盟先后邀请中国工业设计协会副会长清华大学美术学院院长鲁晓波教授、中国工业设计协会副会长浙江大学博导应放天教授、台湾“中华设计学会”副理事长台湾成功大学博士陆定邦教授等国内外知名专家，分别在福建等地作了“创意·创新·创造——用智慧构建企业未来”“创新设计 驱动发展”等具有前瞻性的专题学术报告，推动企业创新思维的转变。系列专题讲座不仅受到了企业、高校及相关机构的欢迎，还得到福建日报、海都报、东南网等媒体的关注。

二是搭建软件开发商与企业合作交流平台，针对行业及产业集群，开展数字化创新技术培训。截至到目前，已组织开展工业设计创新系列 CAE 分析软件 FE-Safe、Abaqus、PAM-Stamp 等 CAE 技术应用培训共 17 期，培训专技人员千余人次，受到企业普遍欢迎，社会效益显著。

三是开展设计师沙龙活动，提升设计师水平和能力。省中心联合相关单位先后在福州组织举办了“设计与分享”“设计与市场”“设计定位”“设计决定成本”和“产品设计在品牌策略下的定位”等沙龙活动。

四是积极营造福建“两化融合”的良好氛围，助推企业创新发展。面向产业技术工人开展福建省新生代产业工人提升活动，在推动普及信息化的同时，引导产业工人继续深造。截止到目前，已赴东南汽车、冠捷、联想、安踏、捷联等企业组织开展“新生代产业工人提升计划”活动 43 场次，发放《计算机基础课程及个人创业指南课程》《学历教育试读与指南》光盘 5000 余张，活动惠及产业工人 5 万余名。

五是举办工业设计创新大赛，推动优秀工业设计成果转化。省中心联合漳州市科技局于 2013 年和 2015 年一起承办了海峡两岸（漳州）工业设计科技创新大赛。创新大赛以“设计整合产业 创新引领转型”为主题，围绕智能装备、电子、光电、食品、家具等漳州地区几大特色产业展开。第一期大赛共征集到国内外及港台地区参赛作品 1500 多件，第二期大赛征集到作品 2451 件。特别值得一提的是，大赛举办期间，漳州 13 家工业企业与国内高校签订合作协议，进一步促进“产、学、研”深度融合和优秀工业设计成果落地转化，受到制造业企业的广泛支持和好评。

【典型案例】

案例一：高压无气喷涂机产品质量改进咨询服务

2013 年 6 月，福建省冠华创建设备有限公司就其生产的高压无气喷涂机等产品的质量不稳定、产品合格率下降、退货现象增多等问题向中心提出产品质量诊断支援。中心组织福建省机械行业相关专家，深入企业现场为冠华公司做诊断分析。通过对产品图纸和生产过程现场察看，并与相关操作工和管理人员深入交谈，发现其关键部件（阀芯杆 / 座）的原材料 YG8 成分中缺少硅元素而导致产品的各项性能指数不佳。中心为冠华设备公司开具了诊断报告，提出寻找和使用含硅元素的 YG8 原材料、提高关键零件的自动化加工程度和建议采用配对互研（精研）工艺等七项提升产品质量的建议。该诊断报告提交冠华公司后得到了高度重视和充分认可，企业根据诊断报告提出的建议分阶段进行整改，从而提高了产品的合格率和稳定性，受到了企业的好评。

案例二：汽车底盘二横梁静强度及耐久性分析服务

2013 年 3 月，福州福享汽车工业有限公司就其产品的"二横梁静强度及耐久性性能"优化设计求助联盟 CAE 服务中心。联盟邀请国内汽配行业相关技术专家，成立三方工作小组，共同研讨产品优化方案。最终为福享公司提出了一种处理二横梁静强度及耐久性问题的解决方案，并出具了《汽车底盘二横梁静强度及耐久性分析》报告，得到企业的好评与认可。企业在服务效果反馈中指出：应用该方案，企业在几家竞争厂家中脱颖而出，赢得 2000 多万元的新订单。同时研发周期缩短了 30%，产品 / 模具一次性设计成功率提高 70% 左右，缩减试制人工及时间投入 50% 左右，直接为企业节约了用于产品设计、分析、实验费用 500 多万元，同时，产品变得更小、更巧、更轻，产品上了一个新台阶。

案例三：自主研发"黑盾"，为企业网络信息安全保驾护航

中心控股的海峡公司自主研发的"黑盾"系列网络安全产品均已获得国家公安部、国家安全部、国家保密局及中国人民解放军信息安全测评认证中心的认证通过，"黑盾"商标荣获福建省著名商标称号，在福建省网络安全产品市场占有率第一。"十二五"期间，"黑盾"系列产品的生产规模不断扩大，服务对象从最初单一的化工企业，拓展到制造、商贸、电子商务、物流、教育等行业，目前已逐步发展到电子政务、金融、能源等新领域共 2000 多家，为福建企业技术创新和网络信息安全保驾护航。

（供稿单位：福建省生产力促进中心）

福建省林业生产力促进中心

【概况】

福建省林业生产力促进中心经福建省编委核准，于2001年5月30日成立，系全额拨款的事业单位，是我国林业行业唯一一家生产力促进中心。2003年中心通过了ISO9001：2000质量体系认证，2004年被认定为省级重点生产力促进中心，2008年进入国家级示范生产力促进中心行列，2010年被国家科技部列为“为服务社会主义新农村建设首批试点单位”。现已拥有林业调查规划设计、林业物证鉴定、森林资源资产评估等资质或资格，长期从事林业科研成果转化、农林行业的发展规划、林业调查规划设计、各类可行性报告编制、森林资源资产评估、林业物证鉴定、林业技术咨询、开发、交流与培训等服务，在服务林业产业和新农村建设中发挥了桥梁纽带作用。

【机构设置】

中心与福建省林业科学研究院一套人马、两块牌子。中心主任由福建省林业科学研究院院长兼任，下设开发管理部和项目部，下辖福建闽林司法鉴定中心。中心现有专职人员9人，本科以上学历6人，其中：博士1人，硕士2人，教授级高级工程师2人，高级工程师3人，6人拥有执业资格证书。

中心依托林科院，实行专家聘用制、客座咨询制，形成了相对稳定的专业化服务队伍。中心工作和项目主要靠专职人员组织实施，专职人员组织专家开展各种业务，通过专家之间的学科交叉和优势互补，充分发挥各方面的积极性。

【科技创新】

福建省是我国南方重点林区，森林资源丰富，在海峡西岸经济区建设中占有重要位置。中心紧紧围绕福建林业特色，以资源为依托，以市场为导向，以科技为动力，按照“整合、共享、服务、创新”的基本思路，有效整合科技资源，搭建科技创新服务平台，促进科技成果转化和高校、科研单位与企业、林农间的互动与良性循环。截至2015年，已完成科技成果转化利用25项，为企业和林农提供各类技术培训达600多人次，并派出多位技术骨干到各市、县指导造林与森林通道建设，把高新技术推向林业企业和林农，帮助企业提高生产力水平和技术创新能力，示范带动产业结构优化升级，促进林业增效、林农增收和加快农村经济发展，服务社会主义新农村建设，推动区域经济持续、健康、快速发展。

借助“中国·福建项目成果交易会”“海峡两岸绿色农业合作研讨会”及生产力促进联盟、引智项目等平台，先后为建宁县黄花梨产业、宁化县银杏产业、清流县温泉旅游产业、福建仙洋食品科技有限公司等20多家企业引进国外先进技术12项、技术专家32人次，促进企业间的国际交流与合作。

【特色服务】

中心依托林科院的学科、仪器设备、科技成果和人才优势，按照“不求所有、但求所用”的方针，建立资源共享机制，紧紧围绕福建省林业建设需要和中心发展规划，通过观念、技术和服务创新，搭平台拓发展，集众智搞创新，以创新促创业，助力林业企事业单位“大众创业、万众创新”，形成了具有中心特色的科技服务体系。截至2015年，中心为柘荣县林业局、太姥山杨家溪自然保护区、福建省国有南平市郊教学林场等100多家单位提供行业发展规划、可行性研究报告、实施方案、设计方案、作业设计报告等200多项，为京台高速公路（闽侯段）征地拆迁指挥部、福建省安溪县福前农场、闽侯县竹岐林果场等单位提供森林资源资产评估服务近300项，为福建省首例由社会公益组织和林业行政主管部门提起的生态公益诉讼案、福州海关侦办的走私犀牛角和象牙制品案、福清渔港码头毁林占地案等刑事或民事案件提供林业物证鉴定1500多宗，为公、检、法机关起诉、量刑及有关行政执法机构、企业和个人解决林地纠纷、经济赔偿等提供科学、准确、公正和高效的司法鉴定服务，提高了企业活力、竞争力和效益，增加了林农收入，推进了林业产业结构升级和林区生态建设，促进了经济效益、生态效益和社会效益的有效协调发展。

【典型案例】

一、引进境外专家和技术

2011年，借助“6.18”平台，引进国际先进的“农药分解剂专利技术”和日本水月堂无添加休闲食品加工技术与福建仁达食品有限公司对接，该项目被列为福建省发改委重点推进项目及福建省和国家外国专家局重点引智项目，专家团队入选2013年度福建省“百人计划”予以重点扶持，现该项目已落地福建武夷新区并试生产成功。项目的实施对修复和改善土壤生态环境、生产安心安全绿色健康食品，科学创新农业发展新路具有深远的意义。2014年12月，邀请日本知名梨栽培专家、千叶县农林综合研究中心果树研究所所长加藤修研究员，赴建宁县绿源果业有限公司、石燕果业有限公司、兴杰果业科技有限公司、桃梨观赏园等示范基地，对梨树棚架栽培、整修剪绑缚、早期异常落叶防控、产期调节、降低果园病源等进行现场指导，并协助对接了JASCO等国际连锁销售企业，促进建宁县梨产业的技术和管理创新，受到当地政府、技术人员和果业种植大户的欢迎，并予以推广。预计可使该县梨果亩产值增加500元，梨产值增收5000万元，有效增加当地果农收入。

二、为沈海高速福建段森林通道建设提供技术指导

2012年，中心承接了霞浦段和罗源段的森林生态景观通道设计任务。霞浦段项目全线里程43.9公里，绿化总面积3353.28亩，项目直接投资7126.46万元；罗源段项目全线总里程17公里，绿化总面积1623.04亩，项目直接投资3688.24万元。中心组织专家在对项目地进行实地考察和勘探后，综合社会、经济、生态效益，在不影响总体景观效果的前提下，结合民俗乡情，构筑各乡镇经济、民俗、景观特色，丰富隧道口、山体、农田和坡耕地的景观效果，确保空间错落有致，富有变化。同时，一定程度的间伐树木、更新林带、大苗移植销售等，并和投资商合作进行苗圃建设，大大降低了项目的运营成本，同时也让项目运营由单项链向循环链转化，达到多方共赢的效果，为沈海高速森林生态景观通道建设构建了一条有力的城市绿色屏障。

三、为木材战略储备基地建设提供技术支持

尤溪是我国南方集体林区重点林业县、集体林区改革试验区重点县，2012年，中心派出了

精干力量对尤溪县森林资源、林业发展、林地生产力等概况进行调研，为其编制了科学的实施方案。通过3年（2012年–2014年）建设，共投资1512.98万元，按规划在11个乡（镇）实施培育24649亩木材战略储备基地，其中新造林1306亩（一般树种904亩、珍稀树种402亩），林改培6199亩（一般树种5789亩、珍稀树种410亩），中幼林抚育17144亩（一般树种）。配套基础设施建设机耕道2.0km、作业道3.1km、防火林带2.0km。并设置样地监测18个、宣传牌3个构建监测及支撑体系。据测算，在直接经济效益方面，项目建成后每年可提供木材达1.32万立方米，年均总产值达1584.0万元；在生态效益方面，基地建设年均可获得价值5856.6万元；在社会效益方面，项目基地对促进项目实施区乃至全省木材加工产业的平稳发展具有决定意义，保障了区域社会经济可持续发展，同时使森林景观得到显著改善，项目工程建设期间每年可安排360多个农村剩余劳动力就业。

四、为生态公益诉讼提供物证司法鉴定

2014年，中心为福建省首例“非法开采稀土矿生态环境修复”生态公益诉讼案件提供物证司法鉴定服务，并派遣鉴定人作为专家证人出庭作证，鉴定意见受到司法机关的采信，为案件审判提供了强有力的科学证据。

该案由龙岩市水土保持学会联合连城县林业局，以国家矿产资源遭受巨大损失、林业生态环境遭到严重破坏为由提起公益诉讼，是自2013年1月1日呼吁已久的公益诉讼写入新修改的《民事诉讼法》后，龙岩市公开审理的首例生态环境公益诉讼案，也是福建省首例由社会公益组织和政府部门联合提起的公益诉讼案，省高院、龙岩市中院领导及7个县市（区）法院生态资源庭长到庭旁听观摩。同时，还首次邀请专家陪审员和专家证人一并出庭审理，邀请人大代表、政协委员及人民陪审员旁听整个庭审过程，并通过新浪官方微博“法豸连城”进行实时庭审直播。

据悉，自2011年起，黄某某等11人雇请工人在连城县莒溪镇吉坑山场非法开采稀土矿，经福建闽林司法鉴定中心鉴定，非法采矿点及邻近山场林地表层大部分遭受破坏，采矿区内山体崩塌、滑坡、水土流失严重，道路边坡损毁，河道泥沙淤积、堵塞、水流不畅，林地损毁面积总计28.81亩，生态破坏修复工程所需费用共计633672.69元。

五、为营林机械推广示范项目提供技术支持

福建是林业强省，造林绿化和森林经营任务重，时间短，提高营林机械组织化、规模化、专业化程度以及科学配置营林机械势在必行。中心依托省林科院，根据我省地形以山地丘陵为主的特点，在充分调研的基础上，编制了全省营林机械推广示范项目实施方案，2014年，在将乐县、建瓯县、沙县、蕉城区、邵武市、永春县、龙海市、尤溪县、新罗区、上杭县等建立了10个示范县30个示范点，项目总投资1203.5万元，每个示范县补助100万元，配置不同种类的营林机械776台套，组建16支专业机械化营林作业工程队，建立10处林业机械维护点，举办10期培训班，培训专业队员300多名，建立机械化营林作业试验地4285.3多亩，机械化营林作业服务辐射面积6万多亩。通过项目示范辐射带动作用，提高了林业生产力和产业化水平，推进了区域林业机械化发展，促进了经济、生态和社会效益的有效协调发展，为推进福建省的营林机械化进程奠定了坚实的基础。

六、为相关部门提供科学公正的鉴定服务

2015年7月，为福州海关缉私局侦办的“涉嫌邮递物品藏匿象牙等珍贵野生动物制品”案提供物证技术鉴定，为司法部门及时有效侦破案件、抓获犯罪嫌疑人提供了有力的科学证据，受到有关部门的高度赞扬。据了解，该起案件是福州海关侦办的一起重大走私野生动物制品案件，涉案物品包括象牙、虎皮、犀牛角等大量珍贵野生动物制品，涉及英国拍卖行及香港和内地一套复杂的走私链条，案情重大，影响面广，一度受到各界和新闻媒体的广泛关注。为此，中心鉴定人员利用现代物证鉴定技术，及时高效开展鉴定工作，为办案赢得宝贵的时间。

（供稿单位：福建省林业生产力促进中心；执笔人：陈晞）

福州市生产力促进中心

【概况】

福州市生产力促进中心经福州市人民政府批准成立于2000年5月，是全额拨款事业单位，具有独立法人资格。2006年7月经国家科技部认定为“国家级示范生产力促进中心”，于2003年7月导入IS09001质量管理体系，为中小企业、产业集群、各级政府、科技人员提供关键共性行业技术研究推广、科技成果转化、科技宣传、科技培训交流、影视制作、信息查新检索、项目咨询、区域平台建设、快速成型等服务。2007年7月，中心联合全市生产力促进中心、科技企业孵化器、行业技术创新中心、科技型企业建立“福州市生产力促进协会”，成为福建省首个地市级生产力促进协会，也是国内最早成立地市级生产力促进协会的地区之一。通过全体职工的共同努力，各项工作取得了较好成绩，中心荣获福州市第十四届（2012–2014年度）文明单位称号，连续13届获此荣誉。中心连续4次被中国生产力促进中心协会授予“生产力促进奖（发展成就奖）”。

【环境建设】

中心在科技信息中心大楼内拥有6000平方米的办公环境。楼内建成百兆宽带网，具有完善的网络信息传输手段和一个涵盖科技、经济和社会科学领域，总信息量超过5.7T的信息资源数据库系统（重庆维普、万方数据、国研网等）。中心现有工作及培训电脑近百台，网控中心拥有INTEL机架式服务器、塔式服务器、黑盾防火墙、天融信防病毒网关和华为3com交换机等面向大型数据服务的高端设备，建成一个性能优越的局域网，工作手段已实现网络化、自动化。中心建成视频会议培训系统，目前拥有8个培训点。

【人才建设】

中心通过公开招聘及高层次人才引进等方式，引进了一批本科学历及以上的优秀人才，拥有了一支高素质的团队。中心现有职工28人，其中博士2人、硕士5，高级职称7人，中级职称11人。中心将“创建学习型组织、争做知识型职工”作为进一步强化管理、提高员工素质的重要手段，鼓励员工参加再教育、培训，共有52人次获得创业咨询师、高级经营师、国家信息分析师、网络安全管理师、系统集成项目经理、国家科技查新员、高级审核员和技术经纪人等资质。

【平台建设】

中心于2003年被认定为“福建省首批制造业信息化工程技术服务机构”。2003年4月，中心出资与福州集力电子技术研究所合作组建了现代制造技术中心——福州市模具行业技术创新中心（以下简称“模具中心”）。与中心同时挂牌整合的福州市科技情报研究所，2004年与网格（福建）智能科技公司联合成立“福州市信息技术研究中心”，2006年12月被市科技局、市经委共同认定为“福州市电子政务行业创新中心”。 2009年12月，与福州艾迪参数信息技术有限公司建立战略合作伙伴关系，将其作为制造业信息化工程培训机构的依托单位，开展福州市中小企业制造业信息化技术服务。2011年5月，中心分别被国家科技部、台资企业转型升级服务团授予“海西（福州）工业设计创意基地”和“台资企业转型升级服务团福州工作站”两块牌匾。2012年3月，中心被国家科技部认定为“生产力促进中心工业设计服务第二批试点单位”。 2013年7月和2014年8月，经福州市委编办批准，中心分别加挂“福州市知识产权信息公共服务中心”“福州市知识产权维权援助中心”牌子。

【特色服务】

中心根据福州市企业、经济发展的市场需求，加强与政府、高校、开发区、高新企业的合作，实现优势互补、资源共享，进一步开拓服务领域，形成具有中心特色的服务内容。主要包括：（1）对台合作交流：包括组织科技人员赴台进行技术交流、科技考察等活动；引进台湾专家对榕企业的转型升级进行辅导等。（2）软件开发、网络建设：包括数据库信息的研究、收集、加工、建设及推广，网站建设，科技办公网络系统的建设，电子政务软件的应用开发、管理维护等。（3）人才培训、科技交流：包括继续教育，制造业信息化应用技术、计算机应用技能培训和科技下乡等，举办或组织企业参加新技术、新产品展销会、洽谈会及各种形式的科技交流活动。（4）模具制造、快速成型：包括为制造业企业新产品开发提供快速成型、快速模具制造以及快速反求等服务。（5）情报研究、决策咨询：包括为决策机构提供战略情报、决策依据，科技发展规划的制定、科技政策的起草等。（6）科技宣传、科普服务：包括应用各种传媒进行科技信息的收集、制作、传播、宣传，为政府、企业和农村提供电视专题片的拍摄及后期制作服务。（7）项目咨询、查新检索：包括科技项目及信息的查新、检索、咨询，为企业争取各级创新基（资）金、科技项目及科技立项前的项目论证、评估等服务。（8）专利分析、数据统计：承担知识产权信息公共服务平台开发与建设及专利数据库推广与应用，开展专利信息统计与分析工作，为政府和企业提供专利分析报告及专利信息方面的服务。（9）专利维权、诉讼咨询：提供有关知识产权的法律法规、纠纷处理、诉讼咨询等相关维权服务；承担对知识产权侵权、违法案件的举报或投诉相关服务工作的职责。

【典型案例】

提供科技服务，推进新区建设。福州新区是全国首个涵盖国家级新区、自由贸易试验区、海上丝绸之路核心区、两岸经济合作示范区的“四区叠加”重点开放区域。建设好福州新区，对于深化两岸交流合作具有重要意义。中心加强与马尾自贸区管委会的合作交流，在自贸区挂牌“福州市知识产权维权中心”，为企业的知识产权咨询、维权服务提供便利；积极配合市台办、自贸区管委会构建“台湾青年创新创业平台”及开展“海青节活动”等工作；检索“自贸区政策法规”，编写《福州高新区自主创新示范区建设方案》《“一带一路”建设科技创新合作设想与建议》等，积极为福州“四区建设”献策献力。

发挥地域优势，加强榕台合作。为深化榕台科技交流合作，深切感受两岸同胞同宗同文，同时借福建自贸区、福州新区建设契机，探索在经济新常态下，榕台科技交流合作新抓手，中心负责组团随福州市科技局领导、县市区科技主管部门人员赴台交流考察。考察团访问了台北、高雄、台南等多个县市，参访了台湾工业技术研究院、新竹科技园等机构调研，学习科技育成、科技与文化融合、现代服务业平台建设等方面的经验，探讨双方合作新模式、新切入点，为推进福州自贸区和现代科技服务工作的开展做好准备。

开展维权活动，推动知识产权服务。随着国际接轨不断加快，中心近两年拓展知识产权业务工作。积极参与专利行政执法与维权援助宣传活动，先后组织工作人员赴连江、永泰、福清等县区开展了20多次专利行政执法与维权援助宣传活动，对在检查中发现的近200件专利产品被侵权的有关线索及时反馈给市知识产权局。同时，中心积极参加展会知识产权维权活动，组织工作人员先后参加中国国际体育用品博览会，海峡两岸经贸交易会等活动，设立知识产权维权咨询台，受理知识产权假冒、侵权投诉等，为境内外参展商和谐参展提供了很好的知识产权保障服务工作。

做好科技管理，强化数据支撑。负责组织专家对福州市下属多个县区科技项目进行立项监理评审，对重大科技项目进行实地现场考察，并完成部分科技项目的验收工作。组织开展福建省科技型企业备案工作，完成近百家科技型企业备案；同时，协助完成福州市科技创新券补助项目的审核工作，为福州市科技型企业获得全省科技创新券补助经费50%以上作出了贡献。开展全省九地市及全国可类比城市科技活动指标统计、福州科技、科普统计、科技基础资源条件调查等，积累了丰富的福州科技数据，为进一步开展对外服务奠定了良好的基础。

开展科技下乡，服务三农。通过点面结合，全方位开展提升农业科技服务水平。联合文体、卫生、计生、环保、科技、科协、农业、林业、地震和气象等部门，通过科技·人才活动周、“三下乡　送温暖”等载体，开展科技赶场和大型科普宣传活动，对广大农民群众进行科技宣传、科技指导和科技服务，产生了较大的社会影响力。2015年共完成27场科技下乡活动，为农业科技创新和扶贫工作起到积极作用。中心与长乐科技文体局联合为长乐市梅花镇授予“科技下乡示范基地”，开展科技下乡共建新农村工作。结合梅花镇土质情况，开展“马铃薯新品种栽培技术示范推广”项目，经由省农科院作物所选育的闽薯1号优势明显，表现突出，获得了现场农户们以及商品薯收购商的一致肯定，长乐新闻网做了相关采访报道。

发挥协会作用，服务企业。整合各方资源，充分发挥协会作用。通过创建和完善“福州市中小微企业创新服务平台”，向会员发布科技政策、产业发展政策、培训活动公告、协会活动通知和“协会简报”等全面信息资讯，协助提升企业的技术创新能力和市场竞争能力。组织福建锦江科技有限公司等企业参与“实施创新驱动助力工程”；组织福建仙芝楼生物科技有限公司员工参加第二届福州青年科技奖候选人推荐与评选工作；组织马尾高新区、协会会员等企业参加由福建省科技咨询服务中心主办、福州市科协承办的“项目推介和专利应用工程师培训”；组织企业参加各类专利培训、专业技术人员继续教育培训班等。

（供稿单位：福州市生产力促进中心；
执笔人：潘珍）

厦门市生产力促进中心

【概况】

厦门市生产力促进中心1998年9月经厦门市政府批准成立，隶属厦门市科技局，2000年被评为福建省重点生产力促进中心，2001年被评为国家级示范生产力促进中心，2006年被评为福建省科技中介服务平台“省级重点生产力促进中心”。中心作为厦门市最重要的科技服务机构之一，积极发挥科技服务业核心载体的作用，全面推进科技服务工作，已成为厦门科技工作的一个极其重要的抓手。为加快科技创新服务体系建设，2009年12月29日，经厦门市委常委会议研究同意在生产力促进中心的基础上升格组建厦门产业技术研究院，实行一套人马，两块牌子模式，隶属厦门市科技局管理。

【机构设置】

中心共设有办公室、产业促进部、项目策划部、投资管理部、创新资金管理部等五个部门，先后投资成立了厦门科技交流中心有限公司、厦门科技产业化开发建设有限公司等两个全资子公司，投资搭建了厦门集成电路设计公共服务平台（IC平台）、厦门环境保护机动车污染控制技术中心、厦门模具工程公共服务技术中心、厦门医疗器械研发检测中心等公共服务平台，在岗人数近100人。

【科技创新】

（一）创新大厦

中心策划筹建了创新大厦，位于厦门市集美区，于2012年3月投入使用，到目前已有41家入驻机构。中心立足培育新型产业项目，先后引进五批入驻项目，产业领域涉及云计算、集成电路、北斗卫星导航、物联网、创新服务业、节能环保、新一代信息技术等，为入驻机构提供科技研发、成果转化的平台。

（二）规划打造厦门“科创谷”

为配合推进小微企业创新创业基地城市示范工作，中心于2015年规划整合“创新大厦”和“科技大院”资源要素，建设适合创新创业孵化的众创空间，策划“厦门智能+创新创业服务平台”“厦门科技服务业孵化器”“海西工业4.0制造技术公共服务平台”“厦门市‘互联网+小微企业’信息化服务平台”等，着力打造厦门的“科创谷”，促进小微企业创新创业。

（三）承办中国创新创业大赛（厦门地区）

中心于2015年首次承办中国创新创业大赛地区赛事。大赛遴选出60家优秀项目列入市科技计划项目扶持范围；角逐出30家优胜企业和16支优胜团队获得大赛奖金；推荐了27家企业和8支团队代表厦门参加全国行业赛总决赛。在2015年的98国际贸易洽谈会上，15个大赛的优秀项目作为厦门市推介的重点创新项目在首日的“人才项目资本合作展”上进行公开路演，另有12个项目在展会上进行展示，获得与会资本机构的追捧。

（四）创新方法、创新杏坛

中心先后开展了6期计算机辅助创新软件（Goldfire）应用培训，培养了近150名掌握并会运用Goldfire进行问题求解的研发工程师；开办了“2012年度第一期创新方法认证（MATRIZ）培训班”和“2012年工程技术人才创新能力培养高级研修班”，对60名工程师进行实战能力的培养；这部分人具备教学和解题能力，回到各自单位成为推广应用创新方法（TRIZ）的星星之火。创新方法培训影响至国内各省市和台湾地区。同时，中心每周还举办一次创新杏坛，邀请国内外专家、学者就产业发展趋势、国际前沿技术等向企业及中心员工进行介绍，借以提升人员的相关专业素质，以便更好为企业服务。

（五）集聚创新要素，布局科技服务业

2015年，中心整合系统内科技服务相关人员，成立科技服务业协调推进办公室。成立后的科技服务业协调推进办公室迅速开展了承接科技项目与资本对接会、科技成果产业化项目评估咨询与创新券管理、科技创新创业综合服务平台建设与运营管理、小微企业创业创新基地城市示范办公室日常事务等相关工作。

【双创服务】

中心一直致力于为企业提供科技创新创业服务，并于2014年开始筹备搭建厦门科技创新创业综合服务平台，预计2017年完成。项目将围绕区域经济的发展需要，以完善厦门市科技创新体系建设为出发点，打通厦门区域科技服务各要素的联系通道。同时采用线上线下相结合的模式，打造综合性的科技服务业聚集区，一方面，通过线上推广、线下培育的方式，为厦门市科技服务机构提供包括孵化、入驻、展示、融资等系统服务，也为其提供商业机遇和市场需求；另一方面，这些培育发展的科技服务机构，将为厦门市中小企业提供包括成果转化、知识产权、咨询培训、认证评估、仪器设备开放共享、科技金融等服务，推动厦门中小企业的创新发展；同时配合厦门市出台的创新创业政策，以及科技查新、科创红包等窗口服务，共同打造一个综合性的厦门科技创新创业综合服务平台。

平台在整合科技局属各事业单位、公司和协会以及我市优秀科技服务业公司、各金融机构的业务基础上，为入驻的服务机构提供其业务所需的服务窗口、活动场所及各类资源。拟开展科技服务如下：

科技成果转化服务：

含科技金融、科技成果对接、成果交易、项目与资本对接；此外尝试初步开展科技成果竞价拍卖的系列工作；

科技政策咨询与辅导：

含各项科技扶持政策咨询辅导、各类科技评估服务等；

科技资源服务：

含科学仪器资源共享咨询、重点实验室及工程技术中心咨询等；

知识产权服务：

含技术评估、知识产权咨询、技术交易服务、专业技术需求服务、科创商城等；

创业服务：

含科技创业人才培训、创业辅导与导师推荐、科技创新专家库征集与推荐、众创空间创新创业大赛的合作协调等。

【人才建设】

中心力求引进“创新型、技术型”综合类人才，建有博士后工作站、特聘研究员库，并定期举办“培训超市”等综合性提升培训，提高职工业务水平。在人才建设方面，一是构建合理的人才梯队。2015年，中心通过公开招聘，引进一名计算机专业硕士毕业生；通过人才调动，引进一名高级职称人员；通过联合培养，博士后科研工作站新进站一位从事科技服务业研究的博士毕业生；二是规划制定行之有效、切实可行的《中层岗位全员竞聘方案》。通过竞聘上岗、效能激励等多种措施，建立干部能上能下的工作机制，形成了想干事、能干事、干成事的良好局面。三是强化教育培训。通过“三严三实”专题教育活动，党总支委员为党员干部授党课；院领导班子和干部之间建立了常态性的谈话交流机制，及时摸清干部思想动态并解决干部思想存在疑虑；鼓励支持员工参加厦门市公务员局组织的培训超市，共有29人次参加了12个专题培训。

【成果转化】

（一）厦门微电子科技企业育成中心

厦门微电子科技企业育成中心运营主体—厦门科翔高新产业发展有限公司，作为中心的下属公司及成果转化基地，于2014年10月底设立。科翔公司管理制度建设、工作流程规范等各项工作正有序推进，为微电子科技企业提供孵化、创新及产业化平台。

（二）厦门两岸集成电路自贸区产业基地

2015年7月29日，厦门两岸集成电路自贸区产业基地正式揭牌。厦门两岸集成电路自贸区产业基地为市科技局和湖里区政府共建，并由双方组建的厦门科湖科技产业化发展有限公司负责运营管理，同时也作为中心的下属公司及成果转化基地，将建设集成电路保税交易中心、集成电路众创空间等。

【典型案例】

（一）组织攻关

2014年3月，“纯电动汽车重大科技专项（I期）”经第三方检测，各项技术指标均达到项目目标要求；专利、论文全部超额完成目标要求；能够实现产业化。

2015年3月，《厦门市软件和信息服务业产业技术路线图》已基本成形，整体架构基本完善。

2015年，完成策划1项重大产业攻关项目——客车与工程机械NVH公共服务平台建设及技术创新与应用（Ⅰ期）。该项目获厦门市2015年第一批重大科技计划项目立项；协助策划18项新材料产业战略创新联盟项目，其中平台项目8项，孵化器项目1项，产业共性技术攻关项目9项；启动了1个产业领域（智能制造领域）关键共性技术联合攻关项目策划工作。2015年10月18–19日与厦门大学共同主办了“智能制造与装备高端研讨会（厦门）”，特邀智能制造领域4位国际著名专家学者出席大会并作报告。

（二）科创红包

科创红包－厦门市科创红包服务平台，是以政府购买服务的方式支持小微企业购买科技创新服务，于2015年10月底正式上线，由中心策划和维护。市科技局向企业发放科创红包，企业向科技服务机构购买创新服务，市科技局以红包兑现的形式补贴企业和科技服务机构。服务类别众多，分别是：研发设计辅助服务；研发设计外包服务；检验检测认证；知识产权代理服务；科技评估咨询等。

（供稿单位：厦门市生产力促进中心；
执笔人：滕菲菲）

石狮市生产力促进中心

【概况】

石狮市生产力促进中心（石狮市高新技术创业服务中心）隶属于石狮市科技和知识产权局，是一个集科技信息、科技咨询、科技培训、科技孵化、技术市场、技术合同登记、科技金融服务、科技成果转化于一体的综合性科技服务机构。中心现为国家级示范生产力促进中心、国家科技型中小企业服务机构平台建设单位、省级优秀科技企业孵化器、福建省科普教育基地、福建省科技拥军先进工作单位、泉州市农村科技服务体系建设单位。中心现拥有建筑面积4880平方米的办公大楼科技楼及占地45亩、建筑总面积31461平方米的石狮市海峡两岸科技孵化基地。

中心在石狮市科技和知识产权局的领导和有关部门大力支持下，在全体工作人员的共同努力下，积极开展技术服务，搭建产学研合作平台，促进科技成果转化，加强科技服务公共平台建设，提升科技孵化基地服务水平。2015年，中心成为国家火炬计划项目承担单位、石狮市文明单位；以众创空间等新型创业服务平台为载体，积极推动“创新科技服务业态、推动众创狮城行动”计划，推进石狮市众创空间建设工作。积极组织开展产学研合作平台建设，协助做好全市产业技术创新联盟组建，并做好对联盟工作的管理和指导。

【双创服务】

2015年，中心主要完成了以下几个方面的工作：

一、发展众创空间，推进创新创业工作

2015年，石狮市以众创空间等新型创业服务平台为载体，积极推进大众创新创业。中心协助重点培育和指导V-WORKS创客空间（定位青年创业项目孵化）、海西众创空间（定位互联网软件开发）、闽南理工学院创客园（定位大学生创业）、“感创”创客机构服务平台（定位数控机械）、星期YI创客空间（定位服装设计）、闽商金融中心众创空间（定位金融服务）等众创空间建设，并推荐申报上级认定。目前，石狮市星期YI创客空间、V-WORKS创客空间均已获评福建省众创空间，V-WORKS创客空间还获评国家级众创空间。

同时，积极培育农村创客空间，为大学生创业提供公益平台，目前已建成祥芝港三农互联网+创客空间。培育龙头企业发展众创空间，益家建材城启动闽台智能家居众创空间，富星物流园启动互联网+众创空间。支持和培育我市众创空间做大做强，组织认定一批本市级众创空间。星期YI众创空间、富星云仓众创空间、闽南理工学院创客园、海西（石狮）众创空间、V-WORKS创客空间等18家积极申报，合计场地面积81027.37平方米，入驻团队374个，服务团队146人。经专家评审及公示后，10家众创空间获得石狮市众创空间认定。

为发展众创空间，还作出一系列举措。

一是组织考察学习。今年来，多次组织考察调研省内外众创空间建设情况，包括深圳、北京、江苏、上海、武汉、成都、南京等地，学习借鉴新型科研机构和创新服务平台等新型创新创业模式的先进工作经验和做法。

二是出台扶持政策。推动市政府出台《石狮市人民政府关于推进大众创新创业若干措施的通知》（狮政综〔2015〕105号），对众创空间给予专门的鼓励政策和支持措施。

三是调研指导。我市众创空间建设以来，省科技厅高新处郑焕安一行，泉州市科技局领导、德化县科技局、鲤城区副区长、永春县副县长一行，福建日报社陈建荣副总编一行，三明市生产力促进中心、南平科技局一行等分别来参观考察我市科技企业孵化器和众创空间建设情况。

四是培训座谈。为促进我市众创空间的建设和发展，提升众创空间的建设和管理水平，多次召开我市众创空间建设工作推进会并组织参加众创空间培训：7月24日，组织我市孵化器单位、新型科研机构、众创空间负责人参加泉州市科技局举办的“构建众创空间新型创业服务平台专题培训班”；8月4日，召开“科技政策企业征求意见会”，征求科技小巨人扶持政策及推进大众创新创业意见；8月7日，泉州市众创空间建设工作推进会在石召开，泉州市各县、市、区科技部门领导等50多人参加会议。

二、加强科技服务公共平台建设，发挥产业技术创新战略联盟作用

积极推进建立以企业为主体、市场为导向、产学研相结合的技术创新体系。加强对已建的产业技术创新战略联盟工作的管理和指导，发挥技术创新战略联盟的作用，助推产业发展。

组织海洋联盟考察团一行40余人赴漳州市东山县、诏安县开展了为期两天的海洋生物产业学习、考察与调研活动；组织华宝明祥、正源水产、海星食品、海百皇、古浮和源、晋江闽南水产、富鸿、惠安曼玲、百川等企业参展11月4日－6日在山东省青岛市举办的第二十届中国国际渔业博览会，并由庄宝玲副市长带队组成考察团在渔博会期间访问考察了中国海洋大学、青岛海洋科技与技术国家实验室、中国水产科学研究院黄海水产研究所、国家水产品质量监督检验中心等国家重点大学和科研院所、国家级海洋经济开发区青岛西海岸新区及当地海洋加工企业等，在海洋经济、科技兴海等方面开展了重点交流，寻求技术合作机会，开展项目交流互动，促进产学研合作交流。发动华宝明祥、海星食品、古浮和源、飞通等企业参展11月19日－21日在台湾高雄展览馆举行的2015台湾国际渔业博览会。5月28日，联合印包联盟举办“绿色印刷标准和认证条件培训会”。5月，协助染整联盟举行染整企业中级管理人员能源管理培训。

三、开展科技培训及政策宣传，搭建产学研合作平台

协助举办企业创新调查企业统计人员培训，培训内容包括培训企业创新情况及创新调查企业家问卷、规模以上工业企业科技活动统计年报、规模以上工业企业成本费用调查等。

在海峡两岸科技孵化基地九楼会议室举办“科技政策解读与科技项目申报”培训班，旨在让企业了解企业研发费用税前加计扣除税收政策、科技项目的申报与管理、企业研发专账的设置、研发费用归集与会计记账处理等内容。

协助举办“2015年科技·人才活动周暨泉州海洋职业学院创新创业大赛启动仪式”“2015年科技·人才活动周暨闽南理工学院科技创新竞赛颁奖仪式”，通过形式多样、具有创意和新颖性、多元化的科普活动，进一步提高公众科技意识和科

学素养。

在永宁镇梅林村村委会会议室举办“南美白对虾养殖技术培训”。通过培训，使参训人员进一步了解健康苗种的选择、虾塘的清整、良好水质的调控、优质饲料的投喂及病害防治技术等知识，提高我市南美白对虾养殖技术水平和病害防御能力。

协助举办2013-2014年度石狮市科技工作先进个人表彰活动暨科技、人才政策专题培训，分发石狮市创新创业政策汇编，并考察学习泉州市数控一代科技创新中心、泉州海天材料科技有限公司、黑金刚（福建）自动化科技股份有限公司等标杆科技型企业。

四、提升科技孵化基地服务水平，推进孵化加速器项目建设

围绕孵化基地建设与发展的总体目标，在创新创业创优载体、创新创业环境建设、提升孵化能力、自身发展能力等方面，都取得了显著成效。今年以来，基地对建筑物的安全隐患进行了逐一排查，发现问题及时协调修缮。为提升孵化基地服务水平，做出一系列举措并取得了一定成效：积极组织企业申报2015年度泉州市科技计划项目和2015年度石狮市科技计划项目，其中华韩公司承担的“新型超仿棉印花面料的产业化研究”项目获泉州市民营企业转型升级专项扶持；大宏实业公司承担的“一种基于wifi无线网络的智慧时钟”项目获工业高新技术研发、应用及平台建设项目扶持；台瑞公司承担的“环保型小样染色仪的研制”项目获科技企业孵化器建设项目扶持。3月份，协助做好日冠公司的“高速双面长美绒大圆机设计开发”项目验收和百冠公司的“自动抛光机”项目评审工作；4月份，协助做好广汇龙公司的“有机废气一体处理机”项目评审工作；威洁、百冠、大宏实业获得2015年第13届中国·海峡项目成果交易会发明竞赛奖项；在2015年第二届“6·18”发明竞赛活动中，威洁的“电镀废水回用技术”项目获节能环保类科技成果二等奖；百冠的“自动抛光机”项目获“数控一代”智能装备项目三等奖；大宏的“无线网络气象时钟”项目获得最佳视觉设计奖；另外，大宏Timepad时间派获得第十七届中国国际高新技术成果交易会优秀产品奖；组织工作人员到福州参加科技企业孵化器从业人员培训；组织企业成立“石狮市科技孵化基地工会联合会”，以进一步保障入孵企业职工的合法权益，构建入孵企业员工交流平台。

截至目前，孵化基地入驻机构26家，已毕业企业5家，中断孵化企业4家，入孵企业累计拥有各种专利268项，著作权16个。入孵企业中试产值27855.4万元，纳税332.75万元。中纺标福建办事处2015年完成检测产值62万元，出检测报告983份，服务石狮及周边企业近300家。

【职工文化建设】

组织开展形式多样的文体活动，丰富干部职工的业余生活，活跃干部职工的工作氛围，增强大家的凝聚力。2015年1月16日，与蚶江总工会在海峡两岸科技孵化基地开展“道德讲堂”，活动以“爱岗敬业德馨永　守法乐善多福报”为主题；于植树节之际，组织单位人员前往永前园林绿化基地开展义务植树活动，增加大家的社会责任感；9月20-25日，在孵化基地举办“中国梦－园区情”迎中秋庆国庆文体活动，活动内容包括篮球赛、拔河比赛、猜灯谜和文娱晚会，为孵化基地员工建立更加融合的交流平台，满足企业员工文化需求，增强孵化基地企业员工的凝聚力和战斗力；10月15日，联合市科技和知识产权局、统计局、地震办、蚶江镇总工会在孵化基地举办以“助人为乐——帮助他人，快乐自己”为主题道德

讲堂活动；在重阳节来临之际，联合市科技和知识产权局、市青商会创业部、市科技孵化基地工会联合会、印包联盟、海洋联盟、物流联盟、染整联盟一同到永春县吾峰镇侯龙村开展帮扶活动，为该村 60 周岁以上老人及贫困户送去大米、食用油等慰问品 280 份。

（供稿单位：石狮市生产力促进中心）

江西

江西省国防科技行业生产力促进中心

【概况】

2000年，经江西省委机构编制委员会办公室和江西省科技厅批准，成立江西省国防科技行业生产力促进中心。2003年中心通过ISO9001质量管理体系的认证，2010年被省科技厅认定为“第一批省级示范生产力促进中心”，同年5月，被科技部认定为第九批“国家级示范生产力促进中心”。中心成立以来，始终坚持“面向市场，服务企业”的宗旨，紧紧围绕提高信息技术服务能力和竞争力这个目标，旨在提升全省企业技术创新能力，推动企业的信息化建设，提高企业的核心竞争力。

【人才建设】

2015年，中心共有员工35人，具有高级技术职称15人，中级技术职称16人，本科及以上文化程度30人。同时，中心还长期聘用了一支由60余名省内外资深专家（高级管理人员和高级技术人员）组成的智囊团，初步建立了一支务实创新、高效精干、积极奉献的服务队伍。主要业务有：

1. 信息咨询

提供政策法规、技术成果、产品供求、知识产权、产业发展、项目申报等咨询服务。

2. 技术支撑

提供中小企业信息资源公共技术服务平台服务。

3. 培训交流

提供计算机技术与应用、企业管理等方面的培训，组织企业参加洽谈、展览及国际交流等活动。

4. 课题研究

为政府的科学决策提供服务。

5. 特色业务

安全生产标准化评审、科技英语翻译、高分辨率对地观测系统示范与应用、军工项目审核审计、军民融合发展服务等。

【行业发展】

中心自成立以来，充分发挥国防科技优势，以服务国防科技工业企业为主，辐射全省其他行业，为地方经济提供多元化、综合化服务。中心坚持面向市场，以公益性服务为主，增值业务为辅，为江西省国防科技行业的发展做了大量工作。

2015年，中心共为省内外685家军工和地方企事业单位进行了服务；联系科研机构65家、专家45名；管理咨询160次、技术咨询220次，协助企业申报计划350项，获批准120项；信息采集条数14500条，信息提供条数15300条；培训对象数量220人次，其中管理培训50人次、技术培训170人次；另外技术推广5项、技术开发1项、导入技术1项。通过中心的服务，为企业增加销售额1700万元、增加利税197万元，为社会增加就业人数200人。

中心连续多年被省中小企业局授予“省级中

小企业公共服务示范平台”称号。被省科技厅授予“科技入园先进单位”称号。

【特色服务】

中心成立以来，坚持突出行业特色，服务全省经济，有效地拓宽了服务范围，丰富了服务内容，培育了一批有特色的服务项目。在信息咨询、技术支撑、培训交流等方面，取得了一定的服务业绩。主要表现在：

（一）建立多元特色信息服务体系

中心利用现有的信息资源优势，建立起了国防特色多元信息服务体系，涵盖外网在线服务、在线电子期刊服务、内网全文服务、原文传递、镜像服务、科技查新、专题服务、专利代理等信息服务。

1. 建立“四网六库”

发挥自身信息资源优势，设立江西军工网、江西省国防科工办门户网站、江西省国防科技行业生产力促进中心信息网、中国工程技术江西信息网以及江西省科技成果数据库、江西国防人力资源数据库、江西国防工业平战转换资源数据库、江西军工科技资源数据库、江西军工科技人才数据库、江西国防工业军工产品数据库。

2. 组建信息服务中心

与总装国防科技信息中心合作组建“中国国防科技信息中心信息服务华中站”，安装了国防科技报告、会议文献、科技期刊、标准文献、学位论文、工具类文献、声像资料、电子图书为主体，具有鲜明国防特色的信息资源，总容量达到150TB。

3. 做好查新检索服务

中心是国家发明奖国防专用项目查新单位，是省科技厅认定的江西省内第一批成果管理、科技立项查新单位，并以快速、高效、查全率高、内容准确而广受好评。还面向重点项目和重大任务，根据用户的特定需求，对各种权威信息源进行深度挖掘和有效集成，提供个性化、知识化的增值专题服务。中心成立以来共完成检索查新6000多项。

4. 开拓专题服务

在加强科技文献、信息资源等社会公益性服务同时，中心还与省内高校及科研单位合作，进入决策咨询分析、情报专题研究等情报研究核心领域。其中，中心为景德镇陶瓷学院提供AD报告陶瓷部分的专题信息支撑；与洪都航空工业集团建立专题业务。为企业节省了大量研究经费、缩短了研究周期。

5. 开展课题研究

自中心成立以来，共向国家科技部、国防科工局、总装备部、省科技厅、省财政厅申报课题近50项，其中获立项支持的共36项，累计得到各级政府财政项目经费支持近900万元。

（二）组建中小企业公共技术服务平台

组建以信息化技术支撑服务、信息化技术咨询和培训服务、信息资源整合服务及科技期刊推广服务等4大类为主的中小企业服务平台。

1. 信息化技术支撑服务

针对中小企业信息化的特点，推广应用产品数据管理、虚拟技术集成、电子商务等共性技术，并为中小企业提供信息的表述、存储、处理、传递等方法的信息化技术支撑服务。同时，围绕企业管理、技术开发、应用普及、质量体系建设等四个层面，开展多层次的共用性技术支撑服务。

2. 信息化技术咨询和培训服务

中心利用技术资源应用、信息化技术支撑方面的资源优势和人才优势，积极开展科技咨询和培训工作，为中小企业提供信息化技术、质量体系建设、数据录入系统应用等各种技术咨询服务共达800多项/次。从事经济运行、科研开发、资源管理、产品营销等技术咨询、培训服务 120 多次；从事信息化技术咨询、培训服务 60 多次；协助中小企业申报项目 12 项，获立项批准 8 项。例如：挂靠我中心的省船舶工业行业协会，不定期召开省船舶工业行业协会会员工作交流会，提供有关的政策法规、技术成果、产品供求、知识产权、产业发展、项目申报等信息咨询和培训服务。积极组织船舶企业参加国际船展和中国国际船舶工业博览会等活动。

3. 信息资源整合服务

科技信息资源的拥有量，决定了为中小企业服务的数量和质量。中心引进容量大于 15000G 的技术资源。该信息资源平台整合了计算机科学、信息技术、通信技术、生产和制造工程、能源科学等领域资源。为企业提供标准资料以及企业名录数据库、进出口商名录数据库、新技术数据库、专利数据库、外文文献篇名数据库等在内的专业数据库共享服务。

4. 科技刊物推广服务

由我中心承办的《江西技术创新》是江西省工业和信息化委员会重点刊物，面向各省工信委及全省各厅局、中小型高新技术企业发行。及时、广泛地报道了江西企业技术创新的最新动态，为众多的企业提供咨询服务和信息化技术支撑服务，深受企业的欢迎。

（三）开展国防特色的技术服务

1. 军工系统安全生产标准化评审

2013 年中心取得了“军工系统安全生产标准化评审机构”资质，并启动安全生产标准化实施工作，牵头制定了江西省军工系统安全生产标准化评审规范，编制了安全生产标准化评分细则，并完成多家企业安全生产标准化咨询、评审工作。目前，开展了 15 家企业的安全生产标准化咨询工作和 9 家企业的安全生产标准化评审工作，且都已顺利通过了三级以上安全生产标准化评审。

2. 军贸科技英语翻译

中心发挥自身优势，开展了军贸项目科技英语翻译服务。为江西省某国防设计院军贸项目建筑图纸提供笔译和口译服务（包括土建、电气、暖通、给排水等专业），为江西某军贸公司提供科技英语翻译服务，在发动机装药、装配的初步设计、生产工艺技术文件、培训教材、技术支持等军贸项目的全过程提供 100 多万字的科技英语翻译。

3. 军工项目审核

为了强化军工行业监督检查工作，提升国防科技行业生产力促进中心形象和声誉，成立了江西省军工项目审核分中心。积极参与了国防科工局军工项目审核中心委托的基建项目、科研项目、预算执行检查、监督检查、调概项目等审计任务以及省内军工固定资产投资和科研项目监督检查的任务。

4. 国防专利服务

成立国防专利服务中心江西咨询部，面向华中地区的军工企事业单位、军品配套单位、部队、高等院校等相关单位，开展专利技术挖掘、专利代理、科技查新、软件著作权登记代理、培训等知识产权服务工作。帮助全省行业内企事业单位申请专利 215 件，其中发明专利 96 件；授权专利 88 件，其中发明专利 22 件。

5. 军工史志编撰

中心承接了国防科工局《中国共产党地方军工史》《江西省国防科技工业年鉴》以及《江西省国防工业志》的编撰工作，走访调研企业 120 多家。对国防科技行业上报的技术信息进行收集、整理、审核、补充、完善后，统一技术信息的表述，规范字库、字体和图片格式，完成《军民两用技术推广目录》的编制工作，并筹备军民融合技术推广对接会。

6. 高分辨率对地观测系统江西数据与应用

中心

2015年3月，国防科工局科工函〔2015〕20号文、江西省政府〔2015〕2号文以及省主要领导批示，同意设立“高分辨率对地观测系统江西数据与应用中心”。多次专访了国家高分中心，走访了河北、陕西、四川、新疆、北京高分中心，从建设规模、组织架构、资金来源、应用示范与成果推广等方面系统全面考察外省经验，编制一期建设方案，开展了中心一期建设。以我中心为牵头单位，联合省测绘局、省核工业地质局、东华理工大学、江西师范大学等单位向国家高分中心申报了“高分辨率对地观测系统重大专项省域产业化应用项目”两项。

（供稿单位：江西省国防科技行业生产力促进中心；执笔人：喻琼）

山东

烟台生产力促进中心

【概况】

烟台生产力促进中心正式成立于1999年5月，与烟台市科技情报研究所一个机构、两个牌子，是烟台市科技局直属的副处级全额拨款事业单位。中心于2003年进入国家级示范生产力促进中心行列，2010-2012年连续三年被科技部评为A类国家级示范生产力中心，2013年由中国生产力促进中心协会授予“生产力促进奖”，2014年获得由中国生产力促进中心协会评选的“杰出贡献奖”。中心下设办公室、检索科、网络科、统计科、咨询科、科技金融科、科技资源科7个科室，现有编制36人，在职35人。

中心先后完成国家、省、市各类科技计划40多项，其中国家“863”计划2项、国家科技支撑计划1项、国家火炬计划3项、创新基金2项、国家星火计划1项；取得一批具有一定影响的科技成果，其中获省科技进步奖二等奖2项，三等奖3项；获市科技进步奖二等奖1项，三等奖3项；涌现出一批具有代表性的先进个人，获得了“烟台市有突出贡献的中青年专家”“烟台市五一劳动奖章”“中国生产力发展20年杰出人物”“全国科技情报学会优秀学会干部”等一系列荣誉。

中心成立17年来，始终坚持“背靠政府、依托科技、面向市场、服务经济”的指导思想，弘扬“学习、创新、务实、高效”的团队精神，以实施创新驱动发展战略为指引，打造科技事务服务、科技资源服务、科技创新服务三大体系，以烟台市产业导航服务平台、烟台中小企业公共服务平台、胶东汽车技术现代服务平台、烟台市大数据服务平台四个网站为阵地和窗口，以产学研合作协同创新体系为支撑，已发展成为烟台市全方位、多功能、开放式的科技创新综合服务基地。

【特色服务】

（一）提供产业技术服务的胶东汽车技术现代服务平台

中心与清华大学、机械科学研究总院和高新区创业服务中心共同发起，依托烟台泰利集团有限公司，采用政府主导、企业主体、院所支撑、市场运行的协同创新体制机制，共同建设了面向汽车产业集群的既有公益服务又有市场运作的“胶东汽车技术现代服务平台”。平台预计总投资3200万元，办公场地1380平方米，建成由虚拟展示与体验、虚拟制造与仿真、汽车车身快速试制、汽车零部件无模铸造精密成形、汽车结构件轻量化成形、汽车模具3D打印等实验室组成的基于现代汽车制造技术的创新服务支撑体系。平台开展汽车虚拟设计、虚拟展示、虚拟制造与仿真、产品快速制造、白车身研发、结构件轻量化制造、模具3D打印成形等关键技术服务和高级人才培训，为胶东地区汽车制造业的可持续发展提供技术支撑，培育基于高端服务业业态的新经济增长极。

（二）解决中小企业融资难的科技金融服务

2013年，烟台市启动了科技信贷风险补偿金机制，设立“烟台市科技信贷风险补偿专项资金”，为科技型企业提供信贷担保，其信贷风险由专项资金、合作金融机构共同承担。中心内部增设科技金融科，加挂烟台市科技金融服务中心的牌子，专门负责科技信贷的具体运营管理工作。

目前，专项资金累计3000万元，采取40%信贷风险补偿和1%贷款补贴的方式，为科技型企业贷款提供一定的增信服务、风险补偿和贷款补贴。中心通过到金融机构走访、召开座谈会等方式，积极拓展业务合作模式，创新工作服务方式。主要采用专项资金+银行、专项资金+担保公司、专项资金+银行+担保+保险公司三种业务合作模式，积极开展知识产权质押融资方式，探索启动市、县（区）风险补偿专项资金联动机制，切实降低了企业的贷款门槛和贷款成本，让企业切身享受到了政府的优惠政策。

截至目前，累计帮助35家企业获得银行放款，实际放款额度达22417万元，贷款余额10360万元。

（三）提升企业创新能力的大型科学仪器设备共享服务

2006年，烟台市启动大型科学仪器设备共享服务工作。2014年，为改善政策环境、落实共享服务，烟台市下发了《烟台市大型科学仪器设备资源共享服务管理办法（试行）》，设立了市级专项补贴资金。中心负责“烟台市大型科学仪器设备共享服务网”的建设、管理及运行维护，为入网单位和用户提供保障服务；负责省市创新券兑现工作的材料汇总、核对及上报。

“烟台市大型科学仪器设备共享服务网”坚持“入网共享、先用后补”的原则，通过网上办理预约，简化程序，提高服务中小微企业的工作效率和质量；同时组织申报创新券兑现工作，先后获得省“创新券”补贴500万元（预估），市级发放补贴450万元，有效降低中小微企业研发成本，提升了大型科学仪器设备资源利用率，为科技创新活动提供了有效支撑。

目前，入网会员600余家，入网设备仪器1218台，设备原值10.3亿元。

（四）服务地区产业发展的“烟台市产业导航服务平台”

中心在市科技局领导下，根据市委、市政府关于推动“产业、科技、金融”三者融合起来提升经济创新发展的决策部署以及省科技厅关于推动建设科技公共服务平台的总体要求，依托烟台中科网络计算研究所，通过对全市创新资源的整合、拓展和二次开发，率先在全国建立了“产业导航服务平台”。平台建设从2014年7月1日正式启动，得到省、市重要领导的亲切关心和指导。2015年2月4日，平台启动仪式在烟台举行，山东省科技厅厅长刘为民、时任烟台市长孟凡利、中科院计算所副所长隋雪青出席仪式并共同启动平台上线运行。平台于2015年12月31日正式建成运营，主要开展五大服务：产业数据分析、商业情报推荐、供需撮合服务、即时资讯推送、科技金融服务。已为烟台近300家企业提供了相关服务，对烟台地区的产业聚集发展和产业链条延伸具有较强的区域辐射和带动能力。

【典型案例】

（一）用“虚拟”技术支撑产业发展——胶东汽车服务平台服务实例

针对烟台地区中小企业产品创新能力低、虚拟现实技术在工业设计应用认识不足等现状，中心依托胶东汽车服务平台，积极开展了工业设计培训服务，累计培训企业300多家，培训人员达2000余人次。2014年，为推动虚拟现实技术在烟台地区工业设计及汽车行业中的应用与发展，组织了正海内饰、海德专用车、山东蓬翔、泰利集团、烟台大学、山东工商学院等30多家企业高校参加了“虚拟现实技术工业应用推广交流会”。来自台湾地区的专家做了题为“用虚拟成就现实——汽车行业虚拟现实技术解决方案”的精彩报告，围绕虚拟现实设计（虚拟现实在整车设计上的应用）、PLM生产应用仿真（针对汽车生产工艺流程的应用）等方面，结合东风神龙、东风商用车等项目案例，深入浅出地讲解了虚拟现实技术应用现状和发展前景。通过培训，使烟台的企业对虚拟现实技术在工业设计及汽车行业中的应用有了一个新的认识。

2013年11月网络平台正式上线运营，截至2014年底，烟台汽车及零部件企业注册会员407家，其中规模以上企业189家。通过平台网站接受过服务的企业313家。在现有数据的支持下，网站可对烟台汽车行业基础数据进行统计分析。

案例一：烟台舒驰YTK6127H3客车虚拟现实展示项目

烟台舒驰客车有限责任公司是一家拥有年产客车能力6000辆的高新技术企业。近年来，由于客车行业竞争加剧，传统的产品宣传手段已无法满足市场的需求，针对此情况，中心为企业提供了虚拟现实展示服务。虚拟现实展示服务由于具有真实感强、比平面图片表达信息多、互动性强（具有虚拟行驶、颜色配置等功能）、制作周期短、费用低、传输方便等特点，为产品在销售过程中提供了良好的支撑条件，同时虚拟现实展示的先进性把该企业及商品形象提升到一个新的高度，为其在激烈的市场竞争中打开一个广阔的空间。以YTK6127H3型客车为例，虚拟展示制作周期为两周，成本5000元，通过一年的服务，该车型累计销售215台，实现收入6450万元，相比2013年该车型的销售来看，销售量增加了30%。

（二）聚合创新要素　导航产业发展——烟台市产业导航服务平台服务实例

烟台市产业导航服务平台具有产业数据分析、商业情报推荐、技术供需撮合、即时资讯推送、科技金融服务五大功能。在运营过程中，本着“公益为主、保本经营”的原则，尽可能为烟台本地企业事业单位提供优质低价服务，取得了显著的服务成效。

案例二：产业数据分析助力产业未来发展

根据平台已有数据开发绘制了产业超图、企业技术图谱及产业链图谱，能够发现制约未来产业发展的关键节点，为产业发展提供有针对性的政策支持与引导。以新材料中的化工行业为例。化工原材料有近十万种，通过产业链图谱分析烟台市化工原材料生产商的分布情况，当地企业万华的核心产品——MDI的主要原材料为甲醛和苯胺，而苯胺的原材料在烟台有充足的厂商提供，甲醛的上游供应商却没有，如果能改善这一情况，则能完善整个产业链，从而对烟台的化工产业产生革命性的影响。

案例三：技术供需撮合提高成果转移转化效率

平台汇集了技术成果2308项、专利信息18486条，聚集2526所高校院所资源，解决企业技术需求155个，成为烟台市技术成果转化的重要媒介，有效解决企业特别是中小企业缺技术、缺人才、缺信息的难题。以烟台泰利集团为例，经平台对接，与机械科学研究总院合作完成了汽车模具3D打印柔性制造技术及装备项目，其成果“大功率五轴激光熔覆精密成形机”在国内车身尺寸最大、功率最高，模具成形效率和3D打印质量都属国内顶尖水平，将模具制作工期缩短1/3以上，大大降低模具铸造污染和热处理过程的耗能，为企业节约成本15%以上，促进了烟台市3D产业的快速发展。

（供稿单位：烟台生产力促进中心；
执笔人：李娟）

淄博生产力促进中心

【概况】

淄博生产力促进中心成立于1996年，现有职工65人，内设13个部室。通过对科技成果、科学仪器、科技人才、科技文献、科技政策法规等科技资源进行整合集聚，建立了科技创新服务平台，中心与全国100余所高等院校、科研机构和1000多名专家学者建立了广泛的联络与合作。

成立至今，在科技资源整合、科技成果转化、技术交易、科技人才培训、为政府部门和企业提供咨询服务等方面，取得了明显成效。中心2006年被评为国家级示范中心，2008年以来，中心被上海技术交易所授予年度“优秀会员单位”（全国260家会员单位评选10家优秀会员单位）；被北京技术市场管理办公室授予第十一届北京技术市场“金桥奖”，是北京市外唯一获奖单位；被天津北方技术交易市场评为“优秀需方网络成员单位”，是全国16家获奖单位之一；被北京发明协会授予第三届北京发明创新大赛“最佳组织”奖；2009年和2013年获得中国技术市场协会第四届和第六届“金桥奖”；2012年和2013年先后两次获得淄博市科技进步三等奖；2015年被中国生产力促进中心协会评为“杰出贡献奖”。2014、2015年参加中国生产力促进中心组织的“中国好技术”，由中心推荐的24家企业获得“中国好技术”荣誉称号。其中山东迪浩耐磨管道股份有限公司获得二等奖，淄博鑫旭电源科技有限公司获得三等奖。位列全省第一。

【科技创新】

中心已与北京技术市场管理办公室、上海技术交易所、天津北方技术交易市场签订了长期合作协议，享受其技术成果信息来源，并与重点单位合作建立了分支机构，形成了来源丰富的成果供应网络；2014年在全市五区三县和市高新技术开发区设立了九个区县分中心，2015年在部分乡镇试办了10个技术转移工作站，逐步在全市范围内搭建起了涵盖市、区（县）、镇（乡）的层级科技创新服务体系。

中心以中小企业和乡镇企业为主要服务对象，组织科技力量（技术、成果、人才、信息）进入中小企业和乡镇企业，以各种方式为企业提供服务，为促进企业的技术进步，提高企业的市场竞争能力做出了贡献。

【双创服务】

2015年，中心积极响国家服务“大众创业、万众创新”的号召，不断优化创业环境，传播双创理念，营造双创氛围，积极整合创新资源，先后开展了一系列活动。

中心邀请知名专家来淄辅导企业，已辅导初创企业20余家，创业导师通过一对一结对帮扶、上门诊断、集体辅导、培训授课、经验分享等多种形式为企业开展创新创业辅导服务，收到了良好的效果。同时，中心还组织了技术难题与融资需求对接会、项目路演、质量与可靠性专题培训之物料评估技术、知识产权申请与保护、企业在研发和生产中的可靠性案例分析交流研讨会等各类创新创业服务活动，通过活动不断掀起大众创业、万众创新的新热潮，让创新创业的种子在中心这片沃土上生根发芽、开花结果。

【成果转化】

为加速科技成果转化，促进企业与高校院所合作，强化企业技术创新主体地位，中心在征集企业技术需求的基础上，认真核实，逐一甄别，同时积极收集整理京津等地高校院所科技成果，对接企业，促进科技成果在淄博转化落地，助推中小企业创新发展。

一是对征集的企业技术需求项目认真核实，保证技术需求真实性；把企业技术需求通过网络发到京津等地高校院所，寻求技术合作。

二是收集整理清华大学、北京化工大学、西安交通大学、天津工业大学、中科院等高校院所最新科技成果，按照装备制造、电子信息、现代农业、新材料等领域印制成科技成果项目汇编，推荐到该市相关中小企业。

三是召开对接会。积极与京津等地高校院所对接，帮助淄博市 20 多家科技型中小企业与高校院所建立科技合作关系，解决企业技术需求，引进科技成果，促进了中小企业的发展。

四是依托科技创新服务平台，将科技成果、技术难题发布到网络上，实行线上线下同时进行。

【特色服务】

2015 年中心积极探索新的发展模式，在省内率先建立 10 个乡镇基层站点，进一步加快技术转移和成果转化工作；2015 年 10 月率领 10 个基层站点负责人与齐鲁工业大学、山东社会科学技术研究院的相关领导进行了交流，确定了下一步的合作计划；2015 年 9 月与东南大学签订合作协议，在中心设立了东南大学技术转移工作。

【典型案例】

（一）山东东大一诺威聚氨酯有限公司与北京市射线应用研究中心业务合作案例

需求方：山东东大一诺威聚氨酯有限公司

资源方：北京市射线应用研究中心

内容：山东东大一诺威聚氨酯有限公司是一家集塑胶跑道生产、设计施工于一体的专业性公司。公司拥有一批高水准的专业技术人员和一支施工经验丰富、技术水平一流的专业铺装队伍，直接参与设计、建造各类田径场、球场、体育馆、游乐场的塑胶铺设，并提供良好的售后服务。2015 年通过技术交易部发布了“耐高温聚氨酯弹性体生产技术”等技术合作需求，结果促成了山东东大一诺威聚氨酯有限公司与北京市射线应用研究中心签订业务合作合同。

（二）山东淄博凯业生物科技有限公司与生物饲料开发国家工程研究中心技术合作案例

需求方：山东淄博凯业生物科技有限公司

资源方：生物饲料开发国家工程研究中心

内容：淄博凯业生物科技有限公司是一家以生物科技为主导、以生态养殖为主体的产业实体，经营范围包括畜牧（不含种畜）、家禽（不含种禽）、水产品养殖、销售、养殖技术开发、服务等。2015 年 9 月通过技术交易部与生物饲料开发国家工程研究中心签订 200 万元技术合作合同。该合同将促进双方互惠互利，共同发展。

（三）淄博盛腾农牧公司与山东农业大学技术合作案例

需求方：淄博盛腾农牧公司

资源方：山东农业大学

内容：山东盛腾农牧公司 2015 年 4 月通过技术交易部与山东农业大学就“规模化商品鸡场疫情监控与中药防控肉仔鸡疫病研究”签订 80 万元

技术服务合同。“规模化肉鸡养殖场无公害养殖及中药防控疫病体系建设”项目是对传统养殖模式的一次创新，该项目彻底摒弃了原先粗放低值的养殖方法，将养殖业带入环保、高效、低风险的新阶段，从而可为消费者提供真正无公害的安全食品。

（四）淄博泮亿家庭农场与山东农业大学技术交易案例

需求方：淄博泮亿家庭农场

资源方：山东农业大学

内容：淄博泮亿家庭农场是一家以种植玫瑰花、猕猴桃，生产玫瑰花酱为主的企业，2015年10月，种植的猕猴桃在生长过程中遭遇到虫害问题，其与我们技术交易部取得联系后，我们联系了山东农业大学的专家，最终将这一问题成功解决，直接挽回经济损失500多万元。

【人才建设】

1996年至今，中心积极引进高层次人才，其中研究生学历占15%，本科以上占80%，中高级职称33人。

【机构设置】

中心以市场需求为导向，加强自身核心服务能力建设，走专业化、规范化和国际化的道路，逐步实现“组织网络化、功能社会化和服务产业化”。其主要机构设置如下：

（一）科技咨询

为企业提供技术、管理、政策法规等咨询服务与顾问服务。

（二）科技信息服务

根据企业需求，向其提供科技、经济、政策法规、市场、人才等方面的信息服务。

（三）技术转移服务

（1）为企业导入先进适用的技术，并提供技术支持服务。如共性技术、关键技术的开发、推广和示范，及产品检测、中间试验等。

（2）基层站点建设。2015年已建立10个乡镇技术转移工作站。

（四）培训服务

为企业提供技术、管理等方面的教育与训练服务。

（五）其他服务

包括为企业提供市场营销、投资融资、贷款担保、产权交易、人才引进、对外合作、展览展销等服务。

（供稿单位：淄博生产力促进中心；执笔人：王梅）

泰山生产力促进中心

【概况】

泰山生产力促进中心于1999年8月由泰安市科技情报研究所出资3万元，经山东省科技厅批准成立，于2003年3月在省民政厅注册登记为民办非企业法人单位，为省级示范中心，2008年5月被科技部认定为第七批国家级示范生产力促进中心，是中国生产力促进中心协会会员单位。

中心属于自主经营、自负盈亏的民办非企业，民非性质虽不能受到很多国家财政资金的支持，但经过中心多年的探索，现已建立起多项有特色的主营业务，并凭借过硬的业务水平和良好的口碑赢得当地市场赞誉。2014年4月16日，中国生产力学院正式成立，对于中心来说，这意味着机遇和转折。2014年12月，中心向协会提出了申请，最终，中心通过了协会领导的实地考察，泰山分院于2015年3月16日获批。

中心现设有综合管理部、科技咨询部、科技合作部（科技成果转化服务中心）、高新技术部、专利服务部5个部门。现有职工27人，全部为大专以上学历，专业涉及财务管理、人事管理、工业设计、电子信息、机电一体化、市场营销等，其中本科以上学历24人，占中心人员总数的88.9%。中心不断提高业务人员的服务水平，7名业务骨干报名参加了创新创业咨询师的培训并获得国家二级创业咨询师证书，单位还组织参加企业知识产权管理标准外审员培训，12名员工获得了企业知识产权管理标准外审员资格。

中心奉行客户满意为宗旨，推行全面管理和质量标准化服务，建立了完善的质量管理体系，通过了ISO9001：2008质量认证。自2007年以来连续多年获得山东省科技合作金桥奖、省科技厅颁发的先进社会组织、省民政厅颁发的优秀民办非企业等荣誉称号。2011年至今，中心在年度国家级示范生产力促进中心绩效评价中一直被认定为B类。

【科技创新】

针对科技中介服务业对外网络服务方面的现状，积极联合市内的其他科技服务机构，整合资源，中心投资建成了统一的泰安市科技服务系统，采用统一门户、统一资源、统一协议、统一管理、统一流程、统一运作的“六统一”设计开发思路，将泰安市内其他科技服务机构所承担的对外科技服务都整合在一个网络平台上运行，共同为我市企业提供综合性科技服务，这样既方便了企业又便于统一管理，平台建成后，已成为集科技服务、科技资源管理等功能于一身，并能提供网络移动办公、企业与科技服务部门互动、企业之间互动、企业移动办公和网络CAD开发设计等诸多服务的综合性网络服务平台，这种设计理念处于国内领先位置，该平台自2013年建成投入使用后获得一致好评。

【双创服务】

为扶持青年创业，2009年中心出资3万元，成立了泰安市创业促进会，现独立运作，截至2015年底共扶持创业青年108人，创业成功率达到80%以上，累计发放创业资金500万元，中心全体员工一直积极参与泰安市创业促进会的公益事业，配合促进会高效开展创业服务工作。

中心拥有制造业信息化科技工程培训教室500平方米，为制造业企业，特别是中小制造类企业提供CAD/CAPP/PDM/ERP等信息技术人才培训服务，为企业及社会培训急需的各类信息化人才。平台免费为企业及社会提供在线信息化专家讲座及信息技术培训，同时中心还配备了由60台电脑、大屏幕投影仪等组成的软硬件齐全的多媒体教学培训网络，可根据企业需求定向培训信息技术人才。几年来为企业培训了一大批电子商务、数控及服装CAD、三维CAD、CAPP、PDM与ERP信息技术应用与高技能人才，取得了显著社会效益。中心拥有400平方米企业培训授课教室，高性能服务器3台，服务器磁盘阵列一部，海信防火墙一台，UPS电源一台，光线接入设备一套，路由器及交换机一宗，办公车辆7辆，办公电脑10部及其他附属设备等。

【特色服务及典型案例】

（一）企业知识产权管理标准辅导（以下称贯标）

近年来，我国的创新型企业如雨后春笋般涌现，但知识产权问题往往成为其走上竞争舞台的“软肋”。作为国家级生产力促进中心，中心一直努力践行着科技服务机构的服务宗旨，不断提升服务能力，通过与中规（北京）认证有限公司、中知（北京）认证有限公司和江苏省镇江市生产力促进中心的密切合作，已将企业知识产权“贯标”辅导业务打造成中心有特色的核心业务。

自2013年《泰安市推广〈企业知识产权管理规范〉标准工作实施方案》出台以后，中心贯标服务已经覆盖河北、安徽、青岛等省内外诸多城市，共为70多家企业提供贯标咨询服务。通过中心的实地指导，使企业管理人员更深入地了解了贯标的意义和作用，在中心的指导下，企业将贯标工作做到了实处，全员动员，积极参与，深入宣贯，认真实施，力图将贯彻《知识产权管理规范》国家标准完美地契入到企业生产经营管理的所有相关环节中，通过贯标行动有效地提高知识产权管理体系对企业经营发展的贡献水平。目前已有山东格瑞蓝热能设备有限公司、山东泰鹏环保材料股份有限公司、泰安路德工程材料有限公司等24家企业获得中规（北京）认证有限公司颁发的企业知识产权管理标准证书。

（二）中国生产力学院泰山分院

2015年3月16日，中国生产力促进中心协会同意由山东泰山生产力促进中心牵头筹建中国生产力学院泰山分院。泰山分院积极配合好协会及总院的工作，把“认真办好每一次培训”作为办学宗旨，紧跟学院发展方向，努力实现每年培训5000人次的目标。2015年6月26日，分院与泰安市高新区科技局联合组织了“科技计划申报、企业融资及资本对接培训班”，会议邀请了国家计划评审专家及投资机构专业人士进行科技计划申报、企业融资及资本对接培训。本次会议共有参会企业120家，到会人员275人。

2015年8月14日，分院与山东恒环保科技有限公司联合组建了“室内空气净化培训基地”。“基地”由中科院相关技术专家对学员进行专业技能培训，由分院师资对学员提供创业辅导，目前已累计培训毕业学员508人，遍布全国各地。培训基地的成立，标志着分院开始向着行业培训的方向开拓，注重企业需求，细分行业市场，以市场为导向，全面助力企业腾飞发展。

2015年10月29日至30日，分院召开了《企业知识产权管理规范》贯标培训会。原国家知识产权局专利管理司司长马维野，中国生产力协会理事长刘玉兰，泰安市科技局局长张庆云出席，副局长刘桂选主持了培训会。来自全国各地54家生产力促进中心的同仁和20家咨询机构、专利代理机构、企业人员共120人参加了本次培训。会上刘玉兰理事长表示，中国生产力学院泰山分院是在全国生产力学院十家分院中首家举办培训会的，把贯标培训作为分院工作的突破口和着力点，取得了圆满成功。贯标工作是由国家知识产权局等八部委共同推进的事情，对于推进企业创新驱动发展具有重要意义，泰山分院要把贯标培训的旗帜高高举起，做好顶层设计、做实做优，打响贯标培训的“泰山”品牌。本次培训会是中心首次承办的全国性培训会议，标志着中国生产力学院泰山分院的培训业务开局良好。

（供稿单位：山东泰山生产力促进中心）

河南

河南省生产力促进中心

【概况】

中心成立于1993年，1995年经河南省编办批准为科技中介服务事业法人，1997年被科技部认定为首批10家国家级示范中心之一，2002年通过ISO9001质量管理体系认证。中心本部现有员工39人，具有专业技术职称人员32人，占职工总人数的82%，中级职称以上23人，其中，正高级职称4人，副高级职称8人，中级职称11人，占专业技术职称人员的72%，具有一支有较强研发能力的人才队伍，已成为我省最大的科技服务机构。中心设有科技咨询评估部、产业集群服务部、人才测评与考务服务部、创新设计服务部四个业务部门以及综合办公室。中心下属参控股企业有河南863软件孵化器有限公司、河南兰德科技传播有限公司、河南省生联计算机有限公司、洛阳863软件孵化器有限公司等。

长期以来，中心致力于承担组织社会科技力量进入企业，为企业提供技术、信息等综合性服务，促进企业科技进步，先后获得国家科技部先进集体、全国生产力促进发展成就奖及服务贡献奖，并连续3年在全国生产力促进中心绩效评价中达到A类优秀水平。

【科技服务】

（一）科技创新

该部分服务包含：技术服务平台、创业孵化和技术转移。

1. 服务平台

在创新平台服务方面，中心最早是从信息化服务平台的开发与推广应用做起，包括企业及行业信息化平台的开发和推广应用，先后承担的业务项目有长垣起重行业电子商务平台、巩义中小企业信息化服务平台、上街阀门行业信息化服务平台、工业设计信息化应用平台等。

2. 创业孵化服务

科技园区（孵化器）布点建设。由中心负责承办的“国家863中部软件园”是我省第一个获得国家863计划支持的国家级软件专业孵化器。该项目2001年由科技部立项，2002年由中心和郑州高新区管委会联合成立开发运营公司“河南省863软件孵化器有限公司”（首批国家级技术转移示范机构），2005年开工建设，2010年全部建设完工。该园区占地面积133亩、建筑面积11万平方米，入驻企业200家左右，园区年度最高创税近3亿元。2009年起，中心在河南省科技厅的统一部署下，逐步将“863孵化器”的发展模式推广至新乡、洛阳、上街、林州等地，先后发起建设了新乡863机电产业科技孵化器、洛阳863软件孵化器、洛阳大学科技园、上街863科技创业园、国家863林州科技产业园等，河南863科技孵化网络的战略布局已初步成型。全国人大农业与农村委员会副主任委员，原河南省委书记、省人大常委会主任郭庚茂，2015年7月14日调研了洛阳国家大学科技园，对园区取得的成效给予充分肯定。河南省委书记、省长谢伏瞻，2015 年 6 月 16 日在国家 863 林州科技产业园视察时，特别强调要发挥好科技产业园应有的作用，筑巢引凤，引进项目、培育企业，尤其是做好高科技企业孵化。

在没有申请省财政专项资金投入的情况下，中心通过整合社会资本，完成了孵化场地建设 20 万平方米，累计孵化企业 500 多家，培育了软件和动漫两个国家级创新集群；建立了获国家认可委认可的 863 软件测试实验室，与世界 500 强企业联合设立了软件研发中心，引进中科院、惠普、中兴通信等知名科研单位和高新技术企业；培育出创业板上市公司 1 家，新三板上市企业 4 家，国家重点软件企业 1 家，国家火炬计划软件产业基地骨干企业 7 家，国家认定的动漫企业 14 家。也获得了国家科技部、工信部、教育部等部委的肯定和支持。其中，国家 863 中部软件园是科技部认定的“国家现代服务业软件产业基地”“国家 863 中部软件孵化器”，工信部认定的“国家级信息安全产品研发生产基地”，国家新闻出版总署认定的“国家动漫产业发展基地（河南基地）”；洛阳大学科技园是科技部和教育部联合认定的“国家级大学科技园”。

为贯彻落实国家和省关于做好“大众创业万众创新”的相关政策意见，2015 年 8 月，在河南省科技厅的统一部署下，中心开展了“三原色国际创客空间”（以下简称创客空间）的建设和运营管理工作。创客空间重点面向软件信息、移动互联、大数据等领域，为创业团队和入孵企业提供低成本、便利化和全要素的办公条件。创客空间是中心布局“互联网 + 创新孵化服务平台”的重要组成部分，作为服务载体能够提供综合性专业化的创新创业服务，包括基础商务服务、专业技术服务和科技投融资服务等。

创新创业投融对接。在完善孵化器基础条件建设的同时，中心积极协调国内外相关从事科技投资的金融机构和组织，重点针对园区建设、园内企业融资、先进技术转移与项目引进等开展多种形式的科技投融资对接服务，具体形式包括：（1）引进国际资金，联合省内科技投资机构，成立科技创业投资基金，如河南中以科技投资基金、河南中美科技创业投资基金等，重点关注和支持园区及省内科技型创业公司及项目，已有的储备项目涵盖互联网、软件、生物医药、先进经营模式等；（2）联合银行和证券公司等金融机构，面向中小科技企业开展贷款和债券发行服务，如联合中信证券开展中小企业集合债业务、与郑州银行合作为园区科技企业提供贷款担保服务等；（3）定期开展科技投资对接活动，组织省内外及国际投资机构，省内科技型企业，通过论坛、研讨、推介等形式，促进科技资金供需对接。

2015 年 4 月，中心联合相关基金、银行、证券、信托等合作伙伴，共同发起成立了“中原科技金融综合服务联盟”，通过联盟成员的相互协作，建立内外联动、资源共享、优势互补、互惠共赢的科技金融合作网络，围绕河南省产业链和创新链的需求搭建资金链，形成重点面向中小微科技企业的一站式金融服务平台。

2015 年 9 月，中原股权交易中心正式开业开市，是河南省政府批准设立的省内唯一一家区域股权交易市场。中心代表省科技厅具体参与中原股权交易中心的出资设立和管理运营工作。

3. 技术转移服务

从 1999 年开始，中心先后承办河南省科技成果交流交易会、中国郑州先进适用技术交易会和河南省承接技术转移洽谈会等区域大型技术转移活动。结合中心科技咨询评估等业务部门持续开展技术转移相关的研究和咨询业务，包括技术资产评估、技术产权交易、知识产权和技术经纪人培训等业务。

2002 年，中心发起成立了河南省技术产权交易所，是经河南省人民政府同意，省科技厅和省财政厅联合批准，具有独立法人资格的省级技术产权交易机构，是国家工信部确立的全国5家国家级的“国家区域性中小企业产权交易市场”试点单位之一。

2013年12月23日，国家技术转移（郑州）中心获批建设，成为全国第二家、中西部首家区域性国家技术转移中心。按照省政府“边建设、边运营”的要求，根据省科技厅的统一部署，中心重点参与技术成果展示和交易、技术转移网络平台、人才交流与培训等运营工作。

2014年10月，依托中心建设的“河南国际技术转移中心”被国家科技部认定为“国家级国际技术转移中心”。在技术转移服务工作开展过程中，通过对业务关系开拓和对各层次资源的整合，中心打通了中美、中以、中欧、中印等多条国际技术转移合作渠道，逐渐建立了一个多触点的服务网络。支撑性服务条件建设包括牵头成立中以科技投资基金、中美科技创业投资基金；搭建研发设计、科技评估、人才培训等公共服务平台；组建专业服务人才队伍，建立国际科技合作机制等。基础条件包括在郑州高新区以及其他高技术产业集聚区等建设技术转移科技孵化器，积极推动河南中以国际科技合作基地等国际科技合作载体建设。通过软硬条件的结合构建了覆盖全省，具有国际合作特色的国际技术转移服务网络体系。

2015年11月，在河南省科技厅和北京国际技术转移网络（ITTN）的共同支持下，中心与郑州高新区管委会共同承办了“2015河南高新区—ITTN国际科技合作项目对接会”活动，在科技对外开放和国际合作方面又为河南增加了一个专业化新平台。

（二）科技咨询与评估服务

中心在我省率先开展科技评估业务，并组建了专门科技评估机构“河南省科技咨询评估中心”，取得了一批有关科技评估理论和方法的研究成果。截至2010年，中心开展了省重大科技攻关计划、省杰出青年科学基金、省杰出人才创新基金等项目的中期评估和监理验收工作，开展了“科教兴豫”战略跟踪、高新技术产业开发区等科技评估工作。从2010年开始，中心通过竞标，受省财政厅等部门委托，开展了河南省外国政府贷款项目、国际金融组织贷款项目等绩效评价和验收工作，得到了财政部的认可。同时，中心团队积极开拓其他科技咨询业务，如高新技术企业的申报辅导咨询等。

（三）人力资源服务

中心人才测评与考务服务，以为河南企业发展提供系统、专业和具有前瞻性的人才管理支持为使命，致力于实现“让企业人才管理更高效”的愿景。提供的产品与服务涵盖企业管理咨询与培训、人才测评以及职业生涯规划等，贯穿于人力资源活动中的选、用、育、留等各个环节。

人才测评与考务服务团队具有丰富的组织大型培训、测评、素质拓展等方面的经验和资源，同时依托强大的人才测评技术，向河南省内企业提供先进、科学的人才管理量化评价手段，并被广泛应用于企业招聘、人才识别、评估选拔及培训发展等人力资源管理工作之中。

提供的服务主要包括以下几个方面：

◆基层员工的评估盘点、招聘（包括校园招聘与社会招聘）、选拔及培训发展；

◆管理人员的外部招聘、内部评估选拔、潜才储备及培训发展；

◆高层领导力评测；

◆经典心理测验与职业锚测量；

◆移动考试与在线评价；

◆ 360° 综合评估反馈与员工调查；

◆职业生涯规划；

◆企业定制化培训课程等。

（四）创新设计服务

2000年，中心联合郑州大学成立了“河南省工业设计与产品创新工程技术服务中心”，发起设立“全国生产力工业设计联盟”“中国生产力促进协同创新战略联盟”。在服务团队建设方面，引进一批包括海归博士、行业专家在内的工程技术人员，积累了相当厚实的专家智力资源，聚集了专业门类较为齐全、具有相当规模的专业技术人才，其中机械制造、电子电器、计算机和信息技术等领域高级工程师、教授、研究员6人，应用类工程师和各类技术专门人才18人，外聘专家30多人，形成了一支具有较强的面向社会开展CAD建模、分层数据处理、逆向工程、工业造型设计、新产品研发、快速制造等服务能力的专业化队伍。先后投入了近400万元购进气体激光RPM快速成型机、多型号逆向反求激光测量机、RT塑胶快速复模机，高端CAD工作站及多版本二维/三维CAD软件等关键共性设备仪器多台，在高端硬件设备方面初具规模。在技术服务与应用方面以产品创新为核心，围绕快速成型RP及其前端技术逆向工程RE、CAD、计算机辅助工业设计CAID、CAE，后端技术快速模具RT开展了相应的服务，中心也成为河南省多家中小企业的新产品开发中心。

【经典案例】

（一）科技园区（孵化器）案例

1. 国家863中部软件园

国家863中部软件孵化器，是科技部批准、863计划支持的国家级软件专业孵化器，旨在为郑州高新区建设国际水准的软件工业园区，聚集并孵化一批在国内和国际市场具有竞争力的软件企业，发展嵌入式软件、企业信息化服务软件以及业务流程外包产业。

国家863中部软件园是国家863中部软件孵化器的功能载体、产业基地，由河南省863软件孵化器有限公司投资开发。河南省863软件孵化器有限公司由郑州高新区、中心等单位共同出资组建，于2001年9月26日成立，注册资金1200万元，是河南省“优秀科技企业孵化器”、国家认定的高新技术企业、河南省认定软件企业、国家科技部首批认定的国家技术转移示范机构、河南省认定的服务业重点企业。

863公司于2008年通过CMMI3认证，能够为客户提供质量稳定的软件开发与咨询服务；其软件测试中心于2007年通过国家实验室认可，出具的软件测试报告在世界50多个国家和地区具有法律效力。公司主要业务包括：软件工程师职业培训及大学生实训；第三方软件测试；软件工程师派遣、离岸开发等软件外包业务，软件订制开发；物流软件及其应用服务；构件库、可重用测试用例库等公共软件资源开发，863成果推广应用等。

国家863中部软件园占地133亩，总建筑面积12.9万平方米，由11幢单体建筑组成，是为各类软件开发、系统集成、网络工程商、电子信息产品研发制造与销售商以及创意设计机构、信息服务企业等企业服务的专业园区，处于郑州高新区大学城核心区域，周边有郑州大学、河南工业大学、解放军信息工程大学等名校，郑州烟草研究院、郑州税务培训中心和郑州机械研究所等科研单位，具有浓厚的人文气息和创新氛围。

园区于2005年起开始建设，2010年底全部建成并完全交付使用，截至2011年底，园区已聚集160多家企业，实现就业7000多人，既有骨干企业，如威科姆、新开普、正信科技、蓝信科技、捷安网络、博元电力等，又有在孵的中小企业，如三方软件、天宏自动化、盛世自动化、昆宇科技等，在一定程度上提升了河南软件产业的整体竞争力，已成为河南最具规模和影响力的软件专业园区，成为河南软件产业的宣传名片，尤其是在铁路自动化、IPTV、智能卡应用等领域具有全国性的影响力。

2011年，863软件园企业实现销售收入近30亿元、税收3.56亿元，累计投资达6000万元。

863软件园在国家863计划支持下建起了软件开发公共技术服务平台，开发了构件库、可重用测试用例库等公共软件资源，能够为企业提供软件过程改进、软件测试、软件复用技术应用等技术服务。

2. 洛阳国家大学科技园

洛阳国家大学科技园是2012年河南省第二批重点建设项目，是经洛阳市委、洛阳市政府批准建设的高校院所科技成果转化和科技型中小企业孵化基地，是以全国高等院校为依托的洛阳市战略性新兴产业培育、高新技术产业发展、创新创业人才培养的综合性科技服务平台。

园区位于洛阳国家先进制造业集聚区，规划用地525亩，规划总建筑面积约60万平方米，计划总投资15亿元。项目建成后将引进各类企业1000家，每年孵化科技型企业100家，聚集高层次创业创新人才2000名，吸收高层次人才从业万人以上，培育新产品、新服务数目5000项，申请各项专利200件，园区年总产值超过200亿元。

洛阳国家大学科技园以软件及信息服务业、智能装备及工业机器人、工业设计及工业检测、高端教育培训、文化创意为主导产业，使园区成为高新企业集聚发展的平台、成长型企业发展的“加速器”。目前洛阳国家大学科技园已与复旦大学科技园达成了友好园区，现已有21家省、市重点实验室入园设立技术服务中心，转化科技成果20项，其中3家企业入选高新技术后备企业，有8家被认定为市级科技企业研发中心。同时，依托园区技术服务中心，已带动实验室科研团队教授58人，副教授135人对外开展技术服务，已先后推动各类产学研结合项目120余项。

园区对进驻企业提供技术服务平台、人才服务平台、金融服务平台、一站式服务平台、政企互动平台、创新服务平台等六大平台服务体系，为园区进驻企业创业及快速发展提供良好的环境。洛阳市政府也出台了多项扶持政策，涉及企业落户、财政税收、投融资、工商管理、人才激励等方面，用以扶持入园企业发展壮大。

2011年3月，市委、市政府成立了以毛万春书记为第一组长、市长李柳身同志为组长的洛阳大学科技园建设领导小组。

2011年9月，成立洛阳大学科技园发展有限公司，作为洛阳大学科技园运营主体。

2011年11月，洛阳市政府出台了《洛阳大学科技园建设发展若干支持政策》。

2012年5月，洛阳大学科技园揭牌。

2012年9月，洛阳大学科技园开工奠基。

2013年10月，洛阳大学科技园孵化基地正式启用。

2015年7月，全国人大副主任委员，原河南省委书记郭庚茂在洛阳国家大学科技园调研。

（二）国家863中部软件园企业孵化案例

1. 河南万国科技股份有限公司

河南万国科技股份有限公司成立于2006年，坐落在郑州市高新技术开发区国家863中部软件园区。公司成立前，创办人带着项目和一部分启动资金来到园区，经过园区管理团队对项目的考察和对创办人的深入了解，认为项目前景很好，一致决定为其免费提供办公场地，帮助公司开办并协助其筹集开办资金。

2007年经郑州市发展和改革委员会批准，公司联合河南省863软件孵化器有限公司组建“郑州市机动车排放检测技术工程研究中心”，研究中心的建立使科研与生产更加紧密地结合在一起，有效地保证项目开发的实用性和先进性，提高科技成果的转化效率和产业化成功率。

2008年公司投资建设“万国科技园”，该园区位于郑州市西四环，是该公司的机动车检测设备生产基地，已通过ISO9001质量保证体系认证，产品的各项技术指标均达到国内先进水平，也是河南省唯一专业生产机动车检测设备的基地。

经过多年的发展，该公司拥有独立知识产权，以电子信息技术、软件工程技术为前导，致力于从事机动车检测设备的设计、开发、生产、销售、安装、售后服务及软件控制系统、网络工程解决方案，是国内最早研发工况法环保尾气检测设备和系统的企业之一，现已成为一家集研发生产和销售服务于一体的国家高新技术企业。

公司主营业务包括四大类：一、机动车安全性能检测线，包括3t/10t/13t全车型检测、摩托车检测、汽摩一体检测；二、机动车综合性能检测线；三、机动车环保检测线，包括汽油车ASM简易稳态工况法、VMAS建议瞬态工况法、柴油车Lugdown加载减速工况法；四、机动车远程查验监控联网系统。可根据客户个性化需求，自主设计独立研发。

本着“以义制利，老老实实做人；诚信为本，踏踏实实做事”的经营理念，短短几年，公司已从最初名不见经传的行业新军，逐步成长为我国机动车检测行业具有一定影响力的主流厂商之一。成立至今，已占据河南省内大半市场，成为一支绝对的主导力量，省外也相继在贵州、湖南、上海等地成立分公司。

2. 郑州新开普电子股份有限公司

郑州新开普电子股份有限公司成立于2000年，是一家专业致力于智能卡及RFID技术为基础的各类行业应用，从事智能卡应用系统的软件及各种智能终端的研发、生产、集成、销售和系统集成的领航企业。公司入驻国家863中部软件园时，园区为其定制办公及生产用房并垫付建设资金，为该公司的顺利开办扫清了障碍，为其前期的快速发展奠定了基础。2011年7月29日该公司成功上市交易，成为中国一卡通行业首家创业板公司。

作为国家重点支持的高新技术企业和火炬计划重点高新技术企业，公司拥有自主研发的全系列智能化硬件终端产品线、多功能应用子系统以及强大集成能力的系统平台，现已形成5大平台系统、40余个应用功能子系统以及260多种不同型号规格版本的智能终端系列产品；产品线涵盖城市、社区、校园、企事业等智能卡应用，向用户提供专业数字化集成平台和一卡通系统完整解决方案，涉及教育、市政、交通、金融、电信、移动等领域。依托智能卡行业的芯片设计、读卡设备制造、软件中间件的完整产业链布局，形成了基于智能卡及RFID技术的大规模行业应用开发和实施的超强核心竞争力。

3. 河南蓝信科技股份有限公司

河南蓝信科技股份有限公司（以下简称：蓝信公司）创立于2006年，公司总部位于郑州高新技术产业开发区863软件园。该公司由一对具有铁路信息工程技术背景的夫妇创办，入园之初，园区协助他们完成公司开办的相关手续，减免部分房租，帮助企业免除立足之患。随着公司业务的不断开拓，公司规模也不断扩张，目前在北京、上海、广州、青岛等地设有办事处，发展成为集研发、生产、销售、服务于一体的高科技企业。

蓝信公司是全国领先的铁路动态检测解决方案供应商，专注于铁路检测、监测软硬件设备的研发、生产、销售和服务，产品覆盖铁路动态检测、监测领域。公司拥有多项自主知识产权，多项科研成果通过了省部级技术鉴定，部分产品填补了中国铁路在检测技术上的空白。

蓝信公司是河南省两厅两局认定的首批高新技术企业，是省工信厅认定的双软企业，公司于

2006年通过了ISO9001质量体系认证，2012年通过了计算机系统集成四级资质认证及CMMI-3级认证，2013年通过国际铁路行业标准IRIS认证。

蓝信公司在同行业中有较强的核心竞争力，具有高增长性的特点。公司抓住发展机遇，引进各方人才，不断提高公司整体水平，使各部门工作有序、联动、高效，形成合力；努力提高产品质量，创造一流业绩；立足国内、扩展国际市场，将蓝信公司做大、做强。

（三）科技咨询服务案例（高新技术企业申报咨询辅导）

林州重机集团股份有限公司始建于1987年12月，位于举世闻名的红旗渠畔，现已发展成为国内唯一的集钢铁铸锻、能源装备、矿井建设与运营、金融租赁服务、高新技术装备于一体的能源装备综合服务商。

为打破林州地区高新技术企业“0”的局面，树立高新技术企业典范，引领区域企业自主创新，2011年林州市主管科技副市长、科技局局长及林州重机相关人员一行，来到我中心共同商议如何为林州重机申请国家高新技术企业提供帮助。随后，中心成立专项小组，由中心高级工程师项勇带队深入林州重机，从科研项目如何识别、科研经费如何计算、专利技术如何梳理等重点问题入手，帮助企业规范科研经费和科研项目的统计管理，以达到高新技术企业的申报条件要求，顺利帮助企业成功申报2011年高新技术企业，年度免税额达1500万元。

2014年，林州重机高新技术企业复审，由于有了之前申报的基础，企业决定自行准备申报，结果初评时未能达到要求。此时才引起了企业高层的重视，最终还是找到中心为其把脉诊断。随后，企业决定与中心签订长期咨询合作协议，一改原有申报前临时准备的咨询服务模式，每年定期为企业提供咨询，帮助其形成规范的科研项目和科研经费统计管理制度，这样继续申报高新技术企业时也会少走很多弯路。

（四）河南省青年创新软件设计大赛

河南省青年软件创新创业大赛（简称大赛）迄今为止已成功举办八届，有效促进了我省软件产业发展和软件人才的发掘，第九届大赛已进入筹备阶段。首届大赛是在科技部863计划计算机软硬件主题组的支持下，由省科技厅、团省委、省教育厅和郑州高新技术　产业开发区四家单位联合主办；第二届、第三届大赛主办单位在首届大赛的基础上又增加了省发改委、省财政厅、省工信厅在内的七家单位联合主办；第四届大赛又增加了省人力资源和社会保障厅在内的八家政府机构联合主办。自第六届大赛开始主要由中心、中国移动通信集团河南有限公司（简称河南移动）、洛阳大学科技园发展有限公司、河南省兰德科技传播公司承办，“洛阳大学科技园”独家冠名。自第四届大赛开始由河南移动围绕“TD技术应用”命题冠名，自第五届大赛开始又融入了“移动MM百万青年创业计划”，使大赛竞赛内容更加丰富，加大了奖励措施，为大赛创新与发展提供了坚实后盾。

大赛全程免费。历届大赛以主题鲜明，评审规范、公益性强特点，受到了国家科技部、河南省人民政府的高度重视和支持。省人民政府副省长徐济超等领导曾先后出席颁奖盛典并为获奖选手颁奖。大赛已成为河南省最具影响力的官方赛事之一。

大赛主要由省辖市科技局和高等院校根据当地实际情况会同有关单位，指定专门机构、专门人员成立分赛区组委会负责组织本行政区域的参赛事宜。河南省行政区域内依法注册的企业及省外有意向来豫投资创业的企业，年龄在45岁（含45）以下的个人或团队，要求提交软件设计作品（产品）上报到本行政区域的分赛区组委会，由各分赛区组委会按照要求对所收作品进行初评再上报到大赛组委会进行预赛及决赛直至最终评出各项奖项。

历届大赛取得了圆满成功和良好的社会影响。一是有效地带动和促进相关产业的技术创新和发展，形成了新的经济增长点。二是有效地吸引了民间资本和政府资金投入，促进了软件技术成果向现实生产力的转化。三是有效地促进了高校教学与科研，提高了产学研科技创新能力。四是有效地促进和带动大学生就业和自主创业。据不完全统计，前六届大赛，有近7万余人次直接或间接参加，1800余人次获得各种奖项。大赛获奖作品的65%已经形成销售能力，实现销售收入6亿元，实现利税1亿余元，促进6000余人就业。获奖作品吸引民间资本投入3000余万元，有166项作品获得了各级政府专项支持。自第四届大赛开始，在院校参与的基础上，吸引了更多IT软件企业和省内大型企业信息化项目参赛，如许继、安钢、中信重工、日立信、汉威、信源、捷安高科、拓普等省内外知名企业的积极参与，使大赛更具影响力，对于促进我省工业化和信息化的融合具有重要的推动作用。

举办大赛，对于提高我省软件产业的自主创新能力，发现优秀软件技术成果，发掘软件技术人才，促进软件产业发展，加快我省经济结构调整和发展方式转变，提升核心竞争力，为中原经济区建设提供科技支撑，具有重要的推动作用。

（供稿单位：河南省生产力促进中心；
执笔人：户海潇）

郑州市生产力促进中心

【概况】

郑州市生产力促进中心是郑州市编委1999年批准成立的事业单位，隶属于郑州市科技局，中心现有职工28人，核定事业编制9人，下设综合部、企业服务部、孵化器服务中心、科技金融服务中心、电子信息孵化器、新材料专业孵化器、郑州市大学生创业园、郑州市节能环保产业孵化中心、河南科达节能环保有限公司（与企业共建）等9个部门。2002年，中心被科技部认定为“国家级示范生产力促进中心”；2010年被科技部认定为“全国首批科技金融服务单位”；2013年综合绩效评价被中国生产力促进中心协会认定为“A类国家级示范中心”。中心依托省会城市的资源优势，积极探索服务于辖区内科技企业的服务形式，在项目申报、企业融资等方面贡献突出，为近十年郑州市属科技企业排忧解难，促进企业健康发展。

【特色服务】

（一）科技企业孵化器全程服务在孵企业

科技企业孵化器是培育科技型中小企业和创新人才的重要载体，自成立以来一直致力于郑州市中小企业的培育，为企业的成长提供了相对健康的环境，帮助企业渡过了幼年期所遇到的难关。

中心自2003年承担全市孵化器规划、认定、管理、指导、服务工作以来，郑州市孵化器建设经历了从无到有到成规模并形成完整体系快速发展的时期。为帮助在孵企业申报郑州市科技型企业，中心积极为在孵企业提供郑州市科技企业申报专题培训会。目前郑州市孵化器数量达到49家，在孵企业5000家，孵化场地面积195万平方米，年产值160亿元，以上孵化器指标分别占全省的61%、78%、59%、67%。几年来累计毕业企业2700多家，培育出河南辉煌科技股份有限公司、郑州新开普电子股份有限公司、河南新天科技股份有限公司等9家上市企业和24家预备上市企业。

二、借助中小企业创新基金促企业创新

郑州市中小企业创新基金申报是从2003年开始的，中心的主要工作是申报培训、申报材料编制、审核、项目包装推荐上报、沟通协调等，自成立以来解决了辖区内众多中小企业创新基金的融资难题。为推广政府的科技项目，帮助广大中小企业了解创新基金、以及创新基金申报的有关知识，中心积极为广大中小企业开展郑州市科技型中小企业技术创新基金项目申报培训班，获得了良好的效果，并为河南承信齿轮传动有限公司、河南兵锋电子科技有限公司和河南创景科技有限公司等企业提供了创新基金项目申报服务。2013年度，郑州市64个项目获得国家创新基金立项支持，支持金额4060万元。据省科技厅统计，截至2013年郑州市共获得国家创新基金2.82亿元，占全省的48.9%。

三、创新融资模式解决资金制约

面对大型金融机构不愿向中小企业贷款的现状，中心积极探索中小企业新的融资渠道，让融资难不再成为中小企业发展的绊脚石。2007年以来，中心主动联系多家银行、风险投资机构、担保机构、评估机构开展合作，并摸索出“投、贷、保”联动、企业“联保”“专利质押”“企业产品订单”“产品库存信托”等融资模式。近年来，每年共举办10期银企对接活动。2014年为企业融资1.06亿元，累计帮助企业6.2亿元。2010年被科技部认定为全国首批24家科技金融服务试点单位之一。

2013年中心与河南省中小企业局、河南现代科技经济研究院等单位组建了“融创联盟”，国家、省发改委分别投资5000万元作为创投资资金池。

2014年初，中心联合郑州市民生银行向广大科技型中小企业推广民生银行小微企业互助合作基金，互助合作基金主要运行模式为：符合银行授信条件的企业以“自愿互助、风险共担、利益共享”为原则组成互助合作组织、并缴纳一定金额的资金，委托专门的管理机构为组织内各成员单位在银行贷款提供担保而设立的担保保证金集合，小微企业互助合作基金可以设立专门的机构，或委托银行认可的其他机构作为基金管理人对基金进行管理，并对银行贷款提供担保。这个基金的特点就是一种让商户抱团取暖、由专业的人去做专业的事，通过客户整合、流程整合，实现低成本、低风险、高收益。中心通过调查企业融资需求，挑选符合贷款条件的企业，为企业组团申请民生银行的小微企业互助合作基金。2014年、2015年中心为河南丽视电子技术有限公司、郑州亿智迪科技有限公司和河南人脉网络科技有限公司等30多家企业申请了民生银行的小微企业互助合作基金。

2014年以来，中心还与郑州银行合作向在孵企业和部分社会上小微企业推介郑州银行小微企业信用贷款项目，此项目为政府政策扶持项目，主要针对我市广大征信良好的中小微企业，具有利息低、门槛低、无抵押的特点，受到广大中小微企业的青睐。2014年和2015年，中心为河南昆仑信息技术有限公司、郑州人脉网络科技有限公司、河南大广电子科技有限公司等6家企业申报了郑州银行信用贷款项目，其中河南昆仑信息技术有限公司、郑州人脉网络科技有限公司已成功获得银行贷款。

2015年10月，中心联合中原股权交易中心和指定服务机构河南省衡宝投资控股有限责任公司，向中心下属孵化器、在孵企业和部分社会企业推介河南省区域股权交易市场（新四板）业务，由于四板业务门槛低，政府有补贴，因此得到了广大企业的积极响应，目前河南省衡宝投资正在对意向企业进行资格审核，挑选符合条件的企业进行上市准备工作。

四、利用政策资源助推企业获得金融支持

利用郑州市人社局小额担保贴息贷款项目有关政策，中心积极协助广大小微企业申报贴息贷款。本项目为政府专项财政资金支持，减免了小微企业的贷款成本，促进了广大小微企业的发展。根据政策要求，中心对意向企业进行筛选，针对符合条件的企业，进行贴息贷款申报准备工作。自2014年以来，中心共协助郑州博腾商贸有限公司、郑州科彩灯具有限公司和郑州伟和商贸有限公司等7家小微企业申报了郑州市小额担保贴息贷款项目，其中郑州博腾商贸有限公司和郑州科彩灯具有限公司已经获得财政贴息补偿。

中心依托市科技局的有关资源，积极为企业提供科技金融政策和有关服务，协助企业和机构申报科技金融资助项目：2015年7月30日，市科技局出台《郑州市科技金融资助管理办法》，本政策积极推动科技与金融结合，鼓励社会资本支持我市的创新创业活动，缓解科技型中小企业融资难题，营造创新创业的发展环境。政策分三大块资助范畴，分别是：1. 针对创新创业投资机构的风险补助项目；2. 针对创新创业项目的补助；3. 针对科技贷款担保的补助。8 月 6 日，市科技局针对本政策召开了科技金融资助申报工作会议，中心组织下属孵化器、部分在孵企业、部分社会企业前来参会，同时还邀请了中原证券有关负责人前来参会，并积极参与会议的筹备工作。会议搜集了金融机构和企业的融资需求，并征集了大家对本政策的意见。12 月 1 日，市科技局举办了首届科技投融资对接会，中心组织下属孵化器、部分在孵企业、部分社会企业、部分投融资机构以及中原证券等单位前来参会，并参与了本次对接会的筹备工作。本次对接会为科技企业、金融机构搭建“零距离”的投融资交流平台，会议由市科技局党委委员朱凤臣主持。会上万绿环保、卓奇科技、携能通信、豫科玻璃等 12 家企业进行了融资路演，中原证券讲解了河南新四板业务。会上发放了融资项目资料和金融机构联系方式。会议结束后，中心引导下属在孵企业积极申报资助项目，协助郑州拓普仪表科技有限公司、河南九洲计算机有限公司和河南洛士达科技有限公司申报了科技贷款担保补偿项目。

五、科技中介服务多角度助力企业成长

中心自成立以来，大力发展科技中介服务。截至目前，中心科技中介服务内容主要包括统计调查、新技术促进推广、专家服务、技术培训、科技项目申报服务等等。这些服务全方位多角度为郑州市辖区中小科技企业服务，在为企业解决管理、技术、人才等问题方面起到了至关重要的作用。

在统计调查方面，中心承担了郑州市的高新技术产业、耐火材料产业、科技企业孵化器、产业集聚区的月报、年报统计工作，每月采集各种数据 10 万多个；在新技术促进推广方面，中心定期或不定期在各产业集聚区、工业园区、孵化器开展技术需求、成果转化对接，帮助企业解决技术、人才、信息各方面的需求；在专家服务方面，中心根据企业个性或共性的生产或经营中的困难，组织相应专家到企业诊断、指导、解难；在技术培训方面，近几年主要开展制造业信息化管理培训、企业创新方法培训、孵化器建设管理培训、企业融资和资金管理培训、中小企业“新三板”上市融资培训、科技项目申报、开办创业大讲堂，每年举办各类培训 20 多期，受众 6000 人以上；在科技项目申报服务方面，企业服务部面向全市中小企业，受理国家、省、市各类科技项目申报，年服务企业 60 家以上，为科技型中小微企业解决了初创期、成长初期资金困难的问题，助推了一批中小企业的成长。

六、特色公共服务平台促进企业协同发展

2006 年以来，中心及下属部门共搭建了 5 个公共服务平台，分别是：郑州市科技企业孵化器网络服务中心、郑州市节能产业网络服务平台、郑州市中科新材料专业服务平台、金水区科技型中小企业服务平台、二七区技术交易网络服务平台。

郑州市科技企业孵化器网络服务中心，为全市中小科技企业提供全面科技孵化服务。平台整合区域孵化资源和科技产业化各种资源，建立一个全市科技企业孵化器资源共享的平台，主要包括在线咨询服务平台、孵化器动态管理信息系统、孵化器协同办公平台、公共信息服务平台。

郑州市节能产业网络服务平台，是一个提供节能减排新技术开发与成果转化推广应用的展示平台，平台提供国内外节能减排动态信息、节能减排权威文献数据、政策法规与节能减排知识以及科技支撑下的企业节能减排工作成效展示等。

郑州市中科新材料专业服务平台是一个为全市新材料行业中小企业提供资源共享的网络平台。平台协助中小企业与科研机构对接，为广大中小企业提供信息咨询服务。平台主要包括新材料行业专家信息库、成果信息系库、企业信息库、产品信息库、专利信息库，以及行业难题征集、节能减排技术推广案例、科技文献数据资源等栏目。

金水区科技型中小企业服务平台是一个培育金水区科技型企业创新能力和产业竞争能力的综合服务平台。平台整合高端资源人脉，通过开展科技成果发布、技术交流研讨、企业交流互动、项目融资和创业讲座等活动，加强政产研之间的交流，扶持金水区科技型企业成长。

二七区技术交易网络服务平台，是一个为二七区企业提供技术交易信息的网络平台。平台为技术转移双方提供洽谈对接、洽谈管理、交易公证、技术交付、款项支付等全流程服务。

【经典案例】

案例一：融资金解决公司发展瓶颈，保发展助力华晶金刚石公司创业板上市

郑州华晶金刚石股份有限公司是一家以人造金刚石、原辅材料的研发、生产和销售，以及人造金刚石合成设备的研发为主营业务的国家高新技术企业。企业在发展阶段，不断研发新技术新产品，并积极拓展市场，但是在此期间遇到资金短缺、发展受限等问题。中心了解到情况以后，为彻底解决企业遇到的发展瓶颈，同时也为鼓励企业快速健康发展，经过总体调研，决定引导企业做上市准备，协调证券公司、会计师事务所、律师事务所等机构为企业做上市前的准备工作。经过一年多的准备工作后，企业于 2010 年 3 月 10 日经中国证券监督管理委员会批复核准，首次公开发行股票，并在创业板上市。

案例二：技术与资金双核驱动，助推河南兵峰公司腾飞

河南兵峰电子科技有限公司成立于 2012 年 2 月，公司起始资金仅为 100 万元人民币，公司员工仅仅数人。经过三年的快速发展，公司已经发展为 2001 万元注册资本，公司员工 60 余人。新成立的公司总会面临资金、技术、管理、发展方向等问题。在公司发展初期，郑州市科技局及生产力促进中心给公司提供了很多支持。2013 年 6 月，在科技局各部门的引导下，公司入驻了科技企业孵化器。成为在孵企业。2014 年 6 月，公司经河南省工信厅认定为双软企业。2014 年 11 月，公司通过了 ISO9001 国家质量管理体系认证。在中心帮助下，2012 年 5 月份，公司开始研发并生产农业物联网产品，成为省内首家在河南省质监局备案农业物联网的企业。

目前，公司的农业物联网产品主要有三种：一是用在农业种植方面的产品。功能是对环境数据的采集（空气温湿度、二氧化碳浓度、光照强度、土壤温湿度、土壤 pH 值等）和外接机械设备自动化控制（风机、天窗、地窗、内外遮阳网、水帘等）。该系列产品自研发至今，先后获得河南省科技进步三等奖、郑州市科技进步二等奖、河南省科技普及成果一等奖、河南省软件协会的优秀软件产品、河南省工信厅的物联网产品金奖，申请并授权了发明专利一项、实用新型专利一项、软件著作权两项。2014 年 2 月，该产品通过了中国软件评测中心的评测，并获得河南省科技成果一项。针对该系列产品，公司经郑州市科技局批复成立了郑州市现代农业环境监测与智能控制系统工程技术研究中心，并承担了河南省科技惠民项目一项、郑州市重点科技攻关一项。二是用于水产养殖方面的产品。其功能是实时水质监测（水的温度、溶解氧、氨氮浓度、盐度等）和外接机械设备自动化控制（自动换水、自动增氧、自

动喂料等）。该系列产品已经在多家水产养殖企业投入使用。三是关于农产品追溯的相关产品。目前，该类产品正处于公司研发阶段，公司计划建立一套完整的贯穿农产品种植、收货、生产、加工、包装、流通直至出售的农产品信息管理系统。

案例三：帮扶企业申报创新基金，协助企业顺利渡过资金瓶颈

河南大广电子科技有限公司成立于 2012 年 11 月，致力于 RFID 电子标签、智能交通、环保信息化及相关应用系统的研发生产和销售。河南大广电子科技有限公司在中心的关心支持下，一步步发展成长。2013 年大广电子业务刚刚起步，公司研发的“城市空气环境摄影分析系统”是行业内首款具有图像分析功能的平台系统，可根据分析获得能见度指标，相比同类能见度仪具有功能强、价格低等竞争优势，系统在郑州、漯河、洛阳、三门峡以及河南省所有指数县环保部门推广使用，实时监控分析空气环境质量。

企业凭借优秀的科技项目为企业的发展奠定了良好的基础，但公司在国家针对中小企业发展方面的扶持政策却不甚了解，错失税务优惠和项目扶持资金。郑州市二七区大学生创业孵化器和中心了解相关情况后，相关工作人员主动与企业进行联系，上门讲解大学生创业孵化器相关情况与入住后享受到国家政策能给予的在税收政策和创业扶持方面的资金支持。随后大广电子科技有限公司与二七区大学生创业孵化器签订入住协议，正式入住河南省大学生创业孵化器，并与黄河科技学院共建了应用软件研究中心，提升了公司的研发能力。

2014 年，大广电子科技有限公司成为国家认证的高新技术企业，同时取得河南省工信厅“软件产品”和“软件企业”认证，享受国家在税收方面“两免三减”和在项目研发经费方面的优惠政策。2014 年 3 月，大广电子科技有限公司积极参加郑州市科技局关于创新基金项目专题培训研讨会，会后积极准备相关项目及申报材料。随后，在中心的引导和支持下，大广电子科技有限公司凭借其项目技术上的创新“城市环境摄影分析系统”成功获得“2014 年郑州市中小企业创新基金项目”立项支持，获得项目经费 20 万元。2014 年大广电子科技有限公司的营业也呈阶梯式的增长。

案例四：积极鼓励企业创新研发，协助科大自动化公司申报专利

郑州科大自动化工程有限公司是一家致力于“智慧水务”、煤矿安全技术开发研究与生产加工的高科技企业。企业针对水务、煤矿安全技术等行业开发了多项新技术新成果新产品，中心针对企业这一特点，积极协助企业申报各种专利，其中发明专利 1 项，实用新型专利 4 项，国家软件著作权 6 项。

案例五：积极参与郑州国际创新创业大会，安排各孵化器和在孵企业参加创新创业大赛并取得骄人成绩

2015 年，中心借助首届郑州市国际创新创业大会的历史机遇，安排各孵化器、在孵企业和有关机构积极参与大会，并参与了大会的筹备工作。

2015 年 5 月 28 日，郑州（首届）国际创新创业大会暨全球众筹峰会在郑州国际会展中心召开。本次创新创业大会邀请到美国、以色列、印度、俄罗斯、德国、日本、韩国、比利时等 23 个国家的 80 多个国外企业嘉宾参会，参会外国投融资机构、各类科技孵化器、科技企业代表、参赛国外大学生 150 余人。本次大会还邀请到国内 200 多家投资机构和挂牌上市企业，800 余项包括高新技术、科技服务平台、技术转移的创新创业项目将在会议期间路演、交流、对接，1000 多家科技型

企业参会。中关村私募股权投资协会执行秘书长尹立志、清华启迪集团董事长梅萌、众筹网 CEO 孙宏生、新三板学院院长程晓明等国内参会重要嘉宾 50 余人，生物医药、电子信息、纳米材料、水利交通等领域“千人计划”专家 30 余人参加会议。大会期间，预计参会科技型企业将超过 1000 余家，总参会人数将达到 20000 人。

在大会筹备阶段，中心安排我市各孵化器、在孵企业和有关机构参与了本届大会，并安排各孵化器推荐优秀创业企业参与郑州（首届）创新创业大赛，因并列关系，最终有 12 家在孵企业进入“十强”，分别是：郑州速鸟科技公司、郑州采知企业孵化器公司、北京奇色佳科技公司、昂尼斯特仪器设备公司、郑州修修软件科技有限公司、河南天行健爱车网络科技公司、北京有感科技公司、北京凌宇智控科技公司、南极（美国）科技公司、上海锦渡信息科技公司、郑州雅晨生物科技公司、河南欧姆男孩电子商务公司。

案例六：积极为企业创造融资条件，安排孵化器、在孵企业、投融资机构参与市科技局首届投融资对接会

2015 年 12 月 1 日，中心协助市科技局筹备了首届科技投融资对接会，中心组织下属孵化器、部分在孵企业、部分社会企业参会，并邀请河南省衡宝投资控股有限责任公司和中原证券等单位前来参会。本次对接会为科技企业、金融机构搭建“零距离”的投融资交流平台，会议由市科技局党委委员朱凤臣主持。会上万绿环保、卓奇科技、携能通信、豫科玻璃等 12 家企业进行了融资路演，中原证券讲解了河南新四板业务。会上发放了融资项目资料和金融机构联系方式。会议结束后，中心引导下属在孵企业积极申报资助项目，协助郑州拓普仪表科技有限公司、河南九洲计算机有限公司和河南洛士达科技有限公司申报了科技贷款担保补偿项目。

案例七：联合社会资源承办互联网 + 论坛，助推企业向互联网 + 模式转型

2015 年 8 月 30 日，中心成功承办了“互联网 + 下的商务变革与企业转型”论坛。本次论坛由郑州大学继续教育学院和郑州舜博教育咨询有限公司主办，中心承办。郑州大学研修班项目部主任张东伟、中心主任张林栋等嘉宾出席了本次论坛。中心协调了我市各主要孵化器等有关单位安排在孵企业参会，同时也向部分社会上企业发出了邀请，本届论坛一共邀请到了我市 200 余家企业负责人、河南省豫东商会负责人、河南省军旅企业家俱乐部负责人以及郑州大学高级工商管理研修班项目部学员等共计 300 余名嘉宾出席了本次活动。

本次论坛由产业互联网研究中心负责人、产业互联网社群“海盗帮”创始人赵大伟老师作为主讲嘉宾。赵大伟老师详细阐述了“互联网 +”模式的内容和优势、企业向“互联网化”进行转型的方法、企业利用“互联网 +”模式带来的生产、交易、流通和融资等方面效率的提升，以及企业如何依托互联网思维改造传统的商业模式、如何在“互联网 +”的经济模式下准确判断商业趋势和选择新的商业模式等精彩内容。

论坛还组织了老师与嘉宾的现场互动环节，大家针对如何调整“互联网 +”与传统产业的矛盾、实体经济如何拥抱“互联网 +”模式以及如何运用互联网思维进行商业策划等议题展开了热烈的讨论。

论坛的成功举办，有力地促进了广大中小企业向互联网经济模式转型的动力，使更多的创业者领悟到互联网 + 模式的精髓和优势，并积极尝试拓展思路，顺应互联网经济，开辟新的业务模式。

案例八：定期举办创业大讲堂，助推创业企业发展壮大

自2014年以来，中心依托金水区科技型中小企业综合服务平台，平均每个月举办一期创业大讲堂，为初创期的中小型企业进行创业观念引导、政策指导和技能辅导培训，培训人员800余人次；为推广政府的科技项目，帮助广大中小企业了解创新基金、以及创新基金申报的有关知识，中心积极为广大中小企业开展郑州市科技型中小企业技术创新资金项目申报培训班，并获得了良好的效果，并为河南承信齿轮传动有限公司、河南兵峰电子科技有限公司和河南创景科技有限公司等企业提供了创新基金项目申报服务；为帮助在孵企业申报郑州市科技型企业，中心积极为在孵企业提供郑州市科技企业申报专题培训会，并为郑州亚讯信息技术有限公司、郑州东隅电子科技有限公司和郑州恒锐科技有限公司等企业提供了郑州市科技型企业申报服务；中心还积极为企业提供政策、财务、法律、税务、人事以及企业管理、市场销售等各方面的培训，收到了良好的效果。

案例九：河南省科技成果鉴定及科技奖励申报知识培训

2014年元月，中心举办了河南省科技成果鉴定及科技奖励申报知识培训，针对河南省科技成果鉴定有关政策，申报条件，申报手续，鉴定优势，以及科技奖励申报有关政策、申报手续、条件等进行培训。使企业了解成果鉴定和科技奖励申报的意义、优势以及相关政策，同时使企业掌握如何进行申报等。

案例十：举办创新基金项目申报培训，助推企业申报创新基金

2014年3月，中心邀请市科技局高新处周伟副处长莅临孵化器对企业做创新基金申报有关培训，培训会议上，周伟副处长向企业介绍了创新基金项目申报有关政策，并详细讲述了申报条件、流程、申报材料，使企业了解创新基金的有关政策、优势和意义，同时掌握如何申报创新基金等。

案例十一：举办高新技术企业申报培训，助推企业申报高新技术企业

2014年4月17日，中心邀请市科技局高新处和河南诚裕会计师事务所有限责任公司有关老师做国家高新技术企业申报培训，对高企申报流程、条件、手续以及申报材料整理等做分析和讲解，以便使企业能够系统了解高企申报的意义、优势以及申报流程等。

案例十二：金水区在孵企业联盟成员对接会议

2014年4月24日，举办金水区在孵企业联盟成员对接会议，会议上，联盟为企业颁发在孵优秀企业奖牌仪式，鼓励企业不断创新发展；金水区科技局领导与企业进行交流了解企业的发展需求及建议；针对金水区科技计划项目申报，为有意向的企业进行讲解申报项目应注意的事项，提高企业申报率；企业之间针对市场发展方向开展交流与合作，加强企业之间产品、技术、市场、人才需求的互动合作。

案例十三：科技金融银企对接会议

2014年12月3日，中心联合民生银行，做小微企业互助合作基金融资项目培训会，对民生银行小微企业融资产品项目进行系统培训和介绍，有关融资模式、成本、优势等进行系统培训。

（供稿单位：郑州市生产力促进中心；
执笔人：李鸣飞）

郑州磨料磨具磨削研究所有限公司

【概况】

郑州磨料磨具磨削研究所有限公司位于郑州市高新技术开发区梧桐街 121 号，创建于 1958 年，是国有独资的中国磨料磨具行业唯一的综合性技术开发机构，原机械部直属一类研究所。1999 年机械部 242 个科研机构转制，加入中国机械工业集团有限公司，转为高科技型企业。2006 年认证通过质量管理体系；2013 年通过环境管理体系认证、职业健康安全管理体系认证。2013 年遵照中国机械工业集团有限公司，国机改（2013）218 号批复，由郑州磨料磨具磨削研究所制改为“郑州磨料磨具磨削研究所有限公司”，同年遵照国机改（2013）399 号文“关于重组组建国机精工有限公司的通知”进入 “国机精工有限公司”，成为“国机精工有限公司”的全资子公司。

公司于 1963 年研制成功国内第一颗人造金刚石。经过 58 年的发展，已成为一个技术力量雄厚，产品品种齐全，设备仪器先进，综合实力较强的一类研究所。

完成科研和科技开发成果 1357 项，获国家、部、省、市级奖励 165 余项，其中国家级 17 项，部局级 85 项，省级 41 项，市级 13 项，国机集团奖 6 项，其他 4 项。特别是 1963 年公司研制出我国第一颗人造金刚石，填补了国内空白，获得了全国科学大会奖和河南省科学大会奖。在管理工作方面，多次获得奖励和荣誉称号：1980 年公司被第一机械工业部和河南省命名为“大庆式科研单位”；1993 年公司被国家科委授予“1988-1993 年实施火炬计划先进高新技术企业”；1993 年 10 月，以公司为依托的“国家超硬材料及制品工程技术研究中心”通过验收在公司成立。2004 年，公司和省内外高校携手，由郑州市批准在公司成立河南超硬材料产学研基地。2006 年进入郑州市高新技术开发区，成立郑州三磨超硬材料有限公司；2010 年郑州三磨超硬材料有限公司产业基地建成投入使用。2015 年，由公司申报的“超硬材料磨具国家重点实验室”获得了科技部批准建设。另外，国家磨料磨具质量监督检验中心、国家磨料磨具标准化委员会、全国磨料磨具计量技术委员会以及中国机床工具协会超硬材料分会均依托公司开展工作。

2013 年以公司为研发创新平台，组建“国机精工集团”。在荥阳新材料产业集聚区总体规划面积约 10 平方公里，计划到 2016 年年产值达 1000 亿元，成为全国最大的以超硬材料产品为主体，配套设施完备，产业特色鲜明的新材料产业园区。

【创新成果】

2015 年 9 月 30 日，由公司申报的“超硬材料磨具国家重点实验室”获得了科技部批准建设，这标志着公司在国家级科研平台建设方面实现了新的重大突破。

河南省科技厅以“豫科 [2014]207 号”文件批准河南省高性能超硬材料制品重点实验室正式

开放运行。截止到2014年底组织开展各级各类研发项目70项，其中国家级项目27项，开放性课题10项。完成课题52项，其中国家级项目19项，省级项目4项，开放性课题及其他项目20项。这些课题的技术成果代表国内超硬材料行业产业共性、关键技术研究开发的最高水平。2015年9月，实验室顺利通过了河南省科学技术厅组织的评估，评估为良。

2015年12月7日，由公司承担，湖南大学、北京第二机床厂有限公司和上海机床有限公司参与的2010年国家科技重大专项“120～200m/s高速／超高速磨削用陶瓷CBN砂轮”课题，在湖北省襄阳市神龙汽车有限公司通过了国家工信部组织的任务验收。通过课题研究，开发出了船舶发动机曲轴、汽车发动机曲轴、凸轮轴、轴类零件磨加工用高速／超高速陶瓷CBN砂轮及其成套制造技术。产品可满足线速度最高200m/s的安全使用要求，已被国内和合资企业批量应用，成功实现了进口产品的国产化。2013年已实现高速／超高速陶瓷CBN砂轮经营收入超过500万元。其中曲轴加工用高速／超高速陶瓷结合剂CBN砂轮的制造技术已达到国际先进水平，打破了国外对我国数控高速磨床用高速／超高速陶瓷结合剂CBN砂轮的垄断，引领了行业技术进步、引导了行业产品结构调整，提升了我国超硬材料磨具的竞争力。

【市场开拓】

1. 市场开拓能力不断增强

（1）国内首创型产品迅速占领行业市场。随着国家节能减排政策的推进，LED照明行业发展较快，在这一市场机遇的契机下，公司集中技术力量，研发出具有国内首创性的C-D磨LED衬底片砂轮，利用公司客户资源及营销网络，迅速占领国内相关行业30%左右市场份额，取得了良好的经济效益和社会效益。2014年C-D磨LED衬底片砂轮产品实现销售收入550万元，2015年实现销售收入930万元，同比增长70%。

（2）项目产品产业化成效显著，市场认可度不断提高。电镀金刚石划片刀经过项目培育及提升，产品质量得到了客户认可，积累了良好的客户口碑。2014年实现销售收入248万元，2015年实现销售收入448万元，同比增长80%。

（3）优势产品协同新产品，共同开发行业客户。汽车行业用V-CBN磨曲轴砂轮、V-CBN磨凸轮轴砂轮作为公司的优势产品，具有一定的市场知名度。针对行业客户的新应用、新要求，公司针对性地开发出了电镀磨曲轴砂轮、电镀磨凸轮轴砂轮等一系列轴类磨削加工用砂轮等新产品，为客户提供更为完善的产品和服务，2015年轴类轴类磨削加工用砂轮产品实现销售收入2600万元。

（4）拓宽传统产品应用领域，开拓新市场、新应用。随着半导体行业的高速发展及国家相关政策及资源的积极引导，相关切割耗材的应用得到公司高度重视。超薄切割砂轮系列产品作为公司的传统优势产品，在光学玻璃超薄切割加工领域成功应用的基础之上，进行专项研发及提升，将产品应用逐步拓展到BGA、QFN切割等半导体加工领域，2015年实现销售收入1200余万元，同比增长36%。

2. 总体销售收入同比实现增长，与部分行业标杆性客户建立合作关系

2015年公司进一步深化与行业标杆性客户的战略合作关系，新增大客户10个，实现新增销售收入1400余万元；与包括美蓓亚、蓝思科技、三安光电等行业大客户建立了稳定的合作关系，为客户提供产品及服务，以提供整体解决方案的方式来巩固和加强双方的合作关系，取得良好效果。

【科技创新】

2015年度承担科研项目63项，科研投入12020万元，完成鉴定验收18项。其中科技部院所专项资金项目“LED衬底加工用金刚石研磨液制造技术研究”的项目成果在公司实施了产业化。该项目年内实现销售收入共计1100万元。

在本项目解决了LED衬底加工用金刚石研磨液批量化生产中的质量稳定性、设备使用度等问题，具体包括：研磨液中磨料粒径稳定控制技术、磨料粒子表面化学改性稳定技术、多功能复合研磨助剂的配伍技术、研磨液制备工艺稳定性、关键设备扩产调试等，形成了成套制造技术，具备年生产量3.5万升、产值1000万元的生产能力，获批一项发明专利。系列产品在多个用户的实际生产线上进行试用，均满足实际需求，产品可完全替代进口，满足LED工艺制程中晶片的抛磨需求。

自项目实施以来，开发国内外多个相关用户，实现了产品有无到有，再到相当市场影响力的转换。目前，项目产品已在国内多家LED衬底生产和LED外延芯片制造厂家实现批量应用。

本年度共申报纵向项目10项其中国家科技支撑计划1项、国家火炬计划1项，省自主创新产品1项、河南省科技攻关计划1项、省基础与前沿技术研究计划1项、省外经贸发展专项资金1项、郑州市重大专项1项、郑州市引进国外技术、管理人才项目1 项、国机精工有限公司基金项目2项。

2015年荣获河南省科学技术进步一等奖，郑州市科学技术进步特等奖，河南省装备协会科技进步一等奖等共三个奖项。

组织申请专利117项，其中发明专利61项。共授权专利39项，其中发明专利2项，PCT国际专利1项。制修订标准13项，其中行业标准3项，企业标准3项，企业内控标准7项。

【品牌建设】

2015年对营销人员的应知应会做了梳理和规范，并对过程管理和日常管理做了规范。通过培训、考试、演讲比赛、交流、以老带新等形式提高新老销售人员的业务能力。同时安排新销售人员深入一线学习，定期请一线技术专家为业务员做产品知识培训，增强与生产部门的交流；学习闭环管理的理念，运用闭环管理的工具，提高专业化水平与营销能力。

2015年完成全年展会工作，并增加了观展的模式，对部分有价值的展会组团观展；制作完成了英文宣传视频，组织参加行业高端论坛，并作主题演讲，以及出席后续的活动，扩大三磨品牌在下游专业领域内的影响力。在客户集中区域开展“设备维护及技术交流会”，为客户讲解设备常见问题快速解决办法，同时将公司最新产品信息传递给客户。提升了公司品牌在该行业影响力，加强了公司高层和下游行业标杆企业高层间相互交流，为下一步业务开展做出铺垫，同时为公司对市场动态的把握提供了一种途径。

（供稿单位：郑州磨料磨具磨削研究所有限公司）

濮阳市生产力促进中心

【概况】

濮阳市生产力促进中心是经濮阳市科学技术局批准成立，2000 年 8 月经濮阳市工商管理局登记注册，隶属市科技局的企业法人单位。2001 年 12 月，被河南省科技厅认定为省级示范生产力促进中心。2003 年 9 月通过 ISO9001 质量管理体系认证，2009 年 9 月被科技部认定为国家级示范生产力促进中心，2010 年 6 月被科技部确定为首批全国服务新农村建设试点中心。2012 年、2015 年均被中国生产力协会授予服务贡献奖。

【特色服务】

中心坚持“面向中小企业、创新服务模式、加快技术转移、促进产业升级”，全面提升中小企业创新能力和市场竞争力。主要服务如下：

1. 建立技术转移服务平台

中心与濮阳市开展全面市院合作的 20 所大院名校及知名专业技术转移服务机构签定技术成果转移协议，在濮阳市组建技术转移机构。依托河南工业大学建立了河南工业大学濮阳科技成果转化中心；依托上海技术交易所建立了“上海—濮阳创新驿站”；依托天津北方技术交易市场建设了“北方技术市场濮阳工作站”，依托中国创新驿站建立了濮阳基层站点等一批专业的技术转移服务平台。

2. 建立技术展示交易平台

中心建立了一个 800 平方米的科技成果展示大厅。大厅内采用展板、实物、电子屏滚动展示三位一体相结合，展示科技成果 3000 多项。2015 年 5 月，中心承办了“濮阳市产学研对接暨技术转移洽谈专题会”，展出高校科技成果节能减排等六大类 2100 多项。通过宣传、展示和推介，濮阳市有鹏鑫化工等 30 余家企业共 50 多个项目进行了转化意向登记。

3. “技术对接面对面”

中心通过构建濮阳市技术经纪人创新联络员队伍，搜集企业创新需求 1500 多项，通过整理汇总，“带着问题找答案”，组织相关企业到高校、院所寻求技术诊断，进行专题对接。举办了“濮阳市生物医药产业对接洽谈会”“化工产业产学研（天津）对接洽谈会”和“化工产业产学研（北京）对接会”，通过产业分类、专项创新征集，开展专项对接，做到企业有目的性，专家有针对性，“一对一”、面对面洽谈，实现由下而上的有效对接。

4. 远程视讯，异地对接

中心组建的企业创新需求数据库与上海技术交易所、北方技术交易市场相关网站链接，建立网上直通车，实现资源共享，使濮阳市企业创新需求第一时间反馈到院校，企业第一时间了解行业成果。中心筹建了远程视频对接会议室，实现异地即时对接，采用公共服务的形式，前期费用由中心承担，降低了企业成本，调动了企业创新热情。

5. 虚拟技术市场服务

依托中心门户网站，联合濮阳市科技成果网、中国中部食用菌网、濮阳化工网、濮阳知识产权网等网络资源，建立网上虚拟技术交易市场，共享科技成果（专利）信息数据库，通过图片、文字、语音对技术成果进行详细介绍，展示效果良好。“卫生间模块化同层排水节水系统”专利技术成功对外转化，技术转化合同成交总额达2000多万元。

【典型案例】

· 探索技术转移新模式

“百铸网”是濮阳市政府重点关注和扶持企业，是专业服务铸造行业的新型互联网公司，现有员工40余名。针对我国铸造企业技术落后、设备陈旧、原材料消耗高等普遍问题，利用网络汇集先进资源，打造致力于铸造行业产业技术链的综合服务平台，面向全国铸造企业，为企业提供订单外包、技术外包等服务。开展的技术转移工作主要有：

1. 联合高校开发软件

2013年6月，百铸网与华中科技大学华铸软件中心合作，开发出“运用软件进行充型凝固过程模拟和工艺优化设计”，有利于铸造企业生产实现自动化、智能化、可视化，提升产品竞争力。

2. 组织举办铸造业技术交流会

2013年9月以来，百铸网先后联合河南铸锻行业协会、河北铸造行业协会、中国铸造协会等十余家行业协会以及武安市政府、禹州市政府、沧州工信局等十余家政府机关先后在河南安阳、禹州，河北武安、沧州，湖北襄阳谷城等铸造产业聚集地市，召开了6届“百铸网铸造技术服务交流会”，邀请超过50位国内顶尖铸造技术专家走到铸造企业身边，为他们解决铸造难题，直接影响铸造企业超过2000家。

3. 开展校企合作

随着服务企业数量和内容的增多，百铸网对电子商务类高技术人才的需求量日益增大，2014年1月，中壹电子科技有限公司联合濮阳市职业技术学院、郑州大学、大连理工大学、华中科技大学启动了濮阳大学人才培养计划，开展校企合作。2014年，共有24名应届毕业生到百铸网实习和工作。

4. 组建铸造专家工作室

“百铸网”组织国内铸造行业顶级专家，其中有原国营408厂铸造工程师赵鲁生、原一拖集团铸造厂总工程师刘南陔等共100余位。一是通过铸造技术服务专题窗口，实现在线预约专家的功能，利用现代传播手段，通过网络、电话、微信等在线解答。二是组织专家实地现场指导。三是企业带着问题挂号会诊。截至目前，已经帮助河南前进铸钢有限公司、禹州硕星机械铸造有限公司、河北常凝铸造有限公司、阳新恩洋机械配件有限公司、河北铸盛铸造有限公司、河北英达铸造有限公司、湖北沙龙铸造有限公司等十余家企业解决铸造技术难题，在线咨询解答技术难题600余个（次）。

【人才建设】

中心现有在岗职工40人，其中本科以上学历32人，中级以上职称36人，高级职称4人，人员专业涉及化工、机械、经济管理、资产评估、信息工程等专业，专业搭配合理。聘请了北京大学、清华大学、南开大学、上海东华大学等40余所知名大学的教授、专家为中心顾问，同北京化工大学、河南省科学院、河南农科院等20家科研院所建立了科技成果转移转化合作关系。

【机构设置】

中心实行主任负责制，内设咨询服务部、信息服务部、技术转移部、培训部和办公室。成立了“濮阳生产力促进联盟”和“濮阳市技术转移服务联盟”，联盟吸纳了基层生产力促进中心、高校、科研院所和其他中介服务机构，基本形成了具有区域性、综合性服务特征的基层生产力促进服务体系。

（供稿单位：濮阳市生产促进中心）

湖北

武汉东湖新技术开发区生产力促进中心

【概况】

武汉东湖新技术开发区生产力促进中心于2002年6月经武汉市科技局（武科〔2002〕319号）《市科技局关于同意成立武汉东湖新技术开发区生产力促进中心的批复》批准，由武汉东湖新技术开发区（以下简称“东湖高新区”）管委会出资3000万元注册成立，是具有独立企业法人资格的国有综合性科技中介服务机构。

经过13年的发展，中心总资产规模达18亿元，服务范围覆盖科技金融、自主创新、科技成果转化、国际竞争力推动、基础性服务（咨询、培训、项目辅导、论坛、展会）等多个领域，已经成为立足东湖高新区、满足武汉市城市圈中小企业共性、个性化需求的金融创新服务中心和信息技术服务平台。

【机构设置】

中心内设综合管理部、财务中心、科技金融部、公共服务部、金融事业部五个部门。现有核心骨干18人，骨干团队均具有金融、法律、经济、管理等专业背景，其中具有大学本科及以上学历者超过88%。中心基础性服务采取外包及聘用第三方机构委托服务的形式。

【科技创新】

武汉市处于全国“大众创业、万众创新”第一方阵，东湖高新区作为国家科技金融专项改革试点的核心，是全国科技金融最活跃区域之一。中心充分发挥东湖高新区金融政策和国有资本的引导，强化创新引领作用，拓宽融资渠道，量身打造科技金融服务理念，为光电子信息、生物、新能源、节能环保、高端装备制造、现代服务业等领域的科技型轻资产、缺抵押的中小微企业提供了资本桥梁。

2011年，为加快武汉东湖国家自主创新示范区建设，深入开展科技金融创新，发挥政策引导和资源优势，引导信贷资金和社会资本进入高新技术产业领域，多途径解决中小企业“融资难”问题，中心集合多种政策和渠道资源，在原有的科技型企业贷款平台的基础上推出“中小企业集合贷款”业务，及时出台《中小企业贷款实施细则》。“集合贷”是东湖高新区唯一一家与国家开发银行合作的资金管理平台，该平台通过“集零为整、集中申报、集中评审、政府增信、市场运作”的原则为东湖高新区内企业提供融资服务，最大程度缓解科技型中小企业，尤其是对符合国家“千人计划”和示范区“3551人才计划”的重点创业企业进行了支持，解决了困扰他们的资金瓶颈问题，推动示范区自主创新和产业升级。

2014年，我国经济面临较大下行压力，中心创新工作思路，突出重点，统筹协调科技金融资源，通过东湖高新区管委会与汉口银行基于风险补偿资金合作贷款项目，启动了“萌芽贷-131产业信贷计划”，为光谷光电子、生物、环保、高端装备和高技术服务业等五大产业中的早期科技型企业提供贷款扶持，更好地解决初创企业融资贵、融资难等问题。

2015年，中心对东湖高新区金融市场要素进行了调研分析，以现代服务业为切入点，创设“互助资金计划”。“互助资金计划”是通过市场化资源配置，与第三方机构（银行、担保、小贷等）合作，共同设立担保资金池、信贷业务保证金等新的业务形态，扩大基金规模，在可控的条件下充分利用杠杆工具，撬动放大不低于担保资金池（保证金池等）八倍的金融资本。该创新运用采取“开放合作、平台共享”，利用不同主体的政策、风险偏好、团队优势等，扩大对东湖高新区企业融资服务的深度和广度，解决了东湖高新区内中小企业融资难、成本高的问题，强化资源配置，同时为东湖高新区产业链企业提供供应链金融服务，解决中小企业因赊账销售带来的流动资金不足的风险，凸显政府资金引导作用，发挥社会资金杠杆效应。

【特色服务】

中心以企业服务为核心，整合创新资源、集聚创新要素，采用技术创新手段为企业提供综合性服务，致力于打造符合东湖高新区特色的优质服务品牌。

2015年，中心按照“构建一个适应市场需求的科技培训服务体系，打造一支业务素质高、实践经验丰富的科技培训师资和服务队伍，凝炼一套适合创新创业培训需求的培训课程”的目标，依托中国生产力促进中心协会和东湖高新区管委会面向区内科技服务机构、中小微企业，开展围绕“大众创业、万众创新”主题的科技培训工作。培训工作的宗旨是搭建创业辅导、政策咨询、支撑服务和信息交流的平台，聚焦众创空间与创客经济热点。

2015年，在“双创”政策之下，中心搭建“东湖智库”平台，邀请中国科学院、大专院校、科研院所的院士、专家、知名学者，为东湖高新区内创业者、科技型企业就产品研发、成果转化、人力资源、经营管理、财务税收、融资担保等各类问题提供咨询、培训和技术解决方案。

中心针对从初创到大型科技型企业的供应链管理和经营特征，设计集债权融资、科技培训、高端引智、资源共享于一体的创新服务体系，结合不同行业供应链的典型需求，深度嵌入企业日常供应链经营和管理，提供“一站式”创新综合服务，建立“供应链数据驱动下的全新服务模式”，全面满足企业稳健经营和快速发展的需要。

【历史荣誉】

2006年，中心被国家科技部认定为“国家级示范生产力促进中心”；2007–2009年，中心连续三年在科技部举办的国家级示范生产力促进中心年度综合绩效评价中被评为“优秀”；2008年，中心被武汉市科技局授予“武汉市国家火炬计划实施二十周年先进管理单位”称号；2010–2013年，中心连续四年被评为“A类生产力促进中心（企业类）”；2010–2015年，中心被中国生产力促进中心协会授予“生产力促进（发展成就）奖”；2015年，中心荣获中国生产力促进中心协会颁发的“杰出贡献奖”。

（供稿单位：武汉东湖新技术开发区生产力促进中心；执笔人：王笑冰、熊畅）

湖南

长沙生产力促进中心

【概况】

长沙生产力促进中心（长沙新技术创业服务中心）在国家科技部、长沙市委市政府的大力支持下于1996年成立，以加强科技与经济的结合，促进科技成果转化与企业技术创新，培育更多的高新技术企业为目的，引领和推动长沙科技服务业发展。

中心自成立以来，经历20年的耕耘，打造了一支“忠诚、和谐、勤勉、奋进”的服务团队。建设有3万多平方米的科技企业孵化器，并配套建设了新技术、新产品展示中心、公共培训、公共会议服务中心和科技企业家俱乐部等配套服务设施。构筑了科技企业孵化培育、电子产品研发与检测试验、技术转移与产学研合作、创新创业信息服务、技术创新和管理创新培训、政策咨询与技术支持、科技投资和融资服务等7个公共服务平台，累计为10000多家企业提供了高新技术企业孵化、科技创新与现代管理培训、电子产品检测试验与质量改进、技术转移与产学研合作、科技项目评估与监理验收、科技咨询、信息服务、技术推广、产品展示交易、科技投融资等针对性的服务，直接孵化培育科技企业超500家，帮助企业增加产值400多亿元。中心自有资产从几十万元增加到1亿多元，年服务收入超过1500万元。

20年来，中心先后被国家科技部认定为“国家级示范生产力促进中心”（2001年）、首批“国际工业分包与合作交流试点单位”（2007年）、“国家高新技术创业服务中心”（2009年）、“国家技术转移示范机构”（2011年），并被长沙市人民政府和湖南省经信委分别认定为长沙市首批“小企业创业示范基地”和“湖南省中小企业核心服务机构”，2013年被湖南省科协确定为“湖南省创新方法培训基地”，2014年被评为“湖南省科技服务与创新平台”，被国家工信部认定为“长沙电子信息产业集群窗口平台”“国家中小企业公共服务示范平台”。国家科技部2011、2012、2013年度绩效评价中连续3年在A类生产力促进中心位列前十名，2015年被中国生产力促进中心协会评为杰出贡献奖。

20年来，中心从无到有，历经风雨，取得了优良业绩，也获得了上级部门与社会的高度认可，让人欣喜，而更让人欣慰的是经过不断的学习摸索，中心积累了丰富的成功经验，同时经过不断努力完善，建立了一套行之有效并能持续创新发展的服务体系。

【双创服务】

一、创新企业孵化模式，引领和推动长沙科技企业孵化事业的发展

（一）因时因地制宜创新孵化模式

·政策孵化

针对当时科技人员创业思想不够解放，不熟悉国家政策，登记手续复杂且需要戴上国有或集

体企业的“红帽子”，中心探索性地提出“政策孵化”这一模式，为创业初期企业“送政策、给帽子、出点子、跑路子”，动员和帮助科技人员创办企业，催生了湖南创业通联科技公司等最早的一批民营科技企业。

· 借窝孵化

随着科技创业者的增加，对发展环境优良，具有合适的公共服务设施和良好公共服务的集中孵化场地的创业服务需求日益明显。1999 年开始中心孵化方式转向“借窝孵化”。将 10000 多平方米的国有企业闲置场地整体租赁下来，并进行科学的改造和公共服务设施建设，为初创期的科技企业提供价格低廉，公共服务优良的研发办公场地。

· 建窝孵化

经历了几年的“借窝孵化”，中心开始着手“建窝孵化”。2003 年开始，中心在长沙高新区麓谷征地 30 亩建设长沙创业服务与成果转化基地，总建筑面积 27760 平方米。新场地布局更加科学，设计更为合理，公共服务设施更加齐全，更加适宜科技企业的成长。中心在孵企业“长沙景嘉微电子股份有限公司”创业板上市发行，资本金注入企业“爱威科技股份有限公司”于 2015 年 2 月在新三板成功挂牌。

· 专业孵化

近年来，为顺应国家高新技术企业孵化器建设要求，中心孵化模式由原来的综合孵化走向专业孵化与技术孵化，入驻企业选择更侧重于电子信息产业、芯片设计等新型产业；服务模式由政策服务转向技术服务。2013 年起，中心投资 1000 多万元建立电子产品开发与检测试验公共技术平台，为企业产品研发试验提供强有力的技术支撑服务，同时围绕电子信息产业开展技术、人才、培训、投融资等方面的深度服务，帮助企业提高产品质量和创新能力。中心的企业孵化基地成为了长沙市的电子产业专业孵化基地，同时，也成为了湖南省电子信息产业集群窗口平台。

· 双创建设

为响应和实践“大众创业、万众创新”的战略部署，中心整合资源建设“机会”创空间，打造中心的众创空间。通过凝聚一批专业领域的创业导师和服务机构，开展创业培训、举办各类创业活动，为创新创业者提供更加适合产业特点的创业辅导服务，将创新创意转化为实实在在的创业活动，提高创新创业者的专业素质和能力。2015 年 9 月，在科技部火炬中心公示的第三批众创空间中，“机会”创空间位列其中。

（二）建立公共信息服务平台助推创新创业

· 建设创新创业网站

1996 年中心就建立了长沙市第一家科技信息网站，2008 年中心又重新开发建设了长沙创新创业网，为科技企业和科技人员提供政策支持信息、成果信息、技术需求信息、人才信息等，传递创新创业成功经验、现代企业管理方法等，为创新创业提供指导和服务。已累计发布权威科技、经济、政务信息 10 多万条，访问量超过 80 多万人次，为众多的单位和科技人员发布技术供需信息、工业采购和分包协作信息，寻求技术交易和合作，促进生产协作和分包市场开拓，目前我中心正着手进行网站改版升级，改版后的网站内容将更为丰富、功能更为完善，并将引入网络孵化这一功能，以实现企业创业孵化过程中的全方位信息服务。

· 瞄准网络孵化

为适应经济发展新常态，顺应网络时代“大众创业、万众创业”新趋势，满足企业不同阶段的创业需求，我中心目前正着手建设网络孵化平台。通过利用互联网技术，充分发挥科技创新孵育体系作用，建立以企业需求为核心，将创业资本、中介服务机构、研发机构、政府信息等各类企业孵化资源有效整合，推进技术跨区域间高效转移，服务创新创业的沟通桥梁与便利平台。平台以开展孵化服务为重点，让创业者享受更为良好的网络与资源共享空间。

·举办科技创业沙龙

中心在2012年10月建立了“科技创业沙龙”，为科技人才、科技企业、科技成果持有者、投资机构等提供 “面对面”的信息交流与合作洽谈平台。科技创业沙龙结合科技创业人才的个人经历、创业背景、职业兴趣等情况，围绕科技人才在创新创业各个阶段和层次的不同需求特性，邀请各界相关行业专家或从科技创业人才中遴选有关专业人士，采取轻松愉悦的形式，不定期开展科技创新创业政策解读及有关专题咨询活动，有规律地组织科技创业人才开展学术交流、成果推介、创业互访等专题活动。科技创业沙龙累计有来自200余家单位以归国留学人员为主体约1000余名技术人才参加了活动。通过各种沙龙活动的开展，促进了科技创业人才之间互助成长，推动了科技创业人才与有关政府主管部门、科技服务机构、金融投资机构、技术产权交易机构等之间的交流合作，打通了境外人才信息交流渠道，大力推进“政产学研用”深度融合。

（三）公共培训平台促进科技创新创业服务

积极开展共性技术培训推广工作。中心早期平台建设以信息技术应用推广为主，积极参与和推动长沙市“制造业信息化”工程，开展了制造业信息化的网上宣传和推广；组织了长沙市制造业信息化培训班10余次，培训企业信息化管理人员1000多人次；培训国家计算机软件程序员8000多人。积极开展科技企业管理和科技经纪人培训，其中科技经纪人培训近200多人次，所培训的人员成为了我市开展技术贸易的骨干，我中心培训的科技经纪人从事的技术贸易合同金额占长沙地区同年技术贸易总额的一半以上。

同时，中心还不定期为中小企业开展创新创业政策与项目申报培训、工业分包与生产管理创新、融资方法与途径、创新方法与技术经营、产品研发可靠性试验等针对性的培训，开展大学生创业培训，传递创新创业政策，激励创新创业精神，提高创新创业的成功率，为企业的技术创新和管理创新增加正能量。仅通过培训、指导帮助企业申报国家创新基金一项，自2010年以来，先后促成近700家科技型中小企业获得了近5亿元政府扶植资金，推动了景嘉微电子公司、长沙一派数控机床有限公司等一批科技企业的技术创新和快速发展。

二、搭建技术转移服务平台，加强科技成果高效转化

（一）以成果中介为起点，搭建技术与市场的桥梁

为积极推动技术转移，加强科研成果转化，更好地发挥服务机构职能，中心积极搭建技术转移服务平台。在信息网络发展较为滞后的年代，一方面高校科研成果大多束之高阁，亟待发现推广，而另一方面企业对技术十分渴求却无获得渠道，在这一形势下，中心推出以成果中介为主要定位的技术转移服务，在强大的市场需求下，取得了良好的市场成效。

（二）转变服务模式，构筑技术转移服务公共平台

随着信息渠道的畅通，成果中介的服务模式已无法满足市场的需要。

2006年起，我中心开始探索新的技术转移服务模式。首先中心与中国科学院（北京）国家技术转移中心合作共建中国科技院（北京）国家技术转移中心长沙工作站，共同开展技术转移合作。随后，包括悉尼科技大学、清华大学、浙江大学、华中科技大学、上海交通大学、华南理工大学在内的20多所国内外著名高校和科研院所技术转移

中心集体落户我中心科技成果转化基地。形成了一个功能强大的技术转移集中服务平台，为做好技术转移服务工作提供了强大的支撑和保障。中心不定期与技术转移服务中心一道主办成果发布会、产学研合作对接会。

（三）创新服务方式，提升技术转移服务绩效

自2013年起我中心结合“中国（长沙）科技成果转化交易会”的召开，每年举办一次技术难题招标和科技成果竞价转让大型活动，积极为高校院所与企业搭建技术转移与产学研合作平台。促成了65项技术难题的招标和联合攻关，促成了27项科技成果落户长沙，在长沙转化和产业化，涉及技术合同交易金额2.3亿元。在长沙企业和众多高校中产生了很好的反响，也受到了省市政府的高度评价，引起了新闻媒体的广泛关注。

目前，我中心已成立专门的部门负责技术转移服务。积极探索技术转移服务的市场化、持续化运作模式，深入开展科技成果价值评估，研发合作过程管理、知识产权服务等相关服务，挖掘和实现技术转移服务的核心价值。

三、创建产品研发技术支撑服务平台，推动建立新兴优势产业

（一）创建电子产品研发试验与检测公共服务平台

为解决中小企业技术创新和产品质量保证过程中设备和手段缺乏的难题，从2011年开始，中心先后投入1000多万元，用于电子产品研发试验与检测公共服务平台的建设。目前该平台建设有“电子产品研发试验与检测实验室”，配套建成环境实验室3个，电磁兼容实验室1个，电磁屏蔽室1个，为企业产品研发和质量改进提供强大的设备支持，累计服务省内外百余家企业；另一方面，中心又组织行业知名专家为企业提供电子信息产品技术培训，培训企业技术人员超500人，有效地帮助企业解决实际技术难题，切实提高企业的质量管理能力和技术创新能力。该平台已被国家工信部确定为“电子信息产业集群窗口平台”，也正在成为拥有多种资质的第三方检测服务平台。

（二）积极推动长沙集成电路产业发展

为了推动长沙集成电路产业的发展，我中心进行了不懈的努力。在分析我市电子信息、装备制造等产业的发展趋势后，我们认为长沙电子信息、装备制造、仪器仪表等产业未来的潜力和瓶颈都在“芯片”，于是，自2010年开始我中心就千方百计推动长沙集成电路设计与应用产业的发展。2010年，我们组织相关企业和相关人员赴上海、无锡、深圳、北京学习调研，2011年，举办集成电路设计与应用产业发展高峰论坛；2012年在中国（长沙）科技成果转化交易会期间组织进行长沙集成电路设计与应用产业企业和产品集中展示；2013年倡导和组建“长沙集成电路设计与应用产业技术创新战略联盟”。向长沙市委、市政府呈报“关于加快长沙集成电路产业发展的思考与建议”。通过这些举措使长沙集成电路设计与应用产业发展氛围日益浓厚，人才和企业聚集效应日益明显，实现了产业集群式快速发展。2014年，湖南省政府和长沙市政府已将集成电路设计与应用产业纳入政府重点支持的重要战略性新兴产业，出台了专门的扶持政策和发展规划、行动计划。我中心积极推动新兴产业的做法也受到了企业、政府和社会的高度评价。

（供稿单位：长沙生产力促进中心；
执笔人：刘晓岚）

湘潭市生产力促进中心

【概况】

湘潭市生产力促进中心成立于2005年6月。中心主要经营范围：科技交流、咨询服务和科技成果转化推广及中介服务，其他经济科技服务；企业管理的策划服务；会议及展览服务；计算机信息系统集成；信息技术咨询服务；网络平台运营服务；电子产品、安防监控设备、计算机软硬件研发、生产、销售；计算机技术开发、技术服务。以促进科技成果转化为核心任务，通过优化、整合社会科技资源和经济资源，打造具有独立法人资格的、专业化、现代化、规范化的科技孵化器。中心秉承“联合各界力量，构筑公共平台，服务创新创业，促进生产力发展”的宗旨，坚持背靠政府，面向市场，紧紧围绕促进科技创新和科技成果转化为主题，整合科技创新资源，不断完善服务设施，创新服务方式，提高服务水平。几年来，在国家和地方各级政府的关心支持下，中心按照科技部对中心发展的总要求，对内实施企业化管理，对外实行市场化运作，通过为中小企业提供服务，形成了信息、培训、咨询、宣传策划等服务能力，同时，积极探索服务新领域，在为区域特色产业发展，特别是为“机电类小企业”提供专业化服务上创出了新路子，取得良好的社会效益和经济效益，初步实现了功能社会化、组织网络化、服务产业化的建设目标。

2006年中心通过ISO9001—2000认证（2009年、2011年、2013年通过了监督审核），成为湘潭市科技服务行业首家获得ISO认证的科技服务机构。

2008年中心正式被列为第七批国家级示范生产力促进中心。

2012年7月18日，中心被认定为第二批中国创新驿站湖南省基层站点。

2014年被湖南省经济和信息化委员会认定为“湖南省核心服务机构”。

2015年加入湖南省科技行业协会，成为常务理事会单位，具备咨询行业甲级资质。

【成果转化】

2012年5月3日，中心与国家科学技术部签订合同，承担了国家科技支撑计划电机产业集群科技服务平台的研发与示范，建有现代电机信息咨询与成果转化平台。

【双创服务】

平台借鉴“创新工场”的模式，整合业内各种金融、科技、信息、成果等资源，针对初创企业提供从产品开发到市场运营全过程的专业化孵化服务，建立涵盖管理、研发、生产、销售等各领域行业专家组成的专业咨询团。企业用户可通过注册平台用户共享各类资源文献，实现各类技术咨询，采用技术提成的方式进行技术交易和技术成果转化。

平台的建设为打通科技成果向现实生产力的

转化“最后一公里”奠定了支撑。

【特色服务】

中心在为区域特色产业发展，特别是为“机电类小企业”提供专业化服务上创出了新路子，成立了“湘潭机电产业创新服务平台”。取得良好的社会效益和经济效益，初步实现了功能社会化、组织网络化、服务产业化的建设目标。

中心从区域科技与经济结合的实际需要出发，利用为中小企业服务形成的技术、信息、培训等方面的资源，积极开拓新的服务领域。针对湘潭市作为一个以机电产品为主导的老工业基地的现状，通过建立湘潭机电科技信息与资源共享平台，带动了近百个中小型机电类小企业的发展，形成一批区域优势明显的中小机电企业产业群，使机电产业取得了长足发展，探索出了科技中介机构为科技型中小企业服务的新途径。通过组织实施机电产业公共服务平台建设、机电信息资源服务体系建设、机电产业化全程服务体系建设、中小企业融资平台建设等重点项目，全面提升中心服务于科技型中小企业的业务能力，为加快湘潭市机电产业的迅猛发展，为湘潭市经济的发展提供强有力的支撑。

另外，中心拟在先进装备制造领域申请湖南省科技成果评价试点机构。该申报是中心结合了湘潭市的产业环境特点以及自身经过长期经营在客户、数据、资源上形成的得天独厚的优势而做出的决定。

中心在为湘潭地区科技型中小微企业服务过程中，已着手构建企业信息库。通过对企业信息的汇总分类，对企业的产品、技术成果、发展需求等整体情况有了较为全面的统筹把握。信息库的建立，对于公司有两大便利：（1）为中心在先进装备制造领域有针对性开展科技成果评价工作提供了便利渠道；（2）为公司快速分析了解企业未来技术转移、转化需求，联系高校院所，撮合产学研合作提供信息数据支持。

中心通过十余年的科技咨询工作，与行业内专家建立了广泛联系，并在先进装备制造领域积累了丰富的行业专家资源，经统筹整理后，形成中心科技成果评价专家库。

【典型案例】

中心自 2005 年 6 月成立以来，从事科技咨询工作已有 11 个年头，先后为湘潭市 500 余家科技型中小微企业提供了供项目咨询（高企认定、创新基金、科技计划、火炬计划等）、知识产权代理、技术交易（居间）等服务 1000 余次；推动湖南省高校、科研院所等在湘潭转化的科技成果 34 项，其中机电类科技成果 26 项（如湖南崇德工业科技有限公司——SM、SMZ 系列立式推力滑动轴承），提供科技成果、新产品鉴定服务 16 项（如湖南高翔重工科技有限公司——新型带强制搅拌沥青路面养护车；湖南鼎珩智能机械有限公司——高性能新型桥梁检测车；湘潭电机股份有限公司——TFY2000-12MW 直驱永磁同步风力发电机）。

【人才建设】

中心坚持以人为本的理念，狠抓服务团队能力素质的培养，通过多种形式的培训和引进高素质人才等途径，目前中心聚集了一批科技、管理、经营的优秀人才，极大地提高了中心的人员素质，形成了生产力促进事业的中坚力量。

中心现有员工 10 人。其中，注册咨询师 3 人；从事科技成果工作人员 6 人，专业涉及企业管理、法律、计算机、机械工程等多个技术领域，均已接受湖南省技术经纪人培训。为了保证企业服务的效率高、质量好、够权威，中心建有高新技术领域专家库，拥有技术专家 180 人：先进装备制造领域技术专家59名。其中，教授39名，高级工程师3人，教授级高工/研究员级高工14人、研究员2人。经济分析与企业管理专家57名。其中，教授11人，审计师1人，高级会计师16人，注册会计师11人。

中心专家库中的专家均具有高级工程师或相当职称，完全有能力完成对先进装备制造领域中科学成果与技术成果的先进性、创造性、社会经济性、市场前景的评价与把握。

（供稿单位：湘潭市生产力促进中心；
执笔人：陈永红、于海龙）

衡阳市生产力促进中心

【概况】

衡阳市生产力促进中心是2003年由中共衡阳市委机构编制委员会办公室（衡编办[2003]8号）批准成立的隶属于衡阳市科学技术局的公益性全额拨款事业单位，由原来的衡阳市技术市场办公室、衡阳市高新技术创业中心、衡阳市生产力促进中心，衡阳市科学器材供应站、衡阳市科技对外交流合作和科技人才中心合并而成。

我中心是国家级示范生产力促进中心、湖南省中小企业核心服务机构。获得中国技术市场协会“金桥奖”一次，全国生产力促进（服务贡献）奖一次。中心面向产业集群、园区及全市的中小微企业和创业者开展的主要工作包括，孵化培育服务：科技中小微企业和高新技术项目孵化培育（孵化器，众创空间），创业辅导；代理（办）服务：代理科技计划项目申报、验收，科技成果评价、奖励，重大项目立项前咨询、论证，高新技术企业认定、知识产权咨询申报，技术合同认定登记；对接与培训服务：产学研、投融资、科研仪器设备共享对接，科技创新培训，对外科技合作交流。

【科技创新】

中心建立了衡阳市科技型中小企业公共服务平台。为了进一步促进衡阳市科技产业的发展，更好地为衡阳市中小企业提供科技服务，中心联合衡阳市科技局、衡阳市知识产权局建立了“衡阳市科技型中小企业公共服务平台”，平台整合了“衡阳市科技创新（孵化器）服务平台”“衡阳市科技成果与技术市场服务平台”“衡阳市盐卤化工产业服务平台”“衡阳市专利服务平台”和“衡阳市公共科技信息服务平台”等多方资源，依托“衡阳市中小企业网”运用先进的计算机和网络技术，并整合集成科技服务、技术市场等相关优质资源，集成企业创办过程中的共性需求，搭建了一个集企业孵化、培训宣传、引进交流、技术合同登记等服务能力于一体的公共服务平台。为衡阳市科技产业，特别是为科技型中小企业的成立创办、产品开发、知识产权保护等方面提供科技支持、信息化建设咨询以及网络化设计等先进支持与服务，使企业通过网络可以进行孵化信息查询、管理技术培训、项目引进咨询，并开展企业信息资源共享、网络分析测试服务、网络协同办公等活动，实现设备资源、产品信息和人力资源共享等。

【双创服务】

衡阳中关村金种子创业谷（简称“衡阳金种子”）是由北京金种子创业谷科技孵化器中心与中心合作共建的衡阳市科技企业孵化器示范平台。

衡阳中关村金种子创业谷设有开放办公区、集中办公区、专业孵化区、商务洽谈室、产品展示区、会议室等，室内总使用面积4000余平方米，拥有了完善的共用设备、完备的服务设施、优良的办公环境。开放办公区可为近60人提供免费的办公场所，集中办公区可提供120个免费的办公工位，专业孵化区有办公室70间。衡阳金种子以“零成本创业＋全链条孵化”的特色，专注于战略性新兴产业领域，培育“金种子”企业和高层次创业人才。衡阳金种子管理运营团队在项目诊断、创业辅导、投融资及政策咨询方面有着丰富的经验，可为入驻企业和创业者提供免费的企业登记注册和创业辅导培训，创业导师和投融资对接，市场推广和产业链对接等全套创业服务。

【成果转化】

中心先后举办技术咨询82场次，提供咨询1万多次，为42家企业提供了高企认定（复审）服务咨询，帮助企业申报国家、省、市科技计划项目，申报专利2000余项，组织检测服务340余次，协助企业申报国、省级工程技术研究中心2项。为企业提供技术合同认定登记服务3700多次，累计认定技术合同3700余项，技术合同成交金额19.6亿元，促进科技成果转化，累计推广技术成果260余项，产生经济效益35亿元。促成企业与证券公司对接，实现湖衡阳鸿大特种钢管有限公司等2家企业在新三板成功挂牌。

【特色服务】

中心秉承“资源共享、推动成果转化、服务中小企业”的理念，积极参与服务行业联盟、科技服务机构协会组织的各类学习交流活动，与衡阳市机械协会、衡阳市冶金协会、衡阳市化工协会和衡阳市企业家协会等十几个市级行业协会、学会建立了紧密的业务协作关系。同时与省内行业龙头企业、高校、科研院所、工程技术研究中心和重点实验室建立了战略合作关系。与特变电工衡阳变压器有限公司、南方互感器有限公司、湖南湘能金杯电缆有限公司和衡阳恒飞电缆有限责任公司等输变电行业龙头企业，中南大学、湖南大学、南华大学、衡阳师范学院、湖南工程学院等10余家高校，长沙冶金设计研究院、湖南有色金属研究院、长沙矿山研究院等65家科研院所，“湖南省电线电缆工程技术研究中心”“湖南省高品质特殊无缝钢管工程技术研究中心”“湖南省液体药物制剂工程技术研究中心”“湖南省铀矿冶工程技术研究中心”“湖南省车用涡轮增压器工程技术研究中心”等7家工程技术研究中心，“氡湖南省重点实验室”“动脉硬化学湖南省重点实验室”等5家重点实验室建立了战略性合作关系。

【典型案例】

中心联合衡阳市科技局、衡阳市知识产权局、衡阳市科技信息研究所建立了“衡阳市输变电制造产业公共服务平台”，平台整合了“衡阳市产学研结合服务平台”“衡阳市中小企业工业设计创新平台”“衡阳市新型工业化研发服务平台”“衡阳市输变电装备产业服务平台”和“湖南衡阳输变电装备产业化制造基地数字化技术信息服务平台”等多方资源，运用先进的计算机和网络技术，并整合多个平台，集成科技服务队伍与工业产品设计相关优质资源，集成产品设计开发过程中的共性技术，搭建了一个可高度资源共享、可有效异地协同、可良性运作发展的公共服务平台，实现资源共享，协同解决输变电行业的共性问题，以推进输变电装备制造企业，尤其是中小型企业的发展，提高企业的创新能力，帮助企业降低成本、提高产品质量、大大提升企业的竞争力。

【人才建设】

中心始终坚持以人为本的理念，狠抓服务团队能力素质的培养，通过多种形式的培训和引进高素质人才等途径，极大地提高了中心人员的整体素质，形成了生产力促进事业的中坚力量。目前，中心从业人员 33 人，全部具有大专以上学历，中高级技术职称者 24 人，直接从事服务工作的人员 25 人，分别占人员总数的 72.73% 和 75.76%。

【机构设置】

中心现设有：综合业务部、企业发展部、对外合作交流部、技术市场部、科技培训中心（学校）、办公室等部门。

（一）采用现代的企业管理制度

现代化的企业管理制度和科学的管理手段是现代企业发展的先决条件，从中心创建初期到如今发展的初具规模，其中采用企业化的管理制度发挥了重要作用：第一，摆脱了以往政府机关办事程序化的困扰；第二，逐步完善了生产力促进中心的机构职能；第三，规范了工作、服务流程，建立健全了财务和人事制度。中心通过企业化的管理专业化的服务获得了广大企业认可，充分发挥了桥梁和助推器的作用。

（二）推行规范、高效的运作模式

中心具有独立的法人资格，实施市场化的运作模式，按照现代企业制度设立，严格遵守市场规范，充分整合现有资源以市场为导向提供专业化、规范化的服务，根据企业的需求，进行机构和部门的设置。

（供稿单位：衡阳市生产力促进中心；执笔人：卜志军）

广西

广西生产力促进中心

【概况】

广西生产力促进中心成立于1998年，是经国家科技部、广西区编委批准，在广西科技情报研究所基础上增挂的牌子，属于非营利性的科技中介服务机构，专门为广西中小企业技术创新提供创业辅导、企业诊断、信息咨询、投资融资、技术支持、人才引进、人员培训、对外合作、展览展销等服务，帮助企业应用推广高新技术，促进产业结构优化升级。

【科技创新】

中心牵头建立了北部湾经济区生产力促进联盟，由纵向的区市县生产力促进中心和横向的技术开发、技术咨询和科技中介机构共183家2252人组成，近年来，中心依托承担国家科技专项项目“基于广西北部湾生产力促进联盟的技术创新方法（TRIZ理论）应用示范”和国家科技支撑项目“科技资源协同配置服务平台”等，着重开展企业知识产权战略、专利转化、专利预警等专利创造为代表的“五新“服务（新专利、新技术、新产品、新方法、新成果服务）。2014年，中心联动全区生产力促进中心共联系科研机构824家、专家1761名，为6990家企业提供了各种服务，为所服务企业增加销售额18.5亿元、增加利税7.1亿元，为社会增加就业岗位47371个，积极开展国际合作，人员交流达149人次，引进项目33项，引进资金6621.5万元。中心总服务收入为10274万元；共为各级政府、科研院所、企业提供了咨询服务8188次；共采集信息55.8万条，提供信息40.4万条；开展以技术推广、技术开发和产品检测为主的技术服务2058项；共导入技术169项，引进人才180人，组织交易活动320项次；扶持、培育科技型企业409家，其中毕业61家。

【双创服务】

（一）服务众创空间

依托中心与广西科技情报所的资源和人才优势，打造“科创金谷”众创空间。从2015年起，在考察多个众创空间运作模式基础上，对“科创金谷”众创空间进行初步的规划，并与“南宁同行咖啡众创空间”和南宁平方软件公司两个机构就“科创金谷”众创空间建设进行合作洽谈。

（二）服务科技企业孵化器

中心筹划建立了“广西科技企业孵化器战略联盟”，并建立了qq群、微信群，目前群成员已达100人，科技企业孵化器主管部门科技厅、各地科技局以及各地的科技企业孵化器，大学生科技园的相关负责人均加入此群，形成了政策信息交流沟通的良好局面；为柳州天步科技孵化器等7家自治区级科技企业孵化器或孵化器运营团队提供科技政策、产业方向、专利技术成果申报、科技项目申报、科技成果转化、融资等科技企业孵化器建设咨询服务；为鹿寨县中小科技企业创业孵化基地管理服务中心等8家机构申报广西科技计划项目提供政策性融资服务。

【特色服务】

（一）企业诊断服务

2005年，广西中心通过引进日本年长志愿者、企业诊断专家在广西开展以企业经营战略、市场营销、5S生产现场管理等企业诊断咨询服务示范活动，帮助企业解决管理过程的实际问题，使企业充分认识到自身发展优势、存在的问题和不足，帮助其完善发展计划，不断改进工作方式方法，制订企业发展战略，促进企业经营管理的改进和完善，提升企业竞争力。

（二）科技“三引”服务

通过组织实施广西“三引”基础数据平台开发与应用项目，构筑科技成果转化和技术转移服务平台，提升中心的中介服务能力，为企业创新提供“三引”服务。由中心组织实施广西“三引”基础数据平台开发与应用项目，组织需求数据库、项目数据库、专家人才数据库、政策法规数据库等4个基础数据库的结构设计、标准制定和输入平台设计，目前共收录数据1万多条，为广西的“三引”工作提供广泛的信息支撑服务。同时，开展各类项目的推介、商业配对等技术贸易活动，为科研院所和企业搭建寻找技术、资金、人才和市场伙伴的合作平台。

（三）企业科技管理咨询服务

作为广西企业知识产权管理规范推广服务机构，2016年中心以“广西企业知识产权管理标准推广服务机构建设试点示范”项目实施为载体，共为11家企业开展知识产权管理规范指导服务，目前有2家企业已向中规公司申请认证；开展了《企业研发管理规范》广西地方标准立项、起草工作。

（四）技术转移服务

与牛津大学科技创新中心（ISIS）开展合作，为广西的科技企业孵化器、科技企业开展国际技术转移服务。一是对玉林、宜州的两个科技企业孵化器中的30多家在孵企业进行了调研，了解它们的科技创新需求，并提炼出4个重点技术转移方向与ISIS进行沟通；二是对ISIS现有技术储备进行了考察，针对ISIS公布的60多个项目技术源，与本地科技企业的需求进行了对比分析，初步确定了下一步的技术转移方向；三是参与了国际技术转移项目“智能化软件自动诊断心电图仪”的前期技术转移工作。

【典型案例】

（一）知识产权服务典型案例

广西柳工机械股份有限公司是中国制造业500强企业——柳工集团的核心企业，被誉为“中国工程机械行业的排头兵”。为帮助柳工提升其核心产品竞争力，强化其技术研发成果产出，中心将其列为长期重点服务对象，针对其共性关键技术研究、产业升级、工艺改进等创新活动和新产品新技术的研发应用开展技术研发专利分析等咨询服务。通过深入该公司调研和长期跟踪服务，在深度挖掘公司需求和科学分析基础上，中心针对该公司主要竞争对手、制备工艺、质量标准等内容，运用先进的专利信息分析工具和创新方法（Triz）平台为其提供“降低插装式先导型溢流阀噪音方案”等120多项专题分析咨询服务，并通过与该公司不断的研讨分析，在对技术研发不断进行修正和完善后，帮助该公司策划申请了96项专利，大大降低了企业新产品新技术研发成本和风险，有效提升了公司专利产出率和成果转化率，促进了企业创新意识和提高了企业创新能力。其中为柳工“挖掘机电液控制关键技术研究及产业化”项目提供专利预警分析，对国内外技术及相关产品的专利申请策略进行分析和研究，充分挖掘研发成果的新颖性，助力企业突破电液控制技术瓶颈，使柳工产品在控制技术上达到国际先进水平，打破了外国公司对中国控制技术的垄断和制约，为今后自主开发挖掘机动力系统、液压系统提供了坚实的基础，为其他产品控制系统开发提供了宝贵的经验，也为柳工致力于振兴民族装备制造业奠定基础。并帮助柳工完成该项目的科技成果鉴定工作，使该项目被广西科技厅推荐为“2013年国家技术发明奖”项目。

（二）企业诊断服务典型案例

桂林三宝药业有限公司因出现连年亏损向中心提出诊断要求。中心接受委托后，组织诊断小组进入该公司开展诊断服务。诊断小组为企业引进和建立了管理会计制度和数据化营销管理模式，指导企业管理人员具体操作和实施，使企业管理人员熟练地掌握了管理会计和营销管理方法，并成功运用于企业的营销管理工作中，企业销售收入得到明显提高，实现了扭亏为盈。该公司总经理卢照凯在总结时指出“未进行企业诊断前，公司按常规方法进行管理，生产计划往往落空，经营目标多难实现，企业何时才能扭亏为盈也不清楚。通过这次咨询服务，在日本专家须贺俊幸先生为核心的诊断组指导下，学习和掌握了许多日本先进的管理理念和管理技术，学会了通过报表、通过数字来了解、掌握生产、销售、经营状况，并以此进行管理，做出决策，制定了公司经营计划目标，明确了销售人员绩效考核指标，调动了销售人员的积极性，产品销售收入得到了比较大的提高，公司实现了扭亏为盈，使我看到了公司发展的希望。这些技术和方法足够我受用终身了”。

【人才建设】

中心拥有员工共215人，包括在职员工142人（其中在编员工86人；聘用人员56人），离退休员工73人。各学科专技人才团队109人，其中博士、硕士34人，占人才团队的31%；高级职称27人，占人才团队的24%；获得国务院特殊津贴专家和广西十百千人才各1人，国家和广西专利领军人才6人。

【机构设置】

目前中心共设六大中心。一是科技文献信息研究与服务中心，由科技图书馆、学会部和信息网络部组成。二是科技创新服务中心，由科技创新创业服务部、对外科技合作部和科技管理服务部组成。三是科技普及中心，由期刊社、科技声像室、技术推广部组成。四是知识产权服务中心，由知识产权分析评议服务部、专利创造与应用服务部组成。五是战略发展研究中心，由情报与战略研究室组成。六是单位管理与服务中心，由办公室、人事科、财务科组成。

（供稿单位：广西生产力促进中心；
执笔人：唐青青、陆桂军）

北海市生产力促进中心

【概况】

北海市生产力促进中心成立于1994年，是广西成立最早的生产力促进中心。2005年被认定为广西首批示范生产力促进中心，2006年被认定为第六批国家级示范生产力促进中心。中心拥有办公、培训场地3100平方米，有近30000平方米的孵化基地，2009年，投资建设的北海市高新技术创业服务中心被认定为国家级科技孵化器，2016年9月，合作建设的北部湾电子信息孵化器被认定为第三批国家级“众创空间”。

【科技创新】

历年来，中心承担国家、自治区、市级科技计划项目共计47项，其中：国家科技计划5项，自治区科技计划项目27项，北海市科技计划项目15项。中心承担的“深水培育优质海水珍珠”科研项目获广西科学技术进步三等奖，参与实施的“生产力促进中心综合性公共服务与管理平台建设”科研项目获广西科技进步二等奖；承担的“构建北海市现代农业科技支撑体系的研究”“国家级示范生产力促进中心建设”“北部湾经济区中小企业技术转移服务”等项目获得北海市科技进步二、三等奖。

【双创服务】

2006年，中心承担了科技型中小企业技术创新基金项目“环北部湾经济区海洋生物产业中小企业创新创业资源共享服务平台建设”，提出了“创新创业”的概念。多年来，围绕企业的“创新创业”中心开展了系列服务。

1. 为近100家企业申报各类科研计划服务

中心为新未来、正五、北海炼化、诚德镍业等近100家企业申报各类科研计划提供了组织策划、培训辅导、可行性研究报告编写、申报书编制、标准文件起草等服务，其中，1个项目获国家科技支撑计划立项，1个项目获国家863计划项目立项，12个项目获国家创新基金立项，3个项目获国家农业科技成果转化基金立项，6个项目获火炬计划立项，1个标准文件为中华人民共和国电子行业标准，约40个项目获自治区科研计划项目立项支持。

2. 收集企业技术需求、帮助企业解决技术难题和共性问题

中心分别于2013年、2015年收集了北海企业的技术需求，汇集成册，并通过各种渠道帮助企业解决技术难题和共性问题，为企业创新创业服务。

3. 搭建企业技术研发测试平台

中心与企业合作投资建设了北海电子产品测试中心，为中小型电子企业在产品研发阶段的定型测试，生产过程中的抽样检测，送检前的预测试，发挥了重要的作用，大大缩短了产品的研发周期。

4. 搭建科技金融服务平台

2008 年 5 月，市科技局印发了《北海市科技型中心企业创新创业种子资金管理试行办法》，指定由中心负责种子资金的管理，种子资金先后为北海多家公司提供了融资服务。近期，中心筹划建设创业引导资金；同时，积极推荐协助企业融入资本市场。

5. 协助企业组建工程研究中心

中心协助北海正五公司组建“广西贝类精深加工工程技术研究中心”，该中心已成为自治区级工程研究中心；协助诚德镍业组建“广西镍铬基合金新材料工程技术研究中心”；协助中石化北海公司组建“广西聚丙烯工程技术研究中心”；为新未来公司建设“广西敏感元器件工程技术研究中心”提供咨询服务。

【成果转化】

技术转移与成果转化是中心的核心业务和特色服务。中心开展技术转移与成果转化工作主要通过三条途径：

一是搭建产学研合作桥梁，促进成果在北海企业落地转化。中心先后与中科院南海研究所建立了 6 家北海成果转化中心，中科院北京国家技术转移中心北海分中心和中关村大学科技园联盟北海工作站在中心挂牌。同时，采用“请进来、走出去”方式，为高校院所与北海企业创造直接对话的机会。请进来，如组织北部湾（广西）经济区海洋产业校企合作北海圆桌会、承办“广西大学—北海市企业科技对接会”“北部湾经济区与北京中关村大学科技园联盟产学研合作座谈会”等；走出去，如：组织“北海企业技术攻关项目广西大学招标会”、组织企业到中科院南海研究所、广东海洋大学、北京航空航天大学开展技术合作。促成产学研合作项目近 100 个，合作签约额 3.2 亿元。

二是投资建设企业孵化器，引入高校院校项目和人员进入孵化器，进行项目和企业孵化。从 2015 年起，新引进 40 名硕士、博士、高工、归国人员进入孵化器创业，其中，教授、高工创业企业 7 家，归国留学创业团队 7 个。

三是协助市技术市场开展北海市技术项目转让和技术合同登记，已完成 37 项，合同总金额和技术成交额 8000 多万元。

【人才建设】

中心现有人员 24 人，大专以上学历 20 人，其中：高级职称 3 人，中级职称 13 人，初级职称 5 人，科技人员占中心从业人员的 88%。

建立一支科学素养高、专业知识渊博、信息渠道宽、公共能力强的队伍是中心一直努力的方向，为此，中心一是努力建立与绩效挂钩的激励与约束机制；二是实施定期培训与深造机制，多层次、多方位培训工作人员。

【机构设置】

中心设主任一名，副主任二名，设置 “五部一室”。培训部主要负责人才信息和各类信息，帮助企业和相关部门开展管理、营销、技术、政策等培训。咨询服务部主要负责协助企业申报各类科研项目，帮助企业进行高企认定、工程技术研究中心认定等。孵化服务部主要负责孵化器和测试中心的管理。技术市场服务部主要负责为企业开展融资、孵化器招商引资，技术合同登记服务。网络工程部负责帮助企业开展信息化和电子商务建设；办公室负责行政事务和财务工作，协调中心各部门。

（供稿单位：北海市生产力促进中心）

辽宁

沈阳市生产力促进中心

【概况】

沈阳市生产力促进中心成立于1998年。现有办公场地1.47万平方米，在职职工29人，其中教授级职称2人，高级职称11人，中级职称13人，技术人员占职工总数的89%，是以科技服务为主的事业法人单位。

2001年被国家科技部认定为国家级示范生产力促进中心，2003年中心通过ISO9000质量管理体系认证，2008年被认定为辽宁省科技企业孵化器，是国家科技部认定的工业设计和科技金融服务试点单位。

中心实行目标责任制和绩效考核的管理模式，先后承担过国家、省、市各类科技计划项目20余项，获得多项国家、省、市科技进步奖。

【机构设置】

中心设置创业服务部、创新服务部、信息服务部、孵化服务部、综合管理部、计划财务部，归口管理沈阳软件行业协会和沈阳科技企业孵化器协会。

【特色服务】

（一）科技咨询服务

面向中小微科技企业开展科技项目咨询、技术咨询、高企认证、质量体系认证、企业管理咨询等服务。

（二）知识产权服务

构建知识产权服务平台和专利成果转化平台，为中小微企业提供专利查询检索、专利挖掘和申报、知识产权定制代理、产业集群专利托管、知识产权战略、知识产权管理与贯标等服务。

（三）科技金融服务

作为科技金融试点单位，中心与创业风险投资机构和担保融资机构签署战略合作协议，为中小微企业提供政策性融资、专利保险、基于银行联保联贷、风险投资导入等服务。

（四）工业设计服务

作为科技部批准的第一批中国生产力工业设计服务联盟单位，中心以工业设计为重点，面向中小微企业提供产品数字化样机设计、工程分析、数控加工、工业设计、快速原型制造、产品多媒体样本制作等产品创新设计与制造集成服务。同时开展沈阳工业设计大赛作品推广服务。

（五）人才培训

中心建立了人才培训基地，开展四个层面的培训业务。一是技能人才培训，包括数控培训、OSTA培训等；二是技术人才培训，包括CAD、CAE、工业设计、嵌入式软件等；三是管理人才培训，包括：科技咨询师、知识产权工作者、孵化器从业人员等；四是大学生实训营，与大学合作，接收研究生、大学生开展科技创新服务实训工作。

（六）创业服务

为初创企业开展创业辅导、项目诊断、创业

规划、创业代办、科技管家、政企协调等业务。

【科技创新】

（一）加强政策性资金服务，支持企业科技创新

为支持企业的科技创新，促进企业生产力的快速发展，中心面向企业积极开展国家火炬计划、省市科技计划、国家科技型中小企业创新基金等项目咨询服务。2015 年，在孵企业获得国家、省、市各级科技项目支持 17 项，资金支持 674 万元。

（二）强化高新技术企业培育服务，促进企业快速发展

中心建立高新技术企业培育体系，开展高企认定宣传、培训、申报辅导、材料审查、高企管理和后期培育等工作，着力培育一批科技型企业发展壮大。2015 年，中心对全市已认定的 203 家高新技术企业进行调查摸底，开展各种形式的培训活动 5 次，培训企业 150 余家，高企认定咨询 15 家，组织 6 家高新技术企业填报科技板挂牌申请。

（三）开展知识产权服务，保护企业核心竞争力

中心建立了知识产权服务平台和专利成果转化平台，组建了专利保险技术专家和法律维权服务团队，为企业开展知识产权一站式服务。2015 年，中心组建辅导讲师团队 22 人，编印《专利申请策略和挖掘方法》等 3 部培训教材并组织企业知识产权贯标培训等相关培训 5 次，培训企业 270 余家，人员 452 人次；新增 43 家企业参加专利保险业务，完成 20 家专利执行险和 1 家专利侵权险的组织申报工作；组织编写《知识产权培训服务规范》等文件，规范服务流程、工作程序和服务标准。

（四）组织沈阳工业设计大赛，提高企业自主创新能力

中心通过大赛，深化企业和高校产学研的进一步合作，推动企业由制造向设计转型，提升我国北方地区的整体工业设计水平，为东北老工业基地的振兴注入强劲的活力。2015 年底，大赛共征集到学生设计组作品 466 件，专业设计组作品 157 件，最终每组各评选出金奖 1 名，银奖 2 名，铜奖 5 名。并面向全市企业推广大赛作品。

（五）承担政府职能延伸服务，提升自身服务能力

中心积极配合市科技局相关处室，做好政府职能延伸工作，参与制定了沈阳市科技创新券实施细则、创新创业服务机构活动统计及补贴实施细则，被市科技局认定为创新券实施机构和创业服务补贴实施机构。中心完成第一、二批小微企业申报沈阳市科技创新券资格审核，确定 151 家企业通过审核，发放金额 244.75 万元；组织科技创新卷政策解读培训，培训小微企业 360 余家，培训人员 680 余人，培训服务机构 51 家，培训人员 250 余人，累计为小微企业和服务机构答疑 180 项。

中心依托组建的公共技术服务平台，整合科技资源，创新服务模式，组建产业技术联盟，开展多种形式的“产学研用”联盟互动，加强企业之间、企业与科研院所之间的联合攻关，强化企业在技术创新中的主体地位，全力打造知名品牌，形成新的产业竞争优势。

【双创服务】

中心作为沈阳众创空间联盟理事长单位，积极组织企业参加双创活动。“双创活动周”期间，举办沈阳工业设计大赛校园行暨优秀作品巡展活动和沈阳市“大众创业万众创新”专题讲座；沈阳“科技周”期间，组织展示创业者活力及精神面貌的迷你马拉松跑、800 人参加的创业生态大会、大学生创业创意葩等 12 项双创活动；组织

"创响中国"巡回接力沈阳站 VR 展览活动和组织全市众创空间企业（团队）参加全国第五届、辽宁省第四届创业创新大赛沈阳赛区项目申报、组织参赛企业参加行业赛、决赛；组织第三届失控大创赛启动仪式和失控大创赛医药健康专场决赛。

中心建设了设计谷众创空间，重点开展产品创新设计领域的创业团队和创业企业的培育，以"沈阳工业设计大赛"为基础，积极与高校、大学科技园、科研院所合作，择优筛选优秀创业团队参加大赛，并对有意创业的团队进行培训、辅导和创业培育。培育创业团队 11 个。

中心人才实训基地，对软件专业的大学生进行软件开发实训，通过实训培养一批优秀的软件开发创业团队进行创业。

【成果转化】

中心围绕主体业务开展，为产业集群及中小微企业发展提供了卓有成效的服务。建设了沈阳中小企业公共服务平台、沈阳特种数控机床公共服务平台等 5 个技术服务平台，服务企业 1000 余家，咨询服务项目 500 余项，培训人才 5600 人，专利服务 1200 余项，科技金融服务企业 126 家、融资金额 2.3 亿元；科技型中小企业创新基金咨询服务项目达 358 项，获得资助资金总额 2.6 亿元；培育高新技术企业 52 家。

【经典案例】

· 服务案例一

科技项目咨询服务是中心的一项常规性服务，根据企业发展状况，积极组织企业申报国家、省、市科技计划项目，指导企业完成各类项目申报。

沈阳聚德视频技术有限公司是第一批中心开展科技项目咨询服务的企业，其"汽车牌照自动识别专用数码相机开发"项目和"通用数字视觉平台开发"项目获得了国家科技型中小企业技术创新基金支持。中心协助公司开展产学研合作，开展项目研发和技术推广，促进了公司的快速发展，公司的研发机构被批准为省级智能视觉工程技术研究中心，与美国德州仪器（TI 公司）联建"德州仪器 – 聚德智能视觉工程技术中心"，已成为东北地区最大的智能视觉产品研发和生产基地之一，成为智能视觉技术领域的开发商和集成商。

· 服务案例二

针对先进制造领域的中小专用数控机床企业，中心无偿提供办公场地，将 6 家企业的研发设计部门集聚到自有孵化场地，利用市科技局 50 万元的平台项目资金，购置了一批仪器设备，搭建起机床设计平台和检测平台的雏形，组织技术力量先后为巨浪等十余家企业设计开发了非圆活塞多功能数控机床、牙种植体专用数控机床等新产品。为使广大中小机床企业有一个相对稳定优惠的生产环境、政策环境和便于大家集中资源协同协作的发展空间，中心先后考察调研沈阳市多个区域，最终在于洪区和沈阳中港地产有限公司合作建设了中国 · 沈阳国际特种机床装备城，并最终成为国家高新技术特种数控机床产业基地。

机床城建设标准化厂房 15.4 万平方米。集聚机床及零部件生产型企业 125 家。机床博览中心已引进 450 余家机床整机及功能零部件销售企业。

（供稿单位：沈阳市生产力促进中心；
执笔人：陶虎）

营口市生产力促进中心

【概况】

营口市生产力促进中心成立于1999年，隶属于营口市科学技术局，是具有独立法人资格的公益性科技服务机构。2008年，由市科技开发交流中心、市科技工作协调办公室、市科学技术顾问委员会三家全额拨款事业单位重新整合。

现有人员编制20人，实有人员16人，包括高级职称6人，中级职称8人。下设综合部、产学研合作部、信息咨询评估部、市场管理部四个部门。2001年，被国家科技部认定为“国家级示范生产力促进中心”。2002年，通过ISO9001质量管理体系认证。

近年来，中心坚持背靠政府、服务企业的原则，不断探索服务模式，大力扶持企业创新创业，积极营造科技创新氛围，为广大科技企业提供了良好的服务环境和完善的服务体系。多次荣获“中国技术市场金桥奖”“中国生产力促进事业杰出贡献奖”“全国生产力促进服务贡献奖”等荣誉。

【科技创新】

中心始终不断创新科技服务模式，努力发挥桥梁与纽带作用，促进科技与经济融合发展，为推动营口科技创新提供了较好服务。先后有4个项目获得国家、省科技计划立项，争取资金支持850万元。其中，“营口科技创新创业服务平台建设”等2个项目获得国家火炬计划立项，争取资金支持150万元；“营口汽车保修检测设备特色产业基地科技支撑服务平台建设”等2个项目获得省科技计划立项，争取资金支持700万元。组织搭建了“营口汽车保修检测设备特色产业基地科技支撑服务平台”，填补了我省没有汽保产品检验中心的空白。引入“互联网＋科技”模式，搭建了由政府、企业、高校、科研院所、科技服务机构等共同参与的“科技直通车——营口科技创新网络综合服务平台”。组织开展的“营口科技服务业发展战略研究”等2项软科学课题，获得营口市科技进步二等奖。

【特色服务】

一是围绕产学研融合，加强合作补“短板”。积极开展技术转移转化服务，加速科技成果转化的“触角”，通过内引外联，提升企业自主创新能力和科技成果转化速度。牵头组建成立了沈阳化工大学营口能源化工研究院，并与省内13所高校建立产学研合作关系，了解高校的技术成果及企业的技术需求，及时破解企业技术难题，定期召开科技成果对接，提供订单式科技服务。先后组织企业赴沈阳、大连等地高校、科研单位进行考察对接，征集省内14所高校科技成果1500余项，整理编印了《辽宁省部分高校科技成果汇编》，征集沈阳化工大学最新科技成果130项，整理编印了《2016年沈阳化工大学科技成果汇编》。每年召开科技成果发布对接会3次，参会企业200余家达450余人次，对接科技成果50余项。邀请30余名高校、科研院所专家来营口开展技术对接与难题攻关，走访调研企业30余家，为企业解决技术难题10余项，攻克关键技术8项。2016年全市技术合同交易额实现10.23亿元，其中，技术合同成交额实现2.13亿元，较上年增长22%。

二是围绕服务特色产业，助力发展抓公共服务。围绕营口汽保、精细化工两大特色产业发展，积极探索服务产业转型升级方式，多渠道争取上级资金支持，搭建产业公共技术服务平台。争取国家、省科技扶持资金470万元，组织搭建了“营口汽保检测设备特色产业基地科技支撑服务平台”（以下简称“汽保平台”）和“营口精细化工产业公共研发服务平台”。汽保平台已投入资金300万元进行检测仪器设备采购，有了先进的检验仪器设备做支撑，营口汽保省级产品质量监督检验中心获得批复，填补了我省没有汽保产品专业检验中心的空白。平台现已正式投入使用，可提供车轮动平衡仪、四轮定位仪、轮胎拆装机、汽车举升机等6种以上汽保产品检测，检验参数达到35项以上，广大汽保企业在我市就能享受到省级汽保产品检验检测认证服务。精细化工产业公共研发平台投入近60万元进行仪器设备购置，经过四次招投标，设备已全部到位并投入使用，有效缓解了营口地区科技公共服务资源相对短缺的问题，为产业发展提供了科技支撑。

三是围绕提升服务效率，打造科技服务平台。积极整合科技信息资源，引入“互联网＋科技”模式，强化网络服务能力，打造由政府、企业、高校、科研院所、科技服务机构等共同参与的科技创新网络综合服务平台——科技直通车，为区域经济发展提供便捷、高效的网上服务。该平台包含技术信息、科技服务、专利服务、资源共享、创新创业、科技金融和协同创新等七大板块，实现科技信息网上公开、科技服务事项网上办理，为企业提供“一站申报”“一站指导”“一站办结”的网络科技服务。该项工作被纳入2016年营口市政府重点工作之一。同时，开通“营口科技”微信公众服务平台，及时发布科技信息，解读科技政策，为广大创新创业群体提供科技信息服务“直通车”。

四是围绕科技计划立项评审，提升科技服务水平。加强科技专家库建设，组织开发了《营口市科技专家库管理信息系统》，已征集入库专家近300人，涉及新材料、装备制造、电子信息、财务等领域。参与制订了《营口市科技创新券实施管理办法（试行）》，成立营口市科技创新券运营管理中心，为营口市科技创新申报提供申请、发放、兑现等材料受理及评审服务。组织开发了《营口高新区科技创新券申报系统》，为营口高新技术产业开发区科技创新券申报提供服务。规范市级科技计划评审工作，先后完成了2016年营口市科技成果转化项目、营口市高新技术产业开发区科技创新券评审等工作。

五是围绕优化软环境建设，激发创新创造活力。开展百户科技企业帮扶，主动为企业提供订单式科技服务，主动征集技术需求，宣传科技政策，现场解答企业在项目申报、专利申请等方面问题60余项。持续开展科技入园入企行动，选派科技专管员与各市（县）区、园区企业结成帮扶对子，把科技成果、科技政策、科技服务、科技人才带到园区及企业，力促企业科技创新能力提升。编撰了《科技创新政策选编》等辅导资料，开办“营口科技大讲堂”，邀请中科院院士、博士、各大院校教授等来市作科技方面专题报告。每年邀请省、市有关专家举办各类业务专题培训不少于4次，受训人数达500余人次。充分发挥中心助推转型升级和科技创新服务作用，实现了由科技计划管理向科技创新治理转变、由传统科技部门向驱动发展部门转变。为广大中小企业提供优质、便捷、高效的综合配套服务，促进企业平稳健康发展。

（供稿单位：营口市生产力促进中心；
执笔人：许翔）

沈阳科创生产力促进中心有限公司

【概况】

沈阳科创生产力促进中心有限公司成立于2014年，注册资金500万元，坐落于沈阳市三好街创新创业服务中心，主要从事技术推广、国家高新技术企业认定，企业所得税减免，政府补贴资金申请，知识产权申请等科技咨询服务。中心内设办公室、企业发展部、合作交流部、创业服务部、政策研究室等5个部门，拥有一支高素质的科技服务团队，同时与多所高校和科研院所合作，成立了一支近50人涵盖电子信息、装备制造、新材料、新能源和节能环保、生物医药等多领域的专家团队，共同为企业提供优质的专业服务。公司现已通过ISO9001-2008国际质量体系认证，企业AAA级信用等级认证，是中国生产力促进中心协会会员，辽宁省生产力促进中心协会理事单位，是沈阳市科技服务行业的龙头和骨干单位。2015年被中国生产力促进中心协会评定获得国家“生产力发展成就奖”。

中心总部设在北京，全国共有上海、深圳、成都、重庆、沈阳5个分中心，共为全国的7600多家企业成功申请政府政策，国家高新技术企业认定达到830多家，占辽宁省认定的20%，沈阳市认定的40%。通过每年为企业直接提供服务达4000多家次，使接受服务的企业在技术创新能力和经营业绩均有较大幅度的提高，并在其行业中产生了较好的示范效应。目前主要为沈阳市的近十个产业园的2000多家企业提供产业服务，并搭建于洪区经信委公共服务平台，在沈阳国际软件园、联东U谷分设了两个分中心（办事处）。

中心背靠政府、面向企业，是政府与企业间沟通协调的重要桥梁与纽带。秉承“科技创新提升企业第一生产力”的宗旨，不断思考、探索、转变、创新，已发展成为多个领域的一流生产力促进组织，是支撑政府公共科技服务的重要机构，是满足企业创新和促进产业发展的专业化科技创新服务平台。

中心主要为各类中小科技型企业提供国家高新技术企业申请，企业所得税减免，政府补贴资金申请，知识产权申请，科技咨询服务，技术开发；技术中介，技术咨询，科技信息咨询，商务信息咨询，科技项目代理等。并提供新产品和新技术推广应用等各类科技普及活动，进行创业服务培训及企业投融资咨询。

中心集成优势资源，创建专业服务，持续推进专业化、系统化、市场化的多元化发展战略。坚持“技术服务专业化，科技服务系统化，成果服务市场化”，建设面向全过程的体系健全、功能完善、开放高效的辽宁区域生产力服务体系，发挥中心在辽宁区域生产力服务体系建设中的龙头带动及示范、辐射作用。依托辽宁省生产力促进中心协会、辽宁省工商联国际商会、辽宁智能制造和智能服务联盟、浑南高新区科技服务业创新联盟，推动辽宁生产力促进体系建设、高端装备制造实现跨越发展；依托市场化运作中心，为辽沈高校、科研院所及企业间搭建起科技成果转化的供需对接桥梁。

【科技创新】

一、科技创新公共服务平台原则

1. 突出共享，制度先行

着眼于管理体制和运行机制的改革创新，以资源共享为核心，尽快理顺关系，建立和健全有利于平台建设的政策体系，打破资源分散、封闭和垄断的状况，形成资源信息的共知、共建和共享。

2. 统筹规划，分步实施

加强统一规划力度，明确发展目标，按照不同类型科技公共资源的特点和发展规律，结合高新区产业发展特色和需求特点，坚持“有所为，有所不为”，突出重点，试点先行，先以区域共享为试点，分步骤、分阶段积极稳妥地推进平台建设。

3. 整合集成，优化提升

按照整合、共享、完善、提高的要求，充分发挥已有的基础优势，强化全社会科技资源的整合集成，通过有效增量投入，激活存量资源，促进现有资源的优化提升，最大限度地发挥资源潜能。

4. 体现特色，合理布局

重点针对具有辽宁优势科技资源，突出有限目标，逐步形成布局合理、特色鲜明的公共技术服务体系。

5. 政府主导，多方共建

在发挥政府主导作用的同时，应充分调动高等院校、科研院所、行业协会、企业等各方面的积极性，共同推动公共服务平台建设，不断提高公共技术服务的社会化、网络化水平。

二、科技创新公共服务平台目标

1. 信息服务平台

构建辽宁省企业信息网络交流平台；组织企业参加高交会、专利交易会，帮助企业进行产品展示、科技成果发布、人才信息交流等。

2. 企业培训服务平台

组织省内企业不定期召开培训会，邀请行业专家在项目申报、政策解读、财务审计、专利申请、技术创新升级等方面进行培训。通过项目的实施可以为企业锻炼从业人员的业务素质，规范企业的经营管理模式。

3. 科技中介服务平台

科技成果转化中心，整合各类中介服务机构，主要开展技术开发、技术咨询、技术转让和技术服务等一站式服务，为技术成果转化提供渠道。

4. 企业服务信息管理平台

为加强对区域企业信息的掌握和服务对象发展轨迹的控制，通过建立省企业信息库和企业服务档案，一方面为政府制定政策提供基础参考数据，另一方面中心可以有效地掌握服务对象的需求和发展动态，为企业提供具有针对性的服务。

5. 高新技术企业申报服务平台

通过对企业网上辅导，企业自行通过高新技术企业申报服务平台模拟申报，初步形成网上申报、网上审评、网上修改等一整套申报流程，形成专业的高企服务团队。

三、 科技创新公共服务平台内容和任务

（一）信息服务平台

1. 网络平台

建成技术创新服务平台的子网站或链接，通过网站发布与政府有关的各种静态、动态信息，如新闻、法律法规、指南、手册、组织机构、联络方法等。同时还通过网站发布企业的经营信息，包括企业概况、产品、采购等信息，为企业提供宣传的窗口和途径。

2. 企业展示平台

通过高交会、专利交易会等展会，帮助企业

进行产品展示、技术成果交易，采用科学的管理方法，应用现代计算机技术和信息技术，以互联网为媒体，实现科技成果展示和发布、科技创新资源网上共享服务、科技成果转化和技术产权交易等功能，每年科技成果或技术转移80项以上。

（二）企业培训服务平台

1. 技术创新服务

为中小企业提供产品研发、技术攻关、技术推广以及相关的试验、产品分析测试服务，为企业引进技术人才、引进先进技术、工艺和引进科技项目并提供中试平台，为企业制造装备数控化改造及生产线自动化改造提供服务。

2. 咨询服务

开展企业诊断、信息化技术、环保技术、设计技术、制造技术、知识产权（标准、专利）及技术中介、项目申报、企业咨询、创业辅导、申报高新技术企业及产品服务。

3. 信息服务

提供有关政策法规信息、技术信息、管理信息、市场信息以及其他信息服务；提供专题信息检索、企业专利战略制定、专利及科技信息网服务、科技查新、专题。

4. 三引服务

为中小企业创新活动引智力、引技术、引人才。

5. 培训服务

科技创新培训、企业管理人员培训、企业操作人员培训、项目申报培训。

（三）科技中介服务平台

建成40平方米科技成果转化和技术产权交易服务大厅以及办公服务场所，整合包括专利代理、财务审计、技术改造等中介服务机构，为企业技术合同认定登记、企业融资、科技创业服务、技术产权交易、产学研合作等科技成果转化提供系列化、一站式服务。

（四）企业服务信息管理平台

1. 省科技型中小企业信息库

通过发放企业需求调查表、开展企业大走访活动，逐步建立拥有企业基本情况、需求调查表等基础信息的数据库，以此实现企业的分类管理和分级辅导。

2. 企业服务档案

为服务对象建立服务档案，实时监控企业发展动态，能够有针对性地为企业制定短期和长期计划，充分运用资源。

（五）高新技术企业申报服务平台

1. 信息服务

提供有关政策法规信息、技术信息、管理信息、市场信息以及其他信息服务；

2. 培训服务

高新技术企业政策培训、高新技术企业申报培训。

3. 申报服务

网上申报、网上审评、网上修改、网上提交、网上打分。

（供稿单位：沈阳科创生产力促进中心有限公司）

吉林

吉林市生产力促进中心

【概况】

吉林市生产力促进中心成立于1998年2月，2006年10月与吉林市科技信息研究所合并，事业单位法人，隶属于吉林市科学技术局。2001年通过了ISO9000的质量体系认证，2003年被授予国家级示范生产力促进中心。“中心”下设办公室、科技信息研究部、科技信息资源部、创新发展部、信息网络部5个职能部门；现有职工28人，其中26人具有大专以上学历，9人具有高级技术职称；拥有固定资产581.2万元，各种仪器设备33种、100余台套，办公面积830平方米。引进了中国联通10M光线通信线路，建立了内部办公系统，建设了具有标准化水平的机房环境。

【主要职责】

收集战略性新兴产业科技信息，跟踪产业发展，提出产业发展意见；负责全市科技成果引进、转化、推广及为本地科技成果与企业、项目对接提供服务；承担市科技发展战略研究，为政府部门提供决策参考；承担战略性新兴产业科技创新服务平台和市公共科技信息网络服务平台的建设及管理维护工作；负责科技文献资源的建立、收集、加工和利用，提供国际联机检索服务。

【服务绩效】

中心成立以来，积极响应科技部关于加快生产力促进中心建设的指示精神，严格按照国家级示范中心的标准和要求规范各项工作，紧紧围绕地方科技、经济工作的重点，以“服务政府”“服务社会”“服务中小企业”“服务基层科技”“服务产业集群”为主线开展相关业务活动，在科技信息及技术咨询服务、公共科技服务平台建设、国际科技合作及技术转移、工业设计技术推广和农村信息化建设等方面形成了鲜明的服务特色，具备了较强的服务能力，各项工作取得了较大的成效。几年来，研建了吉林市科技创新服务平台等5个服务于全市的公共科技服务平台，开展了吉林市战略性新兴产业发展现状研究等课题研究，组织承办了每年一届的吉林市科技成果与专利技术展洽会，对外发布科技成果与实用技术项目1万余项，每年接待企业及个人投资者的咨询2000余人次，包装各类科技项目100余项，编制技术项目可行性研究报告100余份，完成有关单位委托的科技查新检索课题150余项，建设的吉林市科技成果与实用技术项目、吉林市科技专家（人才）等科技类数据库10个，累计加工科技信息2万余条，连续两年被评为吉林省科技信息工作先进单位。承担国家、省、市科研项目30余项，其中国家星火计划项目1项、国家火炬计划项目1项，省级科技计划项目4项，取得省市科技成果28项，获得省市科技奖励20项，在省级以上公开出版的学术刊物上发表论文50余篇，树立了良好的社会形象，取得了显著的社会效益。

（一）开展竞争情报和软科学研究，为政府和

企业提供决策参考

1. 开展产业发展和产品调研工作

针对地方科技、经济、社会发展中的关键和热点问题，针对企业的技术升级和产品研发需求，开展竞争情报研究和产业调研工作，调查相关产业及科技发展现状，跟踪国内外的最新科技成果、产业政策、发展趋势等动态信息，进行竞争情报监测和研究分析活动，做政府决策和企业技术创新的耳目和参谋。先后完成了吉林市食品工业技术经济现状与发展对策研究、吉林市汽车产业科技发展对策研究、吉林市新材料产业科技发展对策研究、吉林市玉米深加工产业路线研究、吉林市碳纤维产业发展对策研究、吉林市战略性新兴产业发展现状分析等课题；完成了《利用吉林石化公司原料生产汽车专用料及汽车零部件》的情报研究工作，分别进行了“化工产业链”“合成树脂和橡胶”“精细化学品”“塑料光纤”“有机硅橡胶”“蛋氨酸”等产品专题调查工作，为产业发展提供竞争情报分析，为有关部门决策提供参考。

2. 开展软课题研究

先后完成了《长吉图开发开放先导区科技合作机制研究》《吉林市技术市场服务体系建设》《吉林市科技进步对经济增长贡献的分析与研究》《长吉图开发开放先导区科技资源整合机制研究》等软科学项目的研究工作，为有关部门和企业科学决策提供参考和必要的依据；协助吉林市碳纤维产业推进领导小组办公室做好国家吉林碳纤维高新技术产业化基地建设的有关工作，编制了《吉林国家碳纤维高新技术产业化基地“十二五”发展规划》和《吉林市促进碳纤维产业发展的扶持政策》。完成了《长吉图科技创新规划吉林市分规划》《国民经济和社会信息化发展规划（科技）》《工业设计发展规划》《技术服务发展规划》和《吉林市战略性新兴产业十三五发展规划》的编制工作，为全市科技创新工作提供参考建议。

（二）建设科技信息公共服务平台，为社会提供科技信息服务

以科技资源共建共享为重点，完善本地科技信息网络系统建设，加强科技资源的有效集成，逐步建成了本地区政策法规系统、技术装备系统、科技成果系统和专家人才系统等资源共享网络系统，提高了科技资源的综合利用效益。先后建设建成了吉林市长白山资源开发与保护网、吉林市科技创新公共服务平台、吉林市汽车制造业公共科技服务平台、长吉图科技信息网、吉林市农村星火科技12396信息服务平台、吉林市技术转移平台、吉林市碳纤维产业公共服务平台、吉林市战略性新兴产业公共服务平台等服务于全市的公共科技服务平台，部分平台实现了与省里资源的共享，为社会提供广泛的科技信息服务。

（三）整合全社会科技资源，为中小企业提供技术咨询服务

1. 开展组织全社会科技力量支持中小企业创新发展工作

分别制定了《科技人员定向服务中小企业工作方案》《百名专家服务百户企业、解决百项技术难题”工程实施方案》《高校及科研院所实验室开放活动方案》三个具体工作方案，明确了指导思想、工作任务、工作计划和职责分工。调研我市现有科技资源情况。分别对我市高校和科研机构进行了走访和调查，了解科技人员、技术成果及开放实验室等现有科技资源情况。目前已收集了解高级以上职称科技人员共4137名；科技成果1220项；开放实验室107个。组织专家顾问团为企业开展服务。目前为74名专家发放了聘书，与202家企业建立了联系，协调68家企业与专家及生产力促进中心签订服务协议书，建立了一对一服务关系，帮助企业解决技术难题。

2. 建立科技文献、科技专家、科技成果、大型设备等科技资源数据库，为企业提供综合性技

术服务

利用文献资源为中小企业提供科研立项、科技成果验收、新产品鉴定和中小企业创新基金申报的项目查新检索服务；利用企业数据库系统，协助企业全面了解与其相关的中小企业情况，在技术创新、产品开发、市场开拓上起到取长补短、相互借鉴的作用，同时也更加了解竞争对手的情况，帮助企业找出提高竞争能力的对策；利用大型科学仪器设备共用共享系统，帮助企业找到需要做项目基础研究的实验室，找到加快开发新产品的技术创新中心、工程中心，找到产品质量检验测试的权威机构，促进企业新产品研发和技术升级。为企业开展定题定向服务，就企业新产品研发的原料情况、技术路线、生产工艺流程、应用领域和市场前景等情况开展综合调研，提交调研报告，为企业项目建设提供科技信息服务。

（四）搭建技术转移平台和区域合作交流平台，促进科技成果转化

1. 建设科技大市场和成果交易中心，为技术转移提供综合服务

以技术交易、设备共享为核心服务功能，组织高校、科研机构与企业开展技术供需和项目对接，推进科技成果向企业的快速转移。平台具有"成果转化、信息交流、资源共享、人才服务"四位一体功能。一是重点建设"吉林市科技成果交易网""吉林市科技成果交易市场""吉林市知识产权质押融资贷款贴息办公室""吉林市科技成果转化促进会"，不断完善科技信息库、科技成果库、科技设施库、科技人才库和科技成果交易系统、科技公共服务系统；二是利用大屏幕、网络和手机科技短信等现代信息技术手段，全面推进科技成果与信息宣传推介；三是每周集中举办技术交易日活动，做好日常科技成果与技术交易确认工作；四是拓宽融资渠道，对高新技术企业、科技企业、战略新兴企业和符合条件的科技转化成果，实施贷款贴息补助和金融服务。

2. 依托长吉图科技合作组织，开展区域及国际科技合作与交流

联合长春市科技信息研究所、延边州生产力促进中心共同发起成立了"长吉图开发开放先导区科技合作组织"，吸收长吉图区域内的各市（县）科技局、大型企业、高等学校、科研机构加入组织，为建设长吉图开放合作区提供强有力的科技支撑。先后开展了"长吉图开发开放先导区科技合作机制研究"；建设建成了"长吉图科技信息网"；举办了"长吉图科技发展论坛"；召开了"长吉图科技合作组织科技项目推介会"；自 2011 年起连续举办 5 届中韩技术转移大会，邀请科技部国际合作司、省科技厅领导，韩国行政管理部门、行业协会、商会代表及企业代表，长吉图三地科技局相关领导、高校、科研机构和企业代表参加；中韩双方相关部门和企业进行了技术项目发布、技术成果及产品展示，并就技术项目合作进行了交流和洽谈，收到了良好的效果。为长吉图区域与韩国在技术转移、科技合作与交流搭建了一个重要平台，对促进区域科技合作发挥了重要作用。

（供稿单位：吉林市生产力促进中心；
执笔人：杨宝庆）

重庆

重庆生产力促进中心

【概况】

重庆生产力促进中心始建于1971年，其前身为重庆市科技情报中心，于1993年更名为重庆市科学技术信息中心，2008年1月经市编办批准同意，重庆市科学技术信息中心与重庆生产力促进中心合并，组建新的重庆生产力促进中心，同时保留重庆市科技信息中心牌子。中心是重庆市科委直属的公益一类事业单位，是为中小企业提供专业化服务的科技中介机构，是科技部认定的国家级生产力示范中心、国家技术转移示范机构、创业投资引导基金服务机构、服务新农村建设试点单位、科技金融试点单位、国际科技战略联盟会员单位、国际工业分包（SPX）试点单位，是工信部授牌的国家级中小企业公共服务示范平台，也是重庆市中小企业技术创新服务中心和重庆市中小企业创业服务重点机构。中心在科技大厦有2层共2000余平米的办公场地，拥有价值2000余万元的科研设备和服务设施，是目前全市规模最大、服务功能最齐全、服务手段最丰富的综合类科技中介服务机构。

【机构设置】

内设办公室、企业技术创新服务中心、科技项目评估与管理服务中心、科技交流合作中心、科技资源共享服务中心、科技发展研究中心和综合科技服务中心7个部门。

【人才建设】

中心现有员工70人，其中，博士、硕士24人，高中级专业技术人员26人，95%以上具有大学本科及以上学历，平均年龄35岁。中心多渠道引进和培养人才，加强专业化人才培育，目前已有12人取得创新创业咨询师、科技管理咨询师等职业资质，每年通过各种形式组织职工参加各类业务培训70余人次。

【科技创新】

以需求为导向，创新服务手段，为中小企业和创新创业者提供科技创新服务。一是以重庆生产力创新学院的建设为核心构建创新创业培训体系，开展众创空间构建咨询师、创业导师、创业咨询师、技术经纪人等资质培训和创新管理方法导入等方法培训。二是开展创新创业咨询服务。围绕众创空间建设运营、科技小巨人培育和创新服务平台建设以及创业辅导，开展创新创业咨询服务。针对区县、科技园区和科技企业需求，开展技术咨询、科技发展规划等科技咨询服务。三是发挥重庆市生产力促进中心协会理事长单位和渝湘鄂生产力促进服务联盟理事长单位的桥梁和纽带作用，整合聚集区内外科技创新资源，形成畅通的科技创新资源共享渠道。

【特色服务】

一是科技资源共享服务。建成集科技大数据

分析、科技服务交易和协同创新三位一体的重庆科技集成云服务平台和以生产力促进中心为核心的科技服务体系。实现科技大数据集成、分析应用，形成科技数据服务新业态；实现科技服务八大业态的资源集成和服务交易；实现大科技的协同创新；建立支持重庆重大产业发展的科技创新服务体系，最终形成以科技集成云服务平台为核心的集成化总包，专业化分包的科技综合服务模式和系统创新生态圈。二是科技项目评估与管理服务。成为重庆市集受理、评估、经费监管、绩效评价、信用管理于一体的第三方专业服务机构，为科技项目提供全过程管理服务。三是渝港科技合作。拥有内地唯一与香港合作的生产力机构—渝港生产力促进中心，与香港汽车零部件、中药、物流、纺织、纳米、电子等六大专业研发中心建立了合作关系，为重庆市中小企业提供战略策划与管理咨询，国际技术交流与合作，环保、汽车技术研发及应用，机器人、医疗卫生领域研发与检测，培训等服务。四是科技统计与发展战略研究。开展科研机构、科技项目、R&D 经费等统计工作，编印《科技数据年报》《科技进步报告》《区县科技进步监测报告》《科技统计年鉴》《重庆科技统计参考》等，发布各类科技统计数据；开展科技发展战略研究，近 5 年开展各类研究项目 60 余项，在各类学术期刊发表论文 100 余篇。

【典型案例】

2015 年 11 月 9 日—12 日，中心举办“2015 年创新创业导师认证培训”。重庆市各区县科委、生产力促进中心，高校，科研院所，以及众创空间依托单位和孵化服务机构等共 80 人参加培训。此次培训邀请国际培训专家赵伟老师进行专题授课。培训立足于促进我市众创空间专（兼）职创新创业导师队伍的建设，课程紧扣创新创业导师理论水平、业务素质和实操技能的提升，通过体验式互动教学方式，系统、生动而详细地指导学员掌握指导创新创业所需的知识与技能体系、咨询方法及工具、沙盘模拟及案例实操，具有较强的针对性和实用性，有效地提升了学员指导创新创业的专业能力与服务水平，为我市众创空间建设，培养了一批具备专业能力的创业导师。

2014 年 11 月 17 日，组织开展国家科技计划项目经费预算编制、执行监督和财务验收专题指导培训会，重庆市内各高校、科研院所、企业的科研负责人，各重点、重大科技计划项目（在研）负责人、财务处、科技处、审计处有关人员以及具有科技经费审计资格的会计师事务所相关人员共 200 多人参加培训。

2015 年 7 月 14 日，中心联合重庆市质量和标准化研究院举办“科技、标准、产业同步发展促进行动”企业标准化培训班，来自四联集团、电信研究院、长安汽车、恒通客车、太极集团、华邦制药、轨道集团、华渝电气等单位的 200 余位标准化工作骨干参加培训。此次培训根据科技标准化示范企业的发展需求，加强我市企业技术标准体系建设和技术标准制修订工作，推动企业科技创新与标准创新。培训内容包括国际标准发展动向及对策、我国标准化工作现状及我市企业标准化工作重点、企业标准化体系建立过程与标准实施、标准化工程师考试要求与标准化工作概论、标准编写方法及制订程序、标准与知识产权关系等。

2014 年 11 月 10 日上午中心组织渝港中小企业一站式支援推介会。重庆市科委副主任牟小云、中联办驻香港副巡视员刘志明、香港生产力促进局副总裁老少聪、重庆市人民政府副秘书长王余果出席会议并致辞。会上，重庆市科学技术委员会和香港生产力促进局，重庆生产力促进中心与香港生产力促进局内地事务部分别签订了“渝港新一轮合作协议”，双方就共同打造科技合作平台，为中小企业提供一站式服务、香港科技项目推介等达成一致。此举标志着渝港科技合作由原来技术成果的交流对接，引向两地间科技的全面合作。

2014 年 6 月 12 日，中心组织百名专家库区（梁平）行活动。市委科技工委委员、市科委副巡视员吴序，市中小企业局副巡视员刘大文，梁平县委常委、工业园区管委会主任付云、副县长唐诗平以及县级有关部门负责人出席了活动启动仪式。中心组织的 18 位专家以及该县企业和部门的代表 150 多人参加了活动。

（供稿单位：重庆生产力促进中心；
执笔人：谢涛）

四川

成都生产力促进中心

【概况】

成都生产力促进中心成立于1992年，直属于成都市科学技术局，属公益2类事业单位，现挂“成都生产力促进中心”“成都市科技风险开发事业中心”“成都市国际科技交流中心”“成都市创业投资服务中心”牌子。2008年中心被科技部创新基金管理中心认定为具有投资功能的中小企业服务机构，是成都市国资委认定的三家市属国有创投机构之一。

多年来，中心在为成都市科技企业提供科技项目申报、监理验收、管理咨询、技术交易等服务的同时，还运作总额近2亿元的成都市高新技术成果转化风险资金，以及2.3亿元的成都市科技创业天使投资引导资金和2.5亿元的成都市科技企业债权融资风险补偿资金池资金，为科技企业提供创新创业所需的知识产权质押、股权质押、信用等债权融资。

【人才建设】

在为科技企业提供服务的过程中，中心逐步培育了一支长期服务于政府和企业，熟悉科技政策，具有科技服务专业背景和经验的专业团队，并与创投、银保担、中介服务等机构建立了密切的联系和合作。近年来，中心积极响应党中央、国务院“大众创新、万众创业”号召，按照科技部、四川省、成都市的工作部署，汇聚各类创新创业人才，为搭建“科创通”——成都创新创业服务平台，创新开展科技服务工作打下了坚实的基础。

目前中心在职人员84人，其中研究生13人，本科60人，大专及以下11人；具有中级及以上职称的员工15人，其专业领域涵盖科技管理、财税管理、工商管理、投融资、法律、计算机软硬件等，人才综合优势较为明显，服务能力较为全面，能够为企业提供全方位、专业化的科技综合配套服务。

【机构设置】

中心下设行政部、人力资源管理部、财务部、资产管理部、项目管理部、技术交流部、信息管理部、科技金融服务部和创新创业服务部，注册资金5701万元，资产总额6.5亿多元，办公和孵化面积5000余平方米，各种配套设施功能完善，包括100多台（套）现代化办公设备；开通了成都生产力促进中心网站（www.cdppc.org)、成都市科技成果转化服务平台（网上技术市场）网站（www.cdotm.org）和“科创通”——成都创新创业服务平台网站（www.cdkjf.com)，实现了网络化办公和网络化服务。

【双创服务】

在市科技局的领导下，中心积极响应党中央、国务院“大众创业、万众创新”的号召，认真贯彻落实市委、市政府创新驱动发展战略。2016年中心主要开展了以下几个方面的工作。

一、科技金融

一是继续引导天使投资。建立《天使投资引导资金工作规程》并梳理完善业务流程。创新合作模式，以引导性参股方式，联合创投机构、高校院所、孵化载体、领军企业等社会力量共同出资设立天使投资基金。目前累计组建基金10只，财政出资1.749亿元，基金总规模达9.836亿元，已投资中小微企业34家，投资总额2.762亿元。二是加大债权融资风险资金池建设。建立《科创贷工作规程》并梳理完善业务流程。联合区（市）县政府和金融机构共同建立科技企业债权融资风险资金池，构建多元化的合作模式。目前合作银行有13家，合作区市县10个，担保公司2家，保险公司1家。科技企业债权融资风险资金池规模达39.4亿元，预计12月底前资金池规模将达50亿元。截至10月，已累计有519户企业获“科创贷”支持，贷款总额达12.05亿元。三是深化科技金融资助及各类服务工作。全年受理科技金融资助申请561单，累计发放天使投资创业补助等在内的各类科技金融资助5025.68万元，补贴企业230余家。举办科技金融相关各类活动20余场。四是继续实施“科技创新券”计划。根据新出台的创新券管理办法，梳理形成了“创新券内部审理流程”。截至10月，申请创新券906家，发放企业832家，申领金额8710万元，拨付金额1146.29万元。五是完成了成都天使投资协会的注册设立工作，协会初始会员达64家。

双创工作

一是按照“3+M+N”双创载体总体布局思路，加强我市载体培育，截至目前，经市科技局认定的科技企业孵化器150家，孵化面积464万平方米，其中，国家级孵化器13家，国家大学科技园4家，国家级众创空间36家，省级孵化器10家，市级加速器2家，市级孵化器22家，市级创业苗圃63家。二是强化国家省市载体政策的辅导与培训。截至10月份，经中心辅导服务及推荐，全市新增26家国家级备案众创空间，并推荐了18家市级创新创业载体备案省级孵化器、23家市级创新创业载体备案省级众创空间。三是加强多层次创业导师队伍建设。截至目前，我市创业导师达492名。2016年新增中国火炬创业导师22名，新增国家级孵化器创业导师3名。创业导师来源丰富，代表性较强，覆盖投融资、知识产权、财税法律、创业企业等领域。四是加强载体从业人员的提升培养和培育。全年共举办2期孵化器从业人员培训班，人数近500人。五是开展创新创业载体的数据统计分析。构建了载体建设管理的月报、季报和年报机制、完成2015年成都创新创业载体绩效评价、和2015年成都创新创业载体发展年度分析报告。六是围绕“创业天府·菁蓉汇”开展各类创新创业活动。截至10月，已完成33场菁蓉训练营，168场菁蓉创享会，形成了《“创业天府·菁蓉汇”活动实施情况分析》报告。此外，中心还积极协助完成了2016中国·成都全球创新创业交易会的相关会务组织工作。

云孵化平台建设工作

中心着力升级科创通平台，打造云孵化平台。截至目前，平台聚集636家双创服务机构、1772款服务产品、150家双创载体、20127家双创企业（团队）、492名双创导师、1623项科技成果，技术交易金额累计达到1780亿元。一是优化升级线上平台。新建创业天府云超市，集项目申报、创新券申领兑换、科创贷、科创投、科技保险、技术合同登记等服务功能为一体；构建互联网科技政务服务平台（政务云）。结合区市县的政务需求、产业布局和资源禀赋，建设温江、武侯等市县科技政务服务平台；打通科创通与科技业务综合管理系统通道，通过数据统计、评价与考核等工作手段，构建载体活动、导师、企业、融资情况上报的月、季、年报体系。二是线下平台建设。升级优化科技创新服务窗口二楼展示厅，增加展示互动性和趣味性；增加科技政策及项目咨询服务设备，实时推送科技政策、办事指南及项目申报情况。三是媒体平台建设。运维微博、微信、手机报，加强微网站建设工作。截至10月份，微博粉丝数量为36415个，发布信息近1000条；微信粉丝数量为7568个，发布信息600余条；手机报发送40余期；制作《成都市创新创业政策攻略》动画宣传片及平台各类宣传资料；实施菁蓉咖啡、创业天府、菁蓉汇等商标保护及新增商标注册等工作。

科技项目管理工作

一是围绕科技计划体系和科技项目设计，优化建设科技业务综合管理系统。截至10月，完成6368个项目申报、评审、监理和验收，共110万人次访问，并提供了10000余次技术电话支持；支撑业务处室业务梳理、表单调整、项目调整1300余次，同比上升37%。二是强化科技项目管理，保障科技计划项目实施。完成2016年第一批和第二批市级1030项科技项目的监理工作，其中完成第一批67项产业集群协同创新项目、战略性新兴产品研发补贴项目等项目的中期监理；正在开展2010—2014年获立项支持且合同到期（项目执行期截止到2015年12月）的622项市科技项目验收工作；完成了51项创新基金项目的监理年报的审核工作，并出具年度监理意见；完成40项2012—2013年度立项的创新基金项目的验收清理工作。三是加强技术交易服务，开拓技术合同登记渠道。截至10月，中心联合区（市）县、高校、园区开展技术交易合同登记政策宣讲、培训，举办大小专题培训15次，参会人员400余人次；编印了《2015年度成都市技术市场统计报告》；协助召开了“2016年成都市技术市场工作会”。截至10月底，完成技术合同登记499份，登记金额达9.62亿元。

（供稿单位：成都生产力促进中心）

南充生产力促进中心

【概况】

南充生产力促进中心成立于1995年，是南充市科学技术和知识产权局直属事业单位，是国家级示范生产力促进中心、南充市技术合同认定登记机构、四川国际技术转移服务联盟成员单位。截至2015年，中心总资产约530万元，拥有各类技术设备约30台套，独立办公场地1300平方米。

20年来，通过中心的全方位服务，全市中小企业共取得市级以上各类科研成果64项，其中，国家级2项，省级12项，市级53项；获得省级创新产品28项；2014年开始开展专利申请服务，截至2016年9月，共帮助企业获得专利478项，其中，发明专利88项、实用新型专利265项、外观设计专利125项。中心累计服务企业总数约4000户；通过服务共为企业增加销售额6.5亿元；增加利税近1.6亿元；为社会新增就业人数约4000余人；提供管理咨询、技术咨询及其他咨询活动5500余次；为企业和个人提供各种信息约9000条；扶持、培育科技型企业近160家；累计培育高新技术企业50家；开展各类培训200余次，培训人员1.5万余人；开展技术合同交易认定登记1600余项，合同成交金额7亿多元；联系科研机构120余家；中心通过企业服务取得的直接经济效益约900万元。

【科技创新】

中心成立以来，紧紧围绕南充市汽车汽配、丝纺服装、石油化工、食品加工四大产业发展方向，充分发挥在科技管理部门、科研院所、高校和企业之间的“桥梁”作用，秉承“合作、沟通、高效、共赢”的服务理念，结合自身的工作实际，充分发挥中心职能，以组织体系建设为突破，以服务中小企业为核心，以自身建设为重点，积极参加四川省生产力促进中心省、市、县三级联，健全服务体系，推动中心健康、快速发展，取得了显著成效，有力地促进了科技成果转化和地方经济发展。中心已成为南充市推动企业自主创新的骨干力量，是南充科技创新体系的重要组成部分。

【双创服务】

大众创业、万众创新是党中央、国务院在新形势下为促进经济平稳发展做出的重大战略部署。中心通过建立科技服务平台推动中小企业“双创”为抓手，促进了中小企业的健康发展，推动了企业提质增效。2013-2015年，由中心牵头，联合四川省生产力促进中心、辖区内的5县3区1市生产力促进中心组建了“四川省科技成果转化南充区域服务平台”。平台联络南充的高校、科研单位、行业优势企业，形成一个“省市县三级联动、行业与区域互动”的联合服务工作团队，以促进中小企业科技创新为重点，推动大众创业、万众创新，培育和催生经济社会发展新动力。

【成果转化】

为促进南充市中小企业科技成果转化，中心积极组织和参与科技成果转化暨产学研合作，开展与科技成果转化相关的技术交流、技术咨询、技术评估、技术培训等活动。在2012年–2015年期间先后组织企业参加了“四川南充科技成果转化暨产学研合作对接洽谈会”“西部地区蚕桑丝绸科技成果对接洽谈会”“第三届中国（西部）高新技术产业与金融资本对接推进会”“中国科技城科技博览会”“中国国际高新技术成果交易会—深圳高交会”等大型科技成果对接交易活动。2016年配合市科技局承办了“2016年南充市‘互联网+装备制造业’对接洽谈会”，省内外15所高校、科研院所的领导及科研处负责人，省内外20家风投、创投机构代表，驻市高校、科研院所、驻市金融机构、本市装备制造业重点企业等共300余人参加了此次大会。

通过积极参与和承办科技成果发布与技术交易会，促进了南充市科技成果转化与技术转移，为科技与经济结合搭建了平台，对南充市实施创新驱动发展战略、推动经济加快发展发挥了有力的助推作用。

【特色服务】

（一）开展知识产权保护和专利申请服务工作

2014年至今，南充中心积极协助南充市科学技术和知识产权局开展知识产权保护和专利申请服务工作，除加强知识产权保护相关培训工作外，进一步提升专利申请服务能力建设，提高专利申请服务的覆盖面。2016年通过专利申报服务，帮助我市机械汽配、石油化工、丝纺服装、食品加工、电子信息产业企业申请专利285项，其中发明专利51项、实用新型专利154项、外观设计80项，促进了企业科技创新能力。

（二）开展“四川科技扶贫在线”南充市平台运管中心建设

“四川科技扶贫在线”南充市平台运管中心建设，是结合“四川科技扶贫在线”平台建设，准确把握南充市科技扶贫产业支撑和能力提升的主攻方向，准确把握省市县三级联动机制、积极探索科技支撑富民惠民道路。项目立足本地扶贫攻坚总体规划和目标，按照“四川科技扶贫在线”服务平台专项的总体部署，围绕构建科技扶贫服务体系的中心任务，把握支撑产业、提升能力的科技扶贫主攻方向，把握贫困地区对科技进步的内在需求，以技术进步促进转型升级，以转型升级促进脱贫致富和全面小康。

“四川科技扶贫在线”南充市平台运管中心建成后，以云计算和大数据为支撑，有效整合各类农村产业信息资源，构建起农村产业科技创新、成果转化、农技推广、人员培训与农村产业生产各环节上下贯通、优势互补、管理科学、运转高效的现代农业科技信息管理与服务系统，提高农业科技服务信息化水平，全面提升农业科技服务的质量和效率，不断增强农村产业科技与农业产业的融合度，持续提高农村产业科技进步贡献率和农业资源利用率，推动农村产业现代化，切实增加农民收入。

【人才建设】

中心成立以来，非常重视人才队伍建设，通过灵活的用人机制，不断改善“中心”从业人员结构。中心现有在岗职工16人，全部具有大专以上学历。其中：高级咨询师2人；技术经纪人3人；技术合同交易认定登记员3人；质量管理体系认证内审员2人；专利代理人5人。通过10多年的努力，基本构建了一支成熟、稳定的管理团队，形成了一支能全面服务企业的业务骨干队伍，，吸收了一批机械制造、信息技术、油田化工等相关学科人才，建立了高效、精干、高水平的专家队伍，在科技成果转化、企业孵化、培养创新人才、促进产学研结合等方面起到了积极的作用，使中心的自身综合服务能力得到了加强。

【机构设置】

中心隶属于南充市科学技术和知识产权局，现属自收自支事业单位（事业单位分类改革方案按公益一类事业单位上报，由于南充特殊情况还未获批，批为公益二类事业单位可能性较大）。中心下设办公室、技术咨询部、培训部、网络信息部、南充市技术转移中心、聚力三新专利代理有限责任公司等部门和机构。

（供稿单位：南充生产力促进中心）

贵州

贵阳生产力促进中心

【概况】

贵阳生产力促进中心建于1998年11月8日，是经贵州省科学技术厅、贵阳市人民政府批准成立的以企业化运作的事业单位。中心成立以来，在国家科技部和省市政府及主管部门大力支持下，成为主导业务鲜明、社会效益显著、管理规范科学、服务设施完备的科技服务机构，取得了显著成绩和实效，得到国家科技部省市政府的肯定和认可，为加快推进地区经济科技发展做出了突出的贡献。

2000年1月，被国家科技部认定为国家级示范生产力促进中心。2002年5月通过ISO9001质量认证。2002年10月被国家科技部选定为首批启动的3个重点支持的国家级示范生产力促进中心建设试点之一。2006年10月通过国家科技部组织的重点支持的国家级示范生产力促进中心试点建设评估。2008、2009连续两年被评为全国优秀生产力促进中心，2009年获得全国生产力促进创新服务贡献奖。2010年被国家科技部列为全国生产力促进中心科技金融服务首批试点单位。2010年被评为全国A类生产力促进中心（排名在全国前30位为A类）。2011年获得全国生产力促进发展成就奖。

【科技创新】

（一）以大数据为引领建设创新型生产力促进中心

“中心”围绕贵阳市建设创新型中心城市这个核心目标，以大数据战略行动为载体，以大数据引领带动全面创新，逐步形成创新驱动发展的态势和格局。“中心”负责对“贵州中药现代化信息网”“贵阳科技信息港”“贵州新材料信息网”“贵阳市科技局网站”的信息更新与维护；开展中关村贵阳科技园北京科研条件平台贵阳服务站建设专项实施工作；通过贵阳市科技项目申报与管理系统开展贵阳市科学技术计划项目的网上申报工作；着力于建设贵阳市科技“数据铁笼”，进一步规范管理流程；开展贵州省政务信息系统及工业控制网络安全大数据重点实验室（一期）建设专项实施工作，完成社会公共服务系统安全实验平台设计开发和网络预警监测实验平台设计开发。

（二）加强培训与交流合作，营造科技创新氛围

“中心”受贵阳市科技局委托，常年承担及参与历届科技会议及展会的会务实施工作。其中：2016年组织承办“贵阳科技活动周”活动，围绕大扶贫战略，积极实施“大扶贫－农民专业技能提升”专项培训4期，培训人数上千人次。参与2016年5月在贵阳成功举行“中国大数据产业峰会暨中国电子商务创新发展峰会”“京筑创新驱动区域合作年会”会务组织工作；2016年分别组织贵阳地区相关单位进行“第十三届中国—东盟博览会”“第十八届中国国际高新技术成果交易会（深圳）”“第二十三届中国杨凌农业高新科技成果

博览会”“第十一届中国西安国际科学技术产业博览会”参展。

【双创服务】

“中心”努力做好市政府、市科技局安排的双创服务建设方案及实施等工作，提升各类科技企业孵化器、众创空间服务能力。通过科技资金后补助、创新服务平台建设等措施，鼓励孵化器制定高新技术企业培育计划，为企业提供高水平、高质量的专业化服务，积极打造一批创客空间、青年公寓、创新社区，增强服务功能，形成有利于创新创业的综合服务载体。

【成果转化】

中心负责中关村贵阳科技园北京技术市场贵阳服务平台专项实施工作。以中关村贵阳科技园为核心载体，进一步推动京筑创新驱动深化融合，全面对接北京和其他地区科技创新资源，推动各类创新要素和科研资源聚集。发挥“一站一台”的作用，加强与未来科技城央企的对接，推进科技成果转化、资源共享、互利共赢，促进北京科技资源和贵阳资源禀赋有效对接与协同创新。

【特色服务】

（一）精品服务与专业服务建设工程

利用中心的资源优势和创新服务窗口，开展精品服务、专业服务建设，把大数据安全、科技金融、科技咨询、科技创新服务作为精品服务进行精心打造，把培训与交流服务、信息与信息化、咨询与评估、战略规划服务作为专业服务做大做强，树立中心的服务品牌。

在咨询与评估服务方面，“十二五”期间，中心顺利完成了贵阳市科学技术局、贵阳市发展和改革委员会、贵阳市委组织部、贵阳市委群众工作委员会、观山湖区发展和改革局、贵阳经济技术开发区科学技术局、花溪区科学技术局、贵州省科技风险投资公司等单位委托的项目评审、评估、验收工作。项目立项评审 1011 项、项目验收 1344 项、项目投融资评估 131 项；在战略规划服务方面，中心完成《贵阳市“十二五”科技发展规划》《贵阳市“十三五”科技创新发展规划》《贵阳市知识产权事业“十三五”规划》《贵阳市中药现代化产业发展报告》编制相关工作。

（二）能力建设与重点企业服务工程

以完善中心的人、财、物各项管理制度和工作流程为基础，通过对服务设施的完善与升级，提升服务能力。每年选择 100 家企业作为中心服务的重点企业。依托中心建立的各类服务平台，全力为所选企业提供综合性服务和专业化服务，成为中心服务的典范。

中心通过对“贵阳市四个国家高新技术产业化基地 / 现代服务业产业化基地工作专项”“《贵阳市中药现代化产业发展报告》年度编制工作专项”“中关村贵阳科技园北京技术市场贵阳服务平台专项”“贵阳市科技进步统计监测工作专项”“贵阳市科技项目管理系统及专家系统运行维护专项”“大扶贫 – 农民专业技能提升培训专项”等贵阳市科技专项工作的实施，提升自身能力，对全市科技工作起到重要的推进作用。

（三）企业文化建设工程

通过开展丰富多彩的企业文化活动，树立“环境和谐、诚实守信、分工协作、追求卓越”的文化氛围，不断增强团队凝聚力和战斗力。结合中心的重点企业服务建设和开展贵阳市中小企业服务年活动，在服务手段和服务亮点上做文章，逐步树立中心的服务品牌。

（四）示范中心引领工程

“十二五”期间，中心作为贵州省生产力促进中心协会理事长单位，积极组织“全省生产力促进中心主任培训班”“全省生产力促进中心业务骨干培训班”，促进同行交流和素质提升；充分与各地（州、市）中心、各区（县）中心合作，通过共同开展科技服务，实现对各中心服务人员的实际培训，促进同行服务能力的提高；对小河区、遵义红花岗区等中心升级为国家级中心过程中，充分给予技术指导和人员支持，切实发挥了示范中心的引领作用。

2016 年 3 月，中心成为川滇黔生产力服务联盟首届常务理事单位，中心将积极发挥区域生产力服务联盟的作用和优势，围绕贵阳市建设创新型中心城市的目标，共同服务创新创业、推动科技成果转化、整合优化行业资源，规范行业管理，引领全市科技创新服务机构的健康发展。

【典型案例】

贵州东方世纪科技股份有限公司（以下简称“东方世纪”）成立于 2000 年 3 月，注册资金 1001 万元，贵州省高新技术企业。是依托贵州省水利水电勘测设计研究院组建的股份制企业，目的是为水利水电信息化建设提供专业化、系统化服务，为“金水工程”的各类应用提供全面解决方案。

2009 年 12 月贵州省科技厅向贵州省风投公司（注：中心为贵州省风投公司出资人代表之一，控股股东单位）推荐了贵州东方世纪科技有限责任公司（“东方世纪”前身）。经过项目组调查、公司评审会以及专家评审会评估、股东会审批等程序后，省风投公司及其参股企业鼎信博成创业投资有限公司于 2010 年 11 月向该企业分别投资了 150 万元，投资价格为 PB2.27 倍。其后，2012 年 4 月鼎信博成创业投资有限公司又对东方世纪公司增资 1000 万元。

贵州省风投公司投资以后，根据“东方世纪”未来的发展规划，2011 年为企业引进了券商，确定了新三板上市计划，并制定了上市股改方案。

2010 年，贵州省风投公司向该企业提供了 300 万元的银行贷款担保支持，帮助企业解决流动资金紧张的问题。2010-2012 年期间，省风投公司通过参股机构——贵阳高新万融科技小额贷款有限责任公司多次为企业解决短期流动资金服务。

2011 年，经贵州省风投公司参股的贵州鼎信博成投资管理有限公司推荐，东方世纪出资 200 万元与鼎信博成创业投资有限公司共同向水质在线监测企业——上海摩威环境科技有限公司进行投资，横向拓展了企业的发展空间。

2012 年东方世纪提出扩大水利设计业务的发展目标，计划通过收购兼并的方式进行业务拓展。贵州省风投公司为企业制订了收购方案，并积极推动此项目的进程。

2010 年贵州省风投公司投资以后，多次向该企业推荐了专业技术人才，并得到企业重用，使这个以人才为核心的专业技术型企业的人才队伍得到了充实。

东方世纪的最大的风险是人才短缺可能影响企业快速发展。公司是轻资产的专业技术型公司，主要以水利软件和系统集成为主要业务，需要既懂水利专业又懂计算机编程的复合型人才，人才培养成型的时间较长。主要对应的措施是通过各种渠道引进人才，通过股权激励留住人才，通过业务扩张培养人才。

贵州省风投公司通过各类资源的整合投入，帮助企业拟定了上市计划，并积极推进公司夯实核心竞争力拓展发展领域。2011 年公司获得多项《软件产品登记证书》《软件企业认定证书》《ISO9001：2000 质量管理体系认证证书》，并被相关部门评定为“高新技术企业”。已逐渐成为水利水电信息化建设的骨干力量。

2009 年，贵州省风投公司投资之前，该公司的年销售收入仅为 2450 万元，净利润 11.5 万元。到 2015 年公司已实现销售 19785.09 万元，净利润达到 2274.74 万元，增幅分别达到了 707.55%、

1968%。贵州省风投公司投资 150 万元目前估值已达到 385.40 万元，增值了 156.93%。2014 年 1 月，东方世纪成为新三板重启后全国首批挂牌企业之一。在 2016 年举行的第十八届中国风险投资论坛上，经贵州省风投公司推荐，东方世纪入选本届论坛 11 家“最具投资潜质创新企业”之一。

【人才建设】

中心通过开展职称提升工程、资质提升工程、能力培训工程、引智工程、经营管理人才培养工程、团队建设工程，全面提升员工业务素质和综合素质，建立一支综合素质高、业务能力强的人才队伍。进一步完善人才建设奖励制度和激励机制，形成尊重人才、人尽其才、才尽其用的良好环境。中心现总人数 134 人，其中在职人员 101 人。在职人员中：大专以上学历 88 人，其中博士 1 人、硕士 15 人、大学本科 58 人、大专学历 14 人。拥有中级以上职称和各类从业资质人员 64 人，其中正高级职称 1 人，副高级职称 4 人。

【机构设置】

中心内设 5 个机构：办公室、财务与企业融资部、创新创业与战略研究部、培训与交流合作部、科技信息与平台服务部。支撑机构 12 个：贵州省科技风险投资有限公司、贵阳宏图科技有限公司、贵州贵阳软件园、贵州省贵阳技术咨询评估论证中心有限公司、贵阳新元生产力促进中心有限公司、贵州峰华快速制造生产力促进中心有限公司、贵阳市星火现代服务业创业投资有限公司、贵阳创新天使投资基金有限公司、贵阳博睿大洋科技合作生产力促进中心有限公司、贵州科技创新材料生产力促进中心有限公司、贵州高新知识产权运营有限公司（筹）、贵州宏图信息安全测评中心有限公司（筹）。

（一）办公室

主要职责：负责中心行政、人事、劳资、档案、固定资产、后勤等管理与服务，并负责建章立制的执行及监督，中心绩效考核、外宣等工作。

（二）财务与企业融资部

主要职责：负责中心财务管理，含中心行政经费管理和执行、专项资金使用与监督等；管理、监督及评价下属机构财务、资金（资产）运行；开展企业融资服务工作。

（三）创新创业与战略研究部

主要职责：负责中心承担的项目评审、验收等科技项目服务工作；负责行业（产业）战略咨询、规划咨询等科技咨询服务工作；负责中心与创新、创业相关的科技创新服务工作的策划、组织实施；负责区域创新体系建设的科技服务工作。

（四）科技信息与平台服务部

主要职责：负责大数据建设工作，对科技创新大数据进行开发、管理、应用、维护；负责信息技术的开发、引进及推广工作；负责首都科技条件平台贵阳合作站、贵阳市科技项目申报平台等的建设、运行和维护工作；负责贵阳市科技局网等网站的建设、运行与维护工作；负责贵阳市科技局电子政务建设和政府信息公开系统建设工作。

（五）培训与交流合作部

主要职责：负责开展机关、企事业单位人员培训工作，包含开展创新创业、大数据、知识产权等培训工作；负责开展农业农村及农业技能与非农技能的培训工作；负责开展科技交流与合作活动工作；负责开展科技招商、科技成果展示等相关会议会展服务工作。

（供稿单位：贵阳生产力促进中心；执笔人：陆青）

云南

昆明市生产力促进中心

【概况】

昆明市生产力促进中心是经昆明市政府批准成立的非营利的科技服务型机构，中心是将原昆明市科技开发服务中心、昆明技术市场两个事业单位合并，通过资产重组、机构调整、集成内部力量组建而成的，成立时间 1999 年 12 月。目前仍保留“昆明技术市场”的牌子。2003 年又在“昆明市生产力促进中心”下面增挂了“昆明市科技型中小企业技术创新基金管理中心”的牌子。

2003 年中心通过 ISO9001：2000 质量管理体系认证，成为昆明地区首家通过认证的科技中介机构。中心自通过 ISO9001 质量管理体系认证以来，一直按照质量管理体系的要求从事各项工作。通过自身的不断完善和改革，整合了昆明市专利事务所、昆明市科学技术器材公司、昆明市外国专家工作站有限公司等，通过资源整合，提升了相关服务功能。2008 年，中心被科技部认定为第七批国家级示范生产力促进中心。

中心目前资产约 5800 万元，中心一直致力于加强基础建设，添置了包括服务设备，如服务器、电脑、数码相机、投影机、摄像机、用于宣传展示的液晶电视及显示屏、影碟机、扫描仪等基础设施，还自主开发了计算机软件“中小企业信息处理分析系统”V1.0（已进行了软件著作权登记）。

中心下设的孵化基地位于昆明市高新技术产业开发区，场地 15000 平方米，入孵企业约 40 家。有展示大厅 1000 平方米，培训会议室 1200 平方米，配套齐全的电子化设备，可满足远程互动，可视会议，远程交流等。

目前中心拥有的各级平台包括：国家级平台“中小企业公共服务示范平台”（工信部）、“国家专利技术（昆明）展示交易中心”（国家知识产权局）、“中国（云南）知识产权维权援助中心（12330）”（国家知识产权局）、国家级生产力促进中心（科技部）；省级平台：”云南省十佳中小企业服务机构”（云南省政府）、“昆明中小企业培训公共服务窗口平台”（云南省工信委）、“云南省（省级）生产力促进中心”（云南省科技厅）、“省级科技企业孵化器”（云南省科技厅）、“省级众创空间”（云南省科技厅）；市级平台：“昆明市（市级）生产力促进中心”（昆明市政府）、“昆明技术转移中心”（昆明市科技局）、“昆明市科技型中小微企业服务中心”（昆明市科技局）、“市级众创空间”（昆明市科技局）。

【人才建设】

目前，中心员工具备大专以上学历人员占 95% 以上；中职以上人员占 80%；80% 以上人员获得各类专业资质资格；人员平均年龄在 35 岁以下，是一支专业化、年轻化和具有较强事业心的科技服务队伍，团队成员包括有技术经纪人、专利经纪人、专利代理人、质量体系注册外审员、技术合同认证员、会计师、高级经济师、科技评估师等，从事的专业主要有各类工程技术、经济、计算机、科技管理、科技评语、科技咨询、软科学研究、知识产权代理、技术经纪等。荣获地区“科技中介服务创新团队”称号。

【特色服务】

昆明中心围绕自身特点和业务，主要依托创建的“昆明市科技型中小企业技术创新基金和风险投资引导资金管理服务平台”“技术成果孵化器平台”“信息化资源共享平台”“综合专业技术服务平台”的综合业务，构建了一站式中小企业服务平台服务体系的基础条件，并进一步提升综合服务能力，可全方位、全过程地为科研院校和中小企业成果转化，以及创业、创新提供一站式优质服务，形成了科学规范的内部管理设置架构和人才、信息、资金、技术等服务资源配置机制，有力促进了中小企业技术创新的成功率和稳定的长效跟踪服务机制。

1. 昆明技术转移中心

有“一站式”工作场所、信息化网络，以“云南技术转移联盟”建立长期、稳定的区、院、校共同发展的战略合作伙伴关系，通过常年展示最新科研成果、专利技术产品以及企业需求信息等，为技术转移提供宣传展示、转让交易、合作开发、政策支持、成果孵化、资源整合的开放式科技服务平台，推动企业与科研院校科技合作机制，实现优势互补、风险共担、利益共享、合作共赢。

2. 国家专利技术（昆明）展示交易中心

具有1000平方米的“一站式”服务平台，集综合办公、成果展示、培训教学等硬件设施和各类专业化服务人才为一体。以实现全国专利信息共享，使知识产权服务和专利技术成果转化服务标准化、网络化、常规化和专业化，是一个可有效整合可提供相关服务的社会资源的专利技术展示交易服务体系，旨在为技术发明者的专利技术实施和推广提供一个宣传展示、技术转移、合作开发、政策支持、成果孵化、资源整合以及综合服务的且面向社会的开放式科技服务平台，为云南省专利技术转移实施起到了积极的促进作用。

3. “昆明市科技型中小企业技术创新基金和风险投资引导资金”

可为中小企业申报国家及省市创新基金提供全程服务，解决种子资金和发展资金的瓶颈问题。

4. 昆明市生产力促进中心高新孵化基地

集中优势资源，为在孵企业提供创业初期所需的精准、专业、优质的服务，为企业搭建成长平台，助推企业成长壮大。

5. 信息化资源共享服务平台

平台包括：《昆明技术转移网》《国家专利技术昆明展示交易网》《技术市场科技信息网》《昆明市中小企业科技信用服务平台》《专家人才库》《科技评估软件系统》等。

6. 昆明中小企业培训公共服务窗口平台

平台成立于2013年，以服务全市中小企业创新发展为宗旨，以中小企业的需求为导向来着力构建中小企业服务体系，重点是提升对中小企业提供公共服务的质量，推动中小企业快速发展，提高企业创新能力。按照云南省中小企业服务平台网络“八统一”“五公开”服务规范，资源整合、协同发展、政府引导、面向产业、服务企业的原则，为区域内的中小企业提供多功能的综合服务，与省枢纽平台、州市综合窗口平台及各产业聚集区窗口平台对接，实现省市县公共服务平台互联、互通、互动、服务协同，为中小企业提供便捷、综合、优质、高效的服务。平台具有的服务功能：现场解答中小企业的各项咨询，如为管理咨询服务，受理中小企业的诉求；引导和协助中小企业在平台办理各项事务；为中小企业提供专业管理培训、技能培训、拓展训练等各类培训服务；创业辅导；科技创新、成果推广、技术交易等科技服务；为中小企业提供信贷融资、风险投资、信用评级、贷款担保、股权置换、银行金融服务、产权交易、项目招商等中介服务；法律及知识产权维权援助等。

【服务成效】

1. 科技型中小微企业培育逐步深入

围绕全市产业建设重点领域，发挥科技型中小企业创新基金和投资引导资金的激励作用，严格执照创新基金管理暂行办法及相关流程要求，组织项目申报、评估、监理工作，通过技术创新市场导向机制，积极扶持科技型中小微企业。

“十二五”期间累计受理昆明市科技型中小企业技术创新基金项目2529项，立项647项，累计支出市级资金9937.85万元。其中“十二五”期间昆明市科技型中小企业投资引导资金累计对9家投资机构的投资项目给予立项支持，财政累计支持金额414万元，带动投资机构向昆明本地企业投资达30648万元。积极协调科技型中小微企业、评估机构、金融机构，推进科技型中小微企业知识产权质押贷款，累计支持知识产权质综合押贷款项目20项，获得金融机构贷款45420万元，累计支出市级资金1479.55万元。

通过科技财政经费的引导，借助创业投资专业化、市场化的运作方式，吸引社会资金对科技型中小微企业的投资，夯实了中小微企业技术创新能力，为科技创业和昆明市科技型中小微企业技术创新能力的提升奠定了坚实的基础。“十二五”期间，累计获云南省科技型中小企业技术创新项目资金立项104项，获得省级资金3055万元。累计获得国家创新基金立项443项，获得国家资金29615万元。

2. 带动创新创业，推动地方经济发展

中心通过提供公共服务来吸引、支持、留住企业，通过与社会投资机构、金融机构合作，结合政府财政资金资助措施，发挥财政资金的引导与放大效果，缓解了企业融资难的瓶颈，在促进科技型中小企业快速发展，带动创新创业，推动地方经济发展方面起到了积极的作用。

3. 深化区域科技交流与合作

通过泛亚会的举办，为各州市、各类科技人才、各类院校、各类企业搭建沟通之桥、铺设友谊之路、构筑合作之道、提升创新之力，为昆明市深化区域科技交流与合作，促进科技资源有效配置，推动全市科技事业发展发挥了积极作用。已举办了十四届“泛亚对接会”，其中，第十四届“泛亚对接会”共促成对接项目近1700项，签约项目345个，生物医药约300项，电子信息200项，新能源、新材料600项，农业项目约300项，其他300项，省内外高校和科研院所50多家、中央、省国有企业和科技型中小企800家、境内外知名投融资机构300多家。宣讲科技政策30多项，颁证、颁奖7批次。

4. 促进专利技术转移

专利展示交易中心有效整合可提供相关服务的社会资源，为广大发明人、企业提供宣传展示、技术转移、合作开发、政策支持、成果孵化、资源整合等服务，为专利技术转移实施起到了积极的促进作用。近三年累计收集企业专利成果展示达3000余件。累计成交40余项，交易金额超过1亿元。

5. 科技金融成效显著

经努力企业知识产权质综合押贷款工作的认知度显著提高，2015年度立项11项，获得金融机构贷款20900万元，支持资金937.85万元，比刚开始执行的2013年立项3项（获得金融机构贷款7420万元，支持资金92.5万元），有较大增长，立项数增长550%，获得金融机构贷款增长281%，市级资金支持增长101%。财政资金的引导与放大效果明显，缓解了企业融资难的瓶颈，在促进科技型中小企业快速发展方面有显著的社会效益。

（供稿单位：昆明市生产力促进中心；
执笔人：向兰）

陕西

陕西省生产力促进中心

【概况】

陕西省生产力促进中心成立于2000年5月24日，是经科技部和陕西省人民政府批准的旨在支持以中小企业发展为主的非营利性事业机构，是国家创新服务体系建设在陕西的主要实施单位，是社会化科技中介服务体系的骨干和核心力量。2001年被科技部评为“国家级示范生产力促进中心”；2002年陕西省民办科技服务中心整体并入，7月通过ISO9000质量管理体系认证；2008年被科技部批准为首批国家技术转移示范机构，2009年陕西省科技宣传中心整体并入；2012年9月，经省政府批准中心整合科技厅下属其他三家机构成立陕西省科技资源统筹中心（陕西省生产力促进中心）；2014年7月中心出资成立陕西科统生产力促进中心有限责任公司。经过16年的探索和实践，中心紧密围绕全省科技工作重点，形成科学仪器开放共享、科技成果转化、科技金融、共性技术推广、科技企业孵化、创新创业、国际交流与合作等专业化的服务体系。

为积极推进科技贷款风险补偿，中心与合作银行联合研发新型科技金融产品，与浦发银行、建设银行、招商银行、中国银行、长安银行、工商银行、国开行、齐商银行等分别签订科技贷款业务合作协议，积极推进新型科技金融产品的联合研发工作，共同推出了“科浦贷”“支科贷”“科创贷”等专门面向科技型中小微企业的信用贷款产品。同时，促进中信银行西安分行、招商银行西安分行、长安银行、东亚银行西安分行向省3D打印产业技术创新联盟和有关企业进行贷款授信，授信总额达20亿元人民币。鼓励支持中介服务机构依据企业市场需求提供针对性强的服务，定期组织开展各类对接服务活动，内容涉及“新三板专题培训会”“首届中国创业服务业峰会”“网络环境中的法律保护”“注册商标的运用和保护”“文化企业品牌战略”“启迪之星创业者训练营”等，目前服务区域已辐射到宝鸡、延安、汉中等地市。

【双创服务】

第一，基本形成了“多个品牌创新创业活动、一个省创新创业联盟、一个省众创空间”的“N+1+1”“双创”服务体系。连续三年举办中国创新创业大赛（陕西赛区）的比赛，并承办中国创新创业大赛新能源及节能环保行业总决赛。此外，经常性举办“中国（西安）国际机器人嘉年华暨陕西创客节”“全球创业行（中国·西安）”“全球创业周西安站”、创业培训、路演、讲座等系列活动。以大赛为基础，中心着眼搭建创新创业服务体系，发起成立了“陕西创新创业联盟”，共吸纳高校、院所、银行、创投、中介等各类机构163家加入联盟，为创新创业资源汇聚、单位之间信息共享、资源互补、业务合作等打下坚实的基础。积极做好“陕西众创空间”运营，通过大赛、活动、校园众创空间预孵化、联盟单位合作等方式，筛选了 40 家企业和团队入驻（实体 + 虚拟），并为其提供了包括工商注册、法律、财务、知识产权、商标代理、人才引进、投融资、市场运营推广等全程、全方位的孵化服务支持。

第二，探索建立了大型科学仪器设备信息员工作机制，制定出台《陕西省大型科学仪器设备信息员管理办法（暂行）》，在省内各大型科学仪器设备拥有单位设立信息员，通过信息员在协作共用网及时填报仪器设备更新与使用信息，基本摸清全省大型科学仪器设备底数。按照省科技厅、省财政厅共同制定并实施的《陕西省大型科学仪器设备共享专项资金管理办法》的具体要求，对省内提供大型科学仪器设备共享服务的单位，按照其服务收入给予 30% 的奖励；对省内使用大型科学仪器设备的委托单位，按其年实际支出给予 20% 的补贴。近三年，共向 350 家单位发放共享补贴 2000 余万元，带动了数千台（套）大型仪器设备对外开放共享，充分调动了大型仪器设备供需双方参与共享共用的积极性。

第三，积极探索公共检测服务的市场化运作模式，力争打造具有市场竞争力的第三方检验检测认证服务体系。依托在陕高校院所及企事业单位、分析检测机构、工程技术研究中心、重点实验室等单位，推进公共检测专业化实验室建设，引入 13 家专业化检测实验室，整合仪器设备达 200 余台，总价值 4500 万元，涵盖医学、材料、环评、质检等领域，开展相关专业化服务。

第三，努力抓好科技成果征集、评估工作，深入在陕高等院校、科研院所、企业，与科技园区建立合作关系，了解科技成果需求信息，征集各类待转化科技成果并梳理入库。每年定期举办第十九届西洽会暨丝绸之路国际博览会科技成果交易展览活动、第三届东西部科技成果与专利技术转让合作促进大会、“挑战杯”陕西省大学生课外学术科技作品竞赛等重大活动，推介、展示先进科技成果、高新技术、专利技术、获奖科技项目和可转化中试项目，促进科技成果与专利技术供需双方之间的洽谈与合作。近年来，与西安高新区、统筹科技资源示范基地等机构共同承担科技部西北技术转移中心的建设工作，构建技术成果展示与孵化培育聚集区，着力将中心建设成为西北地区技术转移服务高地、全球技术创新资源对接平台，为西北片区科技成果转移转化提供重要支撑。在 2016 丝博会暨第 20 届西洽会科技成果展开幕式上，国家技术转移西北中心在西安正式揭牌。

第四，立足大数据、3D 打印在国家重点研发任务，发起成立陕西省大数据与云计算产业技术创新战略联盟、陕西省 3D 打印产业技术创新战略联盟和陕西创新创业联盟。紧紧围绕陕西省“十三五”科技发展战略以及相关产业发展中地位和作用，分别向科技部、省科技厅、省发改委提交了相关专题报告和意见建议。开展了 3D 打印产业标准制定工作，组织有关成员单位申报了 12 项产业团体标准报备，其中 7 项被省质监局列入我省 2015 年团体标准制定项目计划。围绕大数据服务丝绸之路经济带建设、工业大数据应用与发展、政务大数据应用与发展及国家智能制造战略下的大数据等专题定期组织高层论坛。陕西创新创业联盟吸纳高校、院所、银行、创投、中介等各类机构 163 家，围绕主导产业和新兴产业，帮助院所、高校、企业培育创新创业主体，实现创新创业要素跨地区、跨行业自由流动，引导广泛社会资源支持创新创业。大数据与云计算联盟成员达到 101 家，3D 打印联盟成员 50 家；大数据与云计算联盟和 3D 打印联盟均升级为“省级产业技术创新战略联盟”，为申报国家级联盟打下了坚实的基础。

第五，中心自 2008 年承担科技部创新方法专项试点工作以来，以全面提升我省科技创新能力、建设技术创新人才团队为目标，积极开展创新方法的学习、推广、应用工作。以技术创新为主线，以高校、科研机构、试点企业为重点，开展TRIZ理论推广工作，探索应用TRIZ理论开展自主创新的规律，逐步形成了以陕西省科技资源统筹中心为主体的TRIZ推广应用、培养创新人才、提高企业创新能力的服务基地。服务基地现有创新方法培训、咨询专家12人，先后开展了推广应用、师资和骨干工程师三个层次的培训，举办深度咨询创新方法培训班10余期，培训人数400余人，培育创新工程师100多位，服务企业80多家。

第六，积极打造科技资源信息库建设，已建成科技人才、研发机构、检验检测机构、科研仪器设备、科技成果与专利、科技企业、科学数据、科技文献、科技产业园区（基地）等科技资源信息库，收录、整理各类科技资源信息5亿余条，部分资源库已投入开放运行。

第七，依托“陕西现代农业科技网”进行科技兴农服务，目前该网已覆盖省内55个地区性网站，网站信息总量超过25000条，收录农业技术培训视频2700部，年阅读量超过30万次；微信推送服务已有900多家涉农企业，年推送次数达180000余次。同时与杨凌区合作建设了“中国杨凌农交所”电子商务平台，线上线下结合，组织现代农业电子商务巡回培训53场次，涉及17个区县。

第八，成功与美国纽约上州综合商会建立长期合作关系，促成了陕西泾渭茯茶与美国帝国酿造公司的对接，双方共同研发的“双龙茯茶啤酒”于日前在美国纽约成功上市，美国帝国酿造公司表示了在陕合资建厂生产茯茶啤酒拓展国内市场的意向。同时，通过组织与美国、加拿大、澳大利亚等国家交流对接，促成昆士兰大学与西北有色金属研究院在高品质医用金属材料及高端医疗器械产品领域的合作，促成了西安交通大学与多伦多大学的多个技术项目合作。首次将美式创新创业孵化培训模式引入我省，邀请美国雪城科技园来陕实施“沙箱计划”，定期举办科技创业创新孵化培训班，使我省企业家、创业者零距离体验全球商业视野下的国际先进创新创业理念。中心还与欧洲最大职业教育机构——奥地利联邦商会经济促进学院（WIFI）签订了“中奥科技合作框架协议”在创新创业培训、继续教育、职业培训、科技交流研讨等方面达成了合作意向。

（供稿单位：陕西省生产力促进中心）

咸阳市生产力促进中心

【概况】

咸阳市生产力促进中心是1997年经陕西省科技厅、咸阳市政府批准成立的事业性非盈利社会化的科技中介服务机构。中心以“敬业、创新、求实、高效”为服务宗旨，围绕区域内中小企业需求，开展技术培训、大型仪器共享、难题诊断、检测分析、政策咨询、工业设计等方面的科技服务。2004年中心被国家科技部评定为“国家级示范生产力促进中心”，被陕西省科技厅认定为“创新基金优秀中介服务机构”，被陕西省科技厅、发改委、信息产业厅认定为“制造业服务化（国产软件）优秀中介机构”。2010年被科技部列为“社会主义新农村建设首批试点单位”联盟，2012年被科技部确定为全国生产力促进中心工业设计服务联盟第二批试点单位，2013年获全国生产力促进（服务贡献）奖。

中心自成立来，积极为区域科技创新搭建服务平台，营造良好氛围，以服务政府、服务中小企业、服务“三农”为目的，积极开展科技咨询与培训、项目策划与服务、网络信息服务等，取得了显著的服务成效，推动产学研技术交流与成果转化，架起中小企业与高校、科研院所合作的桥梁，为创新型咸阳建设和经济发展发挥了重要作用。

下一步及“十三五”时期，中心在市科技局的领导下，以“创新、协调、绿色、开放、共享”五大发展理念及科技工作“十六”字方针为指引，认真贯彻落实中省科技大会精神和市委、市政府《关于进一步加强科技创新工作的实施意见》及配套落实政策。进一步做好科技服务工作，统筹社会科技资源，加快技术转移和科技成果转化，促进产学研合作，强化企业知识产权保护，推动企业做大做强、产业做壮做优，全面提升科技创新服务能力，大力营造全社会创新创业的良好氛围，为建设富强、人文、健康新咸阳提供强大的科技支撑。

【机构设置】

中心设有主任1名，副主任2名，员工27人，现设综合管理部、项目服务部、信息网络部、农业服务部等四个部门，配有计算机及网络设备85台套，拥有一条100M宽带业务专线。

【科技创新】

近年来，中心不断创新服务模式，根据企业技术需求和难题有针对性地开展服务。在管理创新方面，实行绩效双考核挂钩制度，通过聘约化管理形成按需设岗，按岗聘用，公平竞争，优胜劣汰的激励机制，激发员工的工作热情和敬业精神，形成良好的工作局面。2003年6月，中心在全市服务行业率先通过了IS9000质量管理体系认证，进一步规范了行业标准和服务流程，形成了为全市企业提供技术信息、咨询、中介、培训等完善的科技服务体系。在服务创新方面，充分发挥区域科技资源优势，与西安工业大学、陕西科技大学、陕西中医学院、陕西省机械研究院等30多家科研院所大专院校、生产力中心等单位建立了战略联盟和合作关系。先后与温州轻工研究院和陕西农产品研究院合作开展关键共性技术应用专项服务，与咸阳融资担保公司共同开展科技金融服务，与咸阳益利德软件科技有限公司联合开展制造业信息化服务，与陕西机械行业生产力中心等单位开展检测分析。

【双创服务】

随着国家创新创业政策的不断出台，中心积极主动、创新作为，着重做好科技企业孵化器与众创空间服务工作，推动高校院所、企业建立科技企业孵化器与众创空间。经中心培育服务的有国家级孵化器咸阳启迪科技孵化器、陕西机电科技企业孵化器、彩虹集团电子玻璃众创空间孵化基地等一批众创空间孵化基地。积极组织企业参加全国创新创业大赛，在第四届中国创新创业大赛（陕西赛区）上，我市有4家企业、2个团队分别获得优秀奖；在第五届中国创新创业大赛（陕西赛区）上，咸阳金钻数码有限公司荣获电子信息组第一名，咸阳三精科工贸有限公司荣获新材料组第二名，另有2个团队和5家企业获优秀奖，并进入全国总决赛。由于中心调动多方资源，加大宣传力度，动员企业参赛，今年全市共计参赛企业22家，团队47家，较上年增加220%，有效报名数全省第二，创出历史新高。中心充分统筹整合区域科技资源优势，建立了中小企业公共科技服务平台和专业性服务平台，加速技术转化与科技成果转化，促进企业科技创新、信息交流与互动、产学研合作，进一步营造大众创业、万众创新的良好氛围。

【成果转化】

近年来，中心注重区域科技成果转化，积极服务“三农”，重点推广我市两项农业科技成果，即咸阳德丰有限公司研制的新型植物生长调节剂“噻苯隆”和咸阳西秦生物科技有限公司研制的1-甲基环丙烯果蔬保鲜剂。先后促成咸阳德丰有限公司与新疆吐鲁番、昌吉、阿克苏等地进行合作，并在陕西、新疆、青海等地的苹果、葡萄、大枣、樱桃、油菜、蔬菜上推广应用“噻苯隆”，累计推广面积达1000万亩，为农户带来4000万元的收入，起到了很好的增产增优效果，解决抗逆倒扶的技术难题，起到防止病虫害作用，促进和调节了植物良好生长，形成了一套规范完整的不同植物栽配生产管理技术，大大提高了作物商品性能。促成咸阳西秦生物科技有限公司与国家农产品保鲜工程技术研究中心（天津）联合开发果蔬保鲜剂“1-甲基环丙烯”中试推广实验合作。果品保鲜储藏使用“1-甲基环丙烯”大大延长了产品保鲜上架期，增加了产品附加值和提高了商品率。仅2014年为陕西天恩现代农业发展有限公司提出应用鲜博士保鲜剂技术解决方案，还就柿子保鲜贮藏技术进行诊断寻问，解决制约我市柿子产业发展的保鲜技术难题，当年在3000吨苹果、500吨蔬菜上应用该公司鲜博士保鲜剂，大大延长产品保鲜期和贮藏期，效果非常明显。累计在20多种果品、蔬菜、花卉上推广应用该保鲜剂，为农户带来近1000万元的收入，辐射带动和促进了我市现代农业发展。

【特色服务】

一、制造业信息化服务成效斐然

2002年9月咸阳市被科技部确定为全国47个制造业信息化示范城市之一后，中心以项目为纽带，以行业为抓手，承担了信息化服务过程的相关技术服务。成立4家技术服务机构，建立67家示范企业和67个示范项目，并开展制造业信息化指数分析与统计。聘请专家帮助解决企业制造业信息化关键技术难题和应用困难，为45户中小企业推广应用国产软件技术服务，提供量身订制切实可行的最佳技术方案，先后在陕西摩美得制药有限公司、陕西华星电子工业集团等众多企业推广使用用友、金碟系列国产软件，从而使企业信息化制造管理水平迈上一个新台阶。十二五”期间，中心推荐的中船重工集团第十二研究所等7户企业被确定为省制造业信息化科技工程示范企业，中心邀请西安工业大学专家先后多次深入企业进行技术诊断和组织开展制造业化应用技术培训，累计服务企业200多家，培训人员2万人次，提高了全市制造业信息化整体水平。

二、积极搭建服务平台，开展工业设计服务，打造特色服务能力

2008年，搭建的咸阳市中小企业公共服务平台开通，平台年访问量达3万人次。目前，平台收录大型仪器408台（套），收录科技企业1242家，为213家企业开展675项次的质量检测及标准制定服务；收集技术难题与需求项目451项，为83家中小企业开展文献检索与查新服务130项次；帮助中小企业申请科技计划项目176项。为了提高中小企业工业设计水平，中心整合区域科技资源，搭建咸阳工业设计服务平台，平台提供7个大类、740个零部件、在四种设计软件运行环境下的标准图库的标准数据查询和模型下载。开展装备制造业产品辅助设计、产品外观设计、VI设计及工业辅助设计专题培训等工业设计专业技术服务。为企业标准查询服务7842次，下载数据模型4872套，产品设计31项次，企业形象及产品外观设计84项次，商品包装设计49项次。通过中心牵线搭桥，促进西安电子科技大学、陕西科技大学与咸阳衡源家居用品有限公司进行技术合作，分别在咸阳衡源家居用品有限公司成立西安电子科技大学多媒体研究室联合实验室、陕西科技大学工业设计研究所协同创新基地、陕西科技大学设计与艺术院实习基地，开展工业设计服务。2016年初研制成功的工业设计服务产品健康机器人在西洽会暨丝博会上亮相得到了陕西省领导和与会客商的高度称赞，在乌洽会上该产品倍受欢迎和好评，成为我市工业设计的典范。对于促进智慧咸阳、健康咸阳发挥科技示范引领作用。

三、科技项目申报服务成效显著

近年来，中心围绕国家创新基金、科技支撑计划、重点新产品计划、省市重大科技创新专项等，帮助企业编写项目可行性报告、商业计划任务书、开展网上注册和数据录入等专项服务，其中2011年申报的数控无模旋压机等11个项目被国家科技部立项支撑830万元，金属精密成型关键技术、橡胶产品科技产业基地等两个地方重大专项获陕西省2011年、2012年统筹科技创新工程计划地方重大专项资金分别为905万元、1000万元。“中药材资源利用与健康产业发展创新链”被省科技厅列入“2016年度陕西省科技统筹创新工程计划特色产业创新链项目”，推动咸阳市中药产业做大做强做优。“十二五”期间，经中心培育孵化和全程服务，凝练的市级科技计划项目达903项、市级重大科技专项112项；申报国家科技型中小企业技术创新基金项目119个、省级科技计划项目180项，为企业争取中省重大专项资金9100多万元。近年累计由中心服务申报中省的各类科技计划项目达1200多项，帮助企业争取资金5亿多元。通过项目实施，进一步加速科技产业化进程，不断显现科技对咸阳经济的贡献率。

【典型案例】

咸阳威迪机电科技有限公司是一家线路板生产设备的高新技术企业。公司成立于2002年，经过中心多年的精心培育和全方位服务，公司由当

初的不足十人、单一产品、无固定场所，到如今已发展成为亚洲最大的压合机生产供应商基地。中心牵线搭桥陕西科技大学、西安工业大学等高校、科研院所，帮助解决压合机耐高温不稳定问题和信息化集成相关技术等问题。先后研发出拥有自主知识产权的国内首台《多层线路板真空压合机》、风力发电材料用真空压合机及绝缘板压合机等，创造了国内压合机领域的众多第一。为满足企业快速发展的融资需求，中心与市信用担保有限公司联合评估，向国开行、中信银行、交通银行、建设银行等推荐担保该公司创新项目，2007年公司项目产品“多层线路板真空压合机”被科技部等认定为“国家重点新产品”；“高温真空压合机”项目于2009年获国家实用新型专利，2010年获咸阳市科学技术奖一等奖。其系列产品销售覆盖了国内近30个省市、自治区，已拓展到欧美市场。公司员工现有100多名，资产总值3000多万元，年销售收入过亿，产品国内市场行业占有率达50%左右。

2015年11月，陕西科隆能源科技股份有限公司在新三板成功上市，这是中心多年精心服务的结果。该公司是一家集研发、生产、销售于一体的国内大型煤矿液压支架密封件、高压胶管、煤矿辅助运输设备的综合型科技企业及高新技术企业。经中心服务的“新型橡胶材料无模切削密封件”项目是采用奥地利DMH公司的设备与技术消化吸收后取得的最新成果，2009年获国家创新基金立项支持，同年获咸阳市科学技术二等奖。服务的项目产品WC55Y框架式支架搬运车获得“国内首台套”高新技术产品荣誉称号。2013年研发实施煤矿井下成套搬运设备项目，是公司快速跨越发展的写照，进一步延伸了产业链，为咸阳橡胶技术创新战略联盟和特种橡胶产业基地建设发挥了重大作用。

此外，中心联合市信用担保公司还与银行建立服务合作关系，共同搭建科技+担保+银行的科技融资项目服务平台，帮助企业编写科技创新项目册和融资协议，收集建立企业融资项目库，并开展科技信用担保项目评估和知识产权抵押贷款。通过近年来的服务，已为陕西康惠制药有限公司、咸阳移山压缩机有限公司等200多户企业通过信用担保，争取银行贷款资金10多亿元，有力地支持了企业科技创新和成果转化，缓解了企业融资难题，发挥了银行资金的倍增效应，探索出了一条“科技+担保+银行+企业”的有效融资服务模式。积极开展科技企业融资后备库建设，对有需求和条件的企业进行上市前培训，助推企业发展壮大，2015年我市首家科技企业陕西科隆能源科技有限公司在新三板成功上市，进一步推动了科技创新，为区域经济平稳健康发展注入新的活力。

【人才建设】

中心非常重视生产力创新服务队伍培养。每年组织全员开展科技知识、创新政策、质量体系认证以及网络计算机等方面的培训，不断提高全员业务水平和工作能力。先后组织4名人员参加科技部生产力促进中心协会科技咨询师培训。通过培训，为区域小微企业开展咨询服务，帮助企业出主意、想办法，制定长远规划和发展战略，定期诊断、会诊企业遇到的技术难题。根据企业需求，进一步开展个性化订制培训，增强科技创新能力，促进企业发展壮大。2009年，中心成功举办全省中日知识产权培训会，为培养陕西企业知识产权人才和推动知识产权保护意识发挥了积极作用。

为充分发挥高校院所科技人才的优势，中心聘请了一大批各行各业的优秀人才作为自己的服务团队，组建了咸阳市百名科技专家服务团，定期不定期深入企业调研服务与技术指导，帮助企业解决生产中困难和问题，促成西安理工大学与陕西同心连铸科技有限公司、西北橡胶塑料研究设计院与咸阳海龙密封橡胶有限公司等众多高校科研院所与企业签订了一对一服务协议，明确了相关制度和责任，充分调动和发挥高校科研院所的作用，为创新创业营造良好的环境氛围。

（供稿单位：咸阳市生产力促进中心）

甘肃

甘肃省生产力促进中心

【概况】

甘肃省生产力促进中心是 1996 年经省政府和国家科技部批准、依托甘肃省技术开发交流中心组建的科技事业单位，隶属甘肃省科技厅。2001 年被科技部认定为国家级示范生产力促进中心；2013 年依托甘肃省生产力促进中心建立的甘肃国际技术转移中心被国家科技部国际合作司认定为国家国际科技合作基地（国际技术转移中心类）；通过了国际质量管理体系 IS09001：2000 标准的认证，是原国家科技型中小企业技术创新基金管理中心的专业化服务机构。在甘肃省科技厅的领导下，遵循“背靠政府，面向市场，服务企业，促进生产力发展”的宗旨，秉承“创新，敬业，诚信，协作”的理念，集成社会各界优势，运用市场机制，为中小企业提供优质服务。

十多年来，在各级政府及其科技部门的大力推动下，甘肃省的生产力促进中心从无到有，从小到大，蓬勃发展，现有生产力促进中心已达 100 家，初步形成了遍布全省的生产力促进服务体系，成为推动中小企业技术创新的一面旗帜。

目前，中心拥有总资产 2000 多万元，连续三年获得中国生产力促进中心协会颁发的“发展成就奖”、集体杰出贡献奖，被甘肃省工信委认定为省级中小企业公共服务示范平台。中心现有编制 62 人，其中财政拨款编制 22 人，自收自支编制 40 人，现有办公室、人事财务部、项目咨询部、高企服务部、规划发展部、综合业务部等部门，下设单位包括科技翻译公司和甘肃企联科技服务中心。

【特色服务】

1. 全省生产力促进业务联盟与体系建设取得成效

成立了甘肃省生产力促进业务联盟，科技部批准甘肃省体系建设重点省试点。是中国生产力促进中心协会授权开展“亚太地区中小企业创新服务链联盟”有关国际合作的承担单位，也是该协会委托授权支持甘肃、宁夏、青海三省 100 多家生产力促进中心发展的牵头单位。

2. 信息服务

根据企业需要，提供科技、经济、政策法规、市场、人才等方面的信息服务；加强企业需求调研，文献资源的深度数据挖掘，开展信息资源和深层次利用，对收集的信息进行二次开发利用，形成各种知识化的新产品；加强与行业专业、学科专家的合作，形成提供专业的信息服务的能力，并且不断分析各种信息服务用户的需求，以调研报告、咨询报告、可行性方案等形式为用户提供深层次、全方位、动态性的知识产品和技术支撑。

创建了为甘肃各类企业提供服务的具有“个性定制”“即时跟踪”“深度挖掘”“生态成长”等大数据云服务功能的“大数据服务平台”。围绕企业市场、技术、产品以及经营管理等全要素中的痛点问题与需求，利用亿万条知识库资源、百万个信息采集机器人和比特能管道技术，为用户提供市场预测、知识挖掘、政策跟踪等深度服务。

3. 项目咨询服务

作为中小企业专项资金科技创新项目（原中小企业科技创新型基金）的省内服务机构之一，承担区域内企业和项目的征集、筛选、认证，创新基金网络工作系统的身份注册及认证、项目监理及验收材料的初审工作。为企业提供各类咨询服务2000多项次，截至2015年，累计为600余家企业提供了科技创新项目申报咨询服务，232项获得了科技部的立项支持，支持总额16682万元。

4. 技术服务

在深入调研企业技术需求的基础上，为企业导入先进适用的技术，联系技术专家，为中小微企业提供产学研技术对接服务，如共性技术、关键技术的开发、推广和示范，及产品检测、中间试验等。重点为中小微企业的产品研发、工艺设计、包装设计提供技术中介服务。

5. 调研与培训服务

多年来，中心把科技特派员、高新技术企业认定与培训、项目申报、国际合租和科技创新服务培训作为培训的主要方向，累计培训超过3000人。服务基层科技、产业园区和工业集中区30多个，调研走访企业500多家。

6. 做好高企认定与复审工作

为了提高高新技术企业受理工作的服务水平和质量，让更多的科技型企业跨入高新技术企业行列，采取全年受理、跟踪辅导、定期培训及专家指导和建立“高新技术企业管理工作群”等措施，提高高新技术企业受理工作的效率，提升了服务水平。累计为50余家企业提供了高企认定和复审服务。

7. 开展研发经费的加计扣除政策服务

2014年中心开展了这项业务。通过宣传讲解，企业提出问题，我们提供解决的方法，帮助企业从研发活动的立项管理开始，准确核算归集研发费用，用足政策。

8. 国际技术转移服务

2013年9月中心被科技部授予甘肃国际技术转移中心基地，作为专业机构管理和协调全省国合基地与国际技术转移工作。承担国家科技部有关中国－非洲、中国－东盟、中国－南亚、以及中国－阿拉伯等科技合作伙伴计划的实施；正在开展与中亚、以色列、欧盟、马来西亚、日本、港澳台等的各种国际区域合作，是致力于“一带一路”甘肃黄金段项目策划、落实与实施的科技服务机构。

近年的交流合作活动成绩显著。通过加入以色列商会等形式实现了与以色列的技术信息沟通，与美国密歇根州立大学技术转移中心、希腊基诺咨询有限公司、匈牙利莱塞咨询有限责任公司和北英格兰技术转移中心等技术转移机构建立了联系。

【典型案例】

案例一：

兰州全志电子有限公司成立于1999年，是一家集子产品、工业自动化成套装置及计算机软件的研发、生产和销售于一体的科技型民营企业。

公司自成立以来，一直致力于可编程序控制器（以下简称PLC）及其配套装置的研发，现已开发出微型、小型、中型、大型可编程序控制器及其配置装置等系列产品近20个，其中微型和小型PLC获得兰州市科技进步一等奖，被列入国家火炬计划项目，并被认定为国家重点新产品。

2000年，中心对兰州全志电子有限公司进行全面调研，发现其微型和小型PLC产品重新性突出且符合国家火炬计划项目申报标准，指导其申报了国家火炬计划项目，于2001年9月获得国家火炬计划项目立项证书。同年，帮助该产品申报了国家重点新产品，于2002年7月获得国家中心新产品证书。

2003年，兰州全志电子有限公司自立项目“跨平台IEC61131-3编译目标算法及开发工具软件”技术较先进，创新点突出，且符合科技部中小企业创新基金申报要求，中心指导该公司申报了科技部中小企业创新基金项目，并获得立项支持。

2012年，该公司已完成“PLC配套装置”全部研发，并成功开发出样机，但因缺少资金而导致不能批量生产。就此问题，中心派专职服务人员进入全志公司进行现场了解，完成了全志公司中小企业创新基金项目申报材料的编写以及网上录入等工作，通过省评审后，获得无偿资助资金80万元，保障了全志公司PLC配套装置步进电机扩展单元和液晶显示器的批量生产。

2014年，中心专职服务人员对兰州全志电子有限公司持续跟踪，发现其属成长性较高企业，且该公司远期发展规划中有新三板上市计划，对其进行了高企认定培育，指导协助该公司申报国家专利5项，获得国家授权证书4项。

2015年，兰州全志电子有限公司进行“蒸压力气混凝土墙板生产设备”研发，但因缺少设备仪器，而不能完成样机开发，为此，中心帮助联系到具备生产样机能力的兰州通用制造有限公司，并促使两家公司达成合作，成功开发出蒸压力气混凝土墙板生产设备。

2016年9月，对兰州全志电子有限公司高企认定进行全面指导，现已完成申报材料的编制。

通过中心的服务，解决了兰州全志电子有限公司形象提升需求、资质获得及资金短缺等问题，使该公司产品得以快速进入市场，取得了良好的经济效益和社会效益；同时，有力提升了该公司技术创新能力，提高了企业产品市场的竞争力，加速了公司的发展。截至2015年底，全志电子有限公司各类PLC及其配置装置等系列销售达到2万件（套）左右，总资产达到2700多万元，营业收入达到1000万元以上，净利润近150万元，缴税总额达到30万元以上。

案例二：

民勤县邦德贸易有限公司创建于2009年6月，位于甘肃省民勤县三雷镇城东工业园区，是一家重点从事功能性母粒、农用地膜、塑料原料、PE管研发、生产与销售的企业，主要产品涉及的领域为节能环保领域。近两年，为降低环境污染，实现可持续发展，公司加强了产学研合作，针对地膜易老化，现有地膜回收率低等问题，重点进行了农膜用耐候保温树脂母粒制造技术开发，并取得了阶段性进展。但是，公司对各类科技计划、科技项目申报等相关知识却知之甚少，更没有申报过任何科技项目。

2012年底，中心进入民勤县工业园区调研，重点关注了邦德贸易有限公司，现场查看了其厂区厂房、生产设备、生产流水线及成品等。通过调研，发现该公司在其农用地膜和功能性母粒生产设备中有较多技术性改造，在节水性功能母粒的制备方法上有较大创新，据此，中心建议企业申报发明专利和实用新型专利。同时，中心协助企业联系了甘肃省知识产权事务中心为其撰写专利。企业于2014年9月获得发明专利证书1项，实用新型专利证书4项，在有效保护企业知识产权和核心技术的同时，提高了其科技创新能力和市场竞争力，为公司下步发展奠定了基础。

2015年，利用公司前期获得的专利证书，中心从研发费用归集、高新技术产品确认到最终的申报材料编制，为公司提供了全程的高新技术企业咨询服务，公司顺利成为国家级高新技术企业，该资质的取得使企业所得税减少了10%，有效增加了企业利润，同时对提高企业的知名度与核心竞争力、促进企业的发展、赢得市场认可起到了积极的作用。

2016 年初，中心又指导该企业申报了甘肃省科技小巨人企业培育计划项目，并从申报书编写和现场答辩方面给予了技术支持，最终企业获得省科技厅项目资金支持 100 万元。

通过中心提供的服务，民勤县邦德贸易有限公司从普通的农膜生产企业转型成为科技型企业，企业在享受到国家的税收优惠政策和资金支持后得到了迅速发展；同时其高新技术产品：环保型节水农用地膜，在甘肃河西地区、内蒙古阿拉善地区和新疆阿勒泰等地区得到推广应用，取得了良好的经济效益和社会效益。

【人才建设】

中心采用了目标导向、统筹规划、培育为基、择优选聘、动态管理、优胜劣汰的原则，一方面对业务开展所需的专业人才进行社会招聘，同时结合人才的内部培养和选拔。根据中心的业务发展方向，引进人才专业涵盖电子信息、机械制造、工商管理、国际贸易、交通工程、财务管理等，专业分布更加合理，有利于中心主要业务的全面展开。

在人才培养方面，中心借助向科技部申请了邀请亚非国家青年科学家以及科技部博士服务团到甘肃工作交流的较好机会，通过开展拓展训练、组队调研等方式，打造一支凝聚力强的科技服务团队。同时通过分类培训着力提升团队的业务能力和服务水平，如针对科技项目咨询工作，选派骨干人员参加协会举办的科技创新高级管理人员咨询服务首届研修班、科技创新高级管理人员可行性研究及项目编写和案例分析专题培训班、国家支持中小企业创新与发展专项计划项目和专项资金申报培训班、生产力学院首期创新创业咨询师学习班；针对国际技术转移工作，多次派人参加中欧技术转移合作交流暨培训会、中国（北京）跨国技术转移大会等交流培训会；针对国际技术合作，建立派员工出国考察培训的途径，为优秀员工提供进一步深造和发展的空间。

（供稿单位：甘肃省生产力促进中心）

天水生产力促进中心

【概况】

天水生产力促进中心成立于1997年7月，隶属天水市科技局，由原天水市科技开发中心、天水市科学器材站和天水市科技情报研究所撤并组建成立的副县级全额拨款事业单位。位于天水市秦州区羲皇大道2号，核定编制数30人，开办资金185万元。中心主要职能是为政府重大决策提供咨询服务，为企业提供诊断、咨询、信息、培训等综合技术服务。2002年在甘肃省全额事业单位中首家建立并推行ISO9001质量管理体系，2003年被科技部认定为“国家级示范生产力促进中心”，至2015年底，中心在职职工36名；总资产1121.43万元，其中固定资产939.67万元；2013年、2014年和2016年3次获得中国生产力促进中心协会“生产力促进发展成就奖”。2013年在全国生产力促进中心绩效考核中荣获B类国家级示范生产力促进中心。2015年被中国技术市场协会授予“科技诚信服务机构”称号；2013至2015年连续第三次被甘肃省科技情报学会授予甘肃省科技查新代理站先进集体称号。

【机构设置】

中心领导班子由主任及2名副主任组成。1998年中心建立之初，根据工作职能，下设信息部、开发服务部、技术培训部、综合部及专利室，由于业务发展的需要，2006年又增设科技企业孵化部，至此，中心机构设置为五部一室。

【人才建设】

中心通过制度建设及组织实施培养和引进所需专业人才，鼓励职工参与各类学习与培训，提高学历学位或取得相关执业资格，并适时引进急需人才，同时鼓励人才脱颖而出，形成了一支集管理、技术、经济于一体的，具备多种执业资格的高、中级层次人才队伍。中心现有在职职工36人，其中，大学本科及研究生学历21名，高级职称人员8名，中级职称人员18名，专业涉及电子、机械、计算机、化工、工业自动化、电子检验检测、农林、管理、会计、经济等；有国家注册咨询工程师3名，省级专利代理人3名，全国生产力促进中心体系认可的、具备企业研发项目技术鉴定与管理咨询从业资格的人员4名。

【科技创新】

中心是综合性生产力促进中心，坚持走创新发展之路，依靠管理制度创新及服务业务创新做大做强，成为区域科技创新的实践者与探索者。自1997年成立以来，历经三个发展阶段，即：建立运行阶段（1997年–2000年）、快速成长阶段（2001年–2012年）、改革发展阶段（2012年至今）。不同历史时期完成不同使命，建立运行阶段完成了组织架构构建、体制机制建立、团队组建等任务，开启了环境条件改善及业务探索工作。快速成长阶段提出了六大发展战略，引领中心聚英才、筑平台、拓业务，单位规模、业务种类、服务量、服务业绩逐年攀升，创建了国家级示范生产力促进中心、甘肃省重点生产力促进中心及“国家星火计划农村科技服务体系建设示范单位”。建立了“天水市专业技术人员继续教育基地”“天水市再就业培训基地”“天水市农村劳动力转移培训基地”“国家星火计划农村信息化基地”。改革发展阶段的主要任务是根据深化科技体制改革及事业单位机构改革的形势，相应改革中心的体制机制，调整优化业务布局，创建适应经济新常态及创新驱动发展战略需求的新型科技服务事业机构。

在管理制度创新方面，中心制订了由《天水生产力促进中心项目管理办法》《天水生产力促进中心专业技术职务内部聘任管理办法》《天水生产力促进中心专业技术人员考核奖惩办法》和《天水生产力促进中心创收和分配制度》共同组成的业务管理核心制度体系，激励职工创新创业，不断开创业务新局面。

在服务业务创新方面，中心提出的发展目标是将中心建成技术转移的“中继站”、技术创新的“助推器”、技术开发的“孵化器”、技术与人才培育的综合基地，围绕上述目标，制定了配套实施的六大发展战略：“品牌战略”“网络战略”“人才战略”“平台建设战略”“联盟战略”“无形资产建设战略”，该六大战略对中心业务的发展与壮大具有纲领性作用，引领着各项业务不断向前推进，并向新的领域延伸。中心先后建立了“高新技术转移平台”、面向电子电器企业的“EMC检测试验室”、工业研发快速制造中心、“十节点三维CAD设计中心”“科技企业孵化器”“中小企业培训中心”“制造业信息化‘ASP’平台”及“技术咨询中心”八大服务平台，依托这些平台，相继开创了信息及信息化服务、咨询服务、科技孵化服务、科技培训服务等4大类，30余种服务业务，建立了一些行业或省内的特色业务，并发展成为中心品牌业务与主导业务，为中心创出了影响，树立了形象。

【成果转化】

中心紧紧围绕经济新常态下国家深入实施创新驱动发展战略的要求，开展科技成果转化服务业务，通过成果转化服务促进区域经济实现以科技创新为动力，以追求低成本、低消耗、高质量、高效益为目的经济稳定增长的正常状态的形成，使地方经济走上依靠科技创新推动传统产业转型升级和新兴产业发展之路。中心根据本地产业优势及发展水平，瞄准电子信息、现代电工电气、先进装备制造、生物医药、新材料、现代农业等战略性新兴产业，大力开展科技成果转化服务业务，服务产业集群。通过努力，先后建立了八大服务平台，搭建了“成果库”“专家人才库存”“专利项目库”等信息资源平台。并与国内多家科研院所建立了成果转化的长期合作关系，依托八大服务平台的运转，不断做大做强科技成果转化业务，通过服务使一批企业得到快速发展。中心可为广大中小企业开展的成果转化业务内容包括成果查询、成果交易、可行性研究、产业化开发（包括设计、试验测试及孵化等）、培训、电子商务、知识产权保护等，累计举办或组织参加成果展示招商会、交易会、对接会等28次，中介交易成果50项，协议交易额1200万元，涉及投资额达2.5亿元，开展成果产业化开发服务1400项，孵化成果项目29项，提供知识产权保护、投资决策等咨询服务660项，查询、发布信息3380条（次）。

【特色服务】

信息服务业务：1998年6月建成天水信息网，开创信息服务业务。常年汇编刊发信息刊物二种：一是供市委、市政府主要领导参阅的《政务导读》，二是供县处级领导参阅的《科技与经济快迅》，年出刊量80期，发布信息7000条。

工程咨询服务业务：2009年8月，取得国家发改委颁发的工程咨询丙级资质，开创投资决策咨询业务。根据该资质规定，中心在电子、农业、公路专业领域内开展的业务包括项目建议书、项目可行性研究报告、项目申请报告、资金申请报告等的编制，年均服务量25项。

电工电气专业孵化服务业务：至2010年，中心借助科技部火炬计划重点项目及中小企业公共技术服务机构补助资金等项目的支持，全面建成多个服务平台，开创电工电气专业孵化服务业务，可开展的业务包括：三维CAD工业设计、激光快速成型与制造、线路板快速刻制、电子电器检测试验、信息与信息化、技术培训、技术咨询服务、科技企业孵化与成果转化、高新技术转移等，年均服务量200项（次）。

八大服务平台简介：

高新技术转移平台：为全国科研院所、高校与我市企业间科技成果和技术难题破解需求搭建了沟通、转移、交易的桥梁。

“EMC检测试验室”：集中解决了中小企业缺乏仪器设备和无检测试验手段的共性问题，该实验室的建设填补了甘肃的空白，也是在全国生产力促进中心中的首创。

工业研发快速制造中心：该中心集成了包括激光快速成型系统、逆向工程系统、PCB（线路板）快速刻制线、数控加工中心、数控车床等快速制造系统及装备，可进行多种快速成型制造和设计验证。该平台集成多种快速制造功能于一体的构架，在国内处于领先水平。

十节点三维CAD设计中心：解决了中小企业产品设计技术落后的问题。

科技企业孵化器：是培育科技企业和企业家的摇篮。

中小企业培训中心：是行业关键技术、共性技术、技术人才及企业管理的专业培训基地。

制造业信息化“ASP”平台：是解决中小企业信息化的技术应用平台。

技术咨询中心：可为企业提供项目研发、项目查询、项目投资、项目申报、专利代理等综合服务和帮助。

（供稿单位：天水生产力促进中心；执笔人：陈农）

庆阳市生产力促进中心

【概况】

庆阳市生产力促进中心成立于2009年4月，与庆阳市科学技术开发中心（1984年成立）一套机构、两块牌子，为公益类正县级事业单位，隶属庆阳市科技局。中心于2010年7月11日通过ISO9001：2008质量管理体系认证、2011年7月被评为甘肃省示范生产力促进中心、 2012年7月被国家科技部认定为第十批国家级示范生产力促进中心。

中心的主要职能是：负责全市科技市场管理、科技成果统计、技术难题招标、科技情报调研及科技信息发布、科技项目论证及科技成果试验示范与推广、科技成果引进消化与创新战略研究、科技网络管理与信息资源平台建设、文献应用与科技期刊编辑、科技宣传培训及科技成果查新、科技型中小企业技术服务等。

【特色服务】

（一）实施项目服务企业

中心通过承担实施科技项目为市域科技型中小企业提供服务，2010-2015年，先后3次承担实施国家科技部中小企业创新基金项目《庆阳老区工业企业技术提升专业化服务》（立项代号：10C2646205352）、《庆阳老区创业型城市企业创新专业化服务》（立项代号：12C26246207108）、《庆阳老区科技型中小微企业创新创业发展专业化服务》（立项代号：14C26246203569）。2008-2011年实施国家科技部星火项目《陇东厚土高原农村太阳能综合利用试验示范》，2015年起与甘肃北地红调味品集团有限公司合作实施国家星火计划项目《庆阳市传统风味豆豉系列产品开发及工业化生产》（项目编号：2015GA860008）。

（二）创业引导服务企业

1. 引导甘肃创新科工贸有限公司“油田输油站内总机关保温一新产品”被中国生产力促进中心协会评为2015年度“中国好技术”。

2. 引导甘肃金牛实业有限公司实施完成国家科技部中小企业创新基金项目《1MLFQ-120型起垄施肥全覆膜机开发》。

3.2013-2015年引导环县海明农机有限公司等企业获得国家专利68项。

4. “三区”人才服务

中心2014年度派出“三区”人才7人，2015年度派出“三区”人才11人，持续帮扶庆阳市边远三区群众脱贫致富，现已有35户特困户达到脱贫验收。

5. 科技特派员服务

2012-2015年，中心先后派出7人（次）深入4户企业进行技术服务，带动了企业技术创新和长足发展。

【双创服务】

中心依托庆阳市前进机械制造有限公司的场地构建1200平方米的创业空间，搭建起网络和办公设施等资源共享平台。中心现有 3 人兼任甘肃省创业导师。

【机构设置】

中心经庆阳市编制委员会 2009 年 4 月批准成立，与庆阳市科学技术开发中心（1984 年成立）一套机构、两块牌子，均为公益类正县级事业单位，隶属庆阳市科技局。核定事业编制 27 人，分设办公室、技术市场管理科、科技情报研究所、《庆阳科技》编辑部、科技网络管理科 5 个科室。

（供稿单位：庆阳市生产力促进中心；
执笔人：史正隆）

秦安县生产力促进中心

【概况】

秦安县于2000年设立生产力促进中心，是基于当时科技部试点任务的要求和全县农村社会化服务体系建设与产业化发展的急迫需求而设置的非营利性科技中介服务机构，股级建制，隶属于县科技局，在科技局的业务指导下，背靠政府，面向市场，为全县农业、中小企业、经合组织等提供以科技服务为主的综合服务。

中心是具有独立法人资格的全额拨款事业单位。2011年4月，通过了ISO9001：2008质量管理体系认证，2012年，被科技部认定为第十批国家级示范生产力促进中心。中心建有8个公共技术服务平台，其核心服务优势主要包括项目咨询与服务、产品检测与试验、科技企业孵化与成果转化、企业培训、信息交流服务等。目前，中心有服务人员37人，其中直接服务企业和优势产业的技术人员21人，专业涉及农业、林业、工业等多个学科。

【双创服务】

近年来，我县按照国家和全省经济发展支持政策，结合我县重点产业发展需求，把科技“双创”建设摆在全县各项事业发展的核心位置，取得了重大进展，在全县经济社会中发挥了重要的支撑、引领和推动作用。一是科技研发体系建设日趋完善；二是科技示范基地引领作用凸显；三是院地院企合作助推科技研发。目前，通过我县科技众创空间的发展与完善，创业人才团队不断壮大，创业链条不断延伸，为助推县域现代农业、果椒、畜牧养殖、蔬菜种植、中药材种植、农产品加工、工业新产品研发、旅游产品开发等产业的发展，提升全县经济社会发展综合实力发挥了科技支撑作用。

【成果转化】

中心充分利用本单位的专业人才优势，在深入调研、论证的基础上，积极申报、组织实施省、市、县列科技项目。中心运行以来，先后实施完成科技项目70项，其中部列《秦安县中小企业技术服务平台建设》《秦安县果品特色产业公共服务平台建设》等4项、省列《秦安县新型农业科技服务网络及智能化信息服务平台建设》《浅山干旱区优质桃标准化栽培技术推广》《农产品精深加工技术支撑与产品检测服务平台建设》等7项、市列《果品贮藏保鲜与加工新技术研究及应用》《科技创新示范基地建设》《秦安白脆瓜保护地生产技术集成示范及产业化开发》《秦安优势水果产业链延伸集成技术示范》等17项，县列《花椒新品种引进》《高耐候长寿环保地膜研制》《农用棚膜双热边技术开发》《生产力促进中心信息平台建设》《兰州百合优良种子繁育》等42项，先后研发新产品10个、引进果树新品种30个，推广新技术12项，实现技术转移8项，有22项成果获得市级科技进步奖。

【特色服务】

一是农业专家大院带动和辐射服务。根据我县农业特色主导产业发展需求，中心冲破传统的农技推广模式，先后建立了“蜜桃”“苹果”“花椒”“林果科技”4个农业专家大院。使农户、农企与专家“联姻”，将科技成果直接转化为生产力。大院配有专家办公室，实验室、培训教室，院旁是试验田和示范园。专家进了门能进行科研和技术培训，出了门就可以进行现场指导和大田示范。先后培训农民技术员600余名、果农3万人（次），社会经济效益显著。

二是基地科技示范服务。在兴国镇柴家山林果科技示范基地，定植果树12万余株，使昔日的荒凉岭变成了如今的“花果山”。至2015年，示范园区已栽植的桃新品种有蜜桃系、蟠桃系、油桃系共150余个品种，苹果新品种18个。国家首席桃产业体系科学家姜全偕上海、江苏、郑州、甘肃等省市农科院果树研究所专家在桃新品种园参观时，对示范园给予高度评价。

三是科技培训服务。将全县科技特派员已实施的先进成熟的油桃丰产栽培技术、肉用羊养殖技术、苹果树修剪技术等实用技术刻录成光盘，累计向农户发放各类光盘10000余盘；针对农时季节，有针对性地邀请国内外专家对我县支柱产业开展专项技术培训，并将专家所讲解的技术要点编印成册，下发农户，指导生产，发放各类技术手册10万余份；与县人社局每年都要联合举办2期农村劳动力转移人员技能培训班，已培训劳务输出人员451人。

四是专利申请服务。通过专利咨询和指导，累计帮助企业和个人申报专利160项，其中发明专利40项，已授权专利数为72项。3项专利已转让用于企业生产，11家企业应用自己的专利，收效明显。

【典型案例】

（1）中心服务成长的甘肃福雨塑业有限责任公司，目前，该公司已改进创新技术11项，申请专利10项，获得授权6项，其中发明专利1项、实用新型专利5项。2015年，甘肃福雨塑业有限责任公司被认定为首批省级“专精特新”中小企业，为培育企业成长、提升竞争能力奠定了良好基础。2013年销售量10600吨；销售收入1.33亿元；缴纳税金303026.93元；实现净利润413.9万元。2014年销售量13000吨，销售收入1.5亿元；缴纳税金367422.5元；实现净利润446万元。2015年销售量17000吨；销售收入1.95亿元；缴纳税金482105.2元；实现净利润313.86万元。

（2）中心指导甘肃盛源菊香农业发展有限公司完成的《花椒芽生产及商品化处理技术研究》项目。该项目开展了不同品种椒芽营养物质含量、商品性的对比试验分析，得出大红袍、油椒为芽菜生产的优良品种。研究出花椒芽酱配方、花椒芽保鲜技术、花椒芽加工工艺，研发出了“兴馨”牌花椒系列产品。2014年生产花椒芽酱120万瓶，实现销售收入800多万元，实现利润200多万元。

【人才建设】

中心现有职工37名，其中高级职称24名，占总人数的64.9%，中级职称9名，占总人数的24.3%，大学及以上学历人员32人，占总人数的86.5%。人员专业涉及农林、自动化、畜牧、园艺、计算机等领域。中心在多年的人才队伍建设中，还锻炼培养起一批业务领军人才：有入围甘肃省“555”创新人才队伍的高启太，荣获天水市科技特派员先进工作者的张长才、王昭明、刘明晖等。

【机构设置】

中心下设培训部、项目部、专利部、技术市

场部、信息部、成果推广部等部门，服务设施齐全。

总之，自中心成立以来，我们做了一定的工作，也取得了一些成效，但还存在不少困难和问题，今后，我们将按照国家“大众创业、万众创新”的发展思路和要求，加强和上级业务部门的联系，以技术市场建设为重点，搭建好技术中介服务平台，不断创新服务机制，提高服务水平，为当地经济社会发展做出应有的贡献。

（供稿单位：秦安县生产力促进中心）

青海

青海省生产力促进中心

【概况】

青海省生产力促进中心成立于2000年12月，是由原青海省科学技术开发中心整体转制而来的科技服务型企业。中心依托青藏高原独特的地域优势和资源优势，以服务于中小企业、重点行业和特色产业为重点，通过加强管理、整合资源、营造环境、搭建平台，开展了一系列特色科技服务，为青海省内科技型企业、高新技术企业、创新型企业成长，科技成果转化、技术转移、科技合作等科技工作，提供科技服务支撑，引领青海省科技服务行业的发展。

2002年至今通过了ISO9000质量管理体系认证历年来的评审和复审，2004年被省科技厅认定为科技型企业；2006年被评定为国家级示范生产力促进中心；2009年升级为国家级技术转移示范机构；2009至2015年连续五届荣获中国生产力促进协会评选“金桥奖”“先进集体奖”的荣誉称号；2012年获批中国创新驿站青海区域站点；2015年荣获中国生产力促进协会组织的“2015年全国生产力促进奖‘发展成就奖’，两位同志荣获‘服务精英’”的荣誉称号，综合服务能力和水平取得了显著提高。

【科技创新】

1. 明确定位，找准服务对象

通过多年的探索，中心逐步明确了工作定位，即围绕中小微企业、科技型企业、高新技术企业、创新型企业的科技创新、成果转化和技术转移开展各类科技集成服务，通过组织社会力量，向企业提供包括科技、人才、政策、合作交流、技术培训等综合信息服务，不断提升企业的技术创新能力、经营能力、市场竞争力和盈利能力。2015年以来，围绕“大众创业、万众创新”，进一步将服务向创新链的源头靠近。

2. 整合资源、营造环境、形成特色

按照建设创新型青海对科技创新服务的要求，结合中心业务和资源情况，共梳理出科技政策咨询、制造业信息化技术推广、技术转移、合作交流、统计分析等五类科技服务内容。并可根据企业具体需求，将制定规划、发展策划、项目包装、咨询服务、交流培训等服务组合，形成不同的整体解决方案。

3. 其他服务成效

“十二五”以来，通过调整机制、营造环境、搭建平台等工作，中心整合资源、服务企业的能力得到进一步提高，累计为“123”企业，“双百”企业、科技型企业、高新技术企业、企业工程技术中心的科技服务面实现全覆盖。开办科技管理、税务法规、企业经营、知识产权、信息技术、项目申报等各类培训班40次以上，培训各类人员2000人次以上；协助有关部门承办“青洽会科技展”“科技成果推介会”“绿色发展论坛”“科技列车－青海行”“科技援青”等大型活动。

我中心在国内较早开展了企业研发费用税前

加计扣除服务工作，形成了相对固定的工作程序和服务体系。自2011年以来，累计为53家单位提交了310个研发项目的140459.71万元研发费进行了鉴定服务。

前期接受我中心咨询和扶持的一批企业，如今已成为青海省科技型企业、高新技术企业和龙头企业，这些企业的科技创新显著提升了当地的经济发展水平和社会生产力，促进了当地农业结构的调整和当地优势资源的开发，增强了当地高新技术的推广和生态环境保护与建设。

【双创服务】

为深入贯彻落实党的十八大创新驱动发展战略，实施深化科技体制改革，响应党中央、国务院关于推进“大众创业、万众创新”的号召，进一步推动青海省创新驱动转型发展，促进科技型中小企业创新发展，加快转变经济发展方式，激发大学生创新创业热情，进一步营造创新创业氛围。由青海省科技厅、青海省财政厅、交通银行青海省分行主办，中心承办的首届“交行杯”青海省大学生创新创业大赛于2015年7月6日正式启动。

为了提供更好的大学生创新创业舞台，吸引更多的创业青年们踏上创业成功之路，大赛建立了“苗圃＋孵化（加速器）＋科技型企业＋高新技术企业＋科技小巨人”的创新创业服务体系；同时，搭建了青海省大学生创新创业网站，整合社会各方面资源，网站包括技术资源、金融资源、导师资源等流程化服务模块，以及政策解读、创业辅导、融资对接、成果推介、创业论坛、创业风采等服务模块，为大学生双创活动提供全要素、低成本、便捷化服务。其次大赛还通过以下支持方式，为大学生创业成功增砖添瓦。

（1）知识产权方面：设立科易网等线上交易平台，采取线上线下相结合的方式，长期为大学生创业者提供知识产权服务。

（2）金融资源方面：通过阶段参股、贷款补助（无息贷款、贷款贴息、风险补偿）等方式对青海省大学生创新创业优秀项目给予引导资金支持，并对为青海省大学生创新创业提供服务的组织机构给予资金奖励；鼓励银行业金融机构加大对大学生创新创业企业的信贷支持力度，并设立贷款风险补偿资金池，对合作银行给予一定的风险补偿；同时，引进专业风投机构，对优秀项目给予投资支持，争取为中小企业打造便捷化融资渠道。

（3）其他方面：已设立专家导师库，并定期组织专家学者深入各大学、孵化器、园区、大学生创业基地，就相关科技金融政策、入孵对接服务，财务、法律、经营管理、知识产权等提供咨询服务。并对企业申报科技型企业、高新技术企业服务等多个方面内容进行辅导培训和支持。

【成果转化】

自2011年，结合“青洽会”，组织举办“省级推动产学研结合暨科技成果推介会”，组织有关企业、单位与国内部分知名科研院所、高等院校、企业进行对口洽谈、合作项目签约，加快科技成果切实转化，推动我省跨越发展、绿色发展、和谐发展和统筹发展。五年来，共组织科技成果展示290项；推介光伏应用、储能电池、生物质能、新材料、农业新品种等科技成果36项；帮助高等院校与企业签署科技成果产业化合作协议61项；组建了青藏高原有色金属矿产开发与高效利用等产学研技术创新战略联盟2家。“十二五”以来，登记技术合同交易额年均增长32.46%，2014年达到35.43亿元。

【特色服务】

中心技术市场部承担着青海省技术市场管理等相关工作，有一支专业的成熟的从事技术市场、技术转移的团队。为完善我省技术市场服务体系，创新互联网 + 技术市场新模式，利用信息技术、大数据库、云平台等先进方式，搭建了青海科易网平台。平台汇集企业、大学、科研院所、中介服务机构、技术经纪等技术交易参与方，提供包括资源聚集、在线对接、技术评估、在线交易等多个环节服务，实现技术转移与成果转化一站式服务。平台针对青海省当地产业结构、发展重点的项目、专家、院校资源，制作具有本地发展特色的科技资源专题，有效服务本地企业的技术创新，打造区域创新发展技术能力集聚区。平台通过建设“在线展会中心”，举办各类主题的在线展会，企业专家不出办公室便捷实现技术对接、人才对接、资金对接，提升对接效果。创造性实现技术交易的电子商务化，为当地从事技术交易的各方，包括企业、院校、技术经纪、企业科技专员等，提供从网上实名认证、在线合同签订、第三方担保支付、技术资料安全传输等全流程服务，构建公平、公正、安全、规范的技术交易环境。为技术经纪提供宣传展示、业务承接、信用管理、经纪合作、政策落实等完善服务，解决技术经纪人所面临的专业知识不足、客户资源少、企业不信任、利益没保障等一系列问题，培育发展技术中介队伍。打造了特色服务功能—专利微店，将专利成果像商品一样展示、买卖。为平台的商业化运营、可持续发展开创了良好的开端。

【典型案例】

“十二五”期间，青海省委、省政府积极响应国家号召，提出“利用信息化技术振兴和改造传统产业，支持地区特色产业发展，推进青海制造业由大变强”的工作思路。我中心特设立制造业信息化办公室，围绕青海制造企业信息化发展需求，持续开展实施青海省“制造业信息化科技示范工程”。推进青海省制造企业信息化与工业化的融合，为青海传统制造业转型升级、发展战略新兴产业和提高企业竞争力提供了科技支撑。

“十二五”期间，中心结合科技部科技支撑计划项目《面向盐湖化工和有色金属行业的制造业信息化关键技术研究及应用示范》子课题，以“深化应用、服务增效”为主线；以“123”科技支撑工程和企业“双百”行动和“节能减排”科技行动建设为载体；盐湖化工、有色金属冶炼、装备制造业作为信息化与工业化深度融合的突破口；培育信息化示范企业为重点；构造专业化的信息化技术平台与技术服务体系为支撑，通过打造 4 个典型示范企业和 20 家示范推广企业开展制造业信息化集成技术深化应用。从区域、行业、企业三个层面，提高企业产品设计和生产管理信息化应用水平，大力推进信息技术应用、渗透和融合。

中心通过柔性管理，围绕产业集群重点领域，以钾、镁、锂等综合利用为核心，加快延伸和完善盐湖化工产业链条，青海盐湖工业股份有限公司首次自主开发建立了“大面积盐田生产智能管理系统”，完成了盐田生产数据信息库的建立，实现了盐田生产管理工作智能化。由于大盐田生产工艺智能管理系统，提升了盐田生产工艺管理效率、提高了钾资源的利用率，达到国内领先水平。”十二五”氯化钾回收率提高到 60%，年新增氯化钾产量 6 万吨，按每吨 2000 元计，新增销售收入 12000 万元，经济效益显著。

青海桥头铝电股份有限公司针对电解铝生产高能耗和高污染特点，结合“五低三窄一高”铝电解新工艺项目的实施，开发出与之配套的《智能多环协同优化与控制技术》，推出新一代基于云架构、以数据为中心的全分布式铝电解控制系统，及时、准确地的判断分析电解槽运行状况，提高了电解槽的运行稳定性，大大降低了工人的劳动强度。项目实施后实现年节电效益为2162.27万元，年当量CO2减排为11.94万吨（含PFC折合量），达到了国内领先水平，企业取得了显著的经济效益和社会效益。

通过国家科技支撑计划《面向盐湖化工和有色金属行业的制造业信息化关键技术研究及应用示范》课题的实施，示范企业和推广应用企业累计新增直接经济效益约10亿元以上；获得国家和省级科技成果8项，申请专利7项，发表信息化论文和文章10篇，制定相关行业或企业标准17项，获得青海省科技成果二等奖3项。

青海企业生产装备数控化率达到32.6%，企业信息化应用水平列全国第18位，示范企业中青海盐湖工业股份有限公司、西部矿业集团有限公司、青海银河纺织有限责任公司3家被认定为国家级两化融合管理体系贯标试点企业，2016年初又有7家被认定为国家级两化融合管理体系贯标试点企业，青海省生产力促进中心等被工信部和青海省经信委认定为两化融合管理体系贯标服务机构，利用信息技术推动企业技术创新和经济效益显著提升。在选择的24家制造业示范推广企业中，科技型、高新技术、创新型企业占20家。2015年，14家高新技术企业实现工业总产值176.88亿元，占当年全省高新技术企业工业总产值的54.06%，工业增加值56.30亿元，占当年全省高新技术企业工业增加值的55.36%。

“十三五”期间，青海制造业信息化工作将响应国家“大众创业、万众创业”的号召，结合“一带一路”新丝绸之路经济带建设，按照《国家创新驱动发展战略纲要》，以科技创新为驱动发展战略，将《中国制造2025》、互联网＋制造业等国家发展部署，积极融入到推动青海省传统制造产业转型升级中。

【人才建设】

中心拥有一支事业心强、作风严谨、团结协作、充满活力的科技咨询服务团队。中心团队主要成员都是本科以上的高级专业技术人员，具有长期从事技术开发、技术交易和科技管理的经验，对国家创新政策、技术转移服务有深刻的理解，熟悉科研机构、工业企业的运作情况，先后承担过多项国家和省级项目。中心现有职工32名，其中高级职称5名，中级职称10名，留学回国人员1名，研究生2名，直接从事咨询服务业务的专业技术人员27人。

【机构设置】

中心现有建筑面积1100平方米，下设“六部一室一基地”，即发展策划部、合作交流部、技术咨询部、技术市场部、创新创业部、财务部、行政办公室和计算机培训基地。计算机服务基地设有400平方米计算机房、教室等，配有电脑33台，及投影仪、服务器和图形工作站等一批教学设施，并建有青海省生产力促进中心信息网站，为中小企业获取政策、技术、市场、人才信息等提供方便。

（供稿单位：青海省生产力促进中心；执笔人：杨芊）

宁夏

银川市生产力促进中心

【概况】

银川市生产力促进中心是2002年底经自治区科技厅和银川市机构编制办公室批准成立的公益性科技中介服务机构，2006年增挂“银川市知识产权信息服务中心”牌子。中心已通过了ISO9001：2008国际质量管理体系认证。2012年被国家科技部认定为国家级示范生产力促进中心。2014年绩效评价结果，中心位列B级行列。被自治区妇联命名为“自治区巾帼文明岗”。

中心下设行政部、科技咨询服务部、知识产权服务部。

中心的主要职能是为中小企业提供技术、管理等方面的咨询服务；提供科技信息、信息化建设方面的服务；提供专利信息检索分析、专利申报、专利战略研究、企业知识产权管理国家标准贯标咨询等知识产权服务；协助中小企业申报科技中小企业创新基金项目等各类科技计划；科技项目的策划、可行性研究报告编写、推介和申报；技术合同认定登记；提供技术、管理方面的教育与训练。

中心发展目标是：稳步处在全国示范生产力促进中心行列，建成西北地区东部特色优势明显、服务功能健全、服务水平较高的区域生产力促进中心。

【科技创新】

中心通过各类创新联盟体系，汇聚科技资源。中心加强与中国知网（中国知识基础设施工程）、中国知识管理和云翻译联盟、中国创新联盟的交流和合作。加入“中国知识管理及云翻译服务联盟”，围绕企业设计、开发、生产、管理创新需求，为各类型企业提供定制化海量专利、标准、情报、期刊文献等信息，并实现信息推送。中心还应邀成为“中国生产力促进协同创新战略联盟”首批成员单位，通过网上网下的紧密结合、共享资源、协同创新，有效地推动产学研用合作，培育创新型企业，助力企业智慧成长。加入“全国知识产权贯标咨询服务联盟”，为企业提供知识产权管理贯标咨询服务，帮助企业提高知识产权管理水平。

为进一步提升银川市科技创新整体水平，体现企业在科技创新中的主体地位，促进企业间交流合作及“产学研服”合作，通过机制创新，中心先后推动成立银川地区中小企业科技服务（生产力促进中心）联盟、银川市科技创新协会。通过多种方式开展科技创新培训、科技政策培训；开展创新交流活动，搭建信息交流平台，为会员企业的科技创新活动提供全链条服务，建立和提供政策分析推送；为企业搭建产品技术专利专题数据库，提供专利信息分析等服务。

中心积极引进首都科技资源服务本地企业。由北京市科学技术委员会和银川市人民政府联合共建的“首都科技条件平台银川工作站”“北京技术市场银川服务平台”，充分发挥首都科技条件平台建立的27家研发实验服务基地、12个领域中心、13个区县工作站3.6万台（套）仪器设备工作体系和科技资源优势，实现仪器设备、成果、专家、技术、项目等合作“信息对接”，建立双方科技资源、技术供给需求信息收集、发布机制。我中心将首都科技条件平台的仪器设备信息定向发布给相关企业，收集、整理和筛选北京先进、适用的科技成果向银川企业介绍和推荐，促进先进技术成果在银川实现产业化，并针对银川市选定的细分产业领域需求做深度对接，深入挖掘企业需求，发挥“首都科技条件平台银川合作站”“北京技术市场银川服务平台” 优势科技资源作用，促进两地科技服务规范标准化。中心还邀请北京市的技术转移转化领域专家来银川举办有关技术转移的培训班，培训内容涉及科技成果管理、技术贸易、知识产权、国际技术转移领域方面。银川市将借助“一站一台”，减轻对外技术依赖，增强企业核心竞争力和内生动力，推动区域创新、经济科学发展、可持续发展。

截至目前，首都科技条件平台成员单位共服务银川市科技企业31家，签订服务合同额1794.14万元，合同实现额705.21万元。2015年度，银川工作站共征集到57项技术需求，其中6项达成对接合作意向。

【双创服务】

贯彻“两服务行动”精神，为企业提供优质服务，深入县市区开展培训工作。为提高我市中小企业（特别是科技型中小企业）知识产权运用能力和创造水平，增强企业科技创新能力，使企业能够充分享受到国家和地方的帮助扶持政策，中心每年组织有关人员分别深入到各县区（园区）和银川经济技术开发区举办“中小企业知识产权和科技创新能力培训班”，免费为中小企业做培训。截至目前，全市有300家企业的近2000人次参加了培训。接待企业咨询人员近千人次，给企业提供技术信息近2000条。鉴定登记技术合同12份，技术交易额300万元，为企业减免增值税10余万元。

中心完成“国家火炬计划灵武羊绒特色产业基地”发展规划的编制和申报工作，并获得国家科技部批准，为灵武羊绒园区最终获批成为国家级高新技术开发区奠定了重要基础。

【成果转化】

积极推进国家科技成果转化服务（银川）示范基地建设和运行。中心通过大量的工作和努力，得到国家科技奖励办和自治区科技厅的认可和肯定，成为“国家科技成果转化服务（银川）示范基地”运营机构。国家科技成果转化服务示范基地将以国家科技成果库为主要依托，为我市的科技创新和产业发展提供源源不断的科技“活水”。示范基地立足银川市辐射全区，引进最新实用的科技成果来银进行转化、产业化或解决企业技术难题。国家科技成果转化服务（银川）示范基地将进一步促进国家科技成果信息交流，促进科技成果的应用转化，并逐步形成以市场化为主导的长效服务机制和科技创新产业服务链，全面提升银川区域科技创新能力和产业竞争力。国家科技成果转化（银川）综合信息服务平台通过资源查询、成果转化服务、技术贸易支持、科技创新信息资源库、用户交互、科技成果移动服务、自动撮合、技术创新动态信息服务等系统功能，共享全国科技成果资源，在一定程度上解决银川地区科技资源相对不足问题，为银川的产业链群及新兴产业培育一批有较强竞争力的优势项目和高新企业后备队伍。

【特色服务】

中心作为银川市知识产权信息服务中心，先后承担国家知识产权局、自治区知识产权局和银川市知识产权局《宁夏特色生物制药行业专利战略研究》《清真食品穆斯林用品专利战略研究》《专利信息利用促进与帮扶项目》《银川市十二五优势特色产业专利检索报告》《煤基烯烃关键下游产品专利战略研究》《企业知识产权托管项目》和《企业知识产权管理规范贯标服务项目》等多项课题和活动，先后赴企业一线开展专利基础知识、专利检索、分析、技术交底书撰写、审查意见答复等多项培训，截至目前，累计培训超 1500 人次，有效地提高了企业知识产权意识，提升了企业知识产权运用、保护、管理的能力。

近两年来，为了引导金融资本支持科技型中小微企业，缓解科技型中小微企业贷款困难，促进科技成果的转化及产业化，自治区出台了《宁夏科技型中小微企业风险补偿专项资金管理暂行办法》(宁财（企）发〔2014〕497 号)，银川市作为国家第二批促进科技与金融结合试点城市，推出了一系列政策措施，相继设立了“银川市科技创新发展投资基金”“银川市科技研究与发展基金”。中心作为科技金融结合项目征集论证推荐单位，发挥自身与科技型中小企业联系紧密、熟悉科技型中小企业经营状况的优势，为科技型中小企业积极争取金融机构支持，帮助 20 多家企业获得银行贷款 4000 余万元。

【人才建设】

中心现有在岗职工 8 名，全部具有中级以上职称或职业资格，其中高级职称 1 名。中心拥有硕士 4 人，拥有中国技术市场管理促进中心认定的 2 名技术合同登记员，拥有全国科技创新员 3 名。目前，4 名全部获得全国专利代理人资格，专利代理人才储备名列全区前茅。其中 2 人入选国家知识产权培训师资力量。中心职工近年在全国核心期刊发表论文 5 篇。

【机构设置】

中心下设行政部、科技咨询服务部、知识产权服务部。

科技咨询服务部的工作职责主要为：

（1）协助企业策划、申报各级各类科技计划项目，撰写可行性研究报告；

（2）为企业提供技术、管理等方面的咨询服务；

（3）提供科技信息、信息化建设方面的咨询服务；

（4）技术合同认定登记；

（5）科技成果转化咨询、推介服务；

（6）企业及科研机构实验室、检测检验咨询服务；

（7）银川市科技创新券申领、兑现咨询服务；

（8）宁夏科技型中小微企业风险补偿贷款（简称“宁科贷”）申报资料审核；

（9）银川市科技研究与发展基金项目申报受理、专家评审组织工作；

（10）银川市众创空间认定申报受理、材料审核、工作指导、年度绩效评价等。

知识产权服务部的工作职责主要为：

（1）专利信息检索分析、专利申请代理、专利战略研究等知识产权信息服务；

（2）企业专利数据库建设及维护；

（3）企业竞争对手知识产权信息分析，企业专利预警；

（4）知识产权托管服务；

（5）企业知识产权管理国家标准贯标咨询服务。

（供稿单位：银川市生产力促进中心）

新疆

新疆生产力促进中心

【概况】

新疆生产力促进中心是新疆维吾尔自治区科技厅和乌鲁木齐市政府共同组建并经国家科技部批准成立的社会公益性科技事业单位。连续多年被科技部认定为国家级A类示范生产力促进中心，被工信部认定为“国家中小企业公共服务示范平台”，先后获国家“金桥奖”先进集体、“中国科技咨询创新奖”“中国中小企业创新服务先进机构”“生产力促进服务贡献奖”等荣誉。

自成立以来，“中心”一直秉承“背靠政府、面向企业、集成创新资源为中小企业提供专业化服务”的宗旨，以中小企业创新需求为导向，以提高企业创新发展能力为目标，建立和完善科技创新服务体系。创建了新疆上海科技合作基地、新疆米东科技创新服务基地、新疆大学科技园，搭建了“科技金融”“科技信用”“科技咨询”“创新人才培育”“科技合作交流”等公共服务平台，广泛开展了科技型企业孵化、创新创业辅导、投融资、技术转移、成果转化、高新技术企业培育、人才培训、企业信息化、科技信用征信评级、科技评估、管理体系认证、战略规划等服务业务，为乌鲁木齐市中小企业可持续发展做出了一定的贡献。

【双创服务】

由中心控股的新疆上海科技合作基地，参股的米东科技合作基地和新疆国家大学科技园，结合新疆区位优势和资源优势，以打造“零成本、低成本”的创业服务环境、建设扶持和服务双驱并进的创业辅导体系，开展阶段性考核工作及多种形式的企业沙龙、座谈和培训，提供人力资源服务和融资服务的各项孵化服务。目前，三大创新基地都已成为国家级科技孵化器。在孵企业240家，其中大学生创业企业59家、科技型企业63家。截至2014年基地企业实现产值7.08亿元，上缴税金3844万元，就业人数达3699人。2015年3月，基地累计引进培育科技型企业164家，帮助企业获得扶持资金4500余万元，服务企业获得自主知识产权140余项；培育国家级高新技术企业4家，通过服务创业带动就业2049人，为企业开展各类培训、主题论坛等活动75次，培训人数达5000人次以上。

【科技创新】

一、项目服务

帮助企业进行项目前期的项目策划、项目调研，为企业撰写项目建议书和可行性研究报告，对项目前期工作、项目实施过程进行评价以及开展项目后评价。为企业提供创新基金、专利实施资金、专利补助资金等相关政策咨询、申报流程的咨询、申请材料辅导等服务，为企业提供成果鉴定和新产品认定等咨询服务。

二、管理体系认证咨询服务

中心是经国家认证认可监督管理委员会批准

和授权的认证咨询机构，拥有高、中级国家注册审核员、咨询师多名，可为企业提供ISO9000、ISO14000等管理体系认证咨询和强制性产品（CCC）认证咨询。

三、评估服务

（1）科技计划项目事前、事中、事后评估。事前评价主要就项目的必要性、可行性、市场前景、可预期的风险等方面进行评估，给出项目整改意见及是否立项的意见。项目事中、事后评估主要是在科技计划项目执行过程中及验收后，通过评估掌握项目实施进度，技术经济指标完成度，评估项目预期完成情况，并就项目实施后产生的效果予以评价。

（2）科技计划项目绩效评估。主要服务于科技管理部门，就项目立项合理性、项目指标完成情况、项目产生社会效益、项目实施中存在的问题等进行总结和评估，对下一年度的科技计划项目立项管理提供参考意见。

（3）科技规划中期评估工作。主要服务于科技管理部门，就规划目标完成情况、规划措施落实情况、规划实施中存在的问题等进行评估。通过评估，对规划后期实施提出建议，对规划目标提出必要的调整建议。

四、人才站建设和培训服务

按照乌鲁木齐建设丝绸之路经济带科技中心、自治区专家服务基层的总体要求，中心组建了乌鲁木齐科技领军人才创新驱动中心（工作站），将国家科技领军人才力量与地方产业需求集成起来，搭建区域科技人才服务平台，通过立足地方产业和企业的技术人才需求，充分凸显战略咨询、技术咨询、人才培养和技术转移等四大功能，为乌鲁木齐市培养和造就一支高水平科技人才、创新团队和创业人才队伍提供保障；在用好本地人才方面，中心聚集、挖掘区内外高校、科研院所和行业管理部门权威专家资源，整合全疆多个专家库资源，形成了一支跨越20多个行业领域、60多个学科领域，由3200余名专家组成的专家团队，可随时为企业创新发展提供诊断服务。

近三年科技创新服务平台共为30多家企业提供高企认定咨询服务，对上百家高新技术企业分领域、分行业、分规模进行调研分析，为全疆的190多家高新技术企业提供政策辅导，为80余家企业争取到国家专项支持资金3000多万元，为上百家企业提供技术转移和相关成果鉴定工作，为170多家企业提供各类认证咨询服务200多项次，为企业培训内审和体系管理人员上千人次，并协助新疆科技厅完成104家高企认定与29家高企复核工作。承接市科技局委托的153个科技计划项目（支持额度均在20万以上）的立项评估，并出具专业的评估报告。完成“自治区制造业信息化示范企业评估报告”（涉及企业38家）、新疆“十一五”制造业信息化科技示范工程示范企业绩效评估；2006年、2010年分别完成“乌鲁木齐市‘十五’制造业信息化示范工程评估”和“乌鲁木齐市‘十一五’制造业信息化示范工程评估”。2004—2010年连续7年承担“乌鲁木齐市科技局科技计划与项目的绩效评价”工作，涉及项目上千项。

【成果转化】

中心紧紧围绕科技合作交流和展会服务等多种服务形式，有效发挥新疆上海科技合作基地东西部科技合作桥梁的作用，在全国援疆的大环境下，积极通过合作交流服务，促进东西部技术转移、成果转化，促进东部先进科技成果和新疆本地需求对接。自2007年至2014年，承办了“上海—新疆科技合作洽谈会暨沪疆科技创新国际论坛”“世博科技成果应用对接会”“2012年科技应用项目推介对接会”“2014年沪乌民生科技成果应用对接会”，参与了“第七届中国科学院—新疆科技合作洽谈会”等项目对接会，累计开展各类项目对接活动20余次，参会人数达1038人次，推介项目461个，落地项目24个，签约项目57个，签约金额1.14亿元。

近年来，按照自治区两展办的统一部署，组织企业参加“北京科博会”“深圳高交会”“西安科博会”“亚欧博览会”等国内大型展会，为企业搭建了产学研合作的平台。截至目前，通过组织高企参加展会以及合作交流等形式，服务企业数量累计达266家，服务项目累计达309项（次）。累计组织415家企业，展出821个技术合作项目，达成111项企业合作协议，签约金额4.78亿元。

目前，乌鲁木齐市委、市政府围绕国家“一带一路”重大战略部署，全面推进“五大中心”建设，大力实施创新驱动战略，开启了“十三五”发展的新篇章。中心把握时局，依托上海国家技术转移东部中心的科技创新资源优势和丝绸之路经济带核心区区位优势，组建了国家技术转移东部中心新疆分中心，将链接国际创新创业资源，广泛开展与区外资本、人才、技术项目及孵化机构的交流与合作，打造技术转移与金融服务相结合，技术转移与产业孵化相结合，公益服务与市场行为相结合的创新服务模式。

【特色服务】

一、科技信用服务

为了提高科技资源的有效配置和科技项目管理的科学化程度，通过信用融资破解中小企业融资难的问题，中心不断加大科技信用评价服务工作，先后构建了科技信用模式和数学模型、设计了科技信用指标体系、开发了科技信用管理系统、建立了科技信用数据库，已逐步形成了“信用辅导—信用征信—信用评级—信用担保—银行贷款—计划项目贴息”的信用服务模式，这对改善中小企业信用状况，抵御信用风险，促进中小企业健康发展提供了极大的帮助，产生了良好的示范效应，也走到了全国前列。目前，科技信用数据库入库单位达到881家，累计完成689家科技型中小企业和科研机构的科技信用评价，研究起草并发布的8个科技型中小微企业征信服务地方标准，填补了新疆地区征信服务标准化的空白。通过科技信用征信与评价，带动银行等金融机构资金为辖区企业授信40.25亿元。

二、科技金融服务

针对我市科技型中小企业不同发展阶段的融资需求和融资条件，以政府资金为引导，发挥科技综合服务优势，整合银行、担保、保险、创投等资源，为我市科技型中小企业提供一站式、个性化的融资服务。近年来，引导企业通过知识产权转让、许可、质押和积极推进“打包贷款”工作，帮助83家企业获得融资担保，已有2家企业完成了四板挂牌，实现贴息930万元，带动银行资金7.2亿元。随着科技和金融的深度融合，中心正推动设立企业信贷风险补偿资金池，通过财政资金的杠杆作用，引导和鼓励风投、银行、保险等金融机构加大对初创企业的支持，形成基金联合、股权入资、成果产权合作、重大科技项目参与的互补呼应、协同共赢的基金运营管理体系。

【典型案例】

案例一：孵化服务助力企业提升影响力

乌鲁木齐集成多维电子科技有限公司，于2010年入驻新疆上海科技合作基地，注册资金200万元，公司主要以开发计算机软硬件和电子产品服务为主（计算机技术推广、网络综合布线），同时开展货物与技术的进出口业务，以及为中亚独联体国家提供商务信息咨询和各类技术咨询等业务。经过合作基地的推广及牵线搭桥，公司与国外众多媒体，如俄罗斯的“手传手”“美格”传媒集团等，建立了良好的长期合作关系，有效地拓宽了国际市场知名度。目前，该公司已成功为数百家企业量身制作了俄语网站，如南航集团，长沙中联重科等，并将大量中国企业的信息以俄语形式发布到公司面向独联体的推广门户网站。2014年，公司设计开发了跨境电商平台“野林在线”，该平台是一个对俄语贸易区的复合型国际电商平台，也是国际物流配送的B2B和B2C的跨境电商平台，能够完全实现对俄语贸易区的在线交易，提供PaypaL、银行转账、西联快汇等最便捷的买家支付功能。通过企业自身不断的努力及合作基地的扶持孵化，公司申报获得发明专利一项（专利号201210116069.1），获得多项计算机软件著作权，2015年被认定为国家级高新技术产业，并在新疆股权交易中心挂牌。

案例二：信用融资促进旭日环保快速成长

新疆旭日环保股份有限公司是一家专业从事环保产业的高新技术企业。作为科技型中小企业，由于缺乏有效的实物抵押企业从未获得过银行贷款，2009年，公司专利产品“糖蜜酒精废水预处理装置”，因无法从银行获得贷款，产品难以实现规模化生产。由于是家族式企业，公司股权结构和内部管理制度等方面与规范的现代企业存在较大差距，严重制约了公司快速成长。

2008年，中心将其纳入到信用融资服务平台，通过信用辅导和评级，公司获得AA-的资信等级，为其争取国开行5年期基准利率1800万元贷款。针对专利产品产业化资金短缺问题，中心积极与乌鲁木齐市高新区投资担保公司、市商业银行充分沟通，提出以专利质押的方式为企业提供期限3年、基准利率上浮10%、金额500万元的科技金融贷款，得到银行、担保公司和企业的认可与支持。同时中心积极协调，采取科技项目捆绑同步支持的方式，为其争取40万元财政贴息资金。目前“糖蜜酒精废水预处理装置”专利项目年销售收入已达千万元。为解决企业管理中存在的问题，中心邀请专业机构，组织专家会诊，并通过融资对接活动，成功引进社会资本3000万元，并协助公司完成股份制改造。目前该公司已成为“新疆最具成长力10强企业”，公司资产和销售收入也由2007年的5000万元和2000万元提高到2010年的资产过亿，年收入7000万元。

（供稿单位：新疆生产力促进中心；
执笔人：谢晓霞、靳礼河）

新疆现代畜牧业生产力促进中心

【概述】

新疆现代畜牧业生产力促进中心于2004年4月经新疆维吾尔自治区科学技术厅批准成立，隶属于新疆畜牧科学院，业务接受自治区科技厅指导。中心是自治区唯一的行业性生产力促进中心，也是自治区畜牧行业惟一一家国家级示范生产力促进中心。

中心作为独立企业法人坚持“自筹资金、自主经营、自负盈亏、自我发展”的经营理念，依托新疆畜牧行业的各类资源，紧紧围绕促进新农村建设和畜牧行业经济发展这一中心任务，面向全疆开展科技成果转化，农牧业信息化服务，新技术、新品种推广，畜产品加工企业基地建设综合服务，科技咨询服务，企业标准认证咨询服务等主导业务及员工培训，畜产品生产技术培训等业务。中心现有员工24人，其中硕士研究生4人、大学本科以上学历20人；高级职称5人，中级职称10人。聘有从事畜牧、兽医、草原、科技信息、技术推广等行业学科专家40余人。

2008年中心通过IS09001：2000质量管理体系认证，自此中心的发展走上了一个新的台阶。

【特色服务】

长期以来，中心以新疆畜牧科学院为依托，充分利用新疆农业大学、石河子大学、自治区畜牧行业有关技术单位和龙头企业的人力、技术成果等优势资源，建立了自治区畜牧行业各学科专家库，并建立了专家网络和专家服务团队，拥有雄厚的技术力量和信息资源、成果资源及整合、组织优势。中心长期开展以提高企业综合生产效益为核心的全程服务，并在各地州确定了一批重点联系畜牧业中小型企业，经过六年多的发展，已初步具备了为全区畜产品中小企业和农牧民提供畜牧科技培训、科技成果转化、畜牧行业科技信息咨询服务、管理体系认证、畜牧行业科技成果鉴定等科技服务功能。初步建立了覆盖6个地州的新疆现代畜牧业服务基地，作为开展科技服务的示范点，培训、推广、普及现代畜牧业常规实用技术和综合配套技术及新技术、新成果，解决生产实践的技术应用问题。并逐步建立以培训与服务基地为骨架的新疆畜牧科技服务网络体系，建立新疆畜牧行业中小企业公共技术服务平台，扩大先进适用畜牧科学知识的传播范围和普及程度，成为区域科技创新服务体系的中坚力量。

【服务业绩】

2012年以来，中心申报了自治区科学技术厅“自治区中小企业公共技术服务体系建设项目”，向人社厅申报了“全疆畜牧行业少数民族特殊培养高级研修项目”以及向自治区党委农办申报了“自治区现代农牧业实用人才培训项目”等5个项目，落实项目及培训经费100余万元。中心共举办各类培训班58期，总计培训8856人次，发放各类农牧民读本1.7万余册。

近年来，在自治区畜牧厅和各地州畜牧兽医局的大力支持下，中心积极开展地州畜牧调研工作，加强中心与各地州基层畜牧系统及畜牧企业的交流，2010年以来，中心先后前往南北疆11各地州开展调研工作，了解了基层服务需求，为更好开展技术服务奠定了基础。近年来，中心进一步拓展业务范围，积极主动地寻找新的突破点，目前已与自治区畜牧厅草原处、兽医局，自治区奶业办公室、自治区草原总站、自治区治蝗灭鼠办公室、米东区农牧局、奇台县、博湖县、焉耆县、霍城县、尼勒克县市畜牧兽医局签订了科技服务协议，与米东区30多家养殖合作社签订了技术服务协议，达成了长期合作的共识。中心还积极开展与疆外畜牧业发达地区的合作交流，自2011年以来先后与山东、内蒙古、宁夏、四川等省区签订了合作协议，建立了合作关系。为强化我区畜牧行业的管理水平，造就一流的畜牧行业管理队伍，中心积极与国内现代畜牧业发展具有优势的省、自治区联系，组织疆内畜牧管理干部、专业技术人员、畜产品加工企业、个体养殖大户到这些地区考察、调研。通过参观这些地区绿色高效畜产品养殖基地及畜产品深加工企业，并与当地畜牧主管部门和企业座谈交流，了解该地区现代畜牧产业的发展情况，学习先进经验。有效地促进了疆内畜牧管理干部对现代畜牧业发展趋势的了解，收到了非常好的效果。

（供稿单位：新疆现代畜牧业生产力促进中心）

昌吉生产力促进中心

【概况】

昌吉生产力促进中心于2002年经科技厅批准成立，是新疆首家民营生产力促进中心，2006年通过科技部评审晋升为国家级示范生产力促进中心。主要任务是服务产业集群、培育发展企业创新动力、提升中小企业竞争力和新农村建设服务能力。

中心按照“产权明晰、政企分开、责任明确、管理科学”的现代企业制度基本特征的要求，坚持“自筹资金、自主经营、自负盈亏、自我发展”的经营理念，根据昌吉州重点发展六大支柱产业战略部署，以“背靠政府，面向企业”为服务宗旨，以科技服务经济、服务企业、服务“三农”为主要任务，促进技术创新，构建产学研合作平台，实现州市、县（区）良性互动，行业、区域有机结合，积极利用各种社会资源，发挥自身优势开展科技中介服务工作，为昌吉州经济科技社会发展提供强有力的科技支撑。

目前，中心拥有1500平方米的办公场地（其中培训场地580平方米）、两套专用服务器和网络设施以及50台电脑。建立了自己的网络站点，开通了10M宽带网，实现了内部的信息化网络管理，这些设施的建设是开展今后工作并逐步实现快速增长的重要物质保障。总资产已从成立之初的50万元发展到目前的469.6万元，经济效益也实现了同步快速增长。

在昌吉州科技局的大力支持下，中心先后对昌吉州各县市重点中小企业进行了调研，2014年全年中心完成企业及农村合作社调研共计117家，其中：玛纳斯22家，呼图壁21家，阜康14家，奇台3家，木垒5家，吉木萨尔18家，高新区22家，昌吉市9家，农业园区3家。在此基础上，2014年中心实现对外签约服务企业20家，是上年同期的四倍；实际承接对外服务业务60多项，是上年同期的15倍，对外咨询服务性收入首笔到账资金10.655万元，较比上年同期增长57%。

业务拓展方面，中心在坚持以科技系统业务为中心的同时，积极寻求业务的外围拓展。已经开展的服务内容包括了高新技术企业认定、国家和自治区创新基金项目申报和验收、自治区专利实施项目申报、昌吉市科技计划项目申报和验收、专利代理、科技成果鉴定、新产品鉴定、技术研发费加计扣除策划、技术改造项目申报等等。业务内容的有效拓展，在一定程度上降低了中心跑市场的压力，充分利用好现有企业资源，实现对企业项目资源的深挖，已经成为中心今后一段时期业务开展的主要模式。

【人才建设】

中心现有正式员工36人，其中，大专以上学历32人，本科以上25人，研究开发人员15人，高级职称4人，中级职称8人，平均年龄32岁。员工所学专业涉及电子信息、工程技术、经济、农业、畜牧、园林、财务等多个领域。总体上讲，人才梯队结构和专业结构较为合理。

【机构设置】

中心共设5个部门（科技项目管理部、科技人才培训部、科技信息服务部、对外交流合作部、企业咨询服务部），2个独立法人单位（新疆昌明宏创科技实业有限公司、昌吉市昌明生态科技有限公司），2个信息服务平台（新疆农业科技信息服务平台及新疆中小企业分包及信息化服务平台）和1个软件技术研发中心。

【成果转化】

中心通过与新疆区内外科研院所合作，承担了国家“十一五”863项目《西部奶业信息化研究》、“十一五”国家科技支撑计划重大项目《现代农村信息化关键技术研究与示范》、火炬计划《新疆工业分包信息统计系统共性技术开发与应用》等项目，极大地提升了中心参与国家科研项目和服务企业的能力；通过自治区科技成果转化项目《新疆农村科技信息“村村通”工程》在全疆十个地州的实施、推广，已使70万农民间接受益，同时中心被科技部列入首批“服务社会主义新农村建设试点”中，也是自治区科技成果转化基地。

（供稿单位：昌吉生产力促进中心）

博尔塔拉生产力促进中心

【概况】

博尔塔拉生产力促进中心（有限公司）成立于2005年，2007年通过ISO9001质量管理体系认证，2008被科技部认定为第七批“国家级示范生产力促进中心”。中心成立以来，积极贯彻落实科技部“两服务行动”精神，面向中小企业和“三农”提供优质科技中介服务，以培植壮大民营科技企业，提高区域科技创新能力为目标，强化创新意识，优化创新环境，有力地促进了博州地区经济快速发展，成为了当地党委、政府推动科技发展的一支重要力量，为推动当地中小企业技术创新和发展，发挥了积极的桥梁和纽带作用。

中心成立以来，充分发挥科技服务机构的桥梁纽带作用，为博州科技型中小企业提供了全方位、多层次、标准化、规范化服务，成为了推动博州中小企业技术创新的一面崭新旗帜。中心取得了卓越的成绩，先后被科技部选定为新农村建设服务试点单位和技术转移服务试点单位；中心主任连年被评为自治区生产力促进工作先进个人，获得科技部评选的2012年生产力促进（服务精英）奖、2013年中国生产力发展20年杰出人物、2014年寰宇生产力奖等。

【双创服务】

与新疆共青团青年就业服务中心、EMBA企业家商会、青年企业家协会合作，累计调研中小微企业500余家，为200余家提供了信息咨询、技术挖掘、专利申请、参会参展、技术转移等服务工作。

与新疆大学、济南大学、新疆农科院等48家科研院所、高校建立合作关系，促成“棉粕在大菱鲆饲料中的应用技术”“戈壁滩上的食用菌种植技术”等35项技术转移成功；帮助服务对象编制各类申报书、可研报告、发展规划等430项次。

与新疆禾工专利事务所、北京中恒高博专利事务所建立了合作关系，帮助新疆农科院综合试验场、博州兴旺科技有限责任公司等企事业单位、个人申报142项实用新型专利、25项发明专利。该项业务的开展，对于企业科研成果的保护、传播、转化起到了积极促进作用。帮助博乐市西北粮油工贸有限公司、博乐市博康食品有限公司等6家公司开展QS认证咨询业务，拓展了中心的服务范围。

协助新疆泰昆集团股份有限公司、新疆帕戈郎清真食品有限公司、新疆拓普农业股份有限公司组建了新疆家禽产业技术创新战略联盟、新疆饲料产业技术创新战略联盟、新疆库尔勒香梨产业技术创新战略联盟，这些行业联盟的建立将围绕企业技术需求和产业发展的关键问题，组织产、学、研联合攻关，开展技术研发与创新，突破产业发展的关键技术瓶颈，加速科技成果的产业化应用，发挥行业技术创新的引领和带动作用。

联合博乐市私个协召开博州银行企业座谈会。中国农业银行博州分行、中国建设银行博州分行、中国工商银行博州分行、中国农业发展银行博州分行、50余家中小企业参加会议。通过会议形式，增加了银企、政企的有效沟通，帮助博州西域福乐矿业有限责任公司融资1600万元，帮助博乐市西北粮油有限公司融资1000万元。

组织召开了助推博州中小企业发展座谈会，博州科技局、发改委、经信委、财政局、科技开发中心、知识产权局、博乐市工商局等单位应邀参加会议，为政府各职能部门与企业之间搭建了一个交流平台，为中心做好科技中介服务工作奠定了基础。

【经典案例】

2011年8月18日，中心参加了“两服务行动”第二次援疆、援藏座谈会暨2011年第二期培训会。会上，中心与武汉东湖新技术开发区生产力促进中心签订合作意向书，双方就中小企业创新服务平台、科技金融运行体系、公共服务平台共享等方面达成初步合作意向。2012年中心先后两次组织相关人员赴东湖生产力促进中心学习观摩其动漫制作平台，利用其技术、资源、人才优势，帮助我中心开展博州少数民族文化动漫原创作品及衍生产品的开发。

中心每年组织企业参加科博会、亚欧博览会、高交会、科洽会，有效地提升了企业形象，提高了产品知名度和市场竞争力；同时有助于企业了解掌握行业最新动态、产品走势。通过会展服务、企业调研等前期服务工作，2014年中心与重庆市超临界精细化工生产力促进中心达成合作协议，针对新疆海娜、沙枣花、野西瓜等特色资源进行合作研发；促成山东农科院、济南大学与博乐市西北粮油工贸有限公司开展果蔬超微复合面粉技术合作；组织企业考察调研湖北荆门市爱国润滑油有限公司，以将其废机油加工润滑油技术引进落户新疆。

（供稿单位：博尔塔拉生产力促进中心）

新疆中亚科技经济信息中心

【概况】

新疆中亚科技经济信息中心成立于2000年10月，是依托新疆科技情报研究所的设施条件、人才力量和业务基础开展工作的公益性非盈利机构。同时还挂牌有新疆中亚科技信息生产力促进中心、新疆科技统计中心、新疆科技档案管理中心、新疆国际信息检索中心，以及新疆科技情报学会、新疆科技特派员创业促进会、新疆生产力服务联盟理事长单位等社团组织。

2002年通过了认证部门的审核，建立了ISO9001：2000质量管理体系。2010年4月被自治区经济和信息化委员会认定为自治区级企业“工业化、信息化”融合重点支撑单位。2011年被科技部授予为“国际发展中国家培训班”资质认定证书。2012年被科技部授予“生产力促进中心技术转移示范基地”称号。

中心建有一支300多名多语种、多学科、多领域的专家学者队伍，致力于国内及中亚信息服务、科技影视制作、成果项目中介、技术转移服务、合作交流、人员培训等工作，架起新疆外向型中小企业同俄罗斯及中亚五国之间的科技经济合作交流、信息交流服务的桥梁与信息通道。

【科技创新】

中心重点开展针对中亚地区国际科技合作研究、科技成果转化、技术转移、数据库与网站建设、中外文翻译、人才培训、科技项目咨询与评估等方面的研究和服务工作。

科技研究开发：中心长期把理论研究作为重要抓手，通过分析、整合中亚地区信息资源，为社会各界提供极具价值的参考消息。2014年–2016年，中心共发表论文21篇，其中核心期刊论文5篇；承担并完成了2项国际科技合作研究项目，即《上海合作组织农业合作发展规划研究》《中国新疆与周边国家在石化工业领域合作途径与对策研究》，分获自治区科技进步三等及二等奖。开展了《新疆与哈萨克斯坦、吉尔吉斯斯坦金属矿开发合作及通道建设研究》《新疆联合援疆省市面向中亚地区技术采购实施路线图》两个课题的研究工作。另外，为中国广核集团新疆分公司研写了《中亚国家能源及资源开发现状及市场机遇研究》报告，详细分析了中亚各国在煤矿资源分布、储量、地理优势、开发现状、投资环境等方面的情况，开创性地提出了在中亚国家开展煤矿资源开发合作的机遇和可能性，并对开展合作的战略途径与对策进行了探讨。

企业创新服务：从2014年以来，“中心”通过完善自身建设，服务能力有了大幅提升，其中：服务创新企业数量增至1078家，签订服务合同1248项，服务项次1321项，最大服务能力达到1260家，分别较项目实施前增加了7.8%、10.5%、10%及26%，满足本区域内服务的需求增至18%，为社会新增就业20余人。

科技资源使用：中心应用科技信息服务网络系统（包括：新疆中亚信息网、新疆科技信息服务网、新疆中小企业网、东西部合作网、中俄哈蒙四国区域合作网等 12 个网站）、科技文献资源共享平台以及引进和自建的数据库信息资源，提供技术创新、成果转化和技术引进信息 5373 次；新增汉俄文信息 11230 条，增长 42%，被外宣办誉为宣传新疆改革开放的窗口。

【特色服务】

中心主要开展科技查新服务、科技统计服务、文献资源检索服务、国际技术合作、国际人才培训、国际科技成果转化、技术转移、与中亚国家及俄罗斯创新技术成果数据库建设、国际技术转移重点项目跟踪等服务。

国际人才培训：

成功举办了中亚太阳能开发利用技术国际培训班，来自俄罗斯、哈萨克斯坦、塔吉克斯坦、乌兹别克斯坦共计 16 名学员参加了这次培训。组织第十一批赴俄培训班，21 名学员参加了培训，并负责办理了该批学员的留学手续。

国际技术合作：

组团赴俄罗斯和塔吉克斯坦完成了国际科技合作项目执行，与俄方对接中俄边界地区发展战略比较研究项目。向塔方提供 2 套全自动气象站和配套设备，并向塔方介绍设备安装调试、数据接收维护等技术服务。

国际技术转移：

新疆同中亚及俄罗斯区域技术转移服务平台积极构建覆盖中亚各国的技术转移与知识产权代理服务体系，并整合国内外先进科技成果、专利技术等信息，经过互译后面向国内及中亚、俄罗斯市场发布，成功实施了优良花楸果、抗寒苹果、李、梨、茄莲果、樱桃品种引进；向塔方提供 2 套全自动气象站和配套设备，并为塔方提供设备维护等技术服务。就腐植酸改性技术达成技术转让；在塔吉克斯坦建设玛咖引种试种基地；在吉适宜区域试种中国龙世公司提供的玛咖种子，双方在玛咖烯、玛咖酰胺等提取技术领域开展联合研究和科技成果转移等国际技术转移项目。

基于新疆同中亚及俄罗斯区域技术转移服务平台的良好运行，我中心这 2 年完成的国家或自治区中亚科技合作理论研究课题有：《科技创新引领丝绸之路经济带发展战略研究》《丝绸之路乌鲁木齐旅游安全平台建设研究》《丝绸之路经济带国别研究》《中亚五国和俄罗斯专利保护环境及合作对策研究》《中俄推动边远地区发展战略对比研究》等，取得了阶段性成果，并得到了有关部门的采纳和肯定。首次编译出版专著 1 部，提高了我院编译工作能力的显示度。

【典型案例】

一、智慧安防

围绕新疆社会稳定和长治久安的总目标，综合运用北斗定位和智慧视频融合技术，开发出具有人脸识别、车辆定位、跟踪监控、远程报警、综合管理等功能的基于物联网技术的智慧安防系统。以“访惠聚”驻村工作队所在地为示范点，从驻村的实际情况出发，建立具有防入侵、防盗窃、防抢劫、防破坏、防爆安全检查功能的智慧安防网络。

二、科技成果

通过在技术转移、创新创业服务、技术成果转化等方面的互联互通、优势互补和资源共享，实现技术成果供求信息的收集、传递。搭建中亚技术转化转移服务平台，建成企业技术需求数据库、科技成果数据库、专家数据库、“评估专家资源库”“科技成果（含获奖）数据库”5 个数据库；建成 200 平方米的“线上 + 线下”技术转移展示大厅并配套相关硬件设施；同时对中亚经济信息网进行升级改造，搭建中亚信息微信公共服务平台。

（供稿单位：新疆中亚科技经济信息中心）

行业发展中心

中机生产力促进中心

【概况】

中机生产力促进中心成立于1992年，是国务院国资委直接监管的中央大型科技企业集团——机械科学研究总院的全资企业，是全国首家行业生产力促进中心。1997年被原国家科委认定为国家级示范生产力促进中心。2002年被科学技术部认定为首批重点支持的国家级示范生产力促进中心试点单位。2003年被批准为北京市中关村科技园区高新技术企业；2008年、2011年中心被北京市认定为高新技术企业。近年来，中心始终坚持“诚信规范、技术领先、优质服务、顾客至上”的质量方针，在技术咨询与技术服务、高新技术与装备研发、机械工业标准化、核设备安全及可靠性研究、核安全监督审评与核设备监造、产品质量检测和安防工程、管理体系与产品认证、机电产品进出口贸易等方面开展了大量的工作，积累了较为丰富的经验，取得了一大批具有较高技术水平的科研成果。经历了25年的发展历程，中心已成为全国生产力促进中心系统的排头兵，通过为7000多家行业企业提供服务，为中小企业提高自主创新能力做了积极的努力，并取得了一定的成绩。“十二五”期间，中心累计科技投入额为14876万元，累计获得省部级科技成果24项，专利9项（其中发明专利1项），软件著作权28项。

【机构设置】

中心下设4个职能部门和8个业务部门。职能部门由综合管理部、企业部、资产财务部、市场部等组成，业务部门主要涉及7个业务单元：技术咨询与技术服务、高新技术与装备研究开发、机械工业标准化、核电技术服务、产品质量检测和安防工程、管理体系与产品认证、机电产品进出口贸易等。

【人才建设】

在长期的发展中，中心人员规模不断扩大，由成立之初的几十人逐渐发展到上百人。“十二五”期间，中心新增员工98人，其中博士13人、硕士33人；共有17人晋升为研究员、22人晋升为高级工程师。截至目前，中心员工总数达271人，其中高级工程师以上职称、博士、海归等各类高端人才112人。

【科技与服务创新】

1. 创新科技服务机构建设

在原有业务架构的基础上，统筹了行业服务和先进制造技术领域丰富资源，建设了“装备制造业发展研究中心”及“装备制造业标准化研究所”，成为支撑政府决策、行业及区域发展的装备制造业创新发展智库。“机械工业集成开发产品平台技术重点实验室”“机械工业网络化制造工程技术研究中心”通过验收，成功申请了“机械工业绿色制造能效分析工程技术研究中心”。

2. 国家重大科技计划项目开展

"十二五"期间，中心从装备制造业标准研究和标准制修订、核设备安全与可靠性、绿色制造共性技术、高端装备共性关键技术、高性能智能化检测技术及装备等方向，策划、申报并承担了一批国家863计划、科技支撑计划、04专项、06专项、智能制造专项、环保部核与辐射安全监管专项、国家标准专项等项目，取得了一批科研成果。"十二五"期间中心累计科技计划项目合同额达13583万元。

3. 科技成果转化

"十二五"期间，中心累计科技投入额为14876万元，累计获得省部级科技成果24项，专利9项（其中发明专利1项），软件著作权28项。中心陆续在油气回收检测仪、齿轮疲劳寿命试验机、长输送油气管道内自行走检测设备等科技成果转化方面做了大量的尝试，取得了良好的社会和经济效益。其中油气回收检测仪年销售额近500万元，齿轮疲劳寿命试验机1500万元，长输送油气管道内自行走检测设备为我国西气东输二线、川气东送、中亚管线等大型管线乃至预建西气东输五线、中俄管道等提供了必要的技术装备保障。

4. 服务模式创新

中心以打造面向关键零部件行业转型升级的科技服务平台，形成面向产业技术升级的协同创新服务体系、支持产品质量提升的试验检测与质量控制服务体系、促进企业竞争力提升的认证与咨询服务体系为目标，不断探索科技服务的新模式和新路径。在宣城、安平、宁波等地建立科技服务区域中心及试点示范基地，为地方产业转型升级、企业创新发展提供咨询及技术支撑服务。

【特色服务】

1. 装备制造业标准化

围绕智能制造、绿色制造、增材制造、服务型制造、"四基"、军用通用等领域，开展标准化课题研究、标准制修订和标准化服务。对接国家标准委、工业和信息化部等政府部门和行业协会，提供标准化技术支撑；为企业提供标准化技术咨询、机械安全评估、标准化软件开发等业务。"十二五"期间，中心归口标委会完成国家标准258项，国军标45项，行业标准287项，完成8300余项行业标准报批审查工作，复核报批行业标准约5000项。

2. 核电技术服务

积极参与国家核设备安全及质量监管工作，开展核安全监管技术支持、核安全设备技术服务、机械设备可靠性研究、核电厂设备质量服务等业务。针对在役核电站，深度开拓设备可靠性数据库建设运维和长周期换料设备管理业务。

3. 战略咨询与规划服务

围绕装备制造业热点地区、特色园区、龙头企业开展产业发展规划以及新产品、新技术、新装备、新业态发展研究；协同行业专家及先进技术装备丰富资源，形成了智能制造、绿色制造、服务型制造、工业大数据、系统集成等领域的服务优势。

4. 高新技术与装备研究开发

围绕高端装备制造、新能源汽车、轨道交通、石油石化、城市管网、环保检测设备等领域需求，提供高端试验与精密检测装备、轨道交通试验装备、城市管网内检测设备等试验与检测设备的研发服务。

5. 产品质量检测服务

依托工信部"工业（通用零部件）质量与技术评价实验室"和"高端装备零部件先进成形研发检测技术公共服务平台"，开展6个大项近300个小项的机械基础零部件和材料性能检测服务。

6. 管理体系和产品认证

围绕质量管理体系认证、职业健康安全管理体系认证、ISO/TS16949汽车行业质量管理体系认证、环境管理体系认证、产品认证—机械安全认证、GJB9001B-2009 军工产品质量管理体系认证领域开展认证服务。

7. 外贸与工业分包服务

帮助国内供应商对接国内外采购商需求，为加工企业提供业务订单与技术服务，包括质量认证、标准转化、图纸转化、材料选取、制造过程跟踪、工艺研发等综合服务。

【典型案例】

典型地区及企业规划研究

作为参与国家、行业战略规划及科技政策的先行参与者，应地方政府及重点装备制造业企业的邀请，“十二五”期间中心广泛参与了装备制造业大省、重点城市及企业的规划发展研究工作，省市规划包括《河南省装备制造业十二五振兴规划》《河北省十二五装备制造业新增长点研究》《北京数控机床制造业学科集群与产业集群协同创新机制研究》《上海市高端装备制造业发展规划》《滨海新区汽车及装备制造业规划纲要》《沈北新区工业发展规划》《深圳市高端装备制造业发展规划研究报告》《合肥市智能制造产业十三五规划》《常州市智能制造服务业十三五规划》《三明市高端装备制造规划》《攀枝花市装备制造业发展规划》《泉州制造 2025 服务型制造规划》《东莞制造 2025 集群制造规划》以及《秦川机床集团十二五发展规划》《秦川机床集团十三五发展规划》等近 10 个省份、30 余个城市和企业的发展规划工作。

建筑材料行业生产力促进中心

【概况】

（国家）建筑材料行业生产力促进中心暨中建材行业生产力促进中心有限公司于1998年经国家科技部批准成立，是“世界500强企业”中国建材集团的科技骨干成员，隶属于中国建筑材料科学研究总院，被国家科技部认定为“国家级生产力示范中心”，2016年荣获中国“生产力促进（发展成就）奖”。

中心成立近20年来植根于建材行业，在国家科技部的政策指导下，坚持以推动行业科技发展，促进行业技术进步与创新，提高行业生产力水平为目的，大力促进行业科技成果转化，建立了一大批有活力的科技服务平台。在“十一五”“十二五”期间，中心完成了多项国家科技支撑计划项目、火炬计划项目，形成了一批有市场价值的科技成果。在国际水泥技术服务、新型房屋、新型建材、国际贸易、互联网+等领域取得了显著成绩。未来中心将坚持以“善用资源服务建设”为核心理念，实施“科技创新”“大建材”和“人才强企”战略，不断加大企业改革和资源整合力度，充分发挥中心各类优势，在建材行业科技创新、发展循环经济、节能减排、降本增效中发挥引导作用，积极开拓国际市场，建设创新绩效型、资源节约型、环境友好型、社会责任型的具有国际竞争力的行业生产力促进中心。

【机构设置】

中心下设综合管理部、财务资产部、国际水泥技术服务部、新型房屋事业部、新型建材事业部、进出口事业部、中国建材技术服务网等多个部门。

从2015年下半年，公司进一步吸纳业务骨干充实人员队伍，同时强化了机构设置，明确了职能分工，公司内综合管理部、新型房屋事业部、进出口事业部、新型建材事业部、水泥工程服务部、建材科技促进部、中国建材技术服务网各司其职，充实力量后的团队战斗力、凝聚力、活力不断增强。

【特色服务】

中心国际水泥技术服务部现有各级别项目管理人员、专业技术人员、生产服务人员，先后承担了法国、意大利、沙特、瑞士、阿塞拜疆、蒙古国、阿尔及利亚、越南等20余个国家水泥项目的技术服务；

U.house（优科房屋）是中心开发的新型、绿色、抗震、节能建筑体系，该体系采用轻型钢框架结构作为受力体系，“轻质隔音内隔墙板、复合保温外墙板、轻质保温屋面板、轻质楼板”作为维护构件，全部构件采用工业化生产，综合能耗低，全装配式安装，施工过程无污染并大大节约施工工期；

中心自主开发设计了优科房屋uk复合墙板智

能化生产线，生产线自动化程度先进，运行稳定且生产效率高，中心可提供自可行性研究、生产线设计与典型工厂建设、房屋建筑结构设计、生产管理、房屋装配施工、技术服务等一站式全套服务；

在绿色建材、新型建材行业，中心提供咨询服务、技术及产品中介服务、构建行业平台及行业会展服务，参与发起“中国房地产工程采购联盟”“中国精装产业联盟”“中国绿色建材产业发展联盟”，与各部委协调，协助企业拓展市场；参与《幕墙用人造板技术规范》《土壤固化剂》《外墙用纤维水泥板》等多个标准的编制工作；

为甘肃兰州市、江苏宿迁市、重庆合川区、晋能集团等地方政府、企业制定发展规划和可研报告，涉及产业发展、园区建设、绿色建材、复合材料、非矿、固废、墙材、保温防水材料等多个领域；

中心拥有一支多年从事进出口业务的资深业务团队，依托中国建材丰富的产品线和中国建筑材料科学研究总院强大的技术研发创新能力，从事特种玻璃和玻璃纤维制品、耐火材料、新型建材、检测设备、成套生产设备进出口业务，通过专家咨询、远程技术服务、现场技术服务、国际货物与技术进出口咨询等方式集合资源优势为企业服务；

中心和中国主要银行合作良好，在银行的支持下，提供产品、技术、成套生产设备以及贸易融资等全套进出口业务解决方案；

积极组织国内外技术交流、培训与项目合作，协助国内外建材企业开拓国际市场；

中国建材技术服务网以国家创新驱动发展战略，支持“大众创业、万众创新”为政策背景，以促进建材行业生产力水平为目的，以建材科技研发为切入点辐射建材行业全产业链构建“互联网 + 建材科研”的综合性第三方网络电子商务服务平台，致力于从根本上解决产研结合不对等的行业发展问题，推动行业快速、健康、科学发展并提供全产业链服务支撑。

【成果转化】

中心积极推动住宅产业化及新农村建设工作，新型房屋施工迅捷、生态环保、经久耐用、绿色节能。天津宝坻村委会示范样板房已完工，建筑面积 380 平方米，合同金额 115 万元，房屋质量和建造速度获得了业主方的高度认可；阿尔及利亚高级宿舍工程合同在建，建筑面积 2310 平方米，合同金额 514 万元；除天津宝坻区新农村示范工程之外，新疆自治区市场拓展业务也在积极推进，新疆阿克苏柯坪十栋村民活动中心约 4000 平方米，合同金额 472.5 万元，预计 2016 年 5 月 1 日前完成。同时，结合太阳能系统、污水处理、新风系统等综合配套的新一代抗震节能房屋在西北、华北、中原地区推进迅速；国外在谈项目：南美出口 17500 平方米，预计合同金额 1500 万元；斯里兰卡政府利民住宅项目等。

中国建材技术服务网旨在将“互联网 +”和“创客”概念践行于网络平台建设，发挥建材行业生产力促进职能，体现行业性服务平台高度，以推广中心服务内容为基础，以集团内建材产品网上交易服务平台为导向，以水泥工程与新型建材为重点突破口，辐射各个建材门类。目前服务器硬件设备已升级并已调试完毕，完成网站后台编程与框架建设，即将上线运营。

【科研项目】

第一，参与申报了科技部对发展中国家科技援助项目《中国 – 哈萨克建材技术联合研发示范及促进平台建设》，该项目不仅能提高哈萨克建材科技研发能力，同时实现我国建材行业的产能输出，实现与哈萨克的长期合作。项目已通过了科技部组织的专家答辩会，顺利立项；

第二，中心组织申报了国家火炬项目《绿色建材产业集群服务模式及服务平台建设与应用》。

【发展规划】

第一，继续开发新型房屋海内外市场，着力打造节能、环保的绿色新型房屋，继续发掘长寿命、好性能、绿色低碳的先进理念和技术，提供多元化新型抗震节能房屋解决方案，做符合国家产业战略、政策、要求的绿色建筑。

第二，中国建材技术服务网突出业务重点，对服务内容进一步重点细化推广并整合行业建材产品数据库信息，实现全功能运营。着力建设企业公共服务示范平台，拓展业务范围，在服务中发展和增强实力，打造品牌力。

第三，积极开展绿色建材、集成房屋配套材料、装饰保温一体化板材、无机保温材料、固体废弃物综合利用、建筑装饰功能涂料、绿色建材园区建设与发展、建材机械、建材技术服务网络拓展等方面工作，并积极参加各种行业会议及企业考察，通过把握企业需求资源，强化中心的服务能力，作为中介，及时为企业送上最新政策信息、最前沿科技动态，加快企业技术创新，推动企业转型升级，争取获得公益与效益的双赢。

第四，加强人才培养、队伍建设。根据国家“十三五”规划，争取多集成建材产品进入到建筑领域，丰富和强化中心的服务资源与深化能力。通过部门协作及外部资源的利用，培养年轻的科研开发人员，优化中心的服务人员梯队构成，提高服务能力，为中心的持续发展打好基础。

（供稿单位：建筑材料行业生产力促进中心）

航空工业生产力促进中心

【概况】

航空工业生产力促进中心2001年由国家科技部批准成立，是组织航空工业科技力量进入企事业单位，促进生产力提升、推进技术创新和加速科技成果转化的专业技术服务机构。中心位于北京市朝阳区京顺路七号，挂靠在中国航空综合技术研究所。

自成立以来，中心在精益管理、安全生产、战略管理与管理创新成果管理等方面进行了深入研究，主持开展了大量专项课题，并取得了军工涉密业务咨询服务保密资质。本着立足航空、面向国防、服务社会的理念，中心以科研成果为基础，通过体系化培训和顾问咨询等方式，切实为政府主管部门和企事业单位提供有效的科技和管理服务，推动了组织管理模式的变革，提高了组织创新能力、运行效率和市场竞争力，促进了生产力的提升。

经过多年稳定发展，中心吸引了一批高素质人才，具有较为完善的专业构成和人员配置。中心内部拥有管理科学与工程、工商管理、项目管理、工业工程、制造工程和安全工程等领域的博士、硕士研究生，以及大量从业十年以上、具有中高级技术职称的专家。中心还拥有一批常年合作的高水平兼职专家顾问团队。中心与国内外众多企业、高校和机构建立了良好的合作关系，具有强大的资源整合能力。

【特色服务】

中心在科研基础上，主要从事精益管理、安全生产、战略管理与管理创新成果管理和技术基础的培训与顾问咨询服务。

（一）精益管理

精益管理源于丰田生产方式，是一种先进的企业管理模式，以消除企业生产制造和管理流程中的浪费为主要手段，达到实现客户价值的目的。作为政府和军工集团的技术支持机构，中心聚焦精益管理前沿性研究，提供战略规划与决策支持，推动管理变革与技术进步；作为企事业单位的合作伙伴，中心致力于精益思想与先进管理方法的集成与融合，提供运营管理系统整体解决方案，促进价值创造能力提升。

中心针对各单位不同层级的管理者开展体系化的培训，包括精益工程师、精益班组长培训，以及大量与精益管理相关的专项业务培训。自培训服务开展以来，已为超过300家企事业单位培养了超过4500名具有精益思想和精益管理能力的管理者，他们当中有许多人为各自单位的管理创新变革做出了突出贡献。

中心团队运用精益管理思想和技术，为企事业单位提供运营管理诊断与整体解决方案，并帮助企业进行厂房布局设计、生产单元构建、生产计划梳理、生产流程控制等专项工作。目前已为数十家航空装备制造和民用产品制造企业进行了顾问咨询，包括主机生产企业、航空发动机生产企业、飞机零部件制造企业、航空装备研制院所、汽车零部件制造企业、工程机械零部件制造企业等。中心帮助这些企事业单位对运营管理模式进行了诊断和变革，显著提升了价值创造和满足客户需求的能力。

（二）安全生产

中心是国家安监总局安全生产二级培训机构、国家国防科工局安全生产标准化评审机构、国家认证认可委职业健康安全和环境管理体系咨询专业机构，也是航空行业唯一安全生产培训机构、安全生产体系咨询机构和安全生产标准化评审机构。拥有数名安全生产领域专家，包括注册安全工程师、安全评价师、职业健康安全／环境管理体系高级审核师、国防科工局职业卫生“三同时”专家等。

中心相信安全就是生产力，致力于安全生产专业化的发展，与政府机关、科研院所、企业和高校深入合作，分析行业安全生产现状与发展趋势，为决策提供支持；挖掘和分析安全生产大数据，为安防措施提供依据；搭建安全生产交流与资源共享平台，实现安全信息互联；开展安全技术研究与国际合作，促进安全技术进步。中心深耕于航空行业安全生产体系建设，进行航空行业安全生产标准体系构建、航空工业安全生产标准化评审、行业环境和职业健康安全管理体系咨询以及安全生产从业人员培训等服务。

目前中心已为超过 100 家航空行业企事业单位提供了安全生产方面的服务，培训了安全生产从业人员超过 5000 人次，有效提高了企事业单位的安全生产管理水平。

（三）管理创新成果管理与战略管理

管理创新成果是指各级组织在发展实践中，运用现代管理理论与方法，创新管理理念、创新商业模式、变革管理组织、革新管理制度、优化业务流程和改进管理方式等，取得明显经济效益或社会效益，具有推广应用价值的理论、方法或组合。中心以全面支持航空企业创新成果管理为依托，系统认识企业的管理创新工作，从前期课题立项、中期成果评审和后期推广应用全过程，提供强有力的技术支持。

中心在管理创新成果管理的基础上，致力于企业战略经营策划，提供从战略规划／战略地图、平衡计分卡到 KPI 的全模块培训与咨询支撑；关注管理效能提升，通过管理评审对管理过程进行综合评判，提供全面的个性化解决方案。

目前中心累计为超过 200 家企业提供了管理创新成果管理和战略管理方面的培训与咨询服务，提升了企业的管理能力，锻炼了企业的管理队伍。

（四）技术基础培训与推广

中心以技术基础培训为载体，将知识、技能、标准和管理理念系统地传递与分享，不断开发企业与员工的潜力，将隐性的智力转化为显性的生产力。中心拥有国内唯一的国军标及俄美标准文库，是军工行业唯一军用标准化、航空标准化专业知识培训机构，唯一综合性技术基础培训机构，拥有成熟专家队伍和庞大的自有知识产权培训资料。

中心致力于第一时间解读国家规划、法规文件、政策报告和重大标准，将最好的工业基础性技术方法、最有价值的管理方法、国际最新的技术信息和标准知识带给企业，开展质量工程技术、航空飞行器适航技术、信息化技术、管理基础技术、航空标准和军用标准等领域的培训。中心已累计为超过 10000 人次提供了技术基础方面的培训，切实提高了企业的综合基础技术能力。

【典型案例】

精益管理咨询是中心的核心服务之一，中心团队运用精益理论理念和方法工具帮助了很多企事业单位进行管理模式的变革，有效提升了价值创造的能力。

某大型航空发动机研制生产公司为了提升专业化产品加工能力，深入贯彻“精益创造价值”的管理理念，拟对生产流程实施优化，组建某类零件加工中心。公司与中心经过充分沟通，决定密切合作，实施某类零件加工中心厂房精益布局项目。

中心为此组建了专项团队，制定了“总体策划，系统推进，分步实施”的总体思路。第一步，理顺生产线，优化生产线各个要素，合理配置资源，实现均衡生产、同步配套；第二步，优化流程，提升加工能力，实现准时交付；第三步，按照上级集团公司运营管理体系要求，打造示范车间和精益加工单元；第四步，全面导入精益方法，促进公司“精益创造价值”理念落地。

根据上述总体思路，中心团队对某类零件的生产和管理现状进行了深入调研，包括产品PQ分析，零件家族划分，设备数据统计分析，工艺基础数据收集，典型零件确定，典型零件－设备状况分析，典型零件工艺流程图与百分负载表编制，典型零件现状“面条图”编制，典型零件现状价值流图分析等。基于对大量数据的收集和分析，中心团队发现了隐藏在其中的问题和机遇，并针对性地制定了详细的实施方案。第一阶段，对某类零件的未来生产纲领和计划进行科学预测，根据划分的零件家族对设备进行分线和能力测算，并对相应工装夹具进行分类梳理。在此基础上，通过微缩模拟和3P模拟，对布局方案进行验证和优化，制定了设备搬迁、安装和调试方案，并顺利完成了搬迁。第二阶段，对搬迁后的厂房进行工程整备、生产要素优化、管理方式改进和上级集团公司运营管理体系融合，大幅提高了产出能力和均衡交付能力。

最终，该类零件的生产周期大幅缩短，配套率大幅提高，废品金额及在制品金额大幅降低，物流移动距离大幅缩短。该中心已经成为公司精益管理变革的典范，充分体现了“精益创造价值”的理念。

（供稿单位：航空工业生产力促进中心；
执笔人：李宇辉）

中国空间技术研究院航天生产力促进中心

【概况】

中国空间技术研究院（以下简称五院）成立于1968年2月20日，首任院长钱学森，是我国第一颗人造地球卫星、第一艘载人飞船、第一个月球探测器、第一颗商业出口卫星的诞生地。

经过近50年的发展，五院已经形成了通信广播卫星、返回式卫星、对地观测卫星、科学探测与技术试验卫星、导航定位卫星、月球探测器和载人飞船等七大系列航天器研制基地，是我国空间事业最具实力的主力军和骨干力量，在国民经济、国防建设、防灾减灾、科学研究和文化科普等领域做出了重要贡献。

五院现有3个国家级工研中心、6个国家级重点实验室、24个省部级重点实验室、9个国际联合实验室、21个院核心实验室、70余个与高校共建的产学研合作联合创新中心或实验室，与清华、北航、哈工大等11所高校建立产学研合作战略协议，联合高校、科研院所共同完成高分辨率对地观测系统、载人航天与探月、中国第二代卫星导航等多项国家重大专项以及863、973、重点研发计划、国家自然基金等课题研究。

中心现有老中青结合的阶梯团队8人，既有博士、硕士高精尖人才，更有在航天工作近30年的专家团队，通过理论联系实际与实践引导理论研究的结合，承担了国防科工局航天遥感成果转化报告、国防技术基础课题、中国航天科技集团公司产学研课题，参与科技部、联盟、协会及地方的军民融合活动策划，先后在卫星应用、智慧城市、智能制造、新能源和航天文化创意等方面与长三角、华北地区及产业化公司实现成功对接与合作。

五院现已确立了基于宇航系统和航天技术应用两大主业的产业化、市场化、国际化发展方向，形成了以北京航天城院本部为核心，总体部、专业所、总装厂、实体公司和上市公司组成的组织架构，打造北京、天津、河北、西安、兰州、烟台、深圳等产业基地，构建了适应“军民融合”发展的产业能力体系。

为贯彻落实军民融合的国家发展战略，发挥航天军转民的技术优势和辐射带动作用，全面有效推进研究院航天技术应用产业的发展，扩大其航天技术应用产业的影响力和品牌效应，2009年6月，成立了航天生产力促进中心。

中国空间技术研究院航天生产力促进中心致力于全院18个部、所、厂实体单位的产学研合作以及两个上市公司和70余家公司在航天技术应用产业的成果转化，积极与政府、区域、行业、媒介、企业广泛开展合作，以全国生产力促进中心平台为重要渠道，宣传并推介航天技术融入我国多领域产业发展，为国防建设、国民经济和社会发展做出更多贡献。

【中心职责】

（1）依托中国空间技术研究院航天技术应用

产业体系，整合资源，全面配套推广推介五院军民融合产业项目及产品；

（2）开展航天技术应用产业军民融合发展相关理论方法和工作模式的研究与咨询，开拓五院航天技术应用新领域的示范；

（3）搭建五院航天技术应用信息发布平台，收集与院航天技术应用产业相关的政策及市场信息并提供全院共享；汇总五院可军转民的航天技术应用项目建立数据库，并对外发布；

（4）建设五院军民融合合作平台，促进五院航天技术应用成果转化，推动技术转移转化的市场化运营；

（5）建设五院产学研信息发布平台，吸纳高校具有全球竞争力的，能够产生重大原创性的空间科技成果与研究院进行产学研合作，共同谋划国际领先的航天新知识、新技术和新产品，保障我国的卫星、飞船、深空探测积极有效地参与国际竞争，实现航天大国迈向航天强国的愿景；

（6）配合五院开展孵化项目、双创项目的验收、推广与推介工作，借助社会不同类型的平台（大赛、科技周、展会、论坛、专题发布会等）宣传并扩大军民融合项目的应用领域，让更多的航天技术普惠于民。

【特色服务】

围绕着国家战略性新兴产业，促进宇航优势能力的释放与纵深延展，五院在天地一体化空间应用系统体系框架下，已经形成 11 大技术领域、55 个技术方向、270 余类核心技术，重点发展以下 7 个领域的规模化、产业化、市场化的格局：

卫星应用

发挥航天特有的空天地海一体化优势，秉承“集成带终端”“系统促运营”的发展思路，面向区域、行业、军兵种、企业和国际市场，提供天地一体信息化综合解决方案、运营服务、系统集成、核心产品、产品检测，覆盖完整的卫星应用产业链。

· 北斗智能位置服务城市管理应用系统；

· 哈尔滨数字管网；

· 浙江长兴“智慧城市”；

· 河北国土资源“一张图”；

· 国家减灾中心“四级减灾系统”；

· 深圳证券卫星通信网；

· 新疆卫星应用及产业发展规划；

· 老挝地面广播通信系统；

· 国家海洋无人机动态监测网络。

工业控制

依托航天器控制、红外测量等核心技术，发展高端工业控制产品及系统，拥有国家工业控制机及系统工程技术研究中心，主要产品集中在工业控制产品及系统、铁路运输安全监控系统，服务于铁路、电力等行业。

· 铁路安全监控系统；

· 智能仓储系统；

· 多用途智能机器人

· 数字化制造系统

特种装备制造

利用机电一体化、智能控制、系统仿真、超高真空、热控、复合材料和合金材料制造工艺等航天技术优势，提供先进技术解决方案及优质产品。

· 节能环保装备（高效节能冷热源系统、智能水处理设备、油液净化设备、智慧热网、高效热管、建筑节能涂料和材料）；

· 真空装备（真空改性处理设备、空间环境模拟器）；

· 低温设备（小型高效低温制冷机、超导接受系统、真空低温检查系统）；

· 智能移动装备（全向智能移动平台）、智能停车库系统、高端机床用电主轴、气浮支撑高效高速离心压缩机；

·特种材料制品（光学镀膜、先进耐磨涂层、柔性薄膜、复合材料制品、钛合金及高温合金紧固件、钢铝复合轨、高效墙体保温材料、保温漆、新型高阻隔膜及设备）。

电子信息设备

依托卫星光学遥感、图像处理、微波、电子、传感、测试、软件等核心技术，发挥航天安全性、高可靠等特点，为行业用户提供航空载荷、微波电子产品、霍尔仪器计量测试、软件评测等产品与服务。

·航空载荷（机载新型红外行扫仪、机载轻小型全色多光谱一体化相机、机载探测雷达）；

·微波电子（电台多工器、自动调谐合路器、小型商用铷原子钟、数字微波收发信机、微波发射接收机、单兵微波图像传输机、机械式同轴微波开关、Ka 频段伞状天线、Ka 频段小型化 ODU 产品）；

·传感器（霍尔传感器、压力传感器、热力表、激光测风雷达）。

新能源

依托超高真空、光学镀膜、热控镀膜以及工业控制等航天优势技术，提供适用于多个行业、家庭应用的太阳能光热综合应用系统等新能源解决方案。

·中高温太阳能集热管；

·太阳能光热电站光场系统集成；

·绿色太阳能分布式能源站。

航天文化创意

发挥我国航天科技成就及独有航天文献视频资源，以高科技和文化融合，致力于发展最有价值的航天文化产业链。

·视觉服务（×××动车事故演示、宁东能源基地规划演示）；

·文化原创作品（太空侠、航天互动体验）；

·项目集成（航天科普展览展示、大型航天活动、航天主题公园、太空农业家园休闲体验）；

·品牌经营（礼品、玩具、科普书籍、邮品等一系列航天衍生品）。

航天生物

借助返回式航天器，利用宇宙空间特有的辐射、微重力、高真空、超纯净及无对流等多种环境，从事空间科学与生物科学的融合研究，重点发展太空育种、生物医药和生物保健品三大主营业务，拥有一个空间生物工程技术研究中心、两大生物产业基地和四个航天种业基地，已形成中国最具实力的空间生物产业集团。

·航天工程育种；

·航天农业示范园；

·生物医药（辅酶 Q10）；

·生物保健品（天曲牌益脂康片、航天东方红航力片、航天东方红辅酶 Q10 软胶囊）。

【合作模式】

（1）与政府、区域、协会、行业、企业、高校、科研院所广泛开展合作，形成推介报告－调研考察－互动对接的一条龙服务；

（2）借助生产力中心各类平台，加强沟通互动，拓展航天技术应用项目合作；

（3）以新媒体方式提供线上＋线下的航天技术应用产业信息咨询服务；

（4）嵌入式申报国防军民融合成果转化课题或联合地方共同申报产业化课题研究；

（5）通过地方“引智”工程，聘请专家与专业对口的上规龙头企业开展合作；

（6）响应“一带一路”“京津冀协同发展”等国家政策，支撑领办协同创新发展。

（供稿单位：中国空间技术研究院生产力促进中心）

化工行业生产力促进中心

【概况】

化工行业生产力促进中心是1994年6月由原国家科委工业司批准组建，1995年9月由原化工部发文，依托原化工部科技司和原化工部科技研究总院成立的，不以营利为目的新型科技服务机构。2003年12月取得事业单位独立法人资格。

中心在管理上实行管委会决策咨询的中心主任负责制。1997年8月中心成立第一届管委会，由时任化工部副部长、后任全国人大常委会副委员长成思危同志担任第一届管委会主任，由原化工部科技研究总院副总工方德巍同志任中心第一任主任。2000年2月份，中心将管委会改为理事会，由全国政协委员、原化工部副部长，中国石油和化学工业联合会名誉会长谭竹洲同志担任理事长，由时任科技部高新司司长，现任国务院参事石定环同志等担任副理事长，同时聘请国内著名高校、大专院所、大型企业的10多位管理与技术专家担任理事。2003年8月在召开二届理事会三次会议时，由胡迁林同志出任中心第三任主任至今。

中心的宗旨是“背靠政府，面向企业”，整合政府和社会资源推动石油和化工企业，特别是中小石油化工企业的科技进步，为科研单位提供科研成果转化平台，成为连接政府与企业、科研单位与企业的桥梁。

2003年11月，化工中心通过了ISO9001：2000质量管理体系认证，并于2004年7月被国家科技部认定为国家级示范生产力促进中心。2008年，中心被评选为国家科技计划（火炬计划）实施20周年先进集体（先进服务机构）。2010年，中心主任胡迁林荣获2010年度生产力促进服务精英奖。2011年，中心被国家科技部认定为第三批国家技术转移示范机构。中心现有在职员工30余名，下设6个职能部门，拥有15个地方和专业分中心。

【科技创新】

1. 以成果鉴定为抓手，及时了解行业的最新科技成果信息，为技术转移提供良好源头

科技成果鉴定是评价科技成果质量和水平的方法之一，它可以鼓励科技成果通过市场竞争，以及学术上的百家争鸣等多种方式得到评价和认可，从而推动科技成果的进步、推广和转化。

中心紧紧抓住这个科技成果鉴定的关键，通过每年组织近百项的科技成果鉴定，遴选了一批先进适用的技术，来推动技术转移。

2. 以行业共性、关键技术为重点，大力促进科技成果的推广和转移

化学工业是技术密集型产业，技术进步对行业经济发展起着至关重要的作用。化学工业行业众多，发展中要解决的技术问题也很多。在推进行业技术进步和经济发展方面，中心重点开展了行业共性、关键技术的推广工作。首先，选择化学工业的重点领域——化肥行业，以大中型化肥

厂为对象，积极推广年产10万吨合成氨、15万吨尿素一体化新型产业工程技术。该产业化工程技术包括水煤浆加压气化技术、NHD脱硫脱碳净化技术、耐硫中低变工艺、轴径向氨合成塔等四项单元新技术，是引进技术消化吸收与自主创新相结合实现产业化的成功典范。在中心的努力下，NHD净化技术已推广15套以上，轴径向氨合成塔推广40～50套，耐硫中低变工艺在全国大、中、小型化肥厂推广了数百套，成套技术在10万吨／年甲醇新工艺上得到成功应用，为化肥工业的技术进步做出了积极贡献。

3. 重点以专业技术交流会的形式，促进行业的科技交流和成果推广

（1）组织召开了“高分子材料智能制造与节能技术高峰论坛”。2015年5月和7月，中国政府相继发布了《中国制造2025》和《关于积极推进“互联网＋”行动的指导意见》，为我国产业结构转型升级指明了新方向，为在行业内贯彻落实国家有关智能制造的方针政策，我们在重庆举办了“高分子材料智能制造与节能技术高峰论坛”，会议邀请了蹇锡高院士和瞿金平院士等专家做了报告，到会人数为150人左右，多为高分子材料加工领域的企业和科研单位人员。本次论坛主题鲜明，针对性强，内容丰富，前瞻性好，适用性广。

（2）组织召开了2015第四届全国蒸发及结晶技术大会暨水处理系统蒸发结晶技术应用探讨。为加快提高我国蒸发、结晶设备的技术水平，解决应用中遇到的实际问题，该次会议于2015年8月在石家庄召开。参会人员有200人左右。

（3）组织召开了“失效工业催化剂处理处置技术研讨会”。2015年12月19日，在北京西藏大厦A座311会议室召开“失效工业催化剂处理处置技术研讨会”。研讨会由中国石油和化学工业联合会主办，清华大学、华东理工大学、国家环境保护化工过程环境风险评价与控制重点实验室、江苏省环境监测中心、沈阳环境科学研究院、化工行业生产力促进中心协办，众多固废废弃物管理者、固废废弃物技术研究人员、催化剂使用单位负责人、相关领域专家和学者参会。

4. 利用石化行业专利服务，积极为科技成果转移创造良好环境

进一步完善石油和化工产业专利信息服务平台，为企业提供良好的专利信息服务，提升企业的知识产权创造、运用、保护和管理水平。在国家知识产权局的大力支持下，2015年积极参与国家专利导航工程建设，通过完善行业专利信息服务平台，为企业提供良好的专利信息服务，提升企业的知识产权运用和保护水平，为科技成果的转移创造了良好环境。

（1）积极开展行业专利态势分析。与国家知识产权局合作开展了“绿色轮胎”“高性能涂料”专利分析工作，组织有关企业召开课题启动会、开展研究研讨，完成了以上两个领域的专利态势分析报告。

（2）组织企业参加专业培训。于2015年5月组织召开了第二届“石油和化工行业知识产权论坛”，内容包括国家知识产权最新政策动态、专利撰写技巧和申请流程、专利信息高效利用以及知识产权保护等，与会专家就商业秘密的保护及应用、专利撰写技巧、国际专利申请操作实务、专利分析工具应用等非常实用的内容配合案例进行了讲解。

5. 积极探索知识产权运营工作

2015年10月，与橡胶谷集团有限公司签订合作协议，共同建立中国橡胶行业知识产权运营平台，就橡胶行业核心知识产权挖掘、知识产权运用、知识产权投融资、知识产权许可交易、行业科研成果转化、行业专利池组建及知识产权运营基金的建设与运营等方面开展合作，促进橡胶产业可持续健康发展。

【人才建设】

中心工作是一项开拓性工作，一定要有开拓创新型的人才队伍作保证。因此，中心要完成自己的历史使命，首先必须有一支高素质的人才队伍，必须要有过硬的为中小企业服务的本领，必须重视队伍建设和能力建设。中心始终坚持以人为本，一方面注重队伍建设，同时从员工的实际需要出发，为员工创造舒适宽松的工作环境。目前中心拥有一支专业水平高，行业经验丰富的员工队伍。同时，中心还拥有专家资源及分中心，为中心的发展提供了必要的智力保障。

（1）中心拥有专业水平高、行业经验丰富的员工队伍和丰富的专家资源。中心拥有十多名长期从事科研、生产、管理，熟悉行业的技术现状和发展趋势，并且具备专业的服务技能和服务手段的专家。多年来，中心与行业内企业、科研单位、大专院校建立了良好的合作关系，近期中心与国家知识产权局也开展了密切合作，为国家提供行业信息，这些都是中心开展科技服务的优势和有利条件。

（2）16 个专业分中心是中心开展技术服务的战略联盟。中心遵循“组织网络化”的发展思想，经过几年的发展，成立了农药分中心、化肥分中心、无机盐分中心、精细化工分中心等 15 个专业分中心以及西南 1 个地方分中心。专业分中心分别代表化工领域的各个主要行业，它们分别依托于本行业内颇具影响力的科研院所，为本行业的企业提供技术支撑和服务，同时，中心承担的部分咨询服务任务委派到分中心执行，咨询服务更加“专业化”。地方分中心充分将中心的行业信息、技术信息与地方资源有机结合。

【经典案例】

案例 1：煤化工领域的专业技术转移，是中心的特色服务

向企业推介科技成果，通常是“中心搭台，科研单位和企业唱戏”，中心主要起牵线搭桥的作用，这是面上的工作。除此以外，中心还有针对性、重点地开展了向企业引进新技术的工作，做到“点、面结合”。如针对我国量大面广（800 多家）的中小化肥厂，开展了技术引进工作。化肥企业不仅具有生产化肥产品的功能，同时在其生产过程中联产氢、一氧化碳、二氧化碳、氨、尿素等产品，这些产品是化工深加工的原料，通过引进新的技术，不仅使化肥企业能生产化肥，同时还能生产许多高附加值的精细化工产品，从而能改变化肥企业的产品结构，提高其经济效益。中心通过举办技术讲座、专家咨询等方式，先后在山东泰安、滕州、肥城、莱芜等地的化肥厂有针对性、有重点地开展了技术引进和技术改造工作，取得了较好的效果，已有一批新产品项目如聚四氢呋喃、苯甲酸、有机脲等在以上化肥厂实施了技术引进和产业化。此外，中心还向鲁南化肥厂引进低压甲醇合成工艺技术，向山东兖矿集团、大庆甲醇厂引进了醋酸新工艺技术等，极大地促进了企业的技术进步和产品结构调整。

案例 2：通过召开专业性技术研讨会，促进行业的科技交流和成果推广

2013 年 6 月 20 日组织召开“低阶煤分质梯级利用技术论坛”。来自全国煤炭、化工、节能、低碳技术领域的几十家企业、高校和专业研究机构的 200 多名代表参加了此次论坛。

2013 年 10 月 25 日在人民大会堂隆重召开了“全国石油和化工科技创新大会”，邀请了中石油、中石化等大型企业和科技部、工信部等政府部门领导参会。大会深入贯彻落实十八大精神，全面总结了“十二五”前三年行业科技创新取得的成果和经验，表彰了优秀科技工作者和 2013 年联合会科学技术奖的获奖者，部署了“十二五”后期科技创新工作，为推进“十二五”行业科技创新

任务的圆满完成发挥了积极作用。

2014年组织召开了“2014高性能橡胶与制品发展论坛”。该论坛由我中心和中国化工经济技术发展中心、宁波石化经济技术开发区、中国石油和化学工业联合会化工园区工作委员会联合主办，我中心负责邀请专家报告，论坛共有70余名代表参会。会议就合成橡胶和橡胶加工等最新技术进展进行了研讨。

2014年组织召开了“2014精细化工与催化技术创新发展论坛”。该论坛由中心、北京化工大学和中化化工科技研究总院承办，中心主任胡迁林主持论坛开幕式，中国石油和化学工业联合会周竹叶副会长、工业和信息化部潘爱华副司长、教育部董维国处长、北京化工大学校长谭天伟院士、北京化工大学段雪院士、中科院大连化学物理研究所张涛院士、中科院上海有机化学研究所丁奎岭院士、清华大学李亚栋院士以及来自国内18所高校、科研院所和企业的65名专家和学者出席了本次论坛。

案例3：委托技术开发后，进行推广应用

通过市场调研，中心发现了水性涂料的市场需求比较旺盛，为此中心委托相关的研究所开发了新型技术，对外进行推广。

【行业发展】

我国现有石油和化工行业科技服务体系还不健全。主要表现为：

第一，科技中介服务机构数量少，特别是针对石油和化工行业的重点领域能够提供专业化、高质量、高水平的科技服务中介机构更少；

第二，科技成果质量较差，缺乏行业共性技术的数据库，缺乏数据动态更新维护，数据的完整性和可靠性没有保障；

第三，石油和化工行业中小企业占96%，很多企业片面追求经济增长，对科技创新的重要性认识不够；

第四，石油和化工行业技术服务渠道不畅通，缺乏数据库和信息资源的整合。

我国很多石油和化工行业受规模、资金、人才等因素制约，自主开发能力和吸纳新技术的能力较弱。中心将努力帮助企业与高校、科研单位建立紧密的产学研合作模式，降低中小企业的创新成本，提升中小企业的技术水平和产品档次，增强企业创新能力和竞争能力。通过加大媒体宣传力度，可以让更多的企业了解并应用中心服务平台，加强和积极推进行业科研工作的进步，并全面提升行业整体的创新能力。

（供稿单位：化工行业生产力促进中心）

铸造行业生产力促进中心

【概况】

铸造行业生产力促进中心于1998年经科技部批准成立，中心以机械科学研究总院沈阳铸造研究所为依托。2003年注册为企业法人单位，注册机构名称为沈阳中铸生产力促进中心。中心于2003年通过国家级示范生产力促进中心的评定考核，成为第四批国家级示范生产力促进中心。中心肩负着推动我国铸造行业发展的重任，在铸造企业与政府、科研、教育、金融机构间架起桥梁，服务于全国铸造企业，为企业提供技术信息、技术咨询、技术转让和人才培训等服务，提高企业的技术创新能力和市场竞争力。

中心现有人员26人，本科以上学历24人，其中获得博士学位2人，获得硕士学位10人；高级职称18人（其中正高级7人），中级职称6人，初级职称2人。

中心主要工作内容有：组织行业活动、主办专业期刊、组织国家标准的制修订、组织开展国际交流活动、人才培养、组建产业联盟、专家队伍（库）、奖励与成果鉴定、专业书籍编写与出版、国际组织工作。

【机构设置】

中心的主要机构包括：世界铸造组织（WFO）技术委员会秘书处、全国铸造学会秘书处、全国铸造标准化技术委员会秘书处、沈阳产业技术创新战略联盟和《CH I N A FOUNDRY》《铸造》等期刊杂志。其中，世界铸造组织技术委员会秘书处分设压铸委员会、有色合金委员会、造型材料委员会和铁基材料委员会等；全国铸造学会秘书处下设国际交流部、教育培训部、会员工作部、会讯工作部、会展工作部和学术工作部等。

【成果转化】

根据2014年10月下旬国务院发布的国发〔2014〕49号《国务院关于加快科技服务业发展的若干意见》精神，结合铸造行业的实际需求，中心正在筹备、成立中心下属的“科技服务工作委员会”，筹备、组建“中国铸造科技成果市场”行业服务机构。中国铸造科技成果市场的发展目标是促进铸造科技服务向专业化、网络化、规模化、国际化发展。

中心近两年分别在长沙、上海和成都组织召开了三届“中国铸造科技成果交易洽谈会”，共有来自国内外的多家高校、科研院所和企业发布了90余项铸造科研成果，为企业和高校搭建了成果转化的温床，提高了铸造成果的转化率。

【特色服务】

学术与技术交流服务

起始于2000年的“中国铸造活动周”，是专家、学者和铸造工作者交流学术观点，传播先进技术、实用成果和信息，获取解决管理、生产、技术等关键性问题的良策，了解行业发展现状，展望行业发展，开展经贸洽谈的综合平台。已成为我国铸造行业的年度重要活动。每年来自国内外的参会代表600余人，收录论文近200篇，交流报告80余篇。截至目前，交流论文约3000篇，交流报告900篇，参会人数近万人次。

会展服务

由中心主办的中国国际压铸展览会（CHINA DIECASTING）已成为亚洲最大的压铸工业展览会，为我国乃至全球的压铸企业提供了高端交流平台，促进了我国压铸行业的技术进步与发展。CHINA DIECASTING已成为全球压铸巨头展示交流的平台。

标准制修订工作

全国铸造标准化委员会秘书处挂靠在中心。该委员会承担铸造技术国家标准和行业标准的制修订与宣贯工作。目前，中心管理着近200项铸造国家和行业标准，负责组织起草和宣贯工作。每年组织中国铸造质量标准论坛，通过邀请专家对铸造标准的起草背景、技术内容、标准使用等进行全面细致的解读。

【人才建设】

大学生铸造工艺设计大赛

面对国内铸造行业从业人员的短缺，尤其是高等学校专业调整给铸造行业人才培养带来的影响，大学生毕业后选择从事铸造行业的人才不断减少这一现象，中心于2009年联合中国机械工程学会、中国机械工业教育协会、教育部机械类教学指导委员会和中国机械工程学会铸造分会等有关机构，发起组织了中国大学生铸造工艺设计大赛（简称“大赛”）。大赛旨在促进铸造行业人才的培养，鼓励在校高年级大学生和研究生学习铸造理论知识，培养在校大学生和研究生对铸造工艺设计的兴趣和爱好，提高大学生的铸造工艺设计实际操作技能，为在校大学生提供理论联系实际的机会和参加社会实践活动的平台，并为大学生就业创造有利条件和机会，为铸造企业培养优秀人才，促进铸造事业的发展。自2009年10月“永冠杯”第一届中国大学生铸造工艺设计大赛启动以来，得到了高校的积极响应和支持。大赛至今已举办了七届，先后有50余所高等学校的近5000余名在校学生参加了这一赛事，其中4902名学生的1463件作品被提交到大赛组委会秘书处参加评审。有61件作品被评为一等奖，133件作品被评为二等奖，540件作品被评为三等奖，690件作品被评为优秀奖。

工程师职业水平认定

随着政府职能转移工作的不断推进，国务院出台了一系列关于职业教育和技术职称改革的政策性文件，国务院深改办也在督促行业组织进行各技术领域工程师水平类考试的试点工作。中心参与了由中国机械工程学会组织的机械工程师职业资格认证工作，负责组织开展铸造专业工程师水平认定工作，包括见习铸造工程师、铸造工程师、高级铸造工程师水平认定工作，见习铸造工程师和铸造工程师资格水平认定目前分别在各本科高校和铸造企业全面开展。

【奖励与成果鉴定】

第一，为了表彰在当代铸造科学技术前沿取得重大突破，在铸造行业的发展工作中做出卓越贡献的我国铸造工作者，推动我国铸造科技进步，促进铸造行业发展，中心组织开展了“中国铸造终身成就奖”和“中国铸造杰出贡献奖”的评奖工作。

本奖项自2011年起设立，现已完成六届评选工作，共评选出“中国铸造终身成就奖”获奖者10人；“中国铸造杰出贡献奖”获奖者13人，获奖者包括中国科学院院士、中国工程院院士、高校教授及行业企业代表人物。这些获奖者都是在铸造基础理论研究、应用研究方面取得卓越成绩，在铸造技术研究、开发及推广应用方面取得重大成果和显著经济效益，在组织和促进国际交流活动中，为提高我国在世界铸造业中的地位做出重大贡献的铸造工作者。他们是中国铸造行业和铸造教育事业的先行者，他们是促进我国铸造技术进步与行业发展的杰出贡献者。“中国铸造终身成就奖”每年评出1～2名；“中国铸造杰出贡献奖”每年评出2～3名。评奖结果在铸造行业及相关媒体上进行公布。

第二，中心针对政府职能转移的局面，积极筹备和启动铸造行业成果鉴定工作。目前，已完成了鉴定文件系统的编制，已有多家单位与中心进行了联系，商议组织成果鉴定事宜。

【专业期刊及专著出版】

专业期刊出版

中心主办的刊物《铸造》和《CHINA FOUNDRY》均为铸造专业技术期刊。《铸造》创刊于1952年，是我国铸造行业历史最悠久、发行量和影响力最大的专业期刊，曾先后获得过国家期刊奖、第二届中国出版政府奖（期刊奖）提名奖、2013年和2015年两次获得中国百强科技期刊荣誉。《CHINA FOUNDRY》是我国铸造行业唯一的英文版专业期刊，作为我国铸造行业对外交流的媒体平台，得到了国内外铸造行业专家的好评，被SCI收录。

专业书籍编写与出版

中心组织众多行业专家，围绕铸造行业技术发展的需求，编写了《铸造手册》《铸造词典》等工具书，及铸造专业工艺技术和新材料等方面的技术专著。

制定战略指导文件

2014年—2015年中心组织专家编写了《铸造行业“十三五”技术发展规划纲要》，该书可为企业制订发展规划和政府决策提供依据，亦可为人才培养提供技术指导。

（供稿单位：铸造行业生产力促进中心；执笔人：朱家辉）

冶金金属制品行业生产力促进中心

【概况】

冶金金属制品行业生产力促进中心由科技部（国科高字[2000]18号文）批准，致力于为金属制品企业和其他相关企业提供技术、信息咨询服务，推动全行业科技进步与产业升级；充分依托全国金属制品信息网、《金属制品》编辑部、国家金属制品质量监督检验中心、中钢集团郑州金属制品研究院以及行业专家，成立16年来，为助推行业快速发展和技术进步、线材深加工的清洁生产以及节能降耗，保持行业稳定有序发展，做出了一定成绩。

【特色服务】

（一）依托金属制品信息网，搭建技术信息交流平台

1. 信息网建设，组建行业交流平台

金属制品行业历来有开展技术交流的好传统，自1958年起由鞍钢钢绳厂、大连钢厂、天津第一钢绳厂等单位发起，1973年后成为全国性的技术交流会一年召开一次；随着网员单位的增加，1986年第十四届年会后改为每3年召开一次全国性交流年会；截至2015年10月，召开了23届。《制品信息》是信息网的内部交流刊物，以它的实用性、准确性、及时性深受金属制品行业的管理人员和科技人员喜爱。1991年1月—2016年10月，网刊《制品信息》共出版25卷，307期，发布信息文章1.3万条（篇），发行32万册。

从1974年以来，组织的年会和专题技术交流会议共47次，其中39次会议有参会人数纪录，记录参会人数7529人次，共收到论文1242篇。会议时刻把握住国家经济的发展动向，为行业整体发展出谋划策，在技术创新、节能环保、产业调整、维持行业持续健康发展方面做出了突出的贡献。

2.《金属制品》支持，搭建行业桥梁

《金属制品》是由中钢集团郑州金属制品研究院有限公司主办并主管，国内外公开发行的唯一专业技术期刊，国内统一刊号（CN）：41—1145/TG；自1972年创刊以来，共发行42卷252期；是国家新闻出版广电总局首批认定的科技类学术期刊，同时为中国期刊方阵“双百期刊”，连年获得省优秀科技期刊一等奖，连续多年被授予河南省自然科学一级期刊和二十佳期刊。

中心在信息网及《金属制品》期刊的支持下开展工作，依托媒介，与作者、行业专家、学者打交道，企业的作者、专家、学者和管理者有2/3为该中心专家数据库专家成员，拥有专家人数67人。

中心通过组织年度技术信息交流会、信息网专题交流会和期刊网络等平台建设，有力地促进了行业技术进步和中心的稳步发展。

2001–2015年中心平台支撑人数和服务企业数量及效益

年份	2001年	2004年	2007年	2010年	2013年	2015年
数据库专家人数/人	29	38	39	45	59	67
服务企业数	4	7	9	13	11	8
效益 / 万元	17	46	89	126	143	193

（二）关注行业科技进步，助推生产力发展

1. 政策支撑，推动金属制品技术进步

中心在国家发改委、工信部、环保部、铁道部的一系列政策的指导下，推动线材深加工产业向高效钢材、钢材深加工方向发展，紧紧依托《产业结构调整指导目录》《钢铁产业发展政策》《中华人民共和国环境保护法》《中华人民共和国循环经济法》《汽车产业调整和振兴规划》《中长期铁路网规划》《中华人民共和国国民经济和社会发展“十三五”规划纲要》及“一带一路”战略规划，推动金属制品高端产品如钢帘线、胎圈钢丝、油淬火－回火弹簧钢丝、高性能 PC 钢丝钢绞线、硅片切割用黄铜钢丝等产品的应用领域和技术进步。

2. 建立了较为完善的标准体系，多数企业产品质量稳定可靠

经过 40 多年的发展，我国金属制品行业已经建立了较为完善的标准体系，截至 2015 年 12 月，现行金属制品技术标准 111 个，其中产品标准 96 项，基础标准 8 项，实验方法标准 7 项，按产品类别分，钢丝类 71 个，钢绞线（预应力和镀锌 2 类）标准有 13 个，钢丝绳类标准有 27 个。这些标准涵盖了各类金属制品产品生产检验的全过程，有效地指导、规范了行业的生产经营活动，为金属制品产品质量稳定提高奠定了基础。

【科技创新】

（一）热处理及电镀黄铜生产线国产化

热处理明火加热炉研制成功，技术成熟，替代进口。无锡市鑫润工业炉有限公司等单位制造的燃气、燃油明火热处理炉，几乎完全替代了进口； 由科技部专项课题经费支持，中钢制品院牵头研发的“钢丝连续式水浴热处理生产技术开发”技术，广泛应用于胶管钢丝、胎圈钢丝、帘线钢丝、切割钢丝等产品的热处理，代替铅浴热处理，该项目获“河南省科技进步二等奖”。

（二）热镀锌技术装备水平大幅上升

镀锌钢丝、钢绞线产品热镀锌生产中的技术进步主要体现在以下几点：

（1）在线电解碱洗和热盐酸封闭式酸洗，代替了常规的热碱水洗和常温盐酸酸洗，效率更高，更加环保；

（2）陶瓷锌锅内加热技术取代了低碳铁锅外加热技术，热效率更高，锌锅寿命更长，锌渣减少，生产成本大幅度降低；

（3）传统的焦炭、石棉绳抹拭技术有很多改进，新项目普遍采用气体抹拭或电磁抹拭技术，锌锅上方没有油烟，同时提高了镀锌层质量和生产线 Dv 值；

（4）收线采用在线工字轮直接收钱，取消了后续打轴工序，减少周转，节省一道工序，提高了生产效率，降低了人工成本。

（三）拉丝装备水平显著提升

直进式拉丝机向更多产品领域推进，该机型节能、钢丝直线性好，但价格较贵，原来在预应力钢丝钢绞线、钢帘线、胎圈钢丝和高压胶管钢丝等高端产品方面应用。2010 年后，国产直进式拉丝机生产水平大幅提高，已具备了与国外同行竞争的实力，尤其是 2012 年后，设备出口到包括发达国家的世界各地，而且出口量逐年上升。

（四）捻制装备替代进口

国产双捻机替代进口，满足钢帘线生产要求。2012 年后，江北机械厂、江苏盛力达、江苏高和股份等企业生产的内收式、外收式、集合式各类型双捻机，广泛用于乘用胎和载重胎用钢帘线的生产，性价比高，深受国内钢帘线企业的欢迎，并且销往法国、日本、韩国、意大利等国家。

【服务成果】

2000 年以来，生促中心转变观念，拓展工作思路，扩大服务领域，积极探索新的服务内容和形式，不仅从组织技术交流、资料出版等方面发挥服务行业职能，而且充分利用行业技术优势，为企业完成各类咨询工作 133 项。

1. 项目规划、可行性研究报告和初步设计技术咨询

从 2001 年至今，完成金属制品行业项目规划、可行性研究报告、初步设计共 76 项，服务单位 46 家，荣获中国工程咨询协会冶金行业“优秀工程咨询成果二等奖”1 项，“优秀工程咨询成果三等奖”3 项。服务对象主要在江苏、山东、河南等金属制品企业发达地区，包括中钢制品院、河南铂思特、济源虎岭产业集聚区、河南恒星（上市公司 002132）、湖北福星科技（上市公司：000926）、宝钢股份（上市公司：600019）、宁夏恒力（上市公司：600165）、马鞍山鼎泰新材（上市公司：002352）、攀成钢钒（上市公司：000629）、江苏高和（上市公司：831787）、无锡赛福天、无锡常欣（上市公司：831285）等单位委托的可研报告和初步设计，项目均为技术含量高、附加值高的金属制品热门产品，产生了良好的经济效益和社会效益。

2. 行业产品生产技术状况调研服务

从 2001 年至今，共完成近 25 项调研工作，先后为上海冶金设计院、北京钢铁设计研究总院、宝钢集团、安阳钢铁、攀枝花新钒钢股份有限公司线材厂、江阴兴澄特种钢铁有限公司、山东石横特钢有限公司等 13 家单位委托的金属制品行业产品及其发展趋势、线材质量及市场状况等进行调研服务，为金属制品用高档次线材产能、质量提升和市场供应发挥了重要作用。

3. 整理出版专业技术资料

中心出版的技术文献和资料主要有：（1）资料汇编。《橡胶骨架材料相关行业调研报告汇编》《高性能钢丝绳生产与使用资料汇编》《钢帘线生产技术资料汇编》等 13 种汇编资料；（2）专业著作。《重要用途线材制品生产技术》《轮胎钢帘线生产技术》《金属制品常用溶液分析》等 7 部书籍；（3）标准汇编及译文集；（4）光盘资料：《中国国家标准大全》《＜金属制品＞合订本光盘版（1972–2012）》。编辑出版发行《金属制品企业名录》，在年会上对参会代表免费发放，共收录 806 家单位。

（供稿单位：中钢集团郑州金属制品研究院有限公司信息中心；执笔人：王宝玉）

皮革和制鞋行业生产力促进中心

【概况】

皮革和制鞋行业生产力促进中心是经科技部批准、在原1995年设立的全国皮革行业生产力促进中心、全国制鞋行业生产力促进中心的基础上，依托中国皮革和制鞋院，于2000年合并重组而成立的中心，2003年经国家事业单位登记管理局批准，成为独立的事业法人单位。自2007年以来，连续多年经科技部考评被认定为优秀类国家级示范中心，2015年，杨承杰等3位同志荣获中国生产力促进中心协会个人杰出贡献奖，中心荣获中国生产力促进中心协会集体特殊荣誉奖。

依托中心设立的国家级权威机构和平台有：国家中小企业公共服务示范平台、国家皮革制品质量监督检验中心、国家鞋类质量监督检验中心、国家轻工业皮革制鞋机械质量监督检验中心、全国毛皮制革标准化中心、全国制鞋标准化中心、全国毛皮制革机械标准化中心、商务部皮革及其制品进出口技术服务中心、中国皮革工业信息中心、全国制鞋工业信息中心、《中国皮革》《中外鞋苑》《中国皮革制品》杂志社等。

【科技创新】

（一）创新科技服务模式

近年来，中心先后与河北辛集、浙江温州、福建晋江等皮革和制鞋产业集群地所在地政府合作，建立了10多个分支机构。分支机构以研究所、办事处、股份公司等多种形式出现，充分利用中心的优势资源，从技术攻关、战略研究、规划设计、技术培训、技术咨询、标准检测、信息研究等方面提供服务。

目前已经投入运营的晋江公司就是一个典型的晋江市政府推动中心与晋江当地8家企业合作的案例。中心以现金及无形资产入股，占总股本51%，晋江兴业皮革科技有限公司、峰安皮业股份有限公司、晋江源泰皮革有限公司等当地7家企业共同出资入股，占总股本49%。晋江公司是晋江市政府为加快晋江皮革与制鞋产业转型升级而搭建的服务平台，政府对该公司支持力度非常大，不仅出资租用并装修3000平方米的办公场所给晋江公司免费使用，每年还以项目经费等形式给晋江公司一定的补助。晋江公司依托中心为当地中小企业提供技术、设计、培训、咨询、标准检测、信息研究等综合性服务。

（二）提供清洁生产“一条龙”服务

2014年，中心创新技术推广服务新模式，以河北辛集制革工业园为试点，与当地最大的皮革公司合资成立河北中皮东明环境科技有限公司，采用合资控股的模式，在河北辛集建立清洁生产示范基地。目前示范基地已建成并正常运转，目标在全国其他制革园区推广，从可行性研究、工程设计、工程建设、设备的选型和安装、技术转让到后续技术支持、人员的管理与培训、市场营销等，提供清洁生产“一条龙”服务。

该项目拥有多项专利技术，目前已建成拥有

自主研发能力和完善的配套设备与设施的两条生产线，包括：利用制革含铬污泥开发生产制革化学品（例如：铬鞣剂、含铬复鞣剂和蛋白填料等）生产线，及利用固体废弃物开发生产高端皮革替代品（例如：再生真皮纤维革等）生产线，形成年处理 2000 吨铬泥和 10000 吨革屑的生产规模，营业收入达到 3300 万元左右，年利润达到 700 万元左右。在有效解决辛集制革集群地污染问题的同时，创造了良好的经济效益和社会效益，为加快清洁生产技术的产业化进程、促进皮革行业循环经济的发展，提供了工程示范。

（三）建立儿童防护鞋研发与风险体系

为了更好地关注儿童健康，跟踪监测儿童鞋产品质量与安全风险，中心针对儿童鞋安全风险监测体系建设开展了一系列工作，并已获批国家相关项目。2014 年以来，中心检测部门先后会同深圳市计量质量检测研究院、上海市质量监督检验技术研究院、南京质量监督检测技术研究院，共对 222 批次童鞋产品进行质量风险监测，在此基础上，建立了我国首个童鞋质量风险检测体系，为我国儿童鞋标准的制订及下一步监管措施的落实，提供科学的、重要的参考依据，也为进一步切断风险传输途径及处置风险，打下了良好基础。

（四）开展段镇基皮革和制鞋科学技术奖励及科技示范企业推选活动

为了贯彻国家中长期科学和技术发展规划纲要，进一步促进皮革和制鞋行业的科技进步，提高行业的整体技术水平、创新能力和竞争能力，2005 年 7 月，以中心为牵头单位，联合行业 50 多家龙头企事业单位，共同发起成立段镇基皮革和制鞋行业科学技术奖（国科奖字 [2005]61 号）奖励基金会。自 2006 年以来，已经成功举办六届奖励活动，共奖励 65 个科技项目，表彰科技人员近 300 人次。

此外，中心自 2006 年开始，先后组织 5 批次“中国皮革和制鞋行业科技示范企业”推选活动，共计有 72 家企业被授予证书与标牌，涵盖了我国皮革和制鞋行业的主体行业制革、制鞋、毛皮、皮革制品行业，以及皮革与制鞋化工、皮革机械、制鞋机械、鞋用材料、皮革五金配件等辅助行业的“行业科技领军企业、综合科技实力较强企业、单项技术领先企业、重点技术取得较大突破企业”。

【人才建设】

为了加速人才队伍的建设，中心一方面选派优秀的科技人员参加在职学历学习，使他们有机会进行深造和提高，为今后更好地承担科研任务加油充电。另一方面，通过考察选定或竞聘等方式，选出一批年轻员工充实到中层干部队伍，使他们得到更多的锻炼，为中心培养出更优秀的后备干部。

【特色产业】

目前，在全国各地已经形成一批颇具规模的生产基地、产业集群地，如：海宁皮革城、温州鞋都、辛集皮革城、肃宁裘皮之都、璧山西部鞋都、晋江运动鞋之都、惠东女鞋生产基地、花都狮岭皮件之都等，这些高度聚集、上中下游产品相互配套、专业化强、分工明确、特色突出的皮革和制鞋行业特色区域，其总产值相当于全行业规模以上企业工业总产值的一半以上，这些产业集群地成为当地经济发展的重要支柱产业之一。

【行业发展】

我国皮革和制鞋行业涵盖了制革、制鞋、皮衣、皮件、毛皮及其制品等主体行业，以及皮革化工、皮革五金、皮革机械、辅料等配套行业。我国皮革、制鞋业属劳动密集型行业，有 5 万多家中小企业，规模以上企业直接从业人员达 500

多万人，连同配套行业从业人员达1100万人，受惠人口约3000万人。

我国皮革、制鞋行业与人民生活息息相关，历任党和国家领导人都对皮革和制鞋行业非常关注。江泽民、胡锦涛、温家宝、习近平等党和国家领导人都视察或调研过皮革、制鞋企业。

改革开放以来，经过多年的快速发展，我国已成为世界举足轻重的皮革和制鞋生产大国、出口创汇大国。2015年我国规上皮革、毛皮及制品和制鞋行业销售收入1.4万亿元，同比增长6.1%，增速回落3个百分点；利润总额887.3亿元，同比增长5.4%，增速回落3.1个百分点。全国规上轻革产量6亿平方米，同比增长2.2%，加快1.6个百分点，主要是受汽车和皮面家具增长的拉动。

2015年我国皮革、毛皮及制品和制鞋行业出口861.3亿美元，同比下降3.1%。其中，出口额占比59.4%的制鞋业，同比下降5.1%。尽管如此，但是我国经济运行平稳增长的基本面没有改变。我国有极具潜力的巨大内消市场、完整的产业链条、高效的产业集群、高素质产业队伍、世界第一的巨大产能的优势，短期内没有一个国家和地区能够承接这种巨大的产能，这些都是中国皮革产业发展的有效基础支撑；而随着智能制造的推进，供给侧结构性改革的深入，产业结构逐步优化，以及创新型人才的培育，将为中国皮革产业发展提供新的动力源泉。

（供稿单位：皮革和制鞋行业生产力促进中心；执笔人：朱晔）

哈尔滨电工仪器仪表生产力促进中心

【概况】

哈尔滨电工仪器仪表生产力促进中心是经国家科技部（国科高字［1999］012号文件）批准，依托哈尔滨电工仪表研究所，于1999年2月正式成立。在哈尔滨市注册为国有全资、自收自支的事业单位法人。注册资金300万元。2006年被国家科技部认定为国家级示范生产力促进中心。

中心在国家科技部、黑龙江省科技厅领导下依据《生产力促进中心管理办法》和《生产力促进中心服务规范》开展工作；内部机构精简、健全；内控制度和业务流程完整实用、效率优先；已建立起产权清晰、权责明确、管理规范、激励和制约相结合的综合运行体系。

中心的宗旨是：集成社会资源，构建全国电工仪器仪表行业综合服务平台。为政府服务，为产、学、研、用户及社会相关机构提供技术、质量、工艺、标准、信息、试验、咨询、培训、交流与推广等有必要价值的实用化支持，持续促进行业技术进步和生产力水平的全面提高。

中心成立伊始便准确确立业务定位，遵守《生产力促进中心服务业务规范》，利用研究所自身的和行业可调用的信息、人才、技术资源，始终紧密地结合行业技术特点和各发展阶段的需求，围绕提升业内企业的生产力水平、自主创新能力和市场竞争力，面向企业的各个层面开展一系列有必要价值的专题性服务工作和活动。

【人才建设】

（一）人员情况

本中心人员共38人，大专以上38人，占从业人员的100%，具备较高的人才素质和人才储备。

（二）专家库

以开放式工作方式聘请产、学、研、用户及国内外业内专家50人。为中心工作提供论证、决策等智力支持服务。

【特色服务】

（一）信息资源服务——建立面向全社会开放的信息服务系统

· 中文核心技术期刊《电测与仪表》；

· 综合资讯期刊《电工仪表与公用表计行业信息》。

（二）咨询培训——提供面向全行业发展需求的专家指导和人才培训

“产品化”服务项目：

远程咨询及现场指导专家服务系统；

电能表工程师专业培训；

电工仪器仪表质量检验员专业培训；

电工仪器仪表企业及电力用户内部专题培训；

远程自动抄表技术专业培训；

电工仪器仪表产品电磁兼容设计与检测专业培训。

（三）交流与推广——构建面向电工仪器仪表

产业整体价值链的国际化交流与协作的桥梁

“套餐化”服务

将技术评价、技术解决方案、产品试验、市场分析、技术推介、产品展示、广告宣传、需求侧调研等系列服务项目，按用户自愿选项提供配套组合增值服务。

（四）开放式试验平台——面向社会提供共享、自助式产品试验、检测条件及业务指导服务

电工仪器仪表产品全性能试验；

电工仪器仪表产品可靠性试验；

电工仪器仪表产品标准符合性试验；

电工仪器仪表产品 3C 认证项目自检试验；

电工仪器仪表产品自愿认证项目自检试验；

电工仪器仪表检验师专项作业指导。

（五）技术支持——让我们的客户充分享受高技术、高可靠性及实用化的技术支持和服务

产品技术、质量、工艺问题诊断；

关键技术、质量、工艺解决方案；

技术成果转让与服务；

（六）网络平台——搭建技术讨论及企业宣传的平台

中国电工仪器仪表信息网；

自助电子商务平台。

（七） 项目开发——公用计量设备一体化及项目开发一体化的解决方案供应商

智能用电技术、智能配电技术等相关领域的研究发展规划。利用当前国内外先进的计量、传感、检测、通信、信息和控制新技术，构建以信息化、自动化、互动化为特征的智能用电、智能配电、智能变电等领域解决方案和产品。

（八）哈尔滨金河电测与仪表杂志出版有限公司

《电测与仪表》杂志编辑出版工作；

《电测与仪表》杂志和《电工仪器仪表行业信息》杂志广告宣传和招揽工作；

《电测与仪表》杂志网站的管理、维护、更新。

（供稿单位：哈尔滨电工仪器仪表生产力促进中心）

探索与研究

发挥服务特色优势　助推区域创新创业

作为市场经济条件下扶助中小企业技术创新的科技服务机构，生产力促进中心是深化科技体制改革、促进科技与经济结合的重要载体，是国家技术创新服务体系的重要组成部分，对促进科技及中小企业发展壮大，提高其创新能力和市场竞争力，发挥着重要的作用。北京市丰台区技术创新与生产力促进中心成立十多年来，通过不断的创新、聚变、优化，在区域科技创新方面走出了一条独特的发展道路，既服务了地方经济，又实现了自身的不断发展。

科技金融服务品牌历久弥新，让企业不再等“贷”

科技金融是中心的品牌服务。自从1999年以来，中心与首创担保公司联合，为众多符合国家产业政策的科技型、就业型中小企业提供了担保服务。中心通过融资担保服务多年的经验积累，形成了“小额绿通、优户绿通、全程服务、方式灵活、专业护航”的专业化服务特色和模式。特别是近年来，面对宏观经济下行压力和贷款担保风险加大的新形势，中心积极探索应对措施，加强风险防控。并积极探索开展科技与金融融合服务重技术、轻资产的科技型小微企业创新发展的新途径。截至目前，已累计接洽贷款担保企业咨询859次，担保项目433个，担保金额58410万元。重点解决了我区规模小，发展前景好，但反担保措施较弱的科技及中小企业融资难的问题，大部分企业已在税收、解决就业、科技成果转化等方面有所提升，收到了良好的社会效益。

工作站开拓服务新领域，解决企业资源短缺难题

工作站是首都科技条件平台服务创新发展的“桥头堡”，丰台工作站是区县工作站建设的“领头兵”。中心是区政府授权的丰台工作站专业运营机构。自2011年以来，立足丰台区资源禀赋，健全组织架构，先后建立了检测服务中心、创新服务中心、生物医药服务中心和智能制造创新中心，形成了为企业创新提供研发服务、技术支撑、企业管理团队培训等全方位服务网络。目前，网络已涵盖成员单位261家，其中141家企业为国家级高新技术企业，整合仪器设备资源价值近7亿元，聚集高端科技人才230人，征集解决企业需求485项，与领域中心和基地联合组织的供需对接26场次，服务企业1200多家次，服务成员单位合同达4930万元，形成典型案例21个。完成了《首都科技条件平台区县工作站建设规范及评价指标体系研究》《平台服务丰台区重点产业和重大工程研究》《丰台区轨道交通产业路线图研究》《丰台区农村科技服务体系建设研究》等14个软课题研究。首家承担工作站建设试点，形成了整合科技资源服务丰台的地方模式，一直在首都科技条件平台区县工作站绩效考评中名列第一名。

工作站聚焦企业需求，解决资源不对称难题，为企业提供测试检测、联合研发、技术转移及科技金融等系列服务。形成了众多新服务模式：

案例一：量身订制助力企业产品检测试验

北京拓扑智鑫科技有限公司主要从事大气环保监测系统的研发、生产、销售、技术服务，所研究开发的大气环保监测系统产品填补了国内技术和产品空白。在其新生产的恶臭气体检测仪器上市过程中，遇到了难题，需要对氨气、三甲胺等8种气体进行浓度检测标定，要求测试量程为100ppm，并对在线恶臭气体监测设备进行高、低温可靠性试验。工作站多次与平台内的高校科研院所进行技术对接，寻找未果，并了解到，目前没有现成的气体标定技术和设备。经与北京航天计量测试技术研究所（102所）的深入沟通，针对企业需求进行了“量体裁衣”，制定了个性化标定规范和程序，解决了企业难题。

案例二：集聚平台资源服务区县重点工作

2014世界种子大会在北京市丰台区召开，本次大会是国际种业界规模最大、层次最高，集会议会展、贸易洽谈、行业决策于一体的大型综合性种业大会，被誉为种业界的“奥林匹克”。为中国种子产业发展提供了难得的机遇。工作站敏感捕捉住了这一发展良机，接受了市科委条件平台的第一个试点项目。在大会筹备期间，工作站多次深入种子大会筹备办、种子协会和丰台区种子站进行沟通和交流，广泛征集需求22项，调动了包括中国农业大学、北京农林科学院、首都科技条件平台现代农业领域中心、首都科技条件平台检测与认证领域中心、农业部种子质量监督检验测试中心等多家资源，为种子大会方案策划、交易模式设计、种业交易所建设、世界种子大会智慧农业技术成果展厅、大会服务管理系统等多个项目提供了优质服务，保障了大会的顺利召开，提升中国现代农业的国际形象，促进了丰台种业的发展。

案例三：咨询服务助推企业转型升级

中车北京二七车辆有限公司为中国中车股份有限公司的全资子公司，是一家以铁路货车制造、检修和配件生产为主营业务的轨道交通类大型企业，是中国铁路集装箱专用车、平车—集装箱两用车、运输汽车专用车和特种平车的主要研发商。在非首都功能疏解的大背景下，二七公司面临着产业转移升级的重大课题。丰台工作站组织召开了首都科技条件平台百家重点实验室进南车二七车辆有限公司需求对接会。来自中科院、北京大学、航天科工、中国电科、中国建材、北方工大、北交大、北科大、北师大和印刷学院等高校及所属研究所20多个单位30名专家参加会议，聚集了现场总线及物联网技术、制造服务，红外技术、新材料、能源环保、电子信息技术等新技术，并与中国电科、中科院等院所就成果落地转化具体项目合作、联合共建实验室、建立长效合作机制等进行了实效对接。促使二七公司坚定了“择机退出货车修理等低端板块，提升土地资源价值，建设中国中车轨道交通高端装备产业园和中国中车北京轨道交通科技创新园”的信心，明晰了建设思路。

在风起云涌的大众创业万众创新热潮中，展望未来，中心将进一步凝聚创新创业的强大合力，发挥标杆作用，深入实施创新驱动发展战略，争做生产力体系中的“领跑者”，争做“双创”工作的排头兵。

（供稿单位：北京市丰台区技术创新与生产力促进中心；执笔人：高家春）

服务引导筑基础　创新进取求发展

生产力促进中心作为国家创新体系的重要组成部分，是社会主义市场经济条件下，深化科技体制改革，推动企业尤其是中小企业技术创新的科技服务机构。成立于2002年的武汉东湖新技术开发区生产力促进中心（以下简称“东湖生产力中心”）经过13年的开拓进取、发展实践，目前已将自身打造成为一个集聚整合多方资源技术、覆盖完整企业成长周期的全要素创新创业服务平台。背靠政府，面向企业，东湖生产力中心将继续通过个性化、集成化、网络化、规范化的特色服务，设计集创新链、产业链、资金链、人才链为一体的科技创新服务体系，为东湖高新区乃至武汉市的广大科技型中小企业提供多层次、全方位综合性服务，为区域经济发展增添活力。

一、倾力打造公共服务平台

东湖生产力中心以“一中心四平台”的服务体系为主导，在中心的统筹规划下，针对产业链的企业协作平台、针对融资发展的智慧金融平台、针对信用体系建设的信用平台以及针对技术创新的院士（智库）服务平台四驾马车并驾齐驱。

（一）企业协作平台

企业协作平台是东湖生产力中心全力打造的一个资源创新、协调、绿色、开放、共享的线上平台，通过其七大内容板块全面汇聚政府采购、企业供需等相关信息，建立起完善、便捷、高效的信息对接系统，为东湖高新区企业提供政策查询、项目申报，以及产品、技术（服务）、厂房、招聘、融资供需对接与信息服务。截至2015年12月平台已经收集了东湖高新区主要企业近6000种产品的信息，并运用互联网技术与省、市、区各类采购资讯进行匹配、实时更新，同时每天收集46个权威网站的最新政策新闻进行专业分类处理。此外，通过企业协作平台东湖生产力中心还有效组织了多场线下供需对接会，并利用专项资金申报功能辅导了大量企业申报创新产品。企业协作平台成功实现了产业链的上下游配套，提高了供需双方的信息沟通效率，通过资源整合、精准匹配直接帮助企业发现市场，以需求为导向带动产业整体的高效发展。

（二）智慧金融平台

智慧金融平台是东湖生产力中心推出的“一站式”在线投融资平台，旨在帮助东湖高新区科技企业解决融资发展的问题。通过与第三方技术机构合作开发，东湖生产力中心将自身优质资源与外部先进技术完美结合，通过网络平台高效、快捷、便利地将各类融资解决方案展示给广大企业，同时借助平台促进企业与金融、类金融机构沟通交流，提升市场整体运行效率。目前智慧金融平台通过债权产品、股权产品、投贷联动三个板块列示了12项融资产品供东湖高新区企业选择，此外由东湖生产力中心牵头引入国家开发银行、中国银行、汉口银行等十几家金融机构共同提供支持，为企业发展解除资金链方面的后顾之忧。

（三）信用平台

东湖生产力中心秉承“以市场体系创新打造信用东湖品牌，以信用产品推广促进信用经济发展”的工作思路，不断推动信用体系建设“东湖模式”常态化，推动区内各职能部门全部参与，其他市场主体踊跃参加，逐步形成政府和市场“双轮驱动”的信用体系建设格局。通过不断完善区域信用体系建设，创新以服务中小微企业为主的科技＋信用＋金融服务模式，落实全国小微企业信用体系建设试验区的创建工作。

（四）院士（智库）服务平台

东湖高新区作为国家大众创业万众创新示范基地，汇聚了大量科技型企业。依据地区特色及实际情况，东湖生产力中心推出院士（智库）服务平台。通过与中国科学院武汉分院、中国科学院湖北产业技术创新育成中心等机构合作，邀请中国科学院院士、中国工程院院士及其团队核心进入企业，采用一对一、面对面的交流方式，充分发挥专家的技术引导作用，帮助企业培育科技创新团队。院士（智库）服务平台实现了院士、专家及其创新团队与企业技术研发团队的结合，通过积聚创新资源、突破关键技术制约，促进企业科技成果的产业化，为增强企业自主创新能力提供充足的智力支撑。

二、积极构筑创新服务体系

2015 年，东湖生产力中心结合当前整体经济形势及宏观政策环境的变化，克难攻坚、多管齐下，不断完善服务职能，扩大服务领域，为东湖高新区内上万家高科技中小企业提供全方位支持。从资金到人才，从政策到市场，从国内到国际，从初创到成长的各个阶段、各个领域，东湖生产力中心始终致力服务于东湖高新区中小企业创新创业。

（一）支持双创进一步做大做强

立足东湖高新区、辐射武汉城市圈，东湖生产力中心积极发展会展服务，扶持中小企业参与国际分工、提高企业竞争力、拓展企业市场，为中小企业打造自我展示的舞台。积极参与双创活动周会展，承办“中国光谷”国际光电子博览会暨论坛（以下简称“光博会”），成功打造首届双十一科技金融盛会，此外东湖生产力中心还举行了各类大型论坛、研讨会、中小企业合作洽谈会、技术交流会等活动近 100 场。

（二）融通资金助推中小企业发展

东湖生产力中心成立至今，坚持致力于为区内科技型中小企业提供优质的资金服务。优化自身产品结构、汇聚各方资源技术，在债权融资方面不断调整创新，推出适合中小企业特点、符合新兴行业特性的贷款品种。

1. 培育初创期企业——萌芽贷

针对东湖高新区内光电子信息、生物医药、高端装备制造和高技术服务业的初创科技型企业，东湖生产力中心推出萌芽贷。通过提供风险补偿资金为企业在商业银行增信，帮助其获得金额在 500 万元以内的贷款，成功实现了企业采用信用方式和知识产权、专利及股权质押方式进行融资，有效地解决了初创期企业融资过程中无实物资产抵押的问题。截至 2015 年底，萌芽贷业务实际发放贷款金额高达 2.5 亿元。

2. 扶助成长期企业——互助资金计划

互助资金计划作为去年才创设成功的新产品，是 2015 年东湖生产力中心债权融资产品的重头戏。互助资金计划旨在充分发挥政府资金的引导作用，通过与第三方金融机构共同设立担保资金池，在可控的条件下充分利用杠杆工具，解决东湖高新区内成长期中小企业融资难、成本高的问题。通过与商业银行、担保公司、小额贷款公司等其他类金融机构进行合作，利用各级财政部门提供的现代服务业引导基金为企业的融资活动提供增信，帮助企业获得金额最高为5000万元的贷款。中心已经与武汉农商银行、汉口银行、光大银行、招商银行、浦发银行、渤海银行、国创担保、东创担保成功签订了合作协议。而工商银行、交通银行、中国银行、兴业银行、湖北银行、东金担保、科信小贷等作为第二批意向合作机构，合作方案的谈判协商已经启动。截至2015年底，东湖生产力中心已为20家企业提供服务，支持金额高达2.4亿元；

3. 壮大成熟期企业——国家专项基金贷款

针对东湖高新区内成熟期科技型企业，东湖生产力中心通过推荐优质企业向国家开发银行申报国家专项基金，由国家开发银行湖北省分行将审批通过的专项基金以资本金方式投入东湖生产力中心，再由东湖生产力中心采用贷款的方式向申报企业发放。通过这种方式企业在申报专项基金时获得了较强的增信，同时获得资金的成本也远低于银行融资利率。截至2015年底，本项业务实际放款金额已达到0.5亿元，储备项目7个，拟支持金额近3亿元。

4. 金融创新，前沿试点——投贷联动

根据中国银监会、科技部、中国人民银行联合印发的《关于支持银行业金融机构加大创新力度 开展科创企业投贷联动试点的指导意见》，为推动试点工作东湖生产力中心激流勇进，推出“投贷联动”合作方案，累计支持企业8家，支持金额总计2260万元。

此外，随着宏观经济环境和科技金融政策变化，东湖生产力中心及时优化产品结构、调整工作重心，针对原有的集合贷业务目前已暂停贷款发放，主要做好存量项目服务。

三、全面完善产业引导策略

（一）产业政策引领企业发展

为配合国家战略新兴产业集聚发展的政策，促进地区企业成长，努力推动东湖高新区新兴产业规模化发展，东湖生产力中心担纲多项产业项目的申报、评审工作，最具代表性的有武汉光电器件及激光产业集聚发展试点项目、东湖高新区智慧家庭产业专项资金申报项目和东湖高新区“互联网+”示范应用项目。其中武汉光电器件及激光产业集聚发展试点项目涉及立项企业16家，支持金额合计9330万元。东湖高新区智慧家庭产业专项资金申报项目囊括19家企业、37个项目，而东湖高新区“互联网+”示范应用项目的申报企业更是多达253家，近400个项目。通过申办这些产业项目，东湖生产力中心将社会力量导入产业建设升级中，在帮助企业获得政策支持、推动其产品链优化升级的同时，为地区经济活跃增长提供了强有力的保证。

（二）区域生态助力企业壮大

为了加快先进技术向高新区中小企业的技术辐射和转移，提高高新区中小企业的科技水平和可持续发展能力，东湖生产力中心除了利用自身资源、平台直接帮扶企业以外，还通过资本运作的方式努力建设区域经济生态，通过打造良好的外部环境，间接促进企业的发展壮大。目前东湖生产力中心通过出资入股的方式，与武汉知识产权交易所、武汉留学生创业园发展有限公司、武汉银服互联信息有限公司、武汉东湖企业信用促进会、武汉票据交易中心有限公司等机构实现战略协作，并与东湖开发区企业家协会、武汉留学生创业园管理中心等单位建立长期合作关系，且依托与武汉光谷科技金融发展有限公司的密切联系，已经成功构建了孵贷投及信用体系建设四位一体的完整业务体系，从真正意义上实现了全要素金融服务平台的定位。通过入股武汉留学生创业园发展有限公司，东湖生产力中心成功将这一国家级孵化器纳入自身服务体系，从而有效保证了区域内优质企业的持续培育与输出。在这些优质企业从孵化器毕业之后，东湖生产力中心再通过自身金融产品帮助企业获得债权融资服务，利用自有平台帮助企业快速获得金融机构的支持。此外东湖生产力中心还在这一阶段帮助企业与信用平台——武汉东湖企业信用促进会实现对接，为企业的长远发展铺平道路。而通过债权服务加速壮大之后的企业，东湖生产力中心则将利用自身与武汉光谷科技金融发展有限公司的密切联系，为企业引入股权投资服务。通过全面覆盖生物医学、光电子信息、高端装备制造、节能环保及现代服务业五大战略产业的股权投资，帮助企业进入更广阔的发展空间与资本市场。而与武汉知识产权交易所、武汉票据交易中心有限公司等机构的合作则从其他方面为企业的发展融资提供了更多的解决方案。在整个发展布局过程中，东湖生产力中心始终围绕着中小企业融资难等致命痛点狠下功夫，通过与上述机构的合作，东湖生产力中心极大地延伸了服务半径，将业务能力广泛地扩展至企业孵化、信息技术支持、区域信用体系建设以及加速经济金融化、证券化发展等方面，完美地实现资本与资源的有效结合，最大限度地开发利用地区资源，以战略的眼光推动整个区域经济生态的建设，从而惠及高新区乃至全武汉市的所有企业。

（三）跨省联动推动企业成长

为响应全国生产力促进中心片区建设，促进资源的共享、发展，东湖高新区东湖生产力中心与兄弟单位一起设立了包括湖北、湖南和重庆 2 个省份、1 个直辖市在内的“渝湘鄂”生产力促进服务联盟（简称“联盟”）。联盟通过加强三地东湖生产力中心的合作与交流，汇聚中南片区各方资源，从而实现整体经济的协同发展。通过跨省联动，营造更开放的外部经济环境，为企业走出湖北、布局全国创造有利环境。通过区域联动，积极响应国家大众创业万众创新的政策号召。

宏观经济环境风起云涌，随着国家供给侧改革不断推进，资本市场正步入深度调整期。虽然过去的历程中东湖生产力中心逆流而上、奋勇向前，取得了辉煌的成就。但是面对今后的新环境、新挑战，东湖生产力中心将一如既往地务实进取、不断创新，立足自身区位优势，充分利用国家自主创新示范区和自由贸易试验区的有利条件，在科技金融领域进行更多的探索与尝试。抓住国家供给侧结构性改革的历史机遇，在全要素金融服务领域做出更多的突破创新，进一步全面提升自身服务水平。同时紧跟“大众创业、万众创新”的时代潮流，为激发区域创新动力、增强区域经济活力、提升区域核心竞争力继续奋斗，力保再创辉煌！

（供稿单位：武汉东湖新技术开发区生产力促进中心；执笔人：王笑冰、段婕）

创新服务模式　众筹社会资源

——在新丝绸之路上砥砺前行

青海省生产力促进中心成立于2000年12月，经由原青海省科学技术开发中心整体转制而成的科技服务型企业。中心依托青藏高原独特的地域优势和资源优势，以服务于中小企业、重点行业和特色产业为重点，为青海省内科技型企业、高新技术企业、创新型企业提供科技成果转化、技术转移、科技合作等科技工作提供科技服务支撑，引领着青海省科技服务行业的发展。

近几年来，中心综合服务能力和水平得到了长足的发展和进步，取得了显著的成果。先后被评定为国家级示范生产力促进中心、国家级技术转移示范机构、中国创新驿站青海区域站点；连续五届荣获“金桥奖”和“先进集体奖”的称号；被青海省组织部授予“青海省科技服务领域人才“小高地”单位；荣获全国生产力促进奖“发展成就奖”两位同志荣获“服务精英”的荣誉称号。

一、加强管理　形成内生机制

中心始终坚持“以人为本”的管理理念，实现“待遇引人、事业留人、人尽其才、才尽其用”的人才培养使用机制。通过管理创新，初步建立了绩效管理与目标管理相结合的考核机制，建立了绩效工资与岗位工资相结合的薪资制度，较好地发挥了全体员工的热爱科技，创新服务的工作热情。发挥社会资源，涵盖新能源、新材料、现代农牧业、节能环保、盐湖化工、有色金属等行业领域，分别组建了高新技术企业咨询抚育、科技型企业咨询抚育、创新型企业咨询抚育、科技小巨人咨询抚育、企业研发费税前加计扣除咨询、科技项目咨询、制造业信息化咨询服务专家团队，为中心开展各项科技创新服务工作奠定了基础。

二、科技咨询服务助推企业发展　各项工作全面开花

近年来，有效结合企业需求，努力拓展服务业务，为企业提供项目申报辅导与咨询、专利申请、政策辅导等，通过一对一的咨询辅导，取得了较好成绩。

1.“双企”认定工作得到巩固和发展

截至目前新认定高新技术企业48家，同比增长32%，到目前为止全省高新技术企业达到130家；科技型企业新认定68家，全省科技型企业数量达到256家；服务省级工程中心59家。

2. 制造业信息化工作再创新高

中心从“十五”开始就承担国家科技部“制造业信息化示范工程”在青海的示范推广工作，专业从事制造业信息化及两化融合支持服务工作。经过十几年的工作开展，在社会及企业中取得了较好的声誉及影响力，对我省制造业信息化的发展起到了积极的推动作用。

三、众筹社会资源、为"双创"工作打造新的经济引擎

两年来，成功举办了两届大学生创新创业大赛，近1000组选手报名参赛。开展了一系列支持大学生创新创业的活动，诸如企业家进课堂、风投人士进园区活动、"牛人堂"系列讲座活动等，共组织创业辅导培训近30次，培训人员2800多人次；建立起"苗圃＋孵化（加速器）＋科技型企业＋高新技术企业"的创新服务模式，聚集社会各方面资源，包括技术、金融、导师资源，将大学生创新创业大赛打造成省内一流的创新创业服务平台，并通过平台为大学生创新创业提供高质量、全方位、便捷化的服务。目前参加大赛获得支持的创业成功企业已有56家进入科技型企业培育池，已有7家成功申报科技型企业、4家成功申报高新技术企业。青海省大学生创新创业投资引导资金共支持85家企业和11家服务机构，共计投入7240万元。为大学生企业对接成功风险投资、银行贷款、政府部门项目支持资金等共计6000多万元；大赛还带动我省三所大学成立了"双创"基地，青海大学建立了国家级大学科技园，青海师范大学创立了创业孵化基地并成立了创新创业学院，青海民族大学创立了创新创业孵化基地。

四、利用信息技术、大数据库、云平台搭建科技资源信息平台

随着技术市场日趋活跃，技术交易对青海省GDP的贡献日趋显著，技术市场配置科技资源的基础性作用明显增强，促进了传统产业改造升级和高新技术的大规模应用，加快了科技成果转化和产业化进程，因此，利用信息技术、大数据库、云平台等先进网络技术，搭建了青海科易网平台，平台汇集企业、大学、科研院所、中介服务机构、技术经纪等技术交易参与方，能够提供包括资源聚集、在线对接、技术评估、在线交易等多个服务项目，实现技术转移与成果转化的一站式服务。重点打造了平台特色服务——专利微店，将专利成果像商品一样展示、买卖。

为保证科技主管部门了解和掌握我省创新主体的研发状况，以便对我省的科技工作进行宏观指导并制定相应的政策。中心开发的科技企业统计分析平台，已实现企业注册、数据填报、评价模型、企业评价排序、统计分析报告及图表、报表定制、企业培育库等功能。目前，科技企业统计分析平台共注册企业412家，其中高新技术企业130家，科技型企业256家（含91家高企），一般性企业26家；近三年高新技术企业火炬数据、近三年科技型企业年报数据及第三方数据（省工商局、国税局、地税局）已全部导入，实现了高新技术企业、科技型企业系统评优，为我省上报国家火炬计划完成了数据统计，实现了全省130家高新技术企业快报、年报统计；4家国家级科技企业孵化器年报统计；2个国家级创新型产业集群年报统计；4家国家级众创空间年度统计和1家大学科技园年报统计。

"海阔凭鱼跃　天高任鸟飞"，为能更好地做好科技服务工作，中心将搭建科技资源信息平台，创新公共服务模式，组建科技园区服务联盟，破除科技资源壁垒，为科技创新企业提供包括技术转化、政府政策咨询、科技成果孵化、科技金融等集成化、高品质的科技服务。

（供稿单位：青海省生产力促进中心）

统计资料

中国生产力促进中心年鉴 2016

2015年全国生产力促进中心统计报告

自1992年我国第一家生产力促进中心成立至今，经过20多年的发展，在科技部的大力支持和积极引导下，全国生产力促进中心快速发展，在推动中小企业创新发展，促进企业技术进步，提高企业市场竞争能力等方面发挥了不可替代的作用，生产力促进中心已成为国家创新发展体系的重要组成部分。

2015年，全国生产力促进中心达到2688家，国家级示范生产力促进中心247家，总资产284.4亿元，服务企业数量达到44.2万个，中心年度总服务收入57.60亿元，为社会增加就业人数127.90万人。

2015年，上报数据的生产力促进中心数为1977家，其中，国家级示范中心中12家未填报数据的是：平泉县生产力促进中心、衡水市橡胶产业生产力促进中心、鞍山市生产力促进中心、长春高新技术产业开发区生产力促进中心、四平市生产力促进中心、泰州市生产力促进中心、山东亚太生产力促进中心、济南市历下区生产力促进中心、青岛生产力促进中心、临沂市生产力促进中心、重庆市沙坪坝区创新生产力促进中心、大足县生产力促进中心。报告中所统计的数据均根据上报中心数据得出。

一、全国生产力促进中心机构概况

1.1 全国生产力促进中心数量增速平缓

全国生产力促进中心总数增速平缓，2015年中心总数比上年增长89家，增长仅为0.30%。2005–2015年全国生产力促进中心的数量情况见表1和图1。

表1　2005–2015年全国生产力促进中心的数量情况

年份	2005	2006	2007	2008	2009	2010	2011	2012	2013	2014	2015
中心数	1270	1331	1425	1532	1808	2032	2274	2281	2581	2599	2688

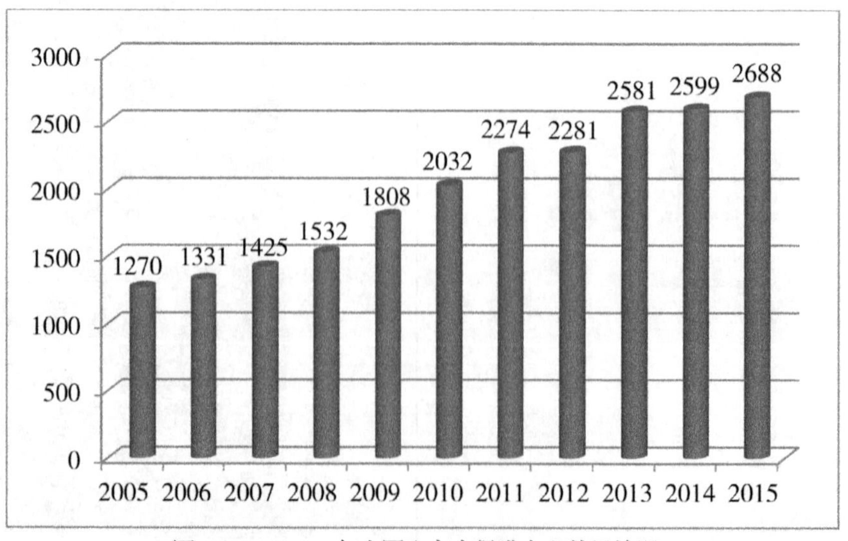

图1　2005–2015年全国生产力促进中心数量情况

1.2　全国生产力促进中心地区分布情况

（1）全国生产力促进中心的分布情况。2015年，生产力促进中心遍布全国31个省、市、自治区。具体分省分布情况见表2。

表2　全国生产力促进中心的地区分布情况

区域	省份	辖区内中心数	辖区内国家级示范中心数	上报统计中心数
东北地区	辽宁	118	20	73
	吉林	42	4	12
	黑龙江	111	12	111
	小计	271	36	195
西部地区	内蒙古	104	5	96
	广西	109	8	76
	重庆	71	8	43
	四川	144	7	124
	云南	4	2	2
	贵州	137	7	91
	西藏	1	1	1
	陕西	84	14	73
	甘肃	100	5	99
	青海	4	2	4
	宁夏	13	2	5
	新疆	83	10	75
	小计	854	71	688
中部地区	山西	138	7	84
	安徽	129	7	129
	江西	147	6	147
	河南	113	10	37
	湖北	104	8	68
	湖南	70	7	39
	小计	701	45	503
东部地区	北京	54	10	20
	上海	6	1	5
	天津	167	6	144
	河北	122	20	90
	山东	105	14	43
	江苏	69	17	38
	浙江	94	10	89
	广东	142	6	82
	福建	102	11	82
	海南	1	0	1
	小计	862	95	591
全国	总计	2688	247	1983

从省份看，天津、江西、四川、广东、山西等地中心数量较多，分别为167、147、144、142、138家。边远地区中心数量比较少，例如海南1家、西藏3家、云南4家、青海4家。根据中心

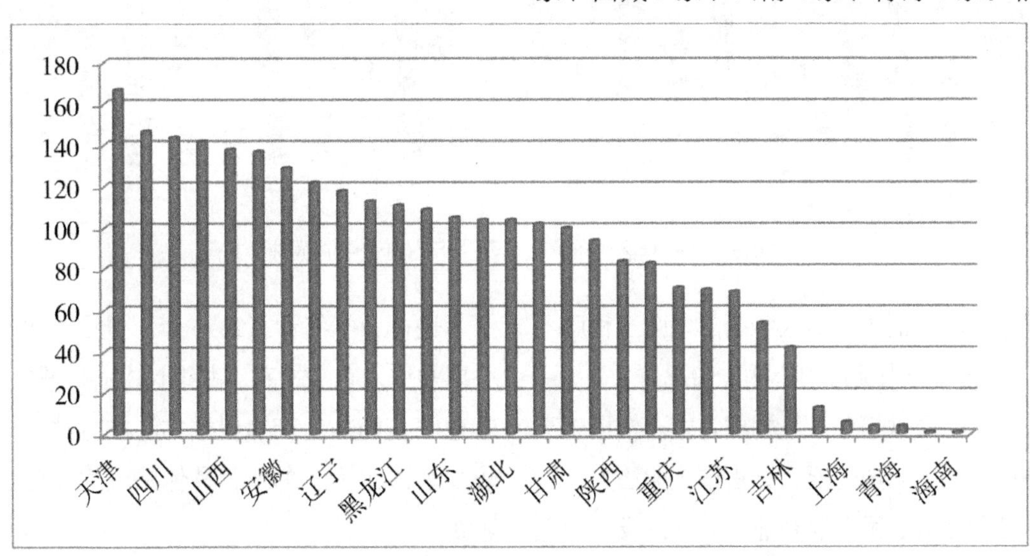

图2　全国生产力促进中心各省分布图

地区分布情况，中心数量比较集中的地区不完全吻合当地的经济发展状况，四川经济发展不如江苏、浙江等地，但中心数量位居全国前列。

从区域看，东部地区有862家是中心数量最多的，占全国中心的32%，包含10个省市自治区，每省平均86家。东北三省有生产力促进中心271家，占全国总量的10%，平均每省约90家。全国生产力促进中心地区分布情况见图3。

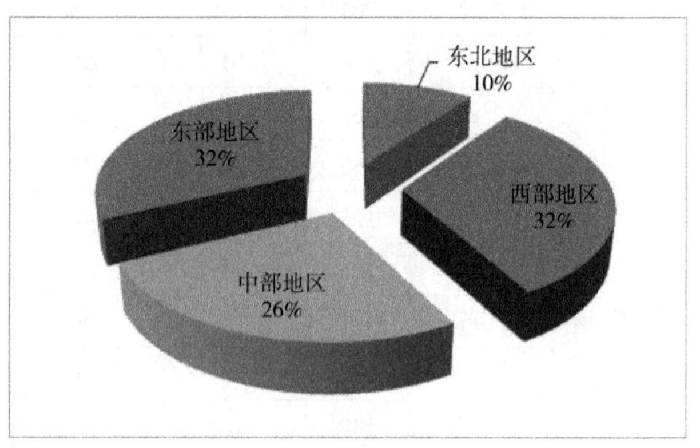

图3 全国生产力促进中心区域分布图

（2）国家级示范生产力促进中心分布情况。2015年，国家级示范生产力促进中心共有247家，占全国生产力促进中心的9.2%，分布在除海南以外的30个省市自治区。国家级示范生产力促进中心数大于10家的省份是河北、辽宁、江苏、山东、陕西、黑龙江、福建、河南、浙江、新疆、北京。

从区域看，东部地区依然是国家级示范生产力促进中心数最多的地区，共计95家，占全国的38.5%；其次是西部地区71家和中部地区45家，分别占全国的28%和18%；东北地区36家，占全国的14%，但东北三省平均数12家，超过其他地区的平均数。

生产力促进中心和国家级示范生产力促进中心数量的区域分布结构大致相同，只是所占全国总数的比重略有不同：东部地区和东北地区的国家级示范生产力促进中心数占全国的比重略高于

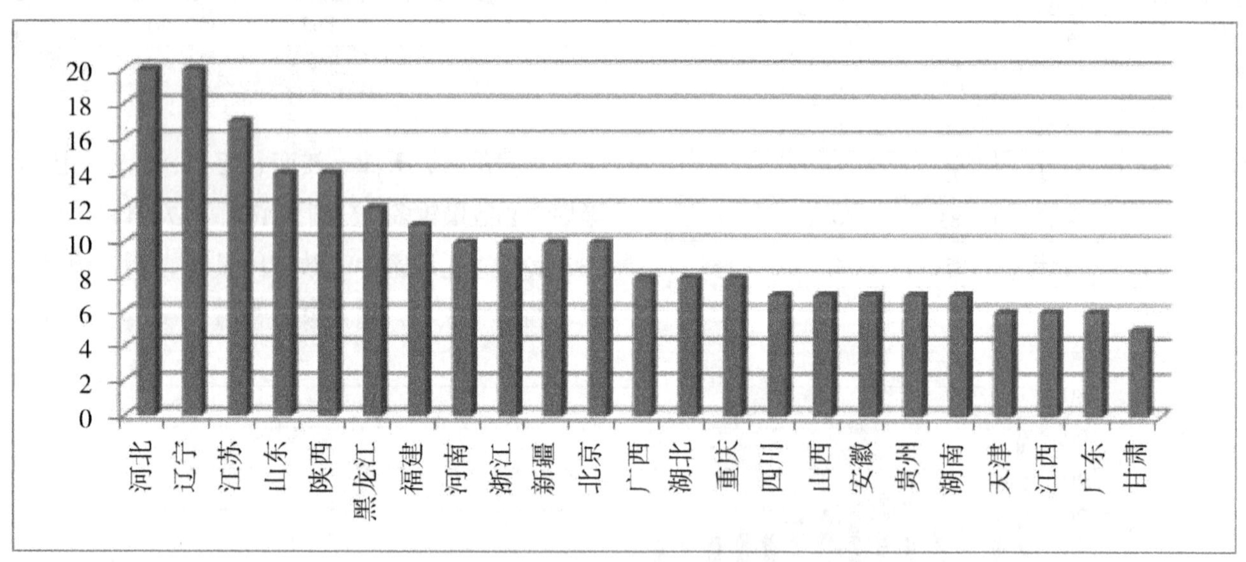

图4 2015年各省辖区内国家级示范生产力促进中心区域分布图

生产力促进中心，而中部地区和西部地区正相反。

1.3 全国生产力促进中心构成情况

（1）法人性质以事业法人构成为主。根据生产力促进中心的法人组成情况，分别按企业法人、事业法人、社团法人、民办非企业法人、以及非独立法人进行分类统计。2015年，全国生产力促进中心事业法人有963家，占统计中心数量的48.56%，事业法人仍是生产力促进中心的主体；社团法人较少，占比为1.31%。具体法人性质组成情况见表3。

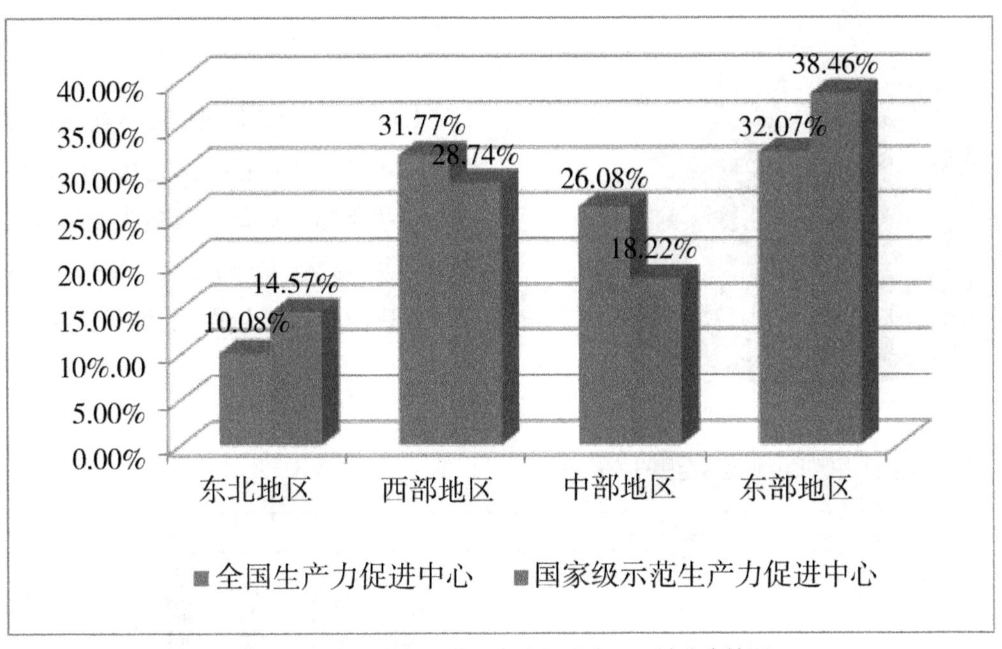

图5 2015年国家级示范生产力促进中心区域分布情况

表3 2015年全国生产力促进中心法人组成情况

法人类型	数量（家）	占比（%）
企业法人	519	26.17%
事业法人	963	48.56%
社团法人	26	1.31%
民办非企业法人	187	9.43%
非独立法人	288	14.52%
合计	1983	100.00%

（2）组建方式以新组建独立机构为主。根据组建方式的不同，生产力促进中心的组建方式分为新组建独立机构、一个机构两块牌子以及内设机构等三种组建方式。 2015 年，新组建独立机构有 918 家，占中心总数量的 46%；一个机构两块牌子的中心有 634 家，占中心数量的 32%；内设中心有 431 家，占中心总量的 22%。见表 4。

表4 2015年全国生产力促进中心的组建方式情况

组建方式	数量（家）	占比（%）
新组建独立机构	918	46.29%
一个机构两块牌子	634	31.97%
内设	431	21.74%
合计	1983	100.00%

（3）生产力促进中心业务八成为综合性业务。根据生产力促进中心开展业务的情况，将业务类型分为综合性、行业性以及专业性。2015 年，开展综合性业务的中心有 1604 家，占全国生产力促进中心的 81%。行业与专业中心服务的主要对象是某一类企业，全国专业和行业生产力促进中心有 379 家，占统计总量的 19.10% 左右。2015 年全国生产力促进中心的业务属性的详细情况见表 5。

表5 2015年全国生产力促进中心业务属性情况

业务范围属性	家数（家）	占比（%）
综合性	1604	80.88%
行业性	296	14.92%
专业性	83	4.20%
合计	1983	100.00%

（4）全国近六成的中心为区县生产力促进中心。根据生产力促进中心的地域分布情况，生产力促进中心分为全国、省级、地市、区县、乡镇以及其他等几种类型，2015 年，区县生产力促进中心有 1133 家，占全国生产力促进中心的 57%，全国生产力促进中心地域范围属性情况见图 6。

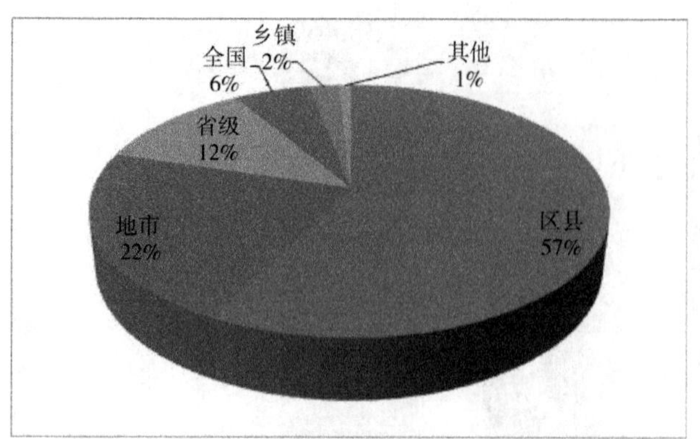

图6　2015年全国生产力促进中心地域范围分布情况

1.4 全国生产力促进中心从业人员情况

（1）从业人员首次出现有下降。2015 年，全国生产力促进中心就业人数为 28905 人，比上一年减少 2538 人，下降 8%。2005—2015 年全国生产力促进中心从业人员增长情况见图 7。

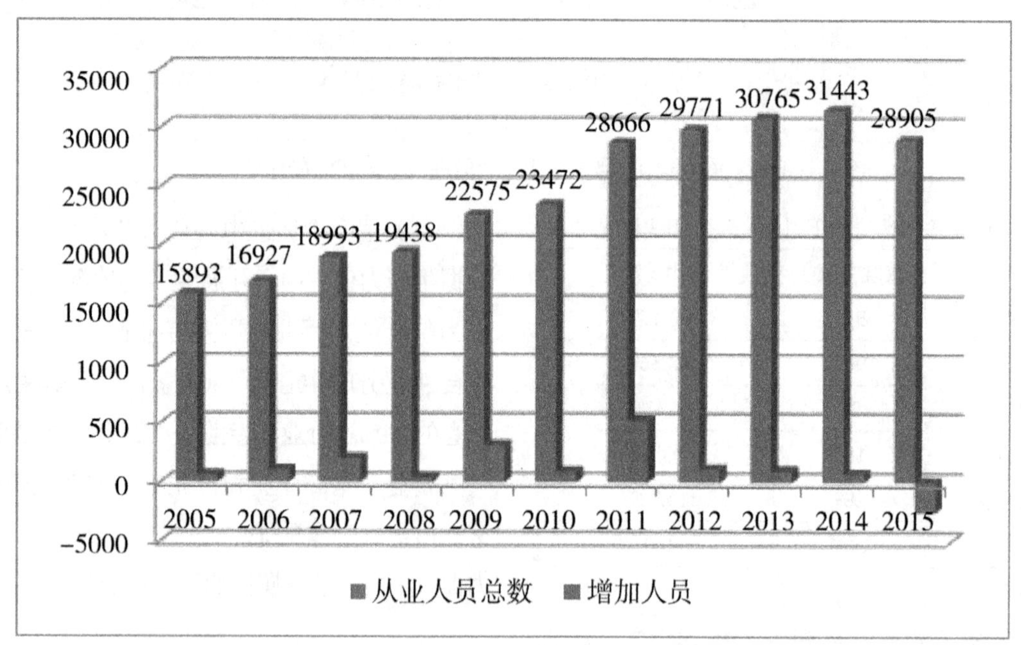

图7　2005-2015年全国生产力促进中心从业人员增长情况

（2）在岗人员年龄结构总体年富力强。2015 年，在岗职工 28905 人中，年龄小于 35 岁的员工有 9916 人，占总在岗职工的 38%。35～50 岁员工有 11040 人，占总职工数的 38%，年龄小于 50 岁的员工有 20956 人，占总人数的 72%。通过对历年数据分析，全国生产力促进中心系统的职工年龄结构基本稳定，小于 35 岁的人一般占据总人数的 30% 左右，50 岁以下的员工占比 70% 左右。2015 年度在岗人员年龄结构情况见表 6。

表6　2015年在岗人员年龄结构情况

	人数（人）	占比%	合计占比（%）
在岗职工人数汇总	28905	100	
其中：<35岁	9916	34.30%	72.49%
35～50岁	11040	38.19%	

（3）9 成在岗人员具有大专以上学历。2015 年，全国生产力促进中心共有大专以上学历职工 26605 人，占总人数的 92%，其中博士有 773 人，占总人数的 2.67%；硕士 3937 人，占总人数的 13.62%；学士 16355 人，占总人数的 56.58%；学

士学位以上的职工累计21065人，占总人数的72.18%，博士、硕士学历职工的比例小幅上升。详见表7和图8。

表7　在岗人员学历结构情况

年份	职工总数	学士	硕士	博士	累计人数	累计占比（%）
2005	15893	6737	1119	254	8110	51.03%,
2006	16927	7230	1262	307	8799	51.98%
2007	18993	8844	1537	360	10741	56.55%
2008	19438	9426	1611	366	11403	58.66%
2009	22575	11463	2038	423	13924	61.68%
2010	23472	11480	2241	477	14198	60.49%
2011	28666	14565	3239	648	18452	64.37%
2012	29771	15669	3649	728	20046	67.33%
2013	30765	17281	4042	734	22057	71.69%
2014	31114	17460	4138	744	22323	71.78%
2015	28905	16355	3937	773	21065	72.88%

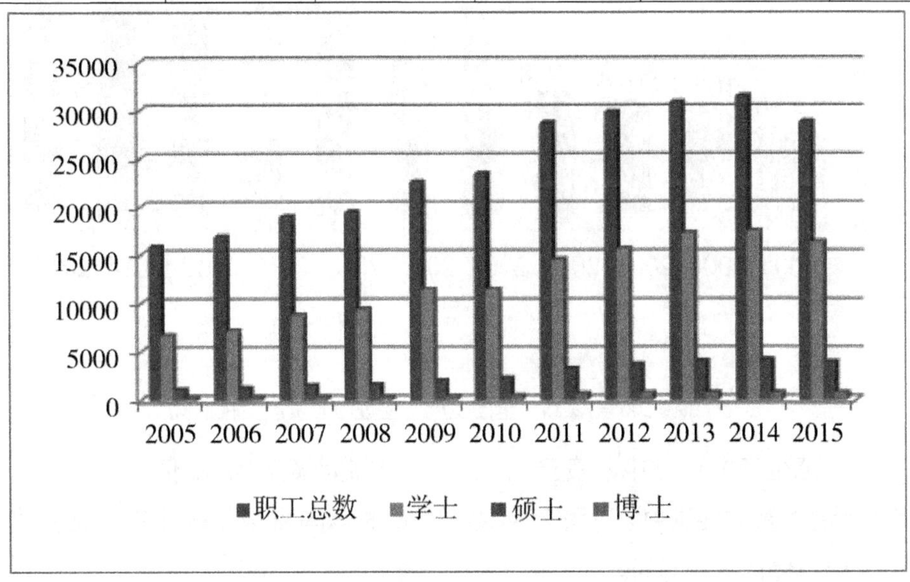

图8　历年在岗人员学历结构情况

（4）6成的在岗职工具有中级以上职称。2015年，全国生产力促进中心中具有高级职称的人数为8234人，占总数的28%；具有中级职称的人数为9437人，占总数的32%。中级以上职称人员累计占职工总人数的61%。2015年在岗员工的年龄结构、学位结构以及职称结构情况见表8。

表8　2015年在岗员工构成总体情况

	人数（人）	占比	分类合计占比
在岗职工数汇总	28905	100	
其中：大专以上学历	26605	92.04%	92.04%
其中：博士学位	773	2.67%	72.87%
硕士学位	3937	13.62%	
学士学位	16355	56.58%	
其中：高级职称	8234	28.49%	61.13%
中级职称	9437	32.64%	

二、资产及投入情况

2.1 全国生产力促进中心系统资产情况

（1）全国生产力促进中心资产持续下降。2015年，生产力促进中心系统总资产达到284.40亿元，比上年减少12.51%，其中流动资产110.55亿元，比上年减少14%，固定资产原值91.42亿元，比上年减少6.23%。2005–2015年全国生产力促进中心资产情况见图9及表9。

表9　2005—2015全国生产力促进中心资产状况（单位：亿元）

年份	2005	2006	2007	2008	2009	2010	2011	2012	2013	2014	2015
资产总额	90.6	109.9	116.4	126.8	209.3	157.1	260.8	295.3	350.98	325.06	284.40

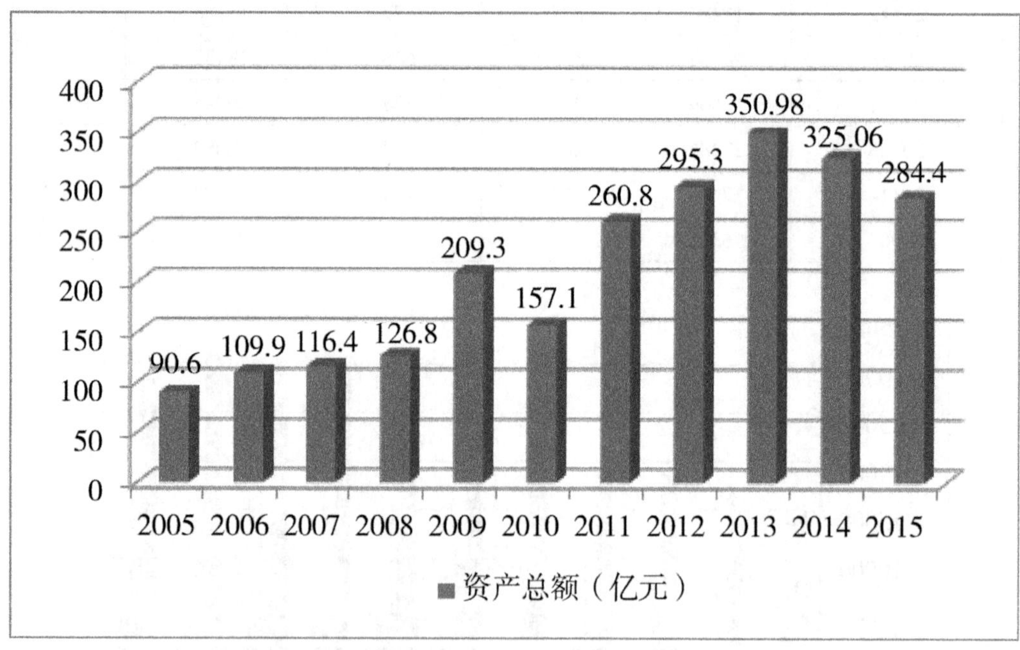

图9　2005—2015年全国生产力促进中心资产变化情况

（2）国家级示范生产力促进中心资产情况。2015年，国家级示范生产力促进中心总资产为110亿元，占全国生产力促进中心总资产的38.70%；其中流动资产47.15亿元，占全国总数的42.65%。2015年国家级示范生产力促进中心资产状况见表10。

表10　2015年国家级示范生产力促进中心资产状况

资产名称	单位	全国资产情况	示范中心资产情况	占比（%）
总资产	千元	28440245	11005551	38.70%
其中：流动资产	千元	11055450	4715363	42.65%
固定资产原值	千元	9141615	3216282	35.18%
技术装备原值	千元	2750923	950666	34.56%
技术装备台数	台	89530	43607	48.71%
电脑台数	台	34760	17993	51.76%
办公面积	平方米	2357199	1158836	19.16%

2.2 全国生产力促进中心系统投入情况

（1）政府资金投入占比稳定，非政府投入增加明显。2015 年，全国生产力促进中心获得投入 30.88 亿元，其中，政府投入 22.61 亿元，占总投入的 73%，省市地方投入 13.79 亿元；非政府投入 8.27 亿元，比上年增长 43%。具体数据见表 11。

表11　2015年全国生产力促进中心系统总投入情况
（单位：亿元）

	数量（亿元）	占比（%）
政府投入	22.61	73.21%
其中：科技部投入	2.37	7.67%
其他部委投入	2.26	7.32%
省级、地市级、县级投入	13.79	44.66%
非政府投入	8.27	26.78%
其中：原依托单位投入	7.19	23.28%
合计	30.88	100

表12　2006—2015年全国生产力促进中心政府投入情况　（单位：亿元）

年代	2006	2007	2008	2009	2010	2011	2012	2013	2014	2015
政府投入总额	9.57	11.54	15.73	11.30	13.34	21.82	22.48	21.84	24.49	22.61
增加金额	0.36	1.97	4.19	−4.43	2.04	8.48	0.66	−0.64	2.65	−1.88
增加比例（%）	3.76	17.07	36.31	−28.16	15.29	38.86	2.94	−2.85	11.90	−7.68

（2）科技部投入稳定。2015 年，科技部共向生产力促进中心投入 2.37 亿元。详见表 13。

表13　2005—2015年科技部拨款情况

年份	政府投入总额（亿元）	科技部拨款（亿元）	占比（%）
2005	9.21	1.14	12.38%
2006	9.57	0.83	8.68%
2007	11.54	0.94	8.14%
2008	15.73	1.69	10.74%
2009	11.30	1.31	11.59%
2010	13.34	2.44	18.29%
2011	21.82	2.77	12.69%
2012	22.48	4.39	19.53%
2013	21.84	3.06	14.01%
2014	24.49	2.56	10.43%
2015	22.61	2.37	−7.5%

（3）国家级示范生产力促进中心投入情况。2015 年，国家级示范中心共获得投入 14.13 亿元，其中，政府投入 13.24 亿元，占全国中心获得政府投入总额的 58.55%；科技部投入 0.90 亿元，占科技部投入生产力促进中心总金额的 37.97%。2015 年国家级示范生产力促进中心获得政府投入情况见表 14。

表14　2015年生产力促进中心获得政府投入情况
（单位：亿元）

	政府投入总额	科技部拨款	其他部委拨款	地方投入	非政府投入
全国生产力促进中心	22.61	2.37	2.26	13.79	8.27
国家级示范生产力促进中心	13.24	0.90	0.54	11.32	0.89
占比	58.55%	37.97%	23.89%	82.08%	10.76%

三、服务内容及收入情况

3.1 全国生产力促进中心服务内容及收入情况

2015 年，全国生产力促进中心取得服务总收入 57.57 亿元。全国生产力促进中心服务总收入情况见表 15 所示。

表15　全国生产力促进中心服务总收入情况
（单位：亿元）

年份	中心总服务收入	增加金额	增长比例（%）
2003	13.60	3.30	24.26%
2004	19.00	5.40	28.42%
2005	18.40	−0.60	−3.26%
2006	24.80	6.40	25.81%
2007	40.60	15.80	38.92%
2008	30.40	−10.20	−33.55%
2009	30.76	0.36	1.17%
2010	69.99	39.23	56.05%
2011	62.75	−7.24	−11.54%
2012	88.98	26.23	29.48%
2013	139.12	50.12	56.32%
2014	68.20	−70.92	−50.98%
2015	57.57	−10.63	−15.58%

生产力促进中心开展的服务主要为咨询服务、信息服务、技术服务、培训服务、人才和技术中介、培育科技型企业等六大类。2015 年，技术服务明显已成为生产力中心服务收入占比最大的一项，达到 28.69 亿元，占比 50%。2015 年全国生产力促进中心服务内容及收入情况见表 16 和图 10。

表16　2015年全国生产力促进中心服务内容及收入情况
（单位：亿元）

续表

服务内容	2014年收入	比重	2015年收入	比重
咨询服务	21.31	31.25%	17.20	29.88%
信息服务	1.68	1.28%	1.51	2.62%
技术服务	26.83	12.02%	28.69	49.83%
培训服务	4.29	3.28%	2.41	4.19%
人才和技术中介	7.47	3.30%	4.28	7.43%
培育科技型企业	6.62	5.06%	3.48	6.04%
总计	68.20	100%	57.57	100%

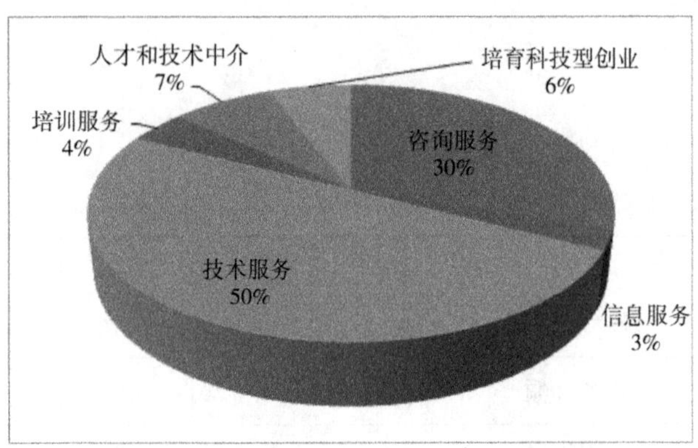

图10　2015年全国生产力促进中心服务内容结构及比重

3.2 国家级示范生产力促进中心服务内容及收入情况

2015 年，国家级示范生产力促进中心共取得收入 19.22 亿元，相比上一年的 29.16 亿元，下降 34%，占全国中心总收入的比重为 72.73%。2015 年国家级示范生产力促进中心服务收入情况见表 17。

表17　2015年国家级示范生产力促进中心服务收入情况
（单位：亿元）

服务内容	全国情况	国家级示范中心	占比（%）
咨询服务	17.20	6.31	36.69%
信息服务	1.51	0.66	43.71%
技术服务	28.69	7.71	26.87%
培训服务	2.41	1.13	46.89%
人才和技术中介	4.28	1.90	44.39%
培育科技型企业	3.48	2.28	65.52%
合计	57.57	19.99	34.72%

2015 年，国家级示范生产力促进中心的收入来源主要是技术服务，占全国生产力的咨询服务费用的 26.87%。2015 年国家级示范生产力促进中心服务内容结构及比重见图 11。

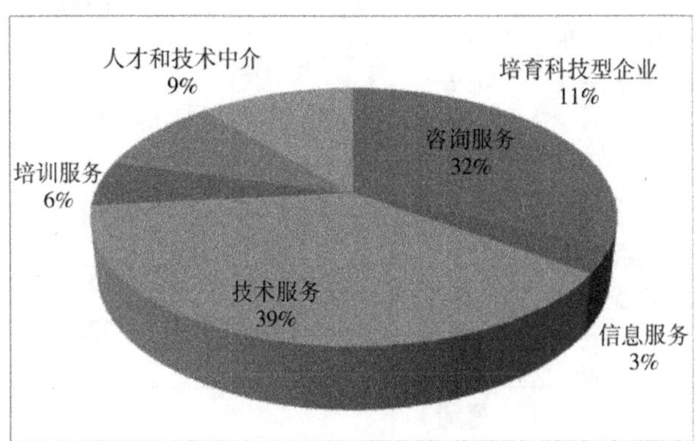

图11　2015年国家级示范生产力促进中心服务内容结构及比重

四、服务业绩

4.1 全国生产力促进中心开展服务情况

生产力促进中心的服务业绩主要体现在服务企业数量、联系科研机构和专家情况、开展国际及港澳台合作、为企业增加收益以及为社会增加就业等方面。

（1）服务企业数量持续增长 .2015 年，全国生产力促进中心一共服务企业 442193 家，比上年增加 3.44%。

（2）联系科研机构和专家略有减少。2015 年，联系科研机构 27678 家，联系专家 72281 人，联系科研机构和专家数量相比上一年均出现负增长。

（3）国际及港澳台合作。2015 年，全国生产力促进中心在国际及港澳台合作引进资金 133.92 亿元，其中组织人员交流 49341 人次，引进项目 7931 项。

（4）为企业增加收益及为社会增加就业情况。2015 年，全国生产力促进中心为企业增加销售额 1794.38 亿元，增加利税 275.01 亿元，为社会增加就业人数 1279106 人。2014-2015 年全国生产力促进中心服务业绩情况见表 18。

表18　2014-2015年全国生产力促进中心服务业绩情况

服务业绩		2014年	2015年	增长率%
服务企业数量（家）		427470	442193	2.75%
联系科研机构和专家	科研机构（家）	28269	27678	-5.44%
	专家（名）	75243	72281	-11.60%
国际及港澳台	人员交流（人次）	70758	49341	-61.54%
合作	引进项目（项）	2511	7931	-86.84%
为企业增加收益	增加销售额（亿元）	2480.7	1794.38	-53.00%
	增加利税（亿元）	447.06	275.01	12.58%
为社会增加就业（人）		1537574	1279106	-19.16%
中心总服务收入（亿元）		68.20	57.57	-20.85%

4.2 国家级示范生产力促进中心开展服务情况

2015 年，国家级示范生产力促进中心在服务企业数量、联系科研机构数、联系专家数、人员交流、增加销售额、增加利税等五项服务业绩方面均占到全国的一半以上。具体数据见表 19。

表19　2015年国家级示范生产力促进中心服务业绩情况

服务业绩		全国中心	国家级示范中心	占比
服务企业数量（家）		442193	274112	61.99%
联系科研机构和专家	科研机构（家）	27678	18683	67.50%
	专家（名）	72281	52812	73.06%
国际及港澳台合作	人员交流（人次）	49341	34090	69.09%
	引进项目（项）	7931	991	12.50%
为企业增加收益	增加销售额（亿元）	1794.38	989	55.12%
	增加利税（亿元）	275.01	167	60.73%
为社会增加就业（人）		1279106	601626	47.03%
中心总服务收入（亿元）		57.57	19.99	34.72%

表20　2014–2015年国家级示范生产力促进中心服务业绩对比情况

服务业绩		2014年	2015年	增长率%
服务企业数量（家）		289615	274112	−5.35%
联系科研机构和专家	科研机构（家）	18476	18683	1.12%
	专家（名）	55203	52812	−4.33%
国际及港澳台合作	人员交流（人次）	53102	34090	−35.80%
	引进项目（项）	1136	991	−12.76%
为企业增加收益	增加销售额（亿元）	1185.35	989	−16.56%
	增加利税（亿元）	226.98	167	−26.43%
为社会增加就业（人）		710009	601626	−15.27%
中心总服务收入（亿元）		29.16	19.99	−31.45%

全国生产力促进中心发展大事记（1992-2015）

全国生产力促进中心发展大事记（1992－2015）

1992 年

4 月，国家科委在成都召开研讨会，第一次提出生产力促进中心概念。

7 月，国家科委工业科技司批准成立全国第一家生产力促进中心——山东生产力促进中心。

8 月，国家科委、国家体改委联合发出《关于分流人才、调整结构、进一步深化科技体制改革的若干意见》，提出：在 2～3 年内“试办 10 个左右生产力促进中心”。

1993 年

4 月，国家科委在南京召开第一次全国生产力促进中心工作会议，国家科委常务副主任李绪鄂、江苏省副省长吴锡军分别在会上讲话。

7 月，国家科委印发《关于建立生产力促进中心的若干意见》，阐明了建立生产力促进中心的目标、任务、性质、机制、归口管理、工作方针等。

1994 年

下半年，国家科委工业科技司开始筹建中国生产力促进中心协会。成立了由中国科技促进发展研究中心常务副主任叶丹为组长的筹备组。

12 月，国家科委工业科技司组织全国部分科委及生产力促进中心主管人员赴香港生产力促进局参加“企业诊断培训班”。

1995 年

1 月，国务委员兼国家科委主任宋健对生产力促进中心工作做有关批示时指出：读过《岳阳中心》报道，更觉这一事业的重要性。建议大力推动这类“生产力促进中心”的发展。要加强宣传报道，使社会各界了解这一新事物。

4 月，民政部批准中国生产力促进中心协会注册成立。

5 月，中共中央、国务院在《关于加速科学技术进步的决定》中明确提出“要建立、健全为中小型企业提供技术、信息服务的生产力促进中心等技术服务机构”。

9 月，第二次全国生产力促进中心工作会议暨中国生产力促进中心协会成立大会在北京召开；会议选出了以李绪鄂同志任理事长的中国生产力促进中心协会第一届领导人。

1996 年

10 月，国家科委副主任徐冠华分别考察了西安及山东生产力促进中心并发表重要讲话，强调生产力促进中心为中小企业提供技术服务的桥梁作用。

12 月，国家科委工业科技司在京召开了“生产力促进中心工作座谈会”，来自全国各地的 100 多位代表参加了会议。

1997 年

8 月，国家科委在京召开第三次全国生产力促进中心工作会议并认定首批国家级示范生产力促进中心。国务委员宋健出席了会议，国家科委副主任徐冠华讲话。

1998 年

4 月，科技部“三定方案”明确由高新技术发展及产业化司负责推动工业领域的科技体制改革工作和生产力促进中心等技术服务体系建设。

12 月，科技部在京召开地方生产力促进中心工作座谈会。

1999 年

4 月，科技部启动生产力促进中心建设重点省行动。

8 月，《中共中央、国务院关于加强技术创新，发展高科技，实现产业化的决定》中明确提出，要大力发展科技中介服务机构，逐步实现中介服务的组织网络化、功能社会化、服务产业化。

10 月，生产力促进中心统计工作正式纳入国家统计局科技专项统计计划。

10 月，科技部、江苏省人民政府、中国生产力促进中心协会在南京召开“99 南京国际生产力促进研讨会”。

2000 年

1 月，科技部认定第二批 21 家国家级示范生产力促进中心。

8 月，2000 年全国生产力促进中心统计工作会议在新疆乌鲁木齐市召开。

2001 年

1 月，科技部认定第三批 34 家国家级示范生产力促进中心。

3 月，高新司在浙江绍兴组织召开“生产力促进中心工作现场会”。

4 月，中国生产力促进中心协会第二届理事会在京召开，选举出科技部原副部长韩德乾为理事长的协会新一届领导班子。科技部部长徐冠华到会并讲话。

9 月，2000 年全国生产力促进中心统计工作会议在河南郑州市召开。

11 月，第四次全国生产力促进中心工作会议在京召开。科技部部长徐冠华、副部长马颂德出席会议并讲话。科技部表彰了“九五”生产力促进工作先进个人。

11 月，科技部启动西部生产力促进行动。

12 月，中国生产力促进中心协会发布“生产力促进中心服务业务规范”。

2002 年

1 月，科技部高新司、中国生产力促进中心协会组织国家级示范生产力促进中心在京举办生产力促进中心服务业务规范宣传贯彻会。

4 月，科技部高新司、中国生产力促进中心协会在国家行政学院举办国家级示范生产力促进中心主任培训班。

4 月，科技部高新司、中国生产力促进中心协会组织编印的《国家级示范生产力促进中心画册》面世。

4 月，科技部正式出版发行《生产力促进中心服务业务规范应用指南》。

6 月 29 日，第九届全国人民代表大会常务委员会第二十八次会议通过《中华人民共和国中小企业促进法》。该法第三十条规定：“政府有关部门应当在规划、用地、财政等方面提供政策支持，推进建立各类技术服务机构，建立生产力促进中心和科技企业孵化基地，为中小企业提供技术信息、技术咨询和技术转让服务，为中小企业产品研制、技术开发提供服务，促进科技成果转化，实现企业技术、产品升级。”

7 月 4 日，中共中央政治局常委、国务院副总理李岚清对生产力促进中心工作做出重要批示。

7 月 10 日，科技部在人民大会堂举办生产力促进中心十周年座谈会。全国人大常委会副委员长成思危专门为会议发了贺信。全国政协副主席宋健、科技部部长徐冠华出席会议并讲话。科技部高新司司长李健在会长作了题为《光辉的十年，伟大的实践》的报告。会议由科技部秘书长石定寰主持，科技部副部长马颂德，中国民营科技促进会理事长谢绍明，中国生产力促进中心协会理事长韩德乾，科技日报社社长尚勇，以及科技部、国家经贸委有关司的代表，部分省、自治区、直辖市科技厅负责人，65 家国家级示范生产力促进中心的代表等共 100 余人出席了会议。

2005 年

9 月，中国生产力促进中心协会第三次全国代表大会召开，选举产生了第三届理事会，理事长为国务院参事石定寰。科技部李学勇副部长到会并做重要讲话。

12 月，全国生产力促进中心总数突破 1000 家。

12 月，中国生产力促进中心协会在北京举办“第四届中国中小企业竞争力国际论坛暨生产力促进奖颁奖大会”，首次颁发“生产力促进奖”。

2006 年

5～10 月，由发改委中小企业司、科技部高新司、国家知识产权局联合举办的“专利服务中小企业行动”，由中国生产力促进中心协会承办，在全国十个城市举办。

12 月，科技部制定《生产力促进中心“十一五”发展规划纲要》，全面推动“十一五”时期我国生产力促进中心的快速健康发展。

12 月，中国生产力促进中心协会与我国台湾地区“生产力中心”共同创办“寰宇生产力产业经管交流”论坛。首届论坛由两岸四地共同在台北成功举办。

2007 年

3 月，成立“国际工业分包与交流中国联盟（CSPX）”，由科技部牵头组织中国区域与行业生产力促进中心组成的，为推动国际工业分包与合作交流的全国性业务协作组织。

7 月，科技部颁布《国家级示范生产力促进中心认定和管理办法》（国科发高字〔2007〕403 号）。

11 月，生产力促进中心成立十五周年座谈会在北京召开。科技部副部长曹健林到会并做重要讲话。

2008 年

5 月，科技部启动生产力促进中心体系建设重点省行动试点工作。

6 月，中国生产力促进中心协会承担中国与欧盟国际合作项目——“中欧合作项目——知识产权保护项目（二期）”。

10 月，在科技部指导下，中国生产力促进协会牵头组织编辑出版了培训教材《生产力实务教程》。

12 月，国台办、科技部组织成立“台资企业转型升级服务团”，为大陆台资企业服务。中国生产力促进中心协会组织生产力促进中心承担此项工作。

2009 年

8 月，成立“中国生产力工业设计服务联盟”，由从事工业设计相关服务的专业与区域生产力促进中心组成。

10 月，中国生产力促进中心协会开展 2008 年度生产力促进奖的评审。评出发展成就和服务贡献等奖项。

2010 年

2 月，科技部召开了“生产力促进中心服务产业集群、服务基层科技专项行动”专题研讨会，面向“十二五”启动了“两服务”专项行动。

4 月，天津、安徽、湖南、贵州、新疆五个省（市、自治区）被列为生产力促进中心体系建设重点省行动试点省份。全国“生产力促进中心体系建设重点省行动试点”的省份达 22 个。

6 月，科技部高新司公布了生产力促进中心科技金融服务试点单位名单，24 家生产力促进中心列为科技金融服务首批试点单位。

6 月，科技部同意将北京生产力促进中心等 40 家中心列为生产力促进中心服务新农村建设首批试点单位

6 月，科技部认定第九批 36 家国家级示范生产力促进中心。国家级示范生产力促进中心总数达 243 家。

6 月，为落实科技援藏部署，生产力促进中心“两服务行动”援藏工作座谈会在西藏举行。

7～10 月，为推动两服务行动，提高国家级示范生产力促进中心能力与水平，科技部举办四期“两服务行动”国家级示范生产力促进中心工作交流会。

9 月，为落实科技援疆部署，生产力促进中心“两服务行动”援疆工作座谈会在新疆举行。

2011 年

1 月，科技部印发《关于进一步加强生产力促进中心业务联盟建设的函》（国科高函〔2011〕10 号），筹建“技术转移联盟”“咨询诊断联盟”“服务新农村联盟”“科技金融盟”。

4 月，成立福州市台资企业转型升级服务工作站（福州分站），着重构建海峡工业设计创新服务。整合两岸生产力及相关工业设计机构的优势，形成合力，实现资源共享，促进大陆地区企业工业设计能力的提升，推动由“中国制造”向“中国创造”的跃迁。

5 月，科技部办公厅印发《生产力促进中心服务产业集群服务基层科技专项行动实施意见的通知》（国科办高〔2011〕31 号）。

5 月，科技部颁布修订后的《国家级示范生产力促进中心绩效评价工作细则》（国科办高〔2011〕39 号）。

5 月，科技部颁布修订后的《国家级示范生产力促进中心认定和管理办法》（国科发高〔2011〕173 号）。

6 月，科技部印发《生产力促进中心“十二五”发展规划纲要》，明确提出生产力促进中心要发展成为传统优势产业、战略性新兴产业、现代服务业协调发展的载体。

7 月，为继续加强与台湾工研院的合作，协会石定寰理事长应台湾工研院邀请于 24～26 日赴台参加两岸产业经济与趋势发展研究座谈会，赴台进行“十二五”期间中国大陆再生能源发展趋势专场讲座。并与台湾工研院、台湾电电工会、台湾生产力中心等产业服务机构负责人进行研讨磋商。

7 月，科技部深入实施生产力促进中心“两服务行动”动员大会在江西南昌举行，科技部副部长曹健林出席了大会并做了重要讲话。

7～9 月，为深入推进“两服务行动”，举办了四期“两服务行动”国家级示范生产力促进中心工作交流会。

9 月，协助惠州成立惠州市台资企业转型升级联合服务处（惠州分团），重点协助台资企业发展生物、高端装备制造、节能环保、新能源、新材

料五大新兴产业。

10 月～12 月，在福建省建立台资企业资料数据库。

11 月 2 日，协会与（台湾）财团法人商业发展研究院在台北携手举办“两岸现代服务业科技发展论坛”，旨在加强两岸现代服务业交流与合作。

来自大陆协会代表团、广东代表团、新疆代表团及台湾地区企业、科研机构与院校负责人共 200 余人参加本次研讨。会上，协会段俊虎秘书长与台湾商研院陈厚铭院长就促进两岸现代服务业发展签署了《两岸现代服务业科技发展研究与合作备忘录》。

11 月，在浙江永康举办了“海峡两岸工业设计创新与发展论坛”。

12 月，在广东建立技术创新支援中心（以下简称“支援中心”）。支援中心由交互中心、网络平台、创新驿站、创新加盟单位和专家团队等共同构成，为台资企业提供全方位的辅导服务。

12 月，配合科技部高新司，开展生产力促进中心核心业务培训，组织编写了《生产力实务》等培训教材。

12 月，协会承担了《应对气候变化技术引进策略研究》《我国行业准入管理的经验总结与启示》和《行政关闭低效小企业的配套政策研究》等政策性课题研究，取得了一系列研究成果，得到相关部门的好评。

12 月，在科技部高新司指导下，承担全国生产力促进中心的统计工作，为科技部有关部门提供详实、准确的统计数据和分析结果。

12 月，受科技部高新司委托，组织制定《中国生产力促进中心协会标准》行业标准。形成了包括总则及信息与信息化、咨询、培训、工业设计、工业分包、技术转移、科技金融、三农等 8 项服务业务在内的 9 个标准，完善了生产力促进中心的标准体系。

2012 年

2 月，为贯彻落实全国科技创新大会精神，提升生产力促进中心体系的服务能力，拓展服务空间，中国生产力促进中心协会于 2012 年 2 月向科技部国际合作司申请的中国亚太经合组织合作基金项目——“亚太区域中小企业一站式创新服务链建设”，经过严格的项目遴选，获得财政部批准。

3 月，组织召开协会第四届理事会换届会议暨 2010 年全国“生产力促进奖”表彰大会，国务院参事石定寰当选为理事长，科技部高新司耿战修巡视员当选为常务副理事长。科技部副部长曹健林到会并做重要讲话。

3 月，台资企业转型升级服务团辅导台湾创业园区。协助福建（清远）台湾农民创业园技术服务，帮助建立台湾农民创业园“花卉科技产业创新公共服务平台”，为花卉企业和花农提供产前、产中、产后全方位的技术和信息资询服务。

5 月 25 日，两岸产业创新发展及合作交流峰会在台北召开。为了强化两岸在自主创新和创造自主品牌方面的合作以及产业合作，台湾商业发展研究院、中国生产力促进中心协会共同在台北地区举办 2012 年两岸产业创新发展及合作交流峰会。

6 月，筹备组织大陆和台湾学者联合编写《大陆台资企业转型升级实务》培训教程。

7 月，参加第八届“海峡两岸经贸文化论坛（国共论坛）”。

8 月 10～11 日，在福州市举办“两岸现代服务业发展暨台资企业转型升级服务工作现场座谈会”。着重辅导台商物流服务业创新经营模式及云端服务平台的建设系列活动。

8 月，在我国台湾地区成功举办 2012 年两岸科技园区中小企业合作发展论坛。

9月10～12日，在三明市举办“两岸中小企业创新发展暨台商投资管理实务培训班”。

10月22～23日，在西安市举办“台资企业转型升级辅导训练”。

10月，落实全国创新大会精神，以“促进两岸科技金融创新发展，引领赣台产业智慧转型升级”为主题，成功举办2012年第六届寰宇生产力经管交流论坛，打造论坛活动精品。论坛以产业集群与管理创新、产业创新/价值与商业模式创新、科技金融等专题，集中了两岸生产力促进领域的高层人士，展开了深度交流与合作，并开展了寰宇生产力年度人物奖和优秀论文表彰活动，本届论坛取得了圆满成功。

11月4～6日，在郑州市举办“台商创新团队运作与经营管理”培训等。

12月，应国台办邀请，出席两岸中小企业创新发展（武汉）活动。

12月，协会申报并承接工信部产业政策司、财政部经济建设委托的产业政策研究课题《充分发挥产业政策引导作用，加快产业结构调整升级研究》的课题研究任务。

2013年

2月，协会在重庆市组织举办了“2013亚太区域中小企业一站式创新服务链建设研讨会”，科技部副部长曹健林、重庆市人民政府副市长吴刚出席开幕式。此次研讨会主题为“信息服务与创新”，来自12个APEC经济体的200多名代表围绕技术信息资源服务中小企业创新的手段和模式等议题进行了探讨。

3月，协会在南京举办“国家支持中小企业创新与发展培训班”，共计培训生产力促进中心人员、企业和机构人员达300多人，受到生产力促进中心和企业的一致好评。

4月，协会组织赴台举办第七届寰宇生产力论坛，科技部、国台办均派领导出席活动。

5月，由中国生产力促进中心协会、全国台湾同胞投资企业联谊会及台湾管顾钜群联盟共同主办的“海峡两岸企业转型升级暨产业辅导论坛”在上海浦东举办，来自两岸的专家顾问、生产力促进中心、中小企业及台商负责人近230位代表出席会议并进行了良好的交流。

8月，在台北地区举办了“海峡两岸科技园区中小企业合作与发展论坛”。来自大陆高新技术产业开发区、企业孵化器、生产力促进中心和企业代表以及台湾科技园区和企业代表参加了论坛，并取得了良好的效果。

8月，“2013　APEC创新服务链建设研讨会”在智利首都圣地亚哥召开，会议由协会、智利外交部多边经济司、智利经济部创新司联合主办，智利华商联合总会承办。来自5个APEC经济体的50多名代表出席会议。

10月，根据协会工作安排，经石定寰理事长提名、科技部人事司批准，协会会员代表大会以函选方式选举刘玉兰同志担任协会副理事长兼秘书长。

12月，完成2013年生产力促进中心统计工作，并发布年度报告。

12月18日，在北京召开了“贯彻落实党的十八届三中全会精神，加快推进生产力促进工作座谈会”。会上，与会代表畅所欲言，就学习十八届三中全会的精神，实现创新驱动发展战略，在新的形势下凝聚力量，汇聚资源，推进生产力促进事业向更高的目标发展，达成了共识。

协会副理事长兼秘书长刘玉兰宣读了《生产力促进中心北京宣言》。

2014年

3月，在江苏省南京市举办2014年国家科技计划申报培训及国家科研经费后补助政策、企业研发费用加计扣除政策运用专题培训班，来自全国各省市的 267 名生产力促进中心和中小企业的负责人和业务骨干参加培训。

3 月，协会理事长办公会决定发起和举办中国好技术产业化服务行动。主要针对中小企业、小微企业、小单位、小团队、“小人物”等各类创新主体，不断发现民间的优秀技术成果，服务和支持好技术成果转化和产业化，该项目已完成“中国好技术”项目总体方案设计，并向科技部曹健林副部长、刘燕华副部长、徐冠华部长和相关高层领导和专家进行了详细汇报，得到科技部等有关领导和专家的大力支持。“中国好技术”项目在国家版权局的版权注册登记工作，取得了版权保护登记证书。“中国好技术”第一批征集工作已完成。

4 月 16 日，在部高新司、火炬中心支持下，与中国矿业大学（北京）合作成立了“中国生产力促进中心协会生产力学院”。

8 月至 11 月，学院举办了二期培训，150 多名学员获得了“人力资源和社会保障部”颁发的创业咨询师国家职业资格证书。

6 月 27～29 日，协会与四川省生产力促进中心协会在四川省成都市举办“2014 年国家政策中小企业创新与发展政策培训”，这是继南京培训之后的又一个政策培训班。来自全国各省市的 226 名学员参加了培训。

8 月，承担完成了国务院台办“台湾大学生科技园区见习团”活动，来自台湾地区五所大学的 31 位学生，深入中关村园区的高科技企业进行为期一个月的实习。两岸青年交流在两岸科技经济交流中极其重要，两岸科技发展的交流得益于青年的参与，台湾大学生来大陆进行科技实习是面向未来的一项活动，具有一定的历史意义。

8 月 26 日，在北京召开 2013 年度全国生产力促进奖表彰大会暨 2014 两岸三地绿色能源产业创新发展交流会。科技部领导出席表彰大会并进行了颁奖，这次大会还邀请了台湾地区、香港特别行政区的生产力组织的负责人对《科技服务业》和《绿色能源产业》进行了专题研讨。

10 月 15～17 日，第八届寰宇生产力产业经管交流论坛在绵阳市成功召开。来自两岸暨港澳地区的专家学者、两岸三地的企业家以及四川省省市科技部门共 300 位代表出席论坛。

10～12 月，协会筹建“中国创新创业咨询师服务平台”。为了凝聚咨询师为企业服务的实力，协会联合相关的咨询机构，正在筹建“中国创新创业咨询师服务平台”。

12 月 25 日，协会在北京召开了全国行业生产力促进中心座谈会。15 家行业生产力促进中心和 9 家材料领域的行业协会及企业共计 40 多人参加了本次座谈会。协会石定寰理事长出席了本次会议，悉心听取了各与会代表的发言并做出了重要指示。

12 月，受工业和信息化部中小企业司委托，协会举办了三期“中小企业研发费用加计扣除政策培训”，培训人数为 362 人，完成了全部培训内容，达到了预期目标。该项工作得到工信部苗圩部长的高度肯定和赞赏。

2015 年

1 月，《中国生产力科技服务创新与发展报告》调研组分赴长三角、珠三角、西部地区生产力促进中心进行调研，深入探讨和总结了科技服务创新与发展的方法，加强与各生产力促进中心之间的学习与交流，汇集特色科技服务，实现经验分享，必将更好地为中小企业提供多元化的服务。

1 月 22 日，石定寰理事长在北京接见了来自日本公益财团法人日本生产性本部（日本生产力中心）的大川、原田一行，双方进行了愉快的交流。从培训到技术转移，都有着广阔的空间。

1 月 30 日，中国生产力促进中心协会工作汇报会在京举行。石定寰理事长总结认为：经济转为新常态，未来的发展更多是需要科技创新驱动，中小企业是科技创新的主体，要推动大众创业、万众创新，这是协会发展的契机。同时，要求生产力促进中心开展对所在地区中小企业的调研，有针对性了解企业的困难、问题和需求，强调这是生产力促进中心的基本工作。

2 月，协会批准发布《研发外包服务规范》等 4 项标准的发布。分别是《研发外包服务规范》《软件外包服务规范》《科技服务规范》《服务外包平台规范》等。

2 月，筹备中国生产力促进中心协会成立 20 周年表彰会。

4 月 15 日，部分生产力促进中心主任座谈会在北京召开。会议一致认为协会应着力搞好生产力促进事业发展的顶层设计、战略定位和总体规划，指导和帮助生产力促进中心开发核心业务，提高服务能力。

5 月 6 日，以“互联互通、跨界创新、合作共赢”为主题的 2015 亚太地区中小企业创新服务链联盟论坛暨技术转移项目推介会在北京成功举行。科技部党组成员、副部长曹健林，科技部原副部长、中国生产力促进中心协会第一任理事长韩德乾，国务院参事、科技部原副部长刘燕华等部领导出席开幕式并发表重要讲话。

曹健林副部长在讲话中强调：推动“大众创业、万众创新”是我们主动适应经济发展新常态，打造发展新引擎，增强经济发展内生动力的重要抓手，是稳定增长、扩大就业、激发创新活力的重大举措。

会上，石定寰理事长宣读了“亚太区域中小企业创新服务联盟章程和理事会组成方案”，并亲手将亚太地区中小企业创新服务链联盟论坛的旗帜传给下一届主办地甘肃代表张烜铭主任。

5 月 7 日，中国创新创业论坛暨中国生产力促进中心协会 20 周年表彰会在京西宾馆召开。会议总结 20 年来生产力促进中心创新和发展的服务经验，表彰为生产力促进事业的发展做出积极贡献的先进集体和个人。中科院院士、科技部原部长徐冠华，科技部原副部长韩德乾等出席了此次会议。

6 月，协会组织编写的《中国生产力科技服务业创新与发展报告》已正式由科技文献出版社出版。该报告以独特的视角总结和弘扬了各有关生产力促进中心加强科技服务能力建设、创新科技服务方法、全方位开展科技服务等方面的经验和精诚服务精神，具有重要的现实意义和深远的历史意义，对广大生产力促进中心的建设和发展具有指导和促进作用，是一部不可多得的融纪实性、文献性和报告性于一体的大型调研报告和科技服务方法创新教材。

7 月 1 日，韩国能率协会副总经理李玖秀一行拜访协会，双方进行了愉快的交流。

确定双方将推进两国科技人员交流；中韩两国企业之间的境外培训；双方通过相互交流与战略性业务合作，最终实现双方的共同发展。

8 月，承担完成了第二期台湾大学生科技园区见习团活动，来自台湾地区 17 所大学的 21 位年轻学子，深入中关村园区的高科技企业进行为期一个月的实习。大学生们被分成 7 个小组，分别深入清华紫光集团（自主创新企业）、北京国创科视科技有限公司（智慧城市建设）、北京中关村创业街（创新创业新模式）、京东集团（电商营运）、九六零（北京）科技有限公司（环保企业）、中国皮革和制鞋研究院（大型科研院所）、北京工业设计基地（动漫企业）。

8 月，根据民政部民函［2015］74 号以及科技部国科发 [2015]14 号文件要求，协会理事会进行了理事长和秘书长的选举变更工作。刘玉兰同志任协会理事长，刘维汉同志任秘书长兼法人代表。并上报部人事司备案。

8 月 28 日，中国生产力学院包头分院揭牌暨包头“互联网 +”创新创业服务基地启动仪式在包头稀土高新区举行，这标志着中国生产力学院全国分院经过去年的试点运营之后，今年正式步入正规，《分院管理办法》已经开始生效。

8 月，在大众创新万众创业的新形势下，为了尽快落实创新驱动战略，更好地发挥生产力促进中心服务体系的作用，加强生产力促进中心之间的交流、协作，实现资源共享和信息互通，经请示科技部高新司和科技部火炬中心同意，将全国生产力促进中心进行区域划分，形成了“10+1”生产力促进中心区域管理模式。

9 月 15 日，为贯彻落实党中央、国务院关于振兴东北老工业基地和大众创业万众创新的战略部署，充分发挥东北三省生产力中心的科技服务优势，“辽吉黑生产力促进服务联盟”在沈阳成立。协会理事长刘玉兰女士强调，生产力促进中心要凝成一股绳，共同实现服务企业的责任。打铁还要自身硬，我们自己的能力、服务质量和水平、自己的真本事，还要不断在服务中磨炼。辽宁中心、黑龙江中心、吉林中心服务企业的经验，都值得借鉴和推广。

9 月 18 日，中国生产力学院江苏分院揭牌仪式在南京举行，国家科技部高新司巡视员耿战修、中国生产力促进中心协会理事长、中国生产力学院执行院长刘玉兰、江苏省科技厅副厅长段雄出席揭牌仪式。围绕“大众创业，万众创新”，聚焦众创空间与创客经济，按照“三个一”的目标，即构建一个适应市场需求的科技培训服务体系，打造一支业务素质高、实践经验丰富的科技培训师资和服务队伍，凝炼一套适合创新创业培训需求的培训课程和教材，搭建创业辅导、政策咨询、支撑服务和信息交流的平台。

10 月 30 日，甘青宁生产力促进服务联盟成立大会在兰州召开。

11 月 12 日，第九届寰宇生产力论坛暨台湾财团法人“生产力中心”成立 60 周年大会在台北隆重举办。中国生产力促进中心协会理事长刘玉兰、常务副理事长耿战修率代表团出席。两岸三地的专家学者、产业领军人物和有关领域的技术专家及企业家共 200 人出席论坛。

12 月 24 日，中国生产力促进中心协会第四届理事会第四次常务理事会在京召开。会议就增选协会副理事长和调整部分理事进行表决。

12 月 25～26 日，海峡两岸中小企业创新交流会在京召开。来自两岸产业界、学术界的 200 位代表进行了深入交流。